マウンド・ビルディングの考古学
先史アンデスにおけるモニュメントのはじまりを問い直す

荘司 一歩 著

臨川書店

口絵1　クルス・ベルデ遺跡 A-2 マウンドの遠景（筆者撮影）

口絵2　使用痕の切り合い関係からみた使用履歴復元の一例（筆者撮影・作成）

a: クルス・ベルデ遺跡から出土した石器であり、写真中の番号は切り合い関係から判別した使用痕の順序、
b: a の写真中の番号と対応した使用痕の順序、c, d: 敲打痕と摩耗痕および破損と摩耗痕の切り合い（遺物番号 17CV-A-L061）

口絵 3　A-2 マウンドで検出された埋葬の一例（筆者撮影）
TM7（左）と TM10（右）

口絵 4　180906-B（現生）の貝殻断面で観察される微細成長パターンと
成長障害輪および、現在のオオヌノメアサリの生息域（筆者撮影・作成）

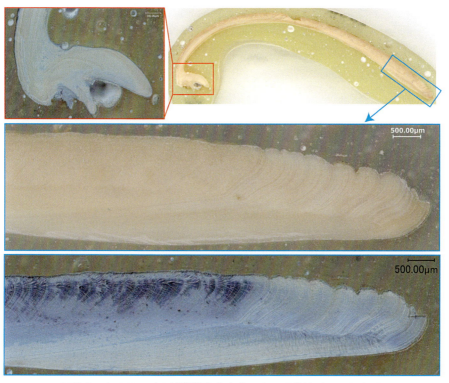

口絵5　クルス・ベルデ遺跡出土オオヌノメアサリ（17BC-02）の貝殻断面全体（上段右）と殻長部（上段左）、縁辺（中段）および、染色とエッチングを施した縁辺（下段）（筆者撮影・作成）

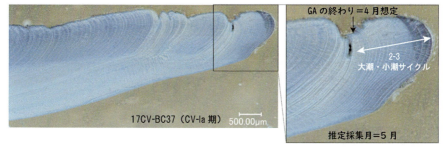

口絵6　考古資料の貝殻断面の観察にもとづく推定採集月の算出方法

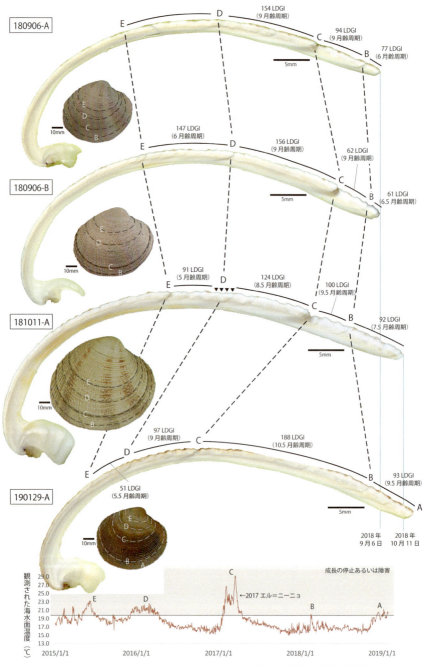

口絵7　現生オオヌノメアサリにおける成長障害輪間の月齢周期数、および観測された海水面温度と成長障害輪の対応関係（筆者作成）

目　次

序章　アンデスにおけるモニュメントとモニュメンタリティ

第1節　はじめに　*3*

第2節　先行研究と問題の所在　*6*
1．アンデスのモニュメントとその起源　*6*
2．古期のマウンドをめぐる二つの視点　*9*
3．問題の所在　*11*

第3節　理論的視座と方法論　*14*
1．モニュメントとモニュメンタリティ　*14*
2．社会実践論と行動考古学　*17*
3．考古学からみた社会実践　*22*
4．アプローチと方法　*24*

第4節　本書の構成　*27*

第1章　アンデスの自然環境と歴史

第1節　アンデスの編年と古期という時代　*35*

第2節　アンデスの自然環境　*41*
1．海岸地域の特徴と沿岸部の生態環境　*41*
2．チカマ川流域沿岸部の自然環境　*49*
3．気候の周期的変化：季節変動とエル・ニーニョ現象　*52*

第3節　古環境という視点　*57*
1．南アメリカ大陸の環境史　*57*
2．完新世のエル・ニーニョ現象　*62*
3．チカマ川流域沿岸部の古環境　*68*

第2章　クルス・ベルデ遺跡の発掘：遺跡の形成過程と年代

第1節　クルス・ベルデ遺跡　79
1．調査対象地域と遺跡の選定　79
2．調査の方法　88
3．A-2マウンドの発掘と建築フェイズの設定　91

第2節　マウンドの形成過程と通時的変化　95
1．CV-Ia 期　95
2．CV-Ib 期　96

第3節　マウンドと埋葬　101
1．埋葬遺構の特徴　101
2．副葬品および共伴遺物　114
3．埋葬方法および埋葬遺構の共通性と差異　118
4．埋葬人骨の生物考古学　120

第4節　マウンドの絶対年代　125
1．測定試料の選別と分析の方法　125
2．測定結果と解釈：ベイズ推定　126

第5節　小括：マウンド形成過程の変化と年代　130

第3章　出土遺物の分析：モノのライフヒストリーと廃棄行為

第1節　石器の分析　135
1．分析の方法：使用痕の分類と石材　135
2．石器の特徴と組成　146
3．石器の製作技術　166
4．マウンドと石器のライフヒストリー　169

第2節　骨器・貝器の分析　173
1．分析の方法：使用痕・製作痕の分類と素材　173
2．骨器・貝器の特徴と組成　177
3．貝製釣針の製作技術　183
4．マウンドと骨器・貝器のライフヒストリー　185

第3節　小括：マウンドから出土した遺物の特徴と廃棄行為　*186*
　　　　1．クルス・ベルデ遺跡における道具類の利用傾向　*186*
　　　　2．モノのライフヒストリーからみた遺物の特徴と廃棄　*187*

第4章　食糧残滓からたどる資源利用

　　　第1節　出土動物骨の変化と資源利用　*191*
　　　　1．サンプリング方法とデータの性格　*191*
　　　　2．データセット1：発掘調査における収集　*192*
　　　　3．データセット2：コラムサンプルによる収集　*204*

　　　第2節　植物資源の加工と消費　*212*
　　　　1．サンプリング方法とデータの性格　*212*
　　　　2．データセット2：コラムサンプルによる収集　*212*
　　　　3．データセット3：顕微鏡観察による析出　*214*

　　　第3節　貝類の採集活動と資源利用戦略　*225*
　　　　1．分析対象資料と出土状況　*225*
　　　　2．貝類の種同定と定量分析　*226*
　　　　3．個体サイズの多様性と採集圧　*233*
　　　　4．多様度指数・均等度指数からみた利用貝種の多様性　*237*
　　　　5．古期における貝類生息数の変化と環境変化　*239*
　　　　6．貝類の採集活動と資源利用戦略の変化　*242*

　　　第4節　小括：クルス・ベルデ遺跡における資源利用と
　　　　　　　通時的変化　*244*

第5章　二枚貝のスクレロクロノロジー：古環境変動を探る

　　　第1節　スクレロクロノロジーと考古学　*251*
　　　　1．スクレロクロノロジーとは　*251*
　　　　2．考古資料を用いた環境史の研究　*256*
　　　　3．採集活動における季節性の研究　*257*
　　　　4．遺跡形成論とスクレロクロノロジー　*261*

5．アンデス地域におけるスクレロクロノロジーと考古学　*262*

第2節　分析の方法と対象資料　*269*
　　1．オオヌノメアサリ（*Protothaca thaca*）　*269*
　　2．分析方法と手順　*273*
　　3．貝殻の安定同位体分析　*274*

第3節　オオヌノメアサリの成長パターン　*276*
　　1．朔望日輪、潮汐輪、大潮/小潮サイクル、成長障害輪　*276*
　　2．成長パターンと環境要因　*280*
　　3．成長障害輪とエル・ニーニョ現象　*288*

第4節　エル・ニーニョ現象と古環境変動　*289*
　　1．成長障害輪からみた古期の海域環境　*289*
　　2．オオヌノメアサリの推定採集時期　*294*

第5節　小括：スクレロクロノロジーでみる環境変動と
　　　　生態資源利用　*299*
　　1．古期における環境変動とENSOの通時的変化　*299*
　　2．クルス・ベルデ遺跡における生態資源利用の季節性と通時的変化　*300*

第6章　環境変動に伴う社会実践の変容とマウンド

第1節　マウンドの形成と生態資源利用　*307*
　　1．A-2マウンドの形成過程　*307*
　　2．マウンドから出土する動植物遺存体の性格　*308*
　　3．マウンドから出土する人工遺物の性格　*316*
　　4．マウンドの形成と廃棄活動、生態資源利用、協働性　*317*

第2節　環境変動と生態資源利用　*320*
　　1．生態資源利用の変化と河口・汽水域の開発　*320*
　　2．古期における環境変動と生態環境の変化　*325*
　　3．生態環境の不安定化と資源利用戦略　*326*

第3節　環境変動とマウンドの形成　*328*
　　1．マウンドの形成過程の変化と建設活動　*328*

2．マウンドの形成サイクルと環境変動　　329
　　　3．環境変動に伴う社会実践の変容とマウンド　　332

　第4節　社会実践の変容とマウンド・ビルディング　　335
　　　1．マウンドの形成過程とマウンド・ビルディング　　335
　　　2．マウンド・ビルディングの開始とマウンドに対する認識の変化　　337
　　　3．廃棄物のマテリアリティ：刻み込まれた痕跡と物質的過去　　339
　　　4．マウンドの多義性、包括性、および集団の凝集性　　343
　　　5．マウンドのモニュメンタリティ　　345

　第5節　小括：ゴミ捨て場からモニュメントへ　　348

第7章　チカマ川流域沿岸部におけるクルス・ベルデ遺跡

　第1節　チカマ川流域沿岸部におけるマウンド　　355
　　　1．ワカ・プリエタ遺跡　　355
　　　2．パレドネス遺跡　　365
　　　3．ワカ・プルパール遺跡およびその他のマウンド　　367

　第2節　マウンド・ビルディングの開始とその背景：
　　　　　比較の視点から　　370
　　　1．廃棄実践の開始に関わる外因性の検討　　370
　　　2．マウンド・ビルディングの開始に関わる外因性の検討　　377
　　　3．クルス・ベルデ遺跡におけるマウンド・ビルディングの開始と背景　　381
　　　4．チカマ川流域沿岸部の地域史とクルス・ベルデ遺跡　　384

　第3節　小括：チカマ川流域における
　　　　　クルス・ベルデ遺跡の位置づけ　　388

終章　アンデス文明史におけるマウンドと神殿

　第1節　マウンドと神殿建築：モニュメントの
　　　　　はじまりに関する一考察　　393
　　　1．アンデスにおけるモニュメントの出現と神殿建築　　393

2．形成期の神殿建築と神殿更新　　*394*
　　3．マウンド・ビルディングと神殿更新　　*396*
　　4．マウンド・ビルディングの特質　　*407*
　　5．マウンド・ビルディングと神殿更新の関係性　　*410*
　　6．北海岸と中央海岸　　*413*
　第2節　おわりに：環境変動・資源利用・モニュメンタリティ　　*418*
　　1．環境変動に伴う集団的実践の変容とマウンド・ビルディング　　*418*
　　2．アンデス文明史における古期北海岸の位置づけ　　*425*

参 考 文 献　*429*

あ と が き　*465*

凡　　例

1. 図表・註は、それぞれ章ごとに番号を付記した。
2. 挿図の縮尺などは図版ごとに提示した。
3. 筆者が作成したもの以外の図表は、部分的な加筆、修正、翻訳を加えた場合でもすべて出典を明記した。
4. 写真については、撮影者を明記した。図表を含めとくに明記のないものは筆者が撮影、作成したものである。
5. 引用文献の出典はすべて本文中に［荘司 2017］のように提示した。これは、［姓 発表年］を表している。引用の該当頁を示す場合には、［荘司 2017: 20-21］のように、発表年の後に頁数を記した。
6. 同じ著者が同一年に複数の論文・著作を発表している場合には、［荘司 2017a］、［荘司 2017b］のように発表年の末尾にアルファベットを記して区別した。
7. 同姓の著者がいる場合でも、発表年が異なり、混同の恐れがない限りにおいて姓、発表年を記すのみとした。
8. スペイン語、英語などの欧文文献は［Shoji 2018］、和文文献の場合［荘司 2018］と示して区別した。
9. 論文の著者が 2 名の場合、和文では［荘司・ラ＝ロサ 2017］、欧文では［Shoji and La Rosa 2017］と表記した。ただし、3 名以上の場合、欧文では［Dillehay et al. 2017］、和文では［荘司ほか 2017］として省略形を用いた。
10. 絶対年代については、紀元前後を意味する「BC／AD」を用いた。引用元の文献において「○○○ BP」（1950 年の時点から○○○年前）、「○ ka」（○千年前）という表現を用いる場合、2000 BC（4000 BP）として「BC／AD」に換算して併記した。放射性炭素年代測定値を較正曲線にあてはめた較正年代は cal BC と表記し、モデル年代はイタリックで表記した。
11. 動植物の学名については初出に限り、オオヌノメアサリ（*Protothaca thaca*）のように学名を併記した。属に同定が留まる場合、ある属のうちいずれかの一種にあたる時は（*Protothaca* sp.）、ある属のうち複数種に該当する可能性がある時は（*Protothaca* spp.）とした。

序章　アンデスにおけるモニュメントと
　　　モニュメンタリティ

第1節　はじめに

　本書の目的は、中央アンデス地帯[1]に属するペルー北海岸の古期（5000 BC-3000 BC）を対象としたクルス・ベルデ遺跡の発掘調査と遺物の分析を通じて、漁撈民の実践とモニュメントの創出過程を明らかにすることである。

　世界各地の先史時代においてみられるモニュメント（記念碑的建造物）は、古代文明を特徴づける重要な要素として長らく位置づけられており、多くの研究が蓄積されてきた。なぜなら、様々な地域に残されたこれらの建造物の巨大さや耐久性、高度な建設技術などが、われわれに過去の社会の存在を想起させてきたためである。こうしたモニュメントの研究においては、文化史的な視点を取り入れた考古学［eg. Childe 1958; White 1943; Tello 1943］に始まり、新進化主義的な思想や生態学的な視点を取り入れたニューアーケオロジーによる研究［eg. Renfrew 1973; Wilson 1988］に至るまで、モニュメントを社会階層や政治権力の存在とアプリオリに結びつけてきた傾向が認められる［eg. Trigger 1990; cf. Arnold 1996; Gibson 2004: 256-258］。そして、このアプリオリな権力性は、農耕の開始による余剰生産物の発生から社会階層化、モニュメントの形成を一連の流れとして捉える唯物史観［eg. チャイルド 1951］と深く結びついて醸成されてきたといえる。すなわち、考古学研究においてモニュメントの存在は階層社会であることの証拠であり、そこから社会階層や権力を読み取るべき対象として長い間捉えられてきた。

　このモニュメントと権力の関係、あるいは労働力のコントロールとの関係を前提にした議論は1990年代の後半から2000年代にかけて、多くの批判を受けるようになっていった［eg. Arnold 1996; Bradley 1998; Gibson 2004; Rosenswig and Burger 2012］。とくに、こうした批判の動きは、明確な社会階層を有さない狩猟採集民社会における、モニュメントの調査研究事例の増加とも大きく関わっている［eg. Hallendy 2000; Flood 1995: 275-276; Cleal et al. 1995; Schmidt 2012; Notroff et al. 2014］。中央アンデスにおいても、農業による余剰生産や明確な社会階層が出現する以前から、モニュメントが建設されてきたことが早く

序章　アンデスにおけるモニュメントとモニュメンタリティ

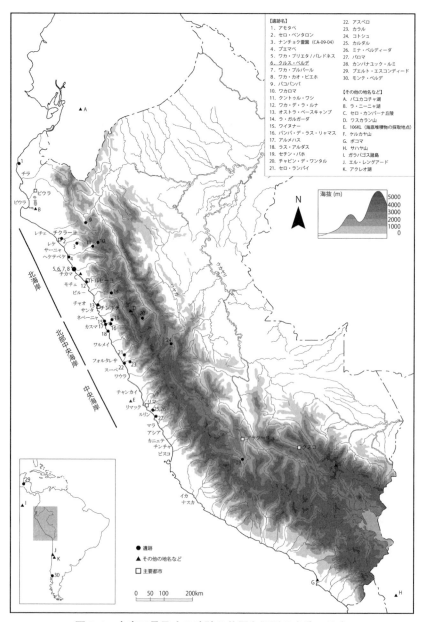

図 0-1　本書で言及する遺跡の位置と河川の名称、地名

から指摘されてきた［加藤・関編 1998］。

　上述のような批判に伴って行われるようになってきた研究とは、モニュメントの協働的な建設活動そのものや、モニュメントを舞台として行われた儀礼活動などに着目するものであり、モニュメントにおいて人間集団が反復的に儀礼行為を実践する中で社会組織や権力、規範、世界観、モニュメントの意味などが生み出され、固定化あるいは変化していくというものである［eg. Pauketat 2007; Thompson and Pluckhahn 2012; McNiven 2013］。これは、遺構や遺物から、そこに反映された世界観を読み取ろうとしてきた従来の考古学研究とは一線を画し、行為を通じた人間と物質の相互作用から様々な社会的な諸相が生み出され、経験されていくプロセスに着目しようとするものである。

　このように、人類史における社会組織の動態や集団の生成過程を明らかにするうえで、モノと人間の相互関係が生まれる場、そして協働的な活動が行われる場としてモニュメントを研究対象とする意義は依然として大きく、本書もそうした学問的潮流の延長線上に位置づけられる。本書は、アンデス文明においてモニュメントの建設が隆盛となる時代の直前にあたる古期に焦点を当てる。そして、この時代におけるモニュメントの生成過程に迫り、そこでの活動の変化を通して、この時期の社会集団の変容を考察していく。次節からは、なぜそうした研究が必要なのかという問題意識を明確にするために、アンデス地域で行われてきた考古学研究の問題点を簡略に示すことにしよう。

第2節　先行研究と問題の所在

1．アンデスのモニュメントとその起源

　アンデス文明とは、先スペイン期に勃興を繰り返してきた文化の総体を意味する。ここにおいてもモニュメントの存在は特別に位置づけられ、多くの研究が蓄積されてきた［eg. Tello 1960; Williams 1985］。なかでも公共的な祭祀建造物については、単なる祭祀活動の場としてだけでなく、そこに集まる人々にとって社会・政治・経済活動における中心的な役割を果たしていたと想定する立場から、そこでの活動から社会の諸相を捉えようとする研究が多く試みられている［eg. Burger 1988, 1992; Rick 2005; 関 2006; Staller (ed.) 2008］。こうした建造物は慣習的に「神殿[2]」と呼ばれており、それが建設され始め、社会統合の中心となっていった時代を指して形成期（3000 BC-50 BC）という編年上の位置づけがなされている［大貫・加藤・関（編）2010］[3]。

　アンデスにおける形成期の神殿は、基壇とそれに囲まれた広場、基壇上の部屋状構造物などが配置されることによって構成されている。そして、この神殿は、古い建物を破壊し、埋め立て、新たな神殿をそれに覆いかぶせるというような、度重なる自発的な共同労働によって徐々に大きな神殿として構築されていくことが確認されてきた［eg. Izumi and Sono (eds.) 1963］。この過程を実証し、長く形成期研究をリードしてきた日本の調査団は、長期的・反復的な建設活動に伴う神殿の拡張プロセスに伴って技術・経済・社会組織が発達してきたことを主張し、それを「神殿更新」と呼んで理論化した［大貫 1989; 加藤 1993: 44-46; 関 1998: 304-305］。これは、祭祀建造物の度重なる破壊・建設・更新とそこでの儀礼活動が、余剰生産の統御に先立って社会変化の主要因となったことを論じたものであり［加藤・関編 1998］、経済的側面の発達を重視する従来の唯物史観に嫌疑を投げかけるものであった。このほか、神殿での儀礼などを通じて生じる、日常生活圏を越えた人々や物資の移動が文明形成において重要な役割を果たしたことが指摘されるなど［加藤・井口 1998: 220-224; Burger

1992: 220-227; 関 2006; 加藤 2010; 山本 2012]、形成期の社会統合において神殿は中心的な位置づけにあったことが明らかにされてきた。

　また近年の調査では、形成期早期（3000 BC-1800 BC）において、最古級の巨大な神殿建築が相次いで報告されており、その起源への注目が集まっている。現在、最古とされているのは、およそ 3500 BC の絶対年代が得られているカスマ谷のセチン・バホ遺跡［Fuchs et al. 2009］であり、その年代は、従来、形成期早期として設定されてきた編年的枠組みからも大きくはみだすほど古い値となっている。さらに驚くべきは、このセチン・バホ遺跡が、その最初期から整然とした神殿建築として機能していたほか、形成期早期の北部中央海岸・中央海岸で共有されていた一定の建築要素やその配置パターンをすでに有している点である。同様の規模とパターンを持つ大遺跡が広い地域で共通して展開されていたことがそのほかの遺跡でも確認されていることから、ここに複雑な社会[4]を想定する研究者もいるが［eg. Shady and Leyva (eds.) 2003; Haas et al. 2004; Benfer 2012］、根拠は明白でない。一方で、こうした初期の神殿が自発的な共同労働によって建設され始めると考えた場合、従来の階層化社会を前提としたモニュメント観では想定する必要のなかった疑問も生じてくる。それは、なぜ、人々は突如として神殿のような大きなモニュメントを建設し始めるのかという、一見古くて新しい問題である。この点については、現状で明確な答えが得られておらず、アンデスのモニュメント研究をめぐる大きな課題となっている。

　このように形成期がモニュメントの時代であるとするならば、その一つ前に位置づけられる古期（5000 BC-3000 BC）は、定住化やドメスティケーションが大きく進展した時代であるといわれ、生活様式と食糧獲得戦略の変化が社会・経済的な発展と結び付けられて議論されてきた［eg. MacNeish et al. (eds.) 1983; Rick 1988; Lynch 1980］。とくに海岸地帯では、豊富な海産資源を背景とした定住漁撈集落が成立し、それがアンデス文明の基盤として形成期早期の人口増加と社会発展を生み出していったと想定されるなど［eg. Moseley 1975; Moseley and Feldman 1988; Fung 1988; Engel 1980］、古期の研究はマルクス主義的唯物史観にもとづく発想のもと経済活動の研究に偏りをみせてきたといえる。その結果、アンデス考古学において経済以外への関心が高まる中、1980 年代以降に

古期研究自体が影を潜め、経済活動に従事した人々による集団的な儀礼実践やモニュメントの有無などの問題は不明なまま残されている。すなわち、近年になって大きく進展してきた形成期早期の研究との間には、研究蓄積に大きな差が生じているのであり、モニュメントを持たない小さな漁村として語られてきた古期と、形成期早期に想定される社会との間に大きな開きが生まれているといえる。

　しかし、必ずしも古期におけるモニュメントの存在を否定できない事例も報告されてきている。それは、トム・ディルヘイ (Tom Dillehay) によって調査された北山地に位置するナンチョク霊園遺跡の小規模な盛土遺構（以下マウンド[5]と称する）(5600 BC-4500 BC) [Dillehay et al. 2011b] と、北海岸沿岸部に位置するワカ・プリエタ遺跡のマウンド (5500 BC-1500 BC) [Dillehay et al. 2012b] である。とくにワカ・プリエタ遺跡について、ディルヘイは、計画的な盛土の反復によって規模が増大していくマウンドが形成期早期に祭祀建造物へと変化したとの見解を示し、これが初期のモニュメントであったことを主張している [Dillehay et al. 2012b: 62-65]。とはいえ、ディルヘイの調査以外に同様の現象は報告されていないこと、マウンド建設のプロセスが完全には解明されていないこと、形成期の神殿との形態的な差異が大きいことなどから、研究者間で同意を得るには至っていないのが現状である。

　このように、古期におけるモニュメントの存在を否定しきれないデータが一部報告されつつあるものの、その研究は依然として乏しい。そのため形成期の神殿建築に代表されるモニュメントは、早期の初段階に大規模な建造物として突如、建設され始めるというのが、現在までの調査データをふまえた一般的な見解となっている。しかしながら、小さな漁村のイメージで語られてきた古期の海岸部は、先述のように研究が進んでいない現状があり、公共的な活動がどのように展開していたのかについてはわかっていない。また、そうした古期研究の進捗状況には地域的な濃淡が生じている。はたして、このような現状で形成期早期に突如、神殿建築が建設されるようになり、社会が急激に複雑化したとする見解の妥当性はどれほどあるのだろうか。すなわち、古期に報告されているマウンドの位置づけを含め、アンデス文明史におけるモニュメントの研究

は、そのはじまりに関して大きな課題を残しているといえよう。この問題に迫り、巨大モニュメントの出現という形成期早期における急激な展開を正確に捉えるためには、古期における初期モニュメントの有無や、そこで維持・強化されていた集団の組織的基盤を明らかにしなければならない。後述するように、ここで大きな障害となるのは、モニュメンタリティ（モニュメント性、モニュメントらしさ）を投下労働量や建築の規模、非実用性に還元するような新進化主義的なモニュメント観［eg. Trigger 1990］である。本節では、そうした理論的視座に関わる問題に踏み込む前に、古期のマウンドについてのこれまでの解釈について紹介しつつ、具体的な問題の所在を明らかにしておこう。

2．古期のマウンドをめぐる二つの視点

　上述したような古期のマウンドは、サーニャ川やチカマ川などのペルー北海岸の河川流域沿岸部において複数の事例が確認されている［Chauchat et al. 1998; Dillehay (ed.) 2011; Maggard and Dillehay 2017］。しかしながら、発掘調査が実施され、調査データが報告されているのはチカマ川流域沿岸部のワカ・プリエタ遺跡とそこから500mほどの位置にあるパレドネス遺跡のみとなる。

　ワカ・プリエタ遺跡は、1946〜47年にジュニアス・バード（Junius Bird）らによって発掘調査が行われ、豊富な植物遺存体や織物、装飾付きのヒョウタン製容器などが出土したことで有名となった［Bird et al. 1985］。高さ12mに及ぶこのマウンドでは、石積みの半地下式部屋状構造物や埋葬、豊富な動植物遺存体、石器などが発掘調査によって見つかっており、中には綿製の織物やヒョウタン製容器、ヒョウタンの浮きがつけられた漁網なども出土している。バードらは、これらの考古遺物と遺構の存在から、マウンドが長期的な居住活動の痕跡が自然に堆積していくことで形成された日常的な生活空間であったと考えたのであり［Bird et al. 1985］、こうした調査成果にもとづいて古期における小さな漁村のイメージが醸成されてきた。なお、この発掘によって得られた放射性炭素年代測定値は3500 BC-1500 BCにあたるものであり、古期から形成期早期にかけての活動と考えられる。

一方で、2006年から2013年にかけて、この遺跡を再調査したディルヘイらは、バードの調査で未発掘なまま残された発掘区を利用して、さらに古い堆積層まで発掘を進めた結果、マウンドの形成過程が5500 BCにまでさかのぼることを明らかにした［Dillehay et al. 2012b］。これと同時にディルヘイらは、マウンドが人為的な盛土の堆積によって形成されてきたことを指摘し、バードとは異なる解釈でマウンドを捉えている。それは、マウンドを長期にわたり建設されてきたモニュメントだとする解釈であり、とくに古期の末から形成期早期にかけて祭祀・儀礼的な活動と埋葬行為が、ここで活発に行われたという。バードによっても報告されてきた、マウンド上で検出される石積みの半地下式部屋状構造物には入り口がなく、狭い内部空間には居住活動による痕跡が認められない。そして、多くの部屋状構造物の内部には埋葬が伴っていることから、ディルヘイはこれを住居ではなく埋葬施設であると主張する［Dillehay et al. 2012b］。また、新たに報告された円形の住居はマウンドの外にあたる平坦な地形で検出されている［Dillehay (ed.) 2017］。これらの点をふまえ、マウンドは居住活動によって形成されたものではないとし、出土する動植物遺存体はマウンドの建設活動に際して行われた饗宴の残滓であったとの見解を示した［Dillehay (ed.) 2017］。こうしてディルヘイらは、このマウンドをモニュメントとみなし、祭祀・儀礼空間として利用されていたと考えたのである。

　マウンドが居住用の空間ではないという解釈についてはデータにもとづいた妥当なものといえる一方、マウンドをモニュメントとみなす解釈は論拠が明白でなく説得力に欠ける部分もある。たとえばディルヘイは、マウンドがモニュメントであることの根拠を、計画的に土を盛る行為がマウンドの形成され始める段階から継続的に行われていたことや、最終的に高さ12mにもなるマウンドの規模に求めている。あたかも、当時の人々が巨大なマウンドを建設することを目指して、3500年もの間、継続的に活動していたかのようであり、容易には受け入れがたい。人為的に土を盛るという行為と、計画的に建設活動を遂行するということを、同一視するのは危険である。また、出土する動植物遺存体を建設活動に伴う饗宴の残滓と捉える根拠も不明瞭であるし、公共性[6]を生み出すと位置づけられる祭祀・儀礼活動が一貫して行われていたとする解釈も論

拠が示されていない。そこには、最終的に遺跡として残されたマウンドの規模や、海岸部の各所で形成期に建設され始める公共祭祀建造物、すなわち神殿建築の存在を念頭においた先入観が潜んでいることは否めない。

さらに言えば、動植物遺存体とともに土を盛るという行為は、およそ3500年間にわたって反復され続け、マウンドを形成する基礎的な活動であったと考えられるものの、それは長期的なプロセスの中で一様に捉えられている。すなわち、そこに変化があったのかどうかも含めて、その実態は不明瞭な部分が大きい。

このように、古期の北海岸で報告されてきたマウンドという存在は、主に二つの視点から解釈されてきたといえる。それは、マウンドを生活残滓の蓄積とみなす視点［Bird et al. 1985］と、祭祀・儀礼をおこなうためのモニュメントとしてみなす視点［Dillehay et al. 2012b］である。しかしながら、いずれもその根拠は頼りない。その理由として挙げられるのは、盛土層に豊富な考古遺物を残し、マウンドを形成してきた人間の行為の復元が十分に実証的に行われておらず、その行為がどのような目的で繰り返されていたのかが不明な点であろう。なかでも、そこに含まれる動植物遺存体が、日々の生活残滓であるのか、あるいは特別な祭祀活動や饗宴活動の残滓であるのかという点を検証する必要がある。

3．問題の所在

以上のように、アンデス文明史におけるモニュメントの出現期に関する研究を概観してみると、二つの課題を指摘することができる。第一に、形成期早期におけるモニュメント、つまり神殿建築の起源についての関心が高まっており、調査成果が蓄積してきた結果、古期に想定される社会像と形成期早期に想定される社会像には、大きな乖離が生じていることが挙げられる。それによって、形成期早期に急激な社会変化が起きたことが想定されるようになってきた。もちろん、この時期に何らかの変化が起きたことは確かだが、その変化がどのようなものであったのかを正確に議論するためには、古期の人々の集団像を正確

序章　アンデスにおけるモニュメントとモニュメンタリティ

に捉える必要がある。これに加えて、そこで行われた行為、とくに集団的な行為がどのようなものであり、形成期早期の神殿建設活動との差異や共通点が何であったのかを明らかにしなければならない。ここに、古期の海岸部に焦点を当てて研究を展開することの意義が見出せる。

　第二に、古期のマウンド群をめぐる研究に関する問題点が挙げられる。とくに、調査データの豊富なワカ・プリエタ遺跡に関する研究をみてもわかるように、このマウンドが日常的な生活残滓の堆積、あるいは祭祀・儀礼活動に特化したモニュメントという相異なる視点で捉えられてきた。しかし、両者の視点はともに、その根拠が希薄であり、評価を定めるに至っていない。その要因として考えられるのは、生活の場と祭祀・儀礼の場という区別を前提にして、マウンドという存在を捉えようとする研究姿勢にある。実際に、長期的な形成過程が復元されるマウンドが、常に同一の性格を持ち続けていたという保証はない。すなわち、マウンドを形成してきた行為がどのような意図によって行われたもので、どのように変化してきたかということをまずは検証する必要がある。後述するように、これまでは、人為的に作られた構造物をモニュメントとみなす解釈があまりに短絡的になされてきた傾向があり、実際にそれがモニュメントとしてつくられたものであるかどうかは、十分な資料を得て、多角的な分析を進める中で検討すべき課題といえる。また、ディルヘイはワカ・プリエタ遺跡に近接し、比較的小規模なマウンドであるパレドネス遺跡を調査し、これが、ワカ・プリエタ遺跡での饗宴祭祀で消費される食糧の給仕場であったことを指摘している。この点も、最終的に巨大なマウンドとなったワカ・プリエタ遺跡の求心性を前提とした解釈といえ、チカマ川流域沿岸部に分布する複数のマウンド同士の関係性も不明瞭なまま課題として残されている。

　このようなアンデス文明史における課題や、古期のマウンドを対象とした研究の課題を乗り越えるため、本書では、チカマ川流域沿岸部に位置するマウンド群の一つにあたるクルス・ベルデ遺跡の発掘調査を実施し、通時的な考古学データを集めることにした。海岸地域を対象に、マウンドを残した人々の社会動態を復元することがそのねらいとなる。上述のような課題をふまえて明らかにするべきなのは、長期的・継続的なマウンドの形成過程が、どのような行為

の累積にもとづくものであり、それがどのような過程を経てマウンドという存在を形成するに至ったのかという点である。そして、そこに潜む行為者の意図を解釈しようとするなかで、マウンドおよびモニュメントの出現過程を検証し、そこで生み出される集団組織や社会変化に迫らなくてはならない。その際に本書が用いる研究手法は、遺跡の形成過程や考古遺物のライフヒストリーに着目するものと、マウンドから出土する動植物遺存体を対象にした生態資源利用の変化に着目するものである。その理由は、マウンドを作り出した人々の意図を考察しモニュメントの創出過程を解明するためには、社会実践論的な解釈を考古学に導入することが有効であり［cf. Joyce 2004］、生態資源利用とマウンドの形成過程、およびモニュメントの創出の関係性を捉えなおす必要があるためである。次に、この点について詳しく述べていく。

第3節　理論的視座と方法論

1．モニュメントとモニュメンタリティ

　古期の北海岸におけるモニュメントの創出過程を明らかにするためには、従来の研究を乗り越える必要がある。形成期早期に突如建設され始める神殿建築を、最初のモニュメントとして捉える従来の歴史観は、古期の研究事例が少ないことのみに起因して醸成されてきたわけではない。そこには、モニュメントを唯物史観あるいは新進化主義的な立場から捉えようとする研究姿勢が、この地域でいまだに根強く残っていること [eg. Shady and Leyva (eds.) 2003; Haas et al. 2004] とも深く関係している。

　第1節でも述べてきたように、この新進化主義的な見方においてモニュメントは、社会階層や権力の存在を前提として建設されるものと考えられてきた。たとえば、ブルース・トリガー [Trigger 1990] はモニュメントへの投下労働量に着目する「熱力学的解釈」により、通文化的な比較を試みようとした。彼によれば、モニュメントにもっとも特徴的なのは、最低限必要とされる機能を越えてどれだけ大きいかという点や、洗練された装飾が付けられているかどうかという点であり、その過剰な投下労働量がモニュメンタリティを生むという [Trigger 1990: 119]。さらに、この非実用的な用途に対する労働力のコントロールが支配者の力のデモンストレーションとなるため、モニュメントは権力の象徴になるとした [Trigger 1990: 125]。つまり、モニュメントの存在が階層社会であることの証拠とされてきたのである。この解釈には、遺構や遺物を人間の観念が反映されたものとして捉えて、モニュメントの存在を議論してきたことが如実に現れている。先述のようにモニュメントの権力性や労働力のコントロールに関しては再考が進められている一方[7] [eg. Rosenswig and Burger 2012]、建築物の大きさや整然とした建築配置、装飾性、投下労働量などによってモニュメントであるかどうかを解釈する傾向は現在でも引き続いている [eg. Shady and Leyva (eds.) 2003; Haas et al. 2004; Pozorski and Pozorski 2012]。

これに対して、筆者が参照したいのは、モニュメントを「世界観や権力が反映されたもの」とみるのではなく、むしろ、そうした観念的な世界はモニュメントにおける活動を通して生み出され続けているとみなす考え方である［cf. Tilley 1994, 2004; Pauketat 2001］。たとえば、投下された大規模な労働力にモニュメンタリティを求めてきた従来のモニュメント観を再考し［Bradley 1998］、"natural place"の考古学を提唱するリチャード・ブラッドレイ（Richard Bradley）の論考が参考になる。ブラッドレイは、泉や滝、巨木、洞窟、巨石などの自然界の特別な場所に聖性を付与するような儀礼的実践として、考古学的に検出される奉納の行為に注目し、モニュメントは必ずしも巨大な人為的建造物を必要としないことを主張した［Bradley 2000］。モニュメンタリティとは、建造物の大きさに宿るのではなく、そこでの儀礼的で継続的な行為を通じて生成されていくものであるというわけだ。また、同様の立場に立つビクター・トンプソン（Victor Thompson）とフレッド・アンドリュース（Fred Andrus）は、そうした視点が、大きさや投下されたエネルギー量から明白に識別できない初期のモニュメントに焦点を当てるために必要であることを強調している［Thompson and Andrus 2011: 319］。ブラッドレイがモニュメントについて考察したのと同様に、ある存在をモニュメントたらしめるのは、人間の様々な行為の反復を通じて生成され、再生産され、共有される行為者の認識や世界観にあると考えるべきであろう。これはとくに、モニュメントの創出過程を検討するためには欠かせない視座となる。

　こうした一連の研究に広く認められるのは、社会的に繰り返される行為を通じてモニュメンタリティが生み出されるプロセスに着目する姿勢であり、過去の人々がどのようにモニュメンタリティを経験し実現していたのかを重視する現象学的考古学［cf. Tilley 1994, 2004］の視点である［eg. Bradley 2000; Pauketat 2007; Thompson and Andrus 2011; Thompson and Pluckhahn 2012; McNiven 2013］。そこに投下されたエネルギー量や建造物の大きさだけではモニュメントを識別できないとするならば、モニュメントをどのように定義するのが適切なのだろうか。トンプソンの主張するように、とくに初期モニュメントを識別するためには、モニュメンタリティがどのように生成され、それがどのように経験

序章　アンデスにおけるモニュメントとモニュメンタリティ

されていたのかに焦点を当てる必要があり［Thompson and Andrus 2011: 319］、彼はこのプロセスを生み出す一連の行為を「モニュメンタリティの実践」あるいは「モニュメンタリゼーション」と呼んでいる［Thompson and Pluckhahn 2012: 49-50］。クリス・スカー（Chris Scarre）は、モニュメントの語源であるmonuimentumに 'Something that reminds' という意味があることに触れながら、モニュメントという言葉は、「何かを喚起させるサイズや耐久性」と「記念または記憶」の二重の意味を持つとした［Scarre 2011: 9］。モニュメントにおける"記憶"の重要性はティモシー・ポコタット（Timothy Pauketat）によっても強調されている。ポコタットによれば、モニュメンタリティは「集団的記憶と集団のアイデンティティを景観の中に構築すること」によって生成される［Pauketat 2007: 199］。

　もう一つ重要な点は、スカーの主張するように、そうした記憶がサイズや耐久性、色などの物質的特徴によって喚起されるということであり、モニュメンタリティの実践には、この物質と集団的記憶[8]の間に関係性を構築する行為が含まれる。そして、こうした半永続的に景観の中に残り続ける物質が、永続的な記憶を生成し、世代を超えて意味やメッセージを伝達する装置となるという［Scarre 2011: 9］。ただし、その意味やメッセージは、実践への参与者によって常に再解釈されるために建設時に意図されたものから逸脱する可能性を持ち、可変的である［Scarre 2011: 9］。

　すなわち、モニュメンタリティとは、人間集団の記憶や経験を、物質および場に結び付けるような社会実践を通じて、物理的環境[9]に構築された集団的記憶であり、それは反復的に再生産され続けていく。また、この実践は記憶と不可分な集団のアイデンティティを物理的環境に構築し、社会関係を物質化・場所化することをも意味しており［cf. Tilley 1994: 15-21; オジェ 2002: 244-245］、こうして可視化された集団のアイデンティティは、集団内外の差異を繰り返される行為の中で生み出すものでもある。

　以上のような理論的視座は、遺跡として考古学的に検出される状況が過去の人々の活動によって残された痕跡の総体であるという点に立ち返り、その活動や行為を復元することで、往時の人々の社会規範や世界観が動態的に生み出さ

れる過程に迫ろうとする考古学研究の隆盛を背景にしている［eg. Tilley 1994, 2004; Pauketat 2001; Joyce 2004; 関 2014b］。これは遺構や遺物を、それらを作り上げた人間の観念が一方的に反映されたものと捉えるのではなく、むしろそうした物質と人間の相互作用に基づく行為の中にこそ、社会的認識や社会規範、社会集団が実現するという発想の転換にもとづくものであり、ポストモダンの人類学的潮流により醸成されてきた社会実践論［ブルデュー 1988; ギデンズ 1993］の視座を考古学に導入しようとするものである［cf. Pauketat 2001］。

2．社会実践論と行動考古学

　ここでいう社会実践とは、ある社会の中で慣習的に行われている行為や活動を指す［cf. ブルデュー 1988; ギデンズ 1993］。そしてこの実践は、特定の集団の中で、成員の誰しもが共有するような規範や知覚、世界観あるいは過去の経験に基づきながら、繰り返し組織、生成され続けていくものである。実践論の代表的な論者とされるピエール・ブルデュー（Pierre Bourdieu）によれば、そうした社会規範は実践が反復される過程で個人の身体に内面化されていくものであり、この内面化され、体系化された人間の傾向性全体をハビトゥスという概念で表している［ブルデュー 1988］。つまり、思考や癖など、無意識的、意識的にかかわらず、慣習的な行為はすべからく社会規範によって生み出されているといえよう。しかし、その一方で、このハビトゥスは行為者による社会実践によって、そのたびに再生産されることから、ここでいうハビトゥスと社会実践は相互に作用し続ける。こうした社会実践をとりまく相互作用の結果、状況に応じて新たな社会実践が生成されるなど、それは動態的に変化していく可能性を常に秘めている［ブルデュー 1988］。

　また、実践をめぐる類似の議論を展開したアンソニー・ギデンズ（Anthony Giddens）は、行為主体と構造という分析概念を設定し、両者の弁証法的関係を考察の対象とした。ギデンズも、ブルデューと同様に両者の相互作用によって実践と構造が変化していくことを示し、構造が再帰的に編成された行為の媒体でもあり、かつ結果でもあるという「構造の二重性」によって連続的に変化し

ていくとした［ギデンズ 2015］。ギデンズはこの「構造の二重性」に基づく、実践を通した「構造化」を焦点化しようとしたといえる。

　両者が比重を置く社会実践が、身体を介した物理的な行為として行われるという側面に着目してみれば、実践は、それが行われる場において、人間が物質に、あるいは物質を介して他者に働きかける行為でもある。そうであるとすれば、社会実践が生成される際には、社会規範や構造だけが無条件に働くわけではない。社会実践は周囲の物質[10]と身体の相互関係の中で実現されるものであり、身体を通した周囲の物質に対する知覚や適切な働きかけ、振る舞いに、社会規範や構造が関与しているといえる。こうした中で、物質や物質の持つ物理的特性、周囲の環境が人間の行為を誘発し、規定する作用を持つこともまた、これまでに多く議論されてきた［eg. ギブソン 1986; Gell 1998; Renfrew 2005］。つまり、社会実践とは、人間が身体を通して物質と関係性を築く行為を基礎とする。そこには、社会規範と社会実践、行為者の身体と物質が相互に作用しあってそれらを再生産・変化させていくような現象を捉えることができる。

　このような人類学・社会学において醸成されてきた社会実践論が、近年多くの考古学者に受け入れられ、これを理論的基盤とした研究が蓄積されつつある［eg. Pauketat 2001; Dobres and Robb (eds.) 2000; Mills and Walker (eds.) 2008; Skibo et al. (eds.) 1995; Skibo and Schiffer 2008; 松本 2013; 関 2015b］。彼らが過去の社会実践を復元する手法として着目しているのは、遺跡形成論やモノのライフヒストリー［eg. Schiffer 1972］、使用痕研究［eg. Semenov 1964; Swift 2014］などの人間の行為によって残された物理的痕跡の研究であり、それは考古学が古くから発展させてきた人間の行動を復元するための研究手法と社会実践論を接合することを意味している。

　このような考古学的方法論は、ニューアーケオロジー、あるいはプロセス考古学[11]という学問的潮流の円熟期に発表された、行動考古学（Behavioral Archaeology）に関する論文によってはじめて体系化された［Reid et al. 1975］。「行動考古学：4つの戦略」と題されたこの論文で、ジェファーソン・レイド（Jefferson Reid）らは、「考古学は人間の行動を説明し記述するための、時間と空間を限定しないモノの研究」［Reid et al. 1975: 864］として定義し、考古学を現

代の物質文化研究にまで拡張した［eg. Gould and Schiffer (eds.) 1981］。ここで大きな注目を浴びたのがタフォノミー[12]をはじめとする考古学的資料の生成過程や、モノがどのように製作、使用、廃棄され最終的に考古学的コンテクストとして調査者の前に立ち現れたのかという来歴を明らかにするモノのライフヒストリー、層位学に基づく地層の堆積過程などに基づいて、遺跡の形成プロセスを復元することで人間活動に迫る遺跡形成論であった［eg. Schiffer 1972, 1976; Reid et al. 1975, Moore and Keene (eds.) 1983］。こうした議論は1970年代後半から80年代にかけて一時隆盛を見せるも、その考古学的手法はミドルレンジセオリー[13]を重視するプロセス考古学の枠の中で捉えられたことで、ポスト・プロセス考古学[14]が注目された80年代以降に激しい批判を浴びることになった［eg. Flannery 1982; Earle and Preucel 1987; Hodder 1991］。

　しかし、ウィリアム・ウォーカー（William Walker）らが指摘しているように、行動考古学は元来、ミドルレンジモデルの構築のためにあるのではないのであり［Walker et al. 1995］、人間の行為を復元する方法論的な有用性は、社会実践論を理論的基盤とする研究によって再度見いだされてきた。考古学的に残された行為の痕跡からエージェンシー、ジェンダー、記憶などを読み取ろうとする研究は、その流れにある［eg. Skibo et al. (eds.) 1995; Dobres and Robb (eds.) 2000; Mills and Walker (eds.) 2008］。

　アンデスのモニュメントに話を戻して、その事例をみてみよう。形成期アンデスの神殿建築を長らく調査してきた関雄二は、先述のような神殿更新説を実践論的思考によって再考し、補強している［関 2014b, 2015b, 2017］。神殿更新に伴う建設活動の連続は、類似する建築物を慣習的なやり方で、繰り返し破壊・建設するというその反復性の点で、まさに社会実践として、ある特定の集団によって執り行われていたといえる。関は、神殿建設にかかわるこのような社会実践が、神殿という人造物に対する認知や技術の継承につながり、そこに参加する人々の世界観を生み出していたことを指摘した［関 2015b: 143-146］。それとともに、古い神殿を破壊し、次の神殿の土台として瓦礫や土器などを投げ捨てる廃棄行為に儀礼性があったことを示しつつ、神殿更新という社会実践の一部であった廃棄の儀礼こそが次の神殿建設に自動的に結びつき、神殿更新

を続ける動力となっていたことを主張している［関 2015b: 144-145］。ウォーカー［Walker et al. 1995］がすでに指摘しているように、廃棄は世界観を構築する重要な行為といえるのであって単なる不用品の放棄とは限らないわけだ。

　一方で神殿を同一の場で繰り返し埋め立て、建設していくという行為は、基壇などの建造物の拡張・増大を自然に引き起こしていく。つまり、同じような実践を反復しているつもりでも、その結果として構築された建造物は変化していくのである。関はこの点について、人間の視覚と建築物の関係から権力を論じたジェリー・ムーア（Jerry Moore）［Moore 1996］を援用し、神殿という社会空間の変化が、そこで行われる儀礼的実践の執行者と参加者の関係に変化を引き起こし、社会集団内の差異を創出していったとしている［関 2015b: 148-151］。すなわち、神殿などのモニュメントを一部のエリート層や集団の観念が反映された存在とみなし、それを読み取ろうとしてきたこれまでの研究に対して、人間と神殿の相互作用の結果から世界観が動態的に生み出される場としてそれを捉えている。ここに社会実践論的見地が見いだせよう。近年では、類似の考古学研究が徐々に蓄積されつつあるが、それらはいずれも、考古学的手法によって遺跡の形成過程を解明し、人間の行為を復元することが、社会実践を読み取るための重要なツールとなっている［eg. Pauketat 2001; Joyce 2004; Thompson and Pluckhahn 2012］。

　また、中米のマヤにおけるピラミッド型建造物の出現過程を論じたローズマリー・ジョイス（Rosemary Joyce）の論考も同様の立場に立つものである。ジョイスは、ホンジュラスのプエルト・エスコンディード遺跡の発掘調査をもとにして、アンデス同様、複数回の増改築を繰り返して巨大化していく建造物の形成過程を明らかにした。それによれば、ここで最初に築かれたのは、集会などに使用されるような小さな基壇であり、それが住居などと同様に土を建築材として作られていることから、建設者が永続性や視認性を意図していたとは考えにくいという。しかし、それがひとたび作られたことによって、結果として集落内部における基壇へのアクセスやそこでの活動、基壇の構造についての知識の差が生み出され、高さと容量の点で周囲よりも目立つ視覚的効果が生じたのであり、基壇は社会的意味を持ち始めることになった。実際、小基壇が永続性

や視認性を意識した恒久的な建造物へと作り替えられていくことによってピラミッド型建造物に変貌していく過程が実証されている［Joyce 2004］。最初に建設された小基壇が、意図していなかった形で人々に作用し、建造物と人間の相互作用の結果、ピラミッド型建造物を建設するという新たな意図と規範が生み出されていったといえる。類似の議論は、北アメリカ北東部沿岸の事例においても、廃棄活動に伴う貝塚の形成とその規模の増大、同一の場所での長期的な活動が貝塚と人々の間に新たな関係性を結果として生み出し、貝塚が明確な建築要素を持ったモニュメントへと変貌していくプロセスとして論じられている［Pluckhahn et al. 2015］。

先述の関は、とくにジョイスの議論を援用しながら、中央アンデスにおける神殿建築の出現についても、マヤ文明の事例と同様に実践論的な見方が成り立つと想定している［関 2015b］。この点についてはデータによる今後の実証が必要であるとしながらも、神殿建築のはじまりは、共同祭祀を行うような素朴な空間であったのであり、そこで行う廃棄を含む儀礼的反復行為が建造物を巨大化させ、そのことに影響を受け、社会が変化した結果であるとの仮説を提示した［関 2015b: 151］。これらの議論を参照してもわかる通り、実践論的な立場に立つ考古学研究は、モニュメントの創出過程やその要因に迫るうえで有効な視座を提供する。本書では、古期の事例をもとに上述の関の仮説［関 2015b］をデータにもとづいて検証していくことになる。

以上にみてきたように、考古学における社会実践の研究は、遺構や遺物に物理的に残された行為の痕跡から、モノと人間が織りなす実践を読み解くことで実現されてきた。そこには、行動考古学をはじめ、考古学が長い時間をかけて醸成してきた方法論の有用性［cf. 大西 2014］が見て取れよう。その際、モノに投影された意味を読み取るのではなく、モノと人間の相互作用から社会実践を復元し、そのバリエーションや反復性、変化から社会規範や社会的認識、世界観を弁証法的に読み取るという、考古学研究の営みにおける発想の転換が必要となる。本書はこうした理論的な視座を共有するものであり、それはモニュメントの創出過程を解明するという研究目的に適したものといえる。

3．考古学からみた社会実践

　前述したように、社会実践論という理論的基盤を考古学的現象の解釈に導入し、プロセス考古学を背景として発展してきた人間の行為を復元する考古学的方法論と接合するというような先進的な研究が一部で開始されてきた。ここでの社会実践論は、人類学・社会学の中で醸成されてきたものが、考古学によって描き出される現象の解釈に応用されるという性質のものだが、そうした考古学者らの学問的営みによる議論の深化も認められる。

　その一つが、社会実践と規範の相互関係におけるモノの関与であり、とくにモノの持つ物性に関する問題系である。人類学においてモノの研究は近年、注目が集まっている分野であり、これまでにも多くの研究が蓄積されてきた [eg. Gell 1998; Miller (ed.) 1998; Tilley (ed.) 1990; ラトゥール 2008]。しかし、そうした研究に対しては、考古学・人類学者による批判も集まっている [eg. Ingold 2007, 2011; Hodder 2012; 中尾 2011]。それらは概して、モノが備え持つ物性についてのものであり、モノ研究が言語論的な表象や意味論では捨象されてしまう対象に着目していることを評価するものの、「アクター」、「モノ」、「物質」という分析概念で捉えられることによって、個別のモノが持つ物理的・客観的属性は依然として捨象されているのではないかという点である [Hodder 2012: 39-40; 中尾 2011: 57-59; 大西 2009, 2018]。これは、考古学が長く醸成させてきた道具の製作技術論 [cf. Lemonnier (ed.) 1993] などを参照してもわかるように、物質の持つ物理的な側面は、人間の行為を左右し、組織するうえで大きな比重を占めているという考古学的な知見にもとづく主張であるといえよう。

　こうした点をふまえて、社会実践におけるモノの位置づけを考古学者のコリン・レンフルー（Colin Renfrew）は物質的関与という概念で表現し、人間が世界と関わる際に、認知的と同時に物理的・身体的な側面を適応させているという見方を提示した [Renfrew 2005]。それは、社会規範や世界観が個人の身体に内面化されていくこと、つまり人間の存在状況の身体化を強調するものであり、身体化の過程は人間社会が発展させ、使用してきた知識と経験、物質文化に沿って変化していく [Renfrew 2005: 159-160]。つまり、個々人と集団が行為を

通して世界と関わるプロセスは、物質的現実と知的な要素を併せ持つのであり、そのどちらかが先立つものではないということだ［Renfrew 2005: 160］。これは、我々を取り巻く世界の持つ物性がハビトゥスなどの社会的認識や規範を生成するうえで決定的な役割を持つという仮定であり、この物性が実践の偶発性と創造性を許容する身体化された性向を生み出しているということである［後藤 2013: 17］。すなわち、人間とモノをつなぐ社会実践は、両者の物質的関与、つまり物理的な側面と同時にそれに対する社会的認識と経験によって成り立っており、そこに物理的環境の持つ「行為を引き起こす力」を歴史や既存原理に沿って読み解き、さらには創造する営みと換言することができる。

　もう一点、社会実践論に関連して参照すべき主張があるとすれば、それはフランスの人類学・考古学者であるアンドレ・ルロワ゠グーラン（André Leroi-Gourhan）によるシェーン・オペラトワール論（動作連鎖論）であり、技術実践を成り立たせている「動作の連鎖」に焦点を当てる視座である。彼によれば、人間の個体行動の基礎は〈機械的な動作の連鎖〉によって成り立つ［ルロワ゠グーラン 1973］。そして、そのような動作の連鎖は経験と教育によって獲得されるものであり、個人と出自社会集団とを結びつける役割を果たしているという［ルロワ゠グーラン 1973: 228-231］。この動作の連鎖とは、不可逆的な時系列の中で展開・配列される一連の身体動作を意味し、この一連の動作が適切に配列されることによって技術実践は成り立っている。

　すなわち彼の展開した議論によって立てば、対象となる個々の動作は、すべて直前の動作に規定を受けていることがわかる［ルロワ゠グーラン 1973］。たとえば、土器を作るという技術実践を考えた場合、①原材料の調達、②胎土の混和・練り込み、③成形、④乾燥、⑤焼成というような動作の連鎖が見て取れるだろう。原材料の選択はその入手にかかわる物理的・社会的な制約、つまり原材料産地までの地理的な距離や産出量、テリトリーや交換をめぐる集団間の社会関係などを受けて行われ、その物質的特性や温度・湿度などの環境特性に基づいて混和材と粘土、水の比率が決められる。さらに、そうして出来上がった胎土の可塑性は、経験的に会得された最適な成形技法を組織するうえで決定的な要因となる。加えて、同様な動作の連鎖の結果によってもたらされた道具

類（パドル、研磨具、施文具など）や成形の際に腰を据える椅子とその姿勢に至るまで、土器づくりにまつわる一連の動作は、様々なモノを連鎖的に巻き込みながら、身体とモノの物性、および社会的・経験的認識に基づく最適な様態として配列されている。これを技術実践から拡張して考えるとするならば、様々に展開される人間の慣習的な行為、つまり社会実践は、相互に関係し合い、位置づけ合う、連鎖的な関係のもとで配列されていることになる［cf. Ingold 1993］。すなわち、ある社会実践が何らかの理由で変化した時、それと連鎖関係にある一連の社会実践を巻き込んで変化していくのであり、そうした実践の変化によって、そこで再生産される社会的規範や認識にも変化が生じていくと想定されよう。

4．アプローチと方法

　考古学的方法論によって復元される過去の人間の行為に焦点を当て、行為の中に立ち現れる物質と人間との関係性の変化から社会的規範や認識の変化を描き出す。そんな考古学研究が増加しつつあることをこれまでに指摘してきた。本書もまた、こうした研究姿勢の中に位置づけられるのであり、考古学的に復元した行為の変化から、当時の人々の規範や認識、そしてそれを共有する社会集団の変容にアプローチしようとするものである。こうしたアプローチを志すのは、アンデス文明史における古期のマウンドの存在を、それを残した行為者に焦点を当てて考察し、長期継続的に行われた行為の変化から古期の集団の組織的基盤や社会変化を描き出そうとするためである。そして、こうした研究を通じて、先述したような古期のモニュメントに関する研究課題を克服していく必要がある。

　また本書では、社会変化の動力もまた社会実践の中に求めていくことになる。なぜなら、ブルデュー［1988］やギデンズ［1993, 2015］が指摘しているように、社会実践とそれが生成する社会規範や世界観、社会的認識は、決して静態的なものではなく、それが繰り返され再構築されるたびに互いに変化していくためである[15]。また、レンフルーが示したように、実践を取り巻く物質的な存

在は、社会実践に偶発性と創造性を許容し、動態を与えていくうえで大きな要素となる［Renfrew 2005］。

　本書では社会実践を、人間が社会規範や認識に基づきながら、身体と周囲の物質や景観、場、他者との相互作用の中で執り行う慣習的行為であり、そうした規範や認識を再構築する行為として位置づける。この過程で再構築された社会規範や認識は次の社会実践を生み出す新たな参照点となるわけだが、その際、周囲の物理的環境もまた、行為により残される物理的痕跡によって、あるいは外的な要因によって変化していく。たとえば、ある特定の場にゴミを廃棄し続けるという行為は、積み重なり、増大していく「ゴミ山」という物理的に変化していく新たな物理的環境を生み出すといえるし、技術革新が生み出す新たな道具や、他地域からもたらされるようになった新たな資源や素材、はたまた環境変動がもたらす生態環境や資源分布の変化は社会実践を構築する新たな要素としてそこに編入され、動態的に社会実践と社会規範を変化させていくと考えられる。

　さらに、ルロワ＝グーラン［1973］の議論を参照してもわかるように、生活の中で繰り返される多様な実践はそれぞれ独立しているわけでなく、構築され続ける社会規範や認識を通じて網目のようにつながり相互関係を保っている点にも注意しなければならない。たとえば、日々繰り返される生業実践と周期的に繰り返されるお祭りのような祭祀実践は相互に関連し合いながら、その総体として社会規範や認識を構築している。すなわち、ある社会実践の変化は、別の社会実践の変化を生み出す動力になりうるのである。またそうした視座は、古期のマウンドを生活の痕跡かモニュメントかというように、単一的な機能を求めて議論してきた先行研究を超克する可能性も秘めている。

　このように、本書では、社会規範や世界観に動態を生み出す存在として社会実践を捉えることで、その通時的変化を通して社会変化を議論の射程に含めていく。本書の内容を先取りしていうならば、本書では、社会実践に変化を生み出した要因の一つとして、古期の北海岸で起きた環境変動とそれに伴う生態資源利用の変化に着目していくことになる。環境変動という、実践を取り巻く物理的環境の変化に対して、人々は諸実践をどのように調整・変化させて社会規

序章　アンデスにおけるモニュメントとモニュメンタリティ

範や認識を再構築していったのかということが議論の争点といえよう。これは、社会規範や外的環境の関与の中で実践が組織されるというような実践論的な見方に立ち、環境の変化だけが一方的に人間の行動変容を生み出すわけではないという点で、従来の環境決定論とは一線を画す。人間の行動もまた人為的に環境を改変するのであり、その相互作用の中で社会実践は動態的に編み出されていく。このような観点から、本書では、古期のチカマ川流域沿岸部における人々を対象として多様な社会実践の変化を明らかにする。それを通じて、モニュメントの創出過程に迫り、集団組織の変容を検討することが、本書の課題となる。そして最後に、古期の北海岸におけるマウンドが、形成期早期の神殿建築へとつながっていくのかどうかを考察することで、先述のような歴史観を問い直し、本書で取り扱う古期の事例をアンデス文明史の中に位置づけていく。

　以上のような問題系にもとづき、チカマ川流域沿岸部に位置するクルス・ベルデ遺跡を発掘調査の対象として選定し、その考古学データから上述のような課題に迫っていく。そうした調査・分析から明らかにすべき点は、①集団が具体的にどのような実践を通じてマウンドを形成してきたのかということと、②マウンドの形成にかかわる社会実践が、なぜ、どのように変化したのかということの2点である。この2点を明らかにするために本書では、遺跡として考古学的に検出される状況が過去の人々の行為によって残された痕跡の総体であるという点に立ち返り、先述のような行動考古学の手法を採用していく。具体的には、遺跡形成論の視点から、マウンドがどのような過程で形成されていったのかを層位学的に検討することや、動植物遺存体や石器などの人工遺物に残された物理的な痕跡を詳細に分析することで、人々の行為を復元しようとするものである。とくに動植物遺存体に関しては、生物の生態学的特徴にもとづいた学際的な手法を用い、考古学的に復元可能な行動や現象を最大限に引き出すことに努めていく。その意味で、先端的な理化学的分析手法と物理的痕跡から人間の行為を復元するための考古学的方法論、そしてポストモダンの人類学的潮流を接合しようとする本書は、新規的で学際的な研究としても位置づけられる。

　以上のように、本書の目的、問題意識、理論的視座と方法について相互に関連付けながら素描したところで、最後に本書の構成を示しておきたいと思う。

第4節　本書の構成

　序章にあたる本章では、本書の概要に触れながら研究の目的と先行研究の課題、理論的な視座について述べてきた。これを通して、本書の射程と意義について明らかにすることで本書の全体像を素描することがその目的であった。次章以降の構成は以下の通りとなる。
　第1章では、本論で扱う時代と地域の全体的位置づけを行うとともに、中央アンデス地帯、とくに海岸地域の自然環境を素描する。これによって、研究対象について議論を深めるために必要な基礎情報の整理していく。また、自然科学と考古学の学際的な研究によって明らかになってきた古環境に関する研究状況を概観しておく。
　第2章では、遺跡と発掘調査の概要を述べると同時に、同遺跡のマウンド状遺構の形成過程を層位学的な知見から明らかにする。また、発掘調査によって得られた試料を対象とする放射性炭素年代測定の結果を示し、本書の基礎となる建築フェイズと年代観を示していく。
　第3章から第5章は、考古遺物を対象とした分析とその結果を示していく。第3章では、出土した人工遺物のうち、石器および骨器・貝器に絞って行われた考古学的分析の結果を記述する。ここで焦点となるのは、建築フェイズに即した通時的な変化と遺物に残された使用痕、製作痕の存在である。第4章では、マウンドから出土した動物骨や植物遺存体などの自然遺物を対象に同遺跡における資源利用の実態を明らかにする。動物骨の分析データを参照するとともに、動物考古学的な知見から出土した貝類の分析を進める。とくにこの分析からは、貝類の採集活動の通時的な変化と自然環境下における貝類の生息数の変化が同時に起こっていたことが明らかになるなど、生態環境の変化が示唆される。第5章では、この貝類の分析をさらに深化させ、スクレロクロノロジーに基づく貝殻の解析を進めていく。スクレロクロノロジーとは、生物の硬組織に残される骨格成長履歴から生物個体の成長パターンと環境要因の関係性を明らかにする学問領域であり、ここに考古学的知見と地球化学的な分析手法を加えること

で、過去の人々が経験した環境変動について明らかにする。

　第6章からは、調査によって得られた考古学データの総合と考察に力点を置いていく。はじめに、これまでのデータおよび、分析結果を総合して考察を加える。ここでは遺跡から出土した遺物が日常的な生態資源利用の残滓として廃棄されたものであったことを確認し、累積的な廃棄活動がマウンドという遺構を形成していったことを指摘する。また、出土遺物の通時的な変化から、生態資源利用がある時期に大きく変化していたことを示す。続けて、環境変動、生態資源利用の変化、マウンド形成過程の変化という現象が同時に起こっていたことを指摘し、三者の関係性を考察する。さらに、マウンドの形成過程における行為の変化から、マウンドに対する認識の変化を読み取り、マウンドがどのような存在として位置づけられていたのかを明らかにしていく。結論からいえば、環境変動に伴う様々な社会実践の変化と物理的環境の変化に伴って、マウンドに対する認識が変化し、マウンドはモニュメントとして位置づけられるようになっていくという過程が提示される。

　第7章では、クルス・ベルデ遺跡の調査データと分析および考察の結果をチカマ川流域沿岸部に位置するそのほかのマウンドと比較することで、これらのマウンドの関係性と社会状況の変化を地域史に当てはめて考察していく。これを通じて、クルス・ベルデ遺跡で起きた一連の変化に影響を及ぼした外部要因を検討し、同遺跡においてマウンドが形成され始め、モニュメントへと変化していった要因を整理する。終章では、マウンドをモニュメントとして作り出す行為であるマウンド・ビルディングと形成期の神殿建築で一般的にみられる神殿更新という2つの社会実践を比較する。これを通じて、それぞれの特質を明らかにするとともに、両者の歴史的関係性を検討し、古期から形成期の移行に関する試論を示しつつ、結論を述べる。

注
1) 現在のペルーとボリビア北部を含む文化領域として設定されている［Willey 1971］。
2) Temple という英語の訳語である。ただし、これと同一のものを指す呼称として「公共建造物」、「祭祀建造物」、「祭祀センター」、「モニュメント」など多数を挙げるこ

第 4 節　本書の構成

とができる。考古学者は議論の主旨に沿って様々な呼び方をそれぞれに選択しながらも、同一のものを研究の対象としてきた［関 2014a: 192］。神殿というものの、「神を祀る空間」だけでなく、共同祭祀場のようなものを含めた存在と定義される［関 2015a: 20-21］。また最近では、祭祀活動だけでなく、様々な活動が展開される施設としての神殿の多義性と求心性に着目して「祭祀センター」と呼ばれることが多い［鶴見 2017: 356-357］。

3) アンデス地域の文化編年に関しては、研究者によって揺らぎが認められる。詳しくは第 1 章を参照。

4) 複雑社会とは、考古学的には峻別することの難しい国家と国家的特徴を持つ非国家を総称するために提唱された概念であり［Yoffee 2005: 16］、階層化や専業化、集団規模と密度の増加などを代表とする国家的特徴を有し、複雑に組織された社会を指す。

5) 考古学者は、遺跡において放棄された建築物が長い年月をかけて埋まり、土山となった現在的な状況を指して「マウンド」と慣習的に呼んできた。これに対して本書では、遺跡が人間活動によって形成された当時においても、石壁や日干しレンガなどによる明瞭な建築物をもたずに、盛り上げた土を基本の形態とする遺構を指して「マウンド」あるいは「マウンド状遺構」と呼ぶ。

6) 形成期早期の北部中央・中央海岸で展開した神殿建築は、社会の複雑性や政治権力、建設に関わる労働力の統制が幾分明瞭であり、ワカ・プリエタ遺跡のように協働的な祭祀活動によって生成される公共性とはやや異なっていたと指摘している［Dillehay 2017: 595］。

7) 特に新大陸の研究事例から、ロバート・ローゼンツワイクとリチャード・バーガーは「（モニュメントの建設は）世帯を超えた社会組織を必要とし、それがエリート層の確立と維持をもたらすことはあるかもしれないが、この組織が社会階層（Social Stratification）や政治的階級（Political Hierarchy）を反映する必要性はない［Rosenswig and Burger 2012: 7］」と述べ、これまで前提とされてきたモニュメントと権力の関係性に再考を促している。また、同様の趣旨のもとトンプソンらも、「多くの場合、モニュメントは平等と不平等の人間関係のどちらも強化することができる」［Thompson and Pluckhahn 2012: 49］と述べ、集団の組織的基盤としてのモニュメントの重要性を主張している。

8) ここでいう集団的記憶とは、過去の事象がどのようであったかということに関する集合的な観念であり、個人の観念とは異なるものである［cf. アルヴァックス 1989; コナトン 2011］。

9) ここでいう物理的環境（physical environment）とは、行為者である人間を取り巻くす

29

べての物質世界を指し、それは自然地形や植生などの自然環境および、建造物、道具、動物、人間の身体などの多くの物理的存在を含む概念である。

10) 人間や生物などの他者の身体も含む。
11) プロセス考古学とは、新進化主義や生態学の知見を取り入れながら、サブシステムによって分節された1つの集合的なシステムとして文化を捉えるシステム論を背景に文化変化のプロセスを主題するような1960年代以降の学問的潮流である。自然科学や科学哲学の研究手法を取り入れながら論理実証主義を目指すニューアーケオロジー運動と軌を一にするものである［ウィリー＆サブロフ 1979; 阿子島 2004］。
12) 動物の遺体が化石資料になるまでの過程そのものを専門に研究する学問分野であり、堆積中に生じる物理的・化学的変質の過程を検討する。出土した動物骨の部位の偏りや、風化状況、骨の表面に残された傷や破砕パターンが分析の対象となる［eg. 青野 2013; 鵜澤 2017］。
13) ルイス・ビンフォード（Lewis Binford）は、現在の世界に静態的に存在している考古学的事実とプロセス考古学で用いられるような一般理論による解釈のギャップを埋める手法や理論が必要であるとして、それをミドルレンジセオリー（中範囲理論）と呼んだ［Binford 1977; 阿子島 1983］。検出された考古学的記録のパターンから、当時の人間の行動という脈絡に変換するための考古学的方法論であり、人間の行動によって残される考古学的なコンテクストの形成過程を民族調査から明らかにしようとした民族考古学や実験考古学がその代表的なものである。
14) ポスト・プロセス考古学とは、1980年代頃に強まるプロセス考古学への批判に準拠した学問的潮流であり、その内実には多種多様な研究手法や理論的視座が雑多に含み込まれている。単純化を恐れずにいえば、そこに共有されているのは社会集団の個別性を尊重する研究姿勢であり、単純な一般化を避け、個別の歴史復元を目指す傾向である。構造主義的な立場や解釈学的な立場に立つ研究、エージェンシーやフェミニズム、ヘテロジェネティなどを主題とするような研究がその代表例にあたり、ポストモダニズムの学問的潮流を強く受けるものといえる［溝口 2004］。
15) これをブルデューは「戦略」、ギデンズは「再帰性」という言葉で表している［ブルデュー 1988; ギデンズ 1993: 29］。

第1章　アンデスの自然環境と歴史

本書で取り扱う時代と地域の全体的位置づけについて、時代的・地理的背景を概観する。また、今後の章で分析と考察を進めていくうえで欠かせない基礎情報として、当該地域の自然環境と古環境に関する先行研究の成果を整理しておく。はじめに研究対象の時空間的位置づけを確認したのち、ペルー全体の生態学的な環境特性、とくに海岸地域の生態環境について整理する。さらには、年間の季節変動と ENSO（エル・ニーニョ＝南方振動）という気候の周期的な変化、および当該地域を対象とした古環境について順に記述していく。

　広大な面積を誇る南アメリカ大陸を複数の文化領域に分類する作業として著名なものに、アメリカ考古学の重鎮ゴードン・ウィリー（Gordon Willey）が1971年の『アメリカ考古学入門』で示した分類が挙げられる［Willey 1971］。ウィリーは、考古学的なデータをもとにした古代文化の視点から領域分類を行い、南アメリカ大陸を9つの領域に細分した［Willey 1971］（図1-1）。このうち、アンデス山脈に沿って存在する領域分類の一つであり、現在のペルー共和国とボリビア多民族国家の一部を含む地域は中央アンデスとよばれている。隣接する文化領域として、南北に伸びるアンデス山脈地帯の北部にあたる北アンデスや、南部の南アンデス、東部の熱帯雨林地帯にあたるアマゾニアがあげられる。本書においてもこの領域区分を踏襲し、中央アンデスに焦点を当てていく。

　図1-1に示したように、中央アンデスの大部分を占めるペルーの海岸部は、極北海岸、北海岸、北部中央海岸、中央海岸、南部中央海岸、南海岸、極南海岸の7つの地域に細分できる。このうち本書が主に対象とするのは北海岸であるが、本論を進めていく中で、適宜北部中央海岸、中央海岸についても触れることになる。北海岸はサンタ川より北からピウラ川より南の地域を指すものとし、北部中央海岸は、サンタ川からスーペ川より北、中央海岸はスーペ川からルリン川より北の地域を指す。なお、これらの地域における考古学研究は、河谷を含む河川流域単位で言及されることが多い。これは、河川流域ごとに遺跡分布の集中がみられ、遺跡群の類似性も顕著となる傾向があることに基づいている。そうした状況は、食資源の潤沢な河川流域が、急峻なアンデス山脈や資源の少ない海岸砂漠によって取り囲まれることによって、河川単位で生態環境が分断され、人々の相互交流に地理的な制限が生じていたために起こるもので

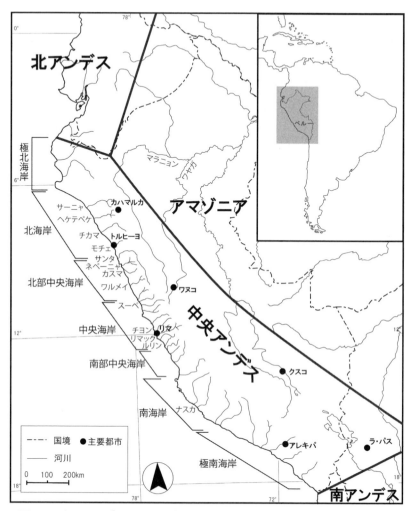

図1-1 ウィリー［Willey 1971］による文化領域とペルー海岸部の地域区分

あると理解されている［MacNeish et al. 1975: 82］。

第 1 節　アンデスの編年と古期という時代

　次に中央アンデスを対象とした先行研究が明らかにしてきた長期にわたる人間の活動を整理するため、編年体系について確認しておきたい。中央アンデスにおいて、主に利用されている編年体系は二つ存在する。一つは、ジョン・ロウ（John Rowe）によって提唱された「ホライズン」と「中間期」という概念を組み合わせるもの［Rowe 1960］、もう一つは発展段階的な時期区分である［eg. 関 2010］（図 1-2）。前者は、それまで主流であった文化の発展段階を明示した時期区分から逃れることを目指して提唱された。「ホライズン」とは 1 つの文化が一定の地理的領域内を比較的短い時間で広がった場合に用いられ、その狭間である多様な文化が併存していた時期を「中間期」と呼んでいる。ロウは、このようなホライズンがチャビン、ワリ、インカの三つの文化に当てはまるとし、前、中、後期ホライズン、その狭間を前期中間期、および後期中間期とした。しかしながら、前期ホライズンにあたるチャビンに関して、ホライズンという枠組み自体に対して疑問を呈すような研究が蓄積されつつある［eg. Onuki (ed.) 1995; Seki 2014］。そのため、以前使われていた「形成期」という時期区分を使うべきであるという、後者の立場も依然として根強い。さらに、従来の「形成期」は農耕定住、土器製作の開始、神殿建築を指標として、1800 BC 頃に始まると想定されていたが、これまでの調査により神殿建築の開始が 3000 BC 前後までさかのぼり［eg. Izumi and Terada (eds.) 1972; Shady and Leyva (eds.) 2003; Fuchs et al. 2009］、土器製作の開始に先立つことが明らかである。このことから、社会発展における神殿の果たした役割を重視し、形成期の開始を神殿に合わせて遡らせることが提唱されている［大貫・加藤・関 2010, 加藤・関編 1998］。本書においては、日本調査団の近年の研究動向をふまえ、後者の編年を利用することとする。そのうち、本書で言及するのは、古期、およびその前後にあたる三つの時期である。

　石期（12500 BC-5000 BC）

　古期（5000 BC-3000 BC）

第1章　アンデスの自然環境と歴史

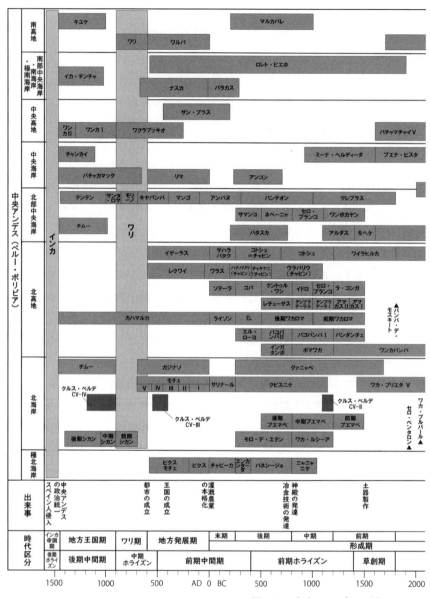

図1-2　中央アンデス地域における

第1節　アンデスの編年と古期という時代

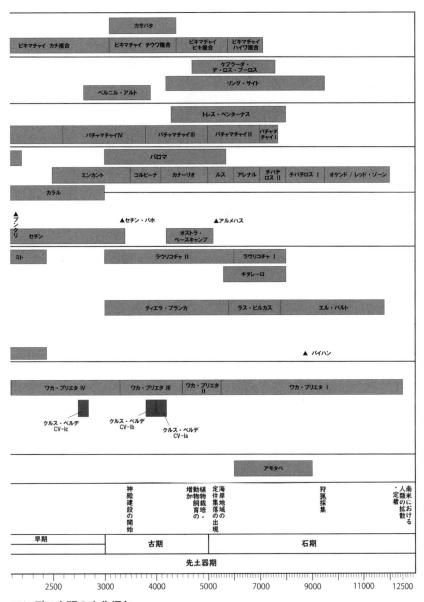

アンデス文明の文化編年

形成期（3000 BC-50 BC）

石期は最終氷期の末、人類が南アメリカ大陸に出現した時点から始まる。石期と古期の境については、狩猟採集を中心に生業が展開されていた時代と、農耕牧畜が加わる時代を区別するという考え方のもと設定されている[1]。

古期の海岸地域では、中央海岸のパロマ遺跡を代表例として、海産資源を集中的に開発するような定住集落が出現する［Quilter 1989; Benfer 1999］。そうした状況は北海岸でも同様のものと考えられている一方で、北海岸における近年の調査によって、トウモロコシ（*Zea mays*）やカボチャ（*Cucurbita* spp.）、トウガラシ（*Capsicum* spp.）、ワタ（*Gossypium barbadense*）をはじめとする多様な栽培植物の利用も一定程度行われていたことがわかってきた［Grobman et al. 2012; Chiou et al. 2014; Bonavia et al. 2017］。漁撈活動を中心とした定住的な生活が営まれるようになるとともに、沿岸部周辺の湿地帯を利用した植物栽培［cf. Goodbred et al. 2020］も少しずつ行われるようになっていたと想定できる。

形成期は、神殿を中心とした社会展開が起こっていった時代であることがわかっており、基壇や半地下式広場などの整然とした配置、反復的な増改築を伴う建設活動などに特徴づけられる神殿建築の出現が画期となる（**図 1-3**、**写真 1-1**）。また、そうした神殿を中心とした活動は社会階層や権力構造の出現とも深く関わっていった［Rick 2005; 関 2006］。さらに、続く時代には中央アンデ

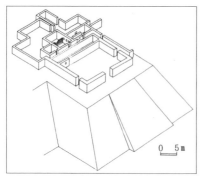

図 1-3　アスペロ遺跡のワカ・デ・ロス・イドロス神殿復元図

［Feldman 1985: Fig. 3 より転載］

写真 1-1　カラル遺跡 H 地区における階段状に積み上げられた基壇（筆者撮影）

ス最初の国家が出現することもあり、国家出現前夜としての性格も持っている。とくに海岸地域では、神殿建築の出現が山岳地域に先行して起こると思われる［eg. Shady and Leyva (eds.) 2003; Haas et al. 2004; トッソ 2006; Fuchs et al. 2009］。古期から引き続く海産資源の利用が行われるとともに、利用される植物種の多様性と比重は増加しており、海岸地域の沿岸部と内陸部の河川流域にそれぞれ居住する集団が資源の交換を行うような相互依存関係が成立していたと考えられる［eg. Patterson 1971; Quilter and Stocker 1983; 関 1985］。

豊富な研究蓄積を持つ形成期は、土器製作に先立って神殿建設が始まる形成期早期（3000 BC-1800 BC）、土器製作が開始される形成期前期（1800 BC-1200 BC）、形成期中期（1200 BC-800 BC）、形成期後期（800 BC-250 BC）、形成期末期（250 BC-50 BC）に細分されている［大貫・加藤・関 2010; 加藤・関編 1998］。しかしながら、古期と形成期早期を区分する神殿建築の有無に関しては、近年の調査によって、さらに古い神殿建築の存在が明らかになるなど、定まっていない。カスマ川下流域のセチン・バホ遺跡（以下、遺跡の位置については序章図0-1を参照）からは、3500 BCという絶対年代値を持つような、円形半地下式広場などの明瞭な神殿建築が検出されている［Fuchs et al. 2009］（図1-4）。これを評価するならば、形成期早期の開始はさらに遡ることになるわけだが、この

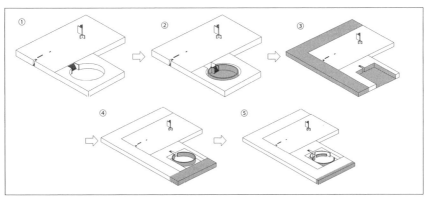

図1-4　セチン・バホ遺跡の最初の神殿における増改築の過程。
網掛け部は増築された建築

［Fuchs et al. 2009 をもとに作成した荘司 2022: 図3より転載］

点は今まさに研究の進捗が著しい分野であり、評価も分かれる。そのため、本書では 3000 BC を形成期早期の開始とする従来の編年観を暫定的に使用する。神殿建築の起源が大きく遡りつつある現在の状況は、形成期早期という区分を 1500 年以上の長いスパンで見積もるという編年上の問題も生みつつある。3000 BC 近い年代値を持つ神殿建築と 1800 BC 前後の年代値を持つ神殿建築の遺跡数や分布範囲などに差異が見えつつあることもあり、この時期の細分と通時的な変化の解明は、将来的な課題として残る。

　本書では、これらの長期的なアンデス文明史のうち、古期（5000-3000 BC）の北海岸を研究対象として定め、調査・研究の成果を示していく。

第 2 節　アンデスの自然環境

1．海岸地域の特徴と沿岸部の生態環境

　6,000m 級のアンデス山脈が南北に連なる中央アンデスの自然環境は、乾燥した砂漠地帯としての海岸地域（コスタ）、急峻な山々からなる山岳地域（シエラ）、アマゾン川源流部の熱帯雨林地域（モンターニャ）の 3 つに一般的に分けられる（**図 1-5**、**写真 1-2**）。急峻な山脈が生み出す高度差と、赤道からほど近い低緯度地域に位置するという熱帯から亜熱帯にかけての気候によって、多様な生態環境が形成されており、それらが密集して存在している点が特徴的である［稲村 2007: 273; cf. Pulgar Vidal 1996］。

　本書で主に取り扱う海岸地域のコスタは標高 500m 以下の地域として区分されており、赤道下の乾燥砂漠という世界で唯一の事例としても知られている。まったく雨が降らないか、降っても年間 50mm 以下の降雨量に留まるような地域であり、年平均気温は 19℃と低緯度地域にしては高くない。これは、沖合を南から流れてくる冷水温のフンボルト海流の影響であり、このような冷水域が水分の蒸発や大気の温度上昇を抑えることは、この地域の降雨量が少ない原因となっている。反対に、このような大気は陸地で暖められ、アンデス山脈に沿って上昇することで山地に豊富な降雨をもたらしている。海岸地域の大部分は砂漠であるものの、この山岳地域に降り注ぐ雨水が太平洋に向かって垂直に切れ込む大小様々な河川となり、その河川流域にはオアシス状の環境が形成されている。そのため海岸地域の河川流域では農業が古くから行われてきた。特にペルーの北部では灌漑によって耕地が広げられ、多くの作物が栽培されている。代表的なものに、マニオク（*Manihot esculenta*）やサツマイモ（*Ipomoea batatas*）などのイモ類や、トウモロコシ、トウガラシ、ワタなど、アメリカ大陸原産のものに加えて、現在ではサトウキビ（*Saccharum officinarum*）やイネ（*Oryza* spp.）、柑橘類など旧大陸の作物が多い［Pulgar Vidal 1996］。こうした河川流域は、太平洋岸に沿って南北に広がる砂漠地帯の中で 20km ～ 50km ごと

第 1 章　アンデスの自然環境と歴史

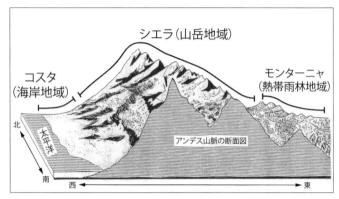

図 1-5　アンデスの環境区分
［荘司 2021: 図 3 より転載］

写真 1-2　コスタとシエラの景観（筆者撮影）

に反復的に分布しており、その生態学・地理学的特性を要因として常に海岸社会の統合単位となってきた。

　以上のように、標高差による生態環境の違いにもとづいて、コスタとして区分されるペルーの海岸地域だが、細部に目を凝らすとその多様性も顕著であることに気づく。ここでは、海岸地域の中でも沿岸部[2]に焦点を当て、その多様性を整理する。

（1）ペルー海岸部の暖流と寒流

　まずは、中央アンデス地域の沿岸部一帯に存在する海流をみてみたい。南アメリカ大陸の西側沿岸部には、大きく分けて2つの海流が存在し、それらは中央アンデス地帯の北部においてぶつかっている。よってその潮目よりも南側の中央アンデス地帯の大部分では、先述したような寒流であるフンボルト海流が北上するように流れている。一方の暖流である南赤道海流は、赤道のやや南を流れた後にパナマ周辺で大陸とぶつかり、中央アンデス地帯北部のエクアドル沿岸に沿って南下する。現在ではペルーとエクアドルの国境付近で、潮目が形成されている。

　また、これらの海流は当然のことながら、生態系とも深く関与している。まず、2つの海流は水温が異なるため、それぞれの海流に適応する生物種が異なる。特に貝類などは、その影響が大きく、生息域がどちらかの海流に限定されるものも多い。中央アンデス地帯において儀礼用具や装飾品として珍重されたウミギクガイ（*Spondylus* spp.）はその代表例であり、暖流にのみ生息している。そのため、寒流の流れるようなペルー以南の遺跡におけるウミギクガイの出土は長距離交易の結果として解釈されるのが一般的である［関 2010］。また、寒流であるフンボルト海流は、海底の有機物や栄養塩の湧昇[3]を促すと考えられており、この栄養分豊かな有機物がプランクトンなどの繁殖を支え、この海域を世界でも有数の漁場としている［Brack Egg 2004］。とくに、カタクチイワシ（*Engraulis ringens*）は他の小魚と異なり植物プランクトンを餌とするため個体数が多く［Moseley and Feldman 1988, Brack Egg 2004, 渡邊 2012］、他の大型魚類や鳥類などの食物連鎖を支えている。

（2） 沿岸部の海岸地形

次に、沿岸部の海岸地形に注目したい。海岸地形は岩石海岸と砂浜海岸に大きく分けられる（**写真 1-3**）。岩石海岸とは岩石が優先して分布する海岸地形のことであり、丘陵や台地が直接海に迫っている所や、河川などの浸食の少ない所に形成されることが多い。対して砂浜海岸は、河川や波の作用による土砂の堆積や浸食によって形成される海岸地形を指す。このような地形の違いはそこに生息する生物種の違いにも影響している。例えば、貝類ではオオヌノメアサリ（*Protothaca thaca*）やナンベイチドリマスオ（*Mesodesma donacium*）などが砂浜海岸に、チリイガイ（*Choromytilus chorus*）などが岩石海岸に生息する。基本的に砂浜海岸の貝類は砂地に潜って生活しているのに対し、岩石海岸では岩肌に吸着して生活している。また魚類についても、それぞれの海岸地形に限定された生息域を示すものが多い。加えて漁網の利用は、岩石が障害となるために多くは砂浜海岸で行われていたと考えられており ［Moseley 1975: 16, 広田 2003: 59］、生態資源の獲得戦略もこれによって異なると予想される。ただし、小さな漁網を利用して一人で行う投網漁が岩石海岸で行われていることも散見されるため、一概に網漁を砂浜海岸での活動と結びつけることはできない。これらの海岸地形によって作られる沿岸環境の分布は一定でないが、比較的近接して分布しており、沿岸部に立地する遺跡ならば基本的には両方の環境にアクセスが可能だと考えられる。

砂浜海岸（マグダレーナ・デ・カオ）　　　　　　　　岩石海岸（ブエマペ）

写真 1-3　砂浜海岸と岩石海岸の一例（筆者撮影）

第 2 節　アンデスの自然環境

（3）　河口・汽水域

　本書で注目すべき沿岸環境として、河口・汽水域が挙げられる（**写真 1-4**）。河口・汽水域とは、河川を持つ砂浜海岸において河川の水が海に流入し、真水と海水が混ざることで形成される塩分濃度の低い水域である［河川環境管理財団編 2008］。これらの水域では塩分濃度などの変化が激しく、一般的には生物にとって厳しい環境となる一方、そのような環境に適応した生物も多く存在する。また、陸地から河川を伝って多くの養分が運ばれてくる水域でもあり、植物・動物プランクトンが豊富に存在するので、餌には事欠かない環境だといえる［河川環境管理財団編 2008］。加えて、捕食者も少ないことから、仔稚魚の間は河口・汽水域で過ごす魚種が多く存在するほか［河川環境管理財団編 2008, 渡邊 2012, Pozorski and Pozorki 2003］、成魚においても汽水を好む魚種が一定数認められる。このように、河口・汽水域は特殊な沿岸環境と生態系を形成しているといえよう。こうした環境は、山岳部において雨季となる 12 月～3 月には河川の水量が多くなり、河口・汽水域自体も拡大するというような、季節性を持つ。また、オアシス状の河川流域や河谷を利用している人間集団にとっては、乾燥した沿岸部で生活する上で重要な地域であったと推測できる。

（4）　ラグーン（潟湖）

　海岸線に帯状に伸びる陸地によって外海から隔たれ、内陸側にとり残された浅い海域はラグーンと呼ばれている。これは、内湾が砂州の形成によって外海から隔たれて形成される場合と、海面水位の上昇により海水がくぼんだ地形に流れ込むことで形成される場合とが認められている［武田 2007: 82］。陸地によって完全に閉ざされているものもあるが、1 か所あるいは数か所の潮口によって外海と連結しているものが一般に多く、潮汐による海面の上昇によって海水の流入が起こる。さらに、河川や伏流水の淡水が流れ込むことが一般的であるため、ラグーン内の水質は海水と淡水の混じる汽水となっている。水深が浅く、外海から隔たれていることから、汽水に集まる魚類を対象とした網漁や仕掛け漁、追い込み漁が頻繁に行われるほか、海鳥の罠漁なども一般に行われて

45

第1章 アンデスの自然環境と歴史

写真 1-4 沿岸部の生態環境（筆者撮影）

いる［Dillehay et al. 2017b］。魚類は潮汐による海水の流入と排出に伴って、外海とラグーンを出入りするものが多い。

（5）湿地帯

　アンデス山脈から海へと流れる河川水系には、多くの伏流水が地下を流れている。沖積低地のような平坦な地形では、海水面との比高が極めて少ない沿岸部において、そうした地下水が地表面に表出している。こうした地下水を豊富に有する低地やくぼ地にできた池などを中心に形成された植生がみられる場所では湿地帯という特別な生態系が築かれている。生態学的な調査の進む、ペルーの首都、リマ市近郊のロス・パンターノス・デ・ビジャ（Los Pantanos de Villa）では、27科におよぶ47の植物種が湿地帯に生息していることが明らかになっている［Ramírez and Cano 2010］。98％が草本植物であり、その多くを葦のような水生植物が占めている［Ramírez 2018: 69］。これらの草本植物において特筆すべきはトトラ（*Schoenoplectus californicus*）と呼ばれるイグサに似たカヤツリグサ科の植物であり、古くから編物・組物などの工芸品に利用されてきた。このトトラを用いて作られた伝統的な葦舟は、現在でも小規模漁撈民によって利用されているほか、モチェ様式の土器に描かれた図像にも同様のものが認められる。また、近年の発掘によって1500 BCに相当する地層からトトラを束ねた大型植物製品の破片が検出されており、葦舟である可能性が指摘されているなど［eg. Prieto 2016］、その利用は非常に古い時代に遡るようだ。

　湿地帯における動物相で最も顕著なものは鳥類であり、208種もの鳥類がロス・パンターノス・デ・ビジャで確認されている［Lértora 2018: 109］。このうち49種が年間を通じて湿地帯に生息する鳥類であり、その多くは湿地帯に集まる昆虫やネズミ、小型の爬虫類、小魚を捕食する［Iannacone et al. 2010］。汽水や淡水に生息するような魚類も13種類確認されているなど［Castro et al. 1998］、非常に豊富な生物種が生態系を構成している。

（6）ロマス

　後述するように、ペルーの海岸地域には、12月〜3月の乾季と6月〜10月

の雨季（湿潤期）というような季節的な気候の変化が存在する。雨季において
も雨はほとんど降らないのだが、ガルア（*garúa*）と呼ばれる地上から海抜
1,000m にも及ぶ厚い濃霧の層が発生する。ペルーの海岸地域には、標高
1,000m を超えるような丘陵が海に面して断続的な帯状に分布しており、こう
した地形がガルアの発生とそれによる特殊な生態系に深く関わっている
[Dillon et al. 2003]。雨季の冷たい大気は、内陸に吹き付ける季節風に伴い丘陵
に沿って急上昇し、暖かい大気と冷たい大気の逆転現象が起きる。ガルアはこ
の逆転現象に起因する大気の流動によって地表面の大気が急激に冷やされるこ
とで発生するわけだ。そしてガルアが空気中に含む豊富な水分は、地中に眠る
植物の種子などを発芽させ、ロマス（*lomas*）と呼ばれる雨季特有の草原地帯を
丘陵上に形成する [Brack Egg 2004; Dillon et al. 2003]（図 1-6）。普段は荒涼と
している丘陵はこの時期にロマスという生態環境を作り出し、水分や草木を求
めてそこに集まる虫や爬虫類、草食・肉食動物によって一つの生態系が季節的
に築かれることになる。その陸生のカタツムリ（*Bostryx conspersus* ほか）やオジ
ロジカ（*Odocoileus virginianus*）、グアナコ（*Lama guanacoe*）、有用植物などの様々
な生態資源 [cf. Dillon et al. 2003] が、古来より人間にとって重要なものとし
て利用されてきたことが明らかになっている [Lanning 1967, 関 1985]。

　ロマスの形成メカニズムをみてもわかるように、ロマスが形成されるような
地形は限定的であり、どこにでもそうした季節的な植生が生まれるわけではな

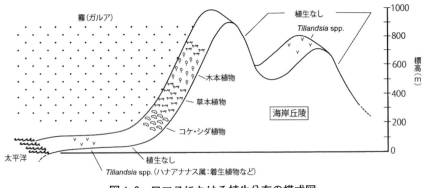

図 1-6　ロマスにおける植生分布の模式図

い。先述したフンボルト海流と 1000m を超える海に面した急峻な地形の存在が不可欠であり、そうした条件が揃う丘陵は、ペルーの沿岸部とチリ北部の沿岸に散在することが現在までに確認されている［Dillon et al. 2003］。ただし、ロマスの形成は年によってもばらつきがあり、後述する ENSO（エル・ニーニョ＝南方振動）などの短周期的な気候の変化にも大きな影響を受ける。

　植物でいえば、およそ 85 科 815 種がペルーのロマスには生息していると想定されており［Dillon et al. 2003］、木材となるような植物種（eg. *Acacia macracantha*）のほか、野生種のトマト（eg. *Jaltomata* spp., *Lycopersicon* spp.）やタバコ（*Nicotina* sp.）［Pulgar Vidal 1996: 48; Dillon et al. 2003: 5］、ジャガイモ（*Solanum mochiquense*）［Dillon 2005: 141; Ochoa 1999: 803］、果実などの有用植物が分布していることが知られている。

2．チカマ川流域沿岸部の自然環境

　本書で扱うクルス・ベルデ遺跡は、北海岸のチカマ川流域沿岸部に位置しているのだが、北海岸と北部中央海岸との間には海岸地形の点で明瞭な差異が認められる。北部中央海岸・中央海岸は、複雑に入り組んだ狭い入り江が海岸線に連なっており、これは海岸線にまでせり出した台地が波と河川の浸食によって削られたことによって形成されたものとみられる［Wells 1990, 1992］。そのため、海岸線は崖のように切り立っている場合が多く、海面と陸地の比高は大きく傾斜が非常に強い。一方の北海岸は、緩やかで非常に広い湾が海岸線に連なっており、相対的に砂浜海岸の割合が大きい。こちらは河川による土砂が堆積した沖積平野であり、海岸線から内陸に向けての斜度は極めて緩く、海抜 10 〜 20m 程度の平坦な地形が内陸に大きく広がっている（**写真 1-5**）。こうした沿岸部の海岸地形の差異は、遺跡分布の差異としても大きく表れており、筆者が北海岸と北部中央海岸の沿岸部で行った広域踏査の結果から、北部中央海岸の遺跡は標高のやや高い台地上に分布していることが明らかになっている［荘司 2015］。この海岸線の地形と連動して、北海岸では海岸線からアンデス山脈までの距離が北部中央や中央海岸と比べて長い。その結果、海岸砂漠の範囲は北

写真1-5　北海岸と北部中央海岸の沿岸地形（筆者撮影）

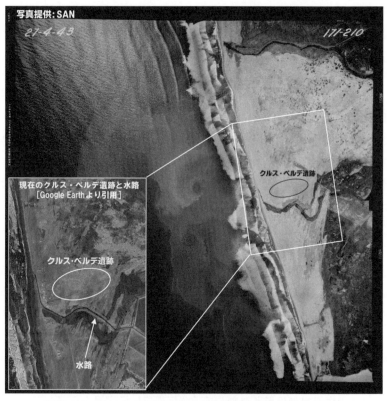

写真1-6　1941年に撮影された航空写真と現在の地形の比較

［写真提供：SAN（Servicio Aerofotográfico Nacional）および Google Earth］

海岸では非常に広くなっている。こうした地形的特徴は、灌漑技術による乾燥地の農地利用が進展した現在において、北海岸を国内でも有数の農業地域たらしめている。

　クルス・ベルデ遺跡が立地するチカマ川水系は、こうした北海岸の地形的特徴が顕著に現れた場所である。とくにこのチカマ川流域に特徴的なのは、水系が南北に広く、河川の支流、伏流水が海岸線に向かって広い範囲に流れていることである。これは、チカマ川の河川水量が他の河川と比べても多いことと沖積平野がよく発達していることに起因する［cf. Goodbred et al. 2020］。結果として、海岸砂漠の中でオアシス状の景観を示す河川流域の環境が他の河谷以上の広がりをみせる。

　チカマ川水系の平坦で緩やかな地形と河川水量の多さは、先述したような多様な沿岸部の生態環境を多く生み出す傾向にある。なぜなら、河川や地下水として海に流れ込む淡水は、海水と混ざり汽水域を形成し、海水面との標高差が小さく、傾斜の緩い平坦な地形は、淡水の溜まる湿地やラグーンといった環境を形成しやすいためである。実際にチカマ川流域の沿岸部には、かつて多くのラグーンや湿地が分布しており、それらは生態系の多様性を維持してきた。しかしながら、現在は農地利用を目的とした埋め立てが多く行われ、その数は大きく減少してしまった。また、クルス・ベルデ遺跡のすぐ脇には農業用の水路が走っているのだが、これはチカマ川の支流を改変して設けられたものであることが1941年に撮影された航空写真との比較から明らかである（**写真1-6**）。つまり、そうした支流の河口にクルス・ベルデ遺跡は位置していたのである。現在残っているラグーンでは、そこに集まる海鳥を捕獲する罠漁が近年まで行われていたようだ[4]。

　さらに、チカマ川とその南のモチェ川の中間に広がる海岸砂漠には、標高996mのセロ・カンパーナと呼ばれる山が位置しており、ここでは雨季にロマスが形成されることが知られている。このロマスでは230種の植物種が生息していることが知られており、そのうち、野生種のジャガイモを含む5種は新種として登録されている［Rodríguez et al. 2012］。また、後述する石期に特徴的なパイハン型尖頭器の製作址や、形成期に属するクピスニケ様式の土器の分布、

地方王国期に属するチムーに特徴的な防御用の壁などの考古遺跡が多く確認されている [Briceño et al. 1994; Flanco et al. 2013; Huamanchumo 2012]。このことは、人類によって長期的にこのセロ・カンパーナが利用されてきたことを意味している。以上にみてきたように、北海岸のチカマ川流域沿岸部には現在に至るまで、汽水や淡水の分布にもとづく生態系やロマスが分布しており、多様な生態環境が形成された地域といえる。

3．気候の周期的変化：季節変動とエル・ニーニョ現象

（1） 年間の季節変動

　ペルーの海岸地域では、気候の周期的な変化として、12月～3月の乾季と6月～10月の雨季（湿潤期）という季節的な変化が明瞭にみられる。これは、日射量と気温の変化に伴う海水面温度の変化に起因する現象である。前述のように、6月～12月には海水面温度が相対的に低くなることから、冷涼な大気と温暖な大気の逆転現象が起き、海岸部では頻繁に霧が発生する。これは沿岸部に帯状に広がる丘陵にロマスを形成すると同時に、降水量は多くないものの、常に厚い雲に覆われることで日射量が極端に少なくなる（図1-7）。一方の山岳地域では、この時期の冷たい海水面によって蒸発の抑えられた乾いた大気が流れ込むにすぎないため、雲の発生は抑えられる。それに伴い日射量が多くなり気温も上昇し、山岳部では乾季の様相を示す [cf. 森島 2016]。

　12月～3月の海岸地域における乾季では、海水面温度が上昇するために大気の逆転現象は起きず、しがたって霧や雲の発生が抑えられる。この時期は日射量が増加するとともに、気温も上昇するような乾いた気候になるのである。しかしながら、高い海水面温度と日射量の増加は海水の蒸発を促し、暖かく湿った大気を形成する。この湿気を帯びた大気は海から吹き付ける風に運ばれることで海岸地域を素通りし、標高の高いアンデス山脈の斜面に沿って山岳地域を上昇していく。上昇するにつれ気圧が低下することから、湿った大気は厚い雲を山岳地域に発生させ、大量の雨を降らせる。つまり、この時期に山岳地域

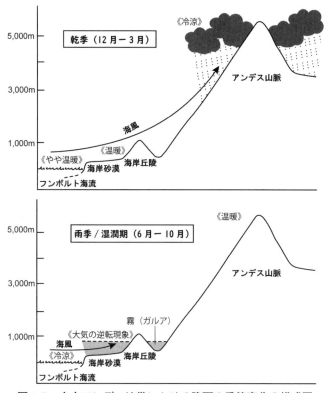

図 1-7　中央アンデス地帯における降雨の季節変化の模式図

は雨季となるなど、海岸地域と山岳地域の季節性は乾季と雨季で逆転状態にある。

　海岸地域における乾季では、ロマスは発生せず、海に面した低い丘陵部は荒涼とした景観を示す。しかしながら、同時期の山岳地域でみられる降雨量の増加は、アンデス山脈から太平洋へと流れ込む河川水量の急激な増加をもたらし、そうして海岸地域へと運ばれた水は河川周辺で植生を繁茂させる。同時に、河川水量の増加は、沿岸部の湿地やラグーン、河口などの汽水域・淡水域を拡大させる。このように、海岸地域にみられる季節性は大陸規模での自然現象と連動しており、この地域の生態資源分布の季節的な変化を生み出している。

第1章　アンデスの自然環境と歴史

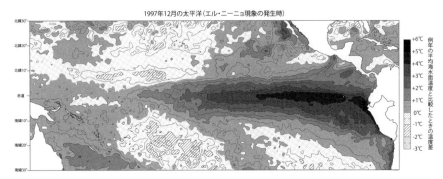

図 1-8　ENSO（エル・ニーニョ）に際した海水面温度の上昇
［荘司 2021: 図 4 より転載
(http://www.imarpe.gob.pe/ftp/enso/imagenes/ATSM_mm_PacEc_1997_1998.gif をもとに作成)］

（2）　エル・ニーニョ現象

　ペルーの気候を特徴づける周期的な変化には、一年間の季節的な変化に加えて、数年単位で繰り返されるエル・ニーニョ現象が挙げられる。エル・ニーニョ現象とは、太平洋赤道域の日付変更線付近から南アメリカの沿岸にかけての海面水温が平年よりも高くなる現象を指し（図1-8）、この時、ペルーでは大雨が降り続き、河川の氾濫や土砂災害などが頻発する。反対に同地域の海水面が平年より低くなる現象はラ・ニーニャ現象と呼ばれ、現在では 2 ～ 8 年周期でこれらの現象が観測されるなど、地球規模の異常気象であることが知られている。こうした周期的な気候変動は、地球規模の南方振動と大きく関わる現象であることが明らかになってきた。この南方振動とは、ペルーを含む南太平洋東部とインドネシア周辺の太平洋西部でシーソーのように連動した海面気圧の変動現象を指しており、大気に注目した南方振動と海洋に注目したエル・ニーニョ現象を合わせて、今日では ENSO（El Niño- Southern Oscillation; エル・ニーニョ＝南方振動）と呼ばれている。本書では、エル・ニーニョ現象とラ・ニーニャ現象、大気変動を合わせた短周期的な変動全体を指す場合 ENSO、このうち、とくに海水温の上昇にともなう不漁や降雨、洪水などの被害をもたらす事象に言及する場合、エル・ニーニョ現象という言葉を用いる。

第2節　アンデスの自然環境

　ENSOは、海面気圧の変動によって生じる貿易風の変化に伴って、暖流と寒流の強弱が変化することによって起こる現象である。本書の主旨に沿って、ペルーの沿岸部を例にみてみよう。先述のように、中央アンデス地域の沿岸部では、南下してくる南赤道海流（暖流）と北上するフンボルト海流（寒流）という2つの海流が存在しており、それらは現在のペルーとエクアドルの国境付近でぶつかり合って潮目を形成している。しかしながら、南方振動によって貿易風が弱まるとフンボルト海流は弱化し、2つの海流の潮目は平時よりも南下する。つまりその時、とくにペルー北海岸の沿岸を流れる海流は暖流となる。これによって海面温度は急激に上昇し、非常に暖かく湿った大気が陸地へと流れ込むため、山岳地域だけでなく、普段は雨の降らない海岸地域でも大雨がもたらされる［Dillon et al. 2003; 岡 2001］。これによって河川は増水し、氾濫による洪水や鉄砲水などを引き起こす（写真1-7）。このようなエル・ニーニョ現象の影響は、海岸地域における乾季である12月～3月により顕著に表れ、平時と比べて12～15℃近く高い海水面温度がこの時期に継続して記録される。2017年1月～3月にも同様のことが起こっており、この時の北海岸では洪水などの土砂災害が、農業に大きな打撃をもたらした。そうした大きな自然災害の痕跡は、河川流路の変化や、激しい洪水によって抉られ土砂が堆積することによる改変された地形として認められている。このエル・ニーニョ現象による被害の規模は年によって異なるため、とくに大きなものはメガ・ニーニョなどと呼ば

2017年1-3月のエル・ニーニョ現象によって氾濫したチカマ川本流　　河川の氾濫による洪水堆積で埋もれた家屋

写真1-7　2017年のエル・ニーニョ現象による河川の氾濫と被害（筆者撮影）

55

れることもある。

　また、これらエル・ニーニョ現象時に起こるフンボルト海流の弱化は、この海域で特徴的に起こる湧昇作用を弱めることをも意味する。これによって、海の深層にある栄養塩の上昇が抑えられ、植物プランクトンの数が大幅に減少することは海の食物連鎖に影響を及ぼし、漁獲量が減少するなどの不漁を引き起こす [Idyll 1973; 川崎 2001]。すなわち農業だけでなく、漁撈活動に従事する人々にも大きな被害を及ぼすことになる。さらに、そうした食物連鎖の異常は、小魚を餌とする魚類や鳥類、海生哺乳類にも深刻な影響を及ぼし、この時期に多くの個体が餓死することも知られている。

　このようなエル・ニーニョ現象は、2年〜8年周期で起こることが分かっているが、その周期は一定でなく、予測することは現在でも極めて困難である [Idyll 1973]。ENSO のような短周期的な環境変動が人間社会に及ぼす影響は大きく、考古学研究によって明らかになってきた様々な社会変動と絡めて、これまでに多くの議論が展開されてきた [関 1985; Shimada et al. 1991; Kolata 1993; Sandweiss 1996; 加藤・井口 1998]。また、そうした短周期的環境変動がいつごろからこの地域で起こるようになった現象なのかという、ENSO の起源に関する議論も多く存在する [eg. Rollins et al. 1986; Sandweiss 1996; Reitz and Sandweiss 2001; Pozorski and Pozarski 2003]。これらの議論について述べる前に、南アメリカ大陸の環境が現在にいたるまでに、どのように変化してきたのか、古環境復元に関連する研究を概観してみたい。

第3節　古環境という視点

1．南アメリカ大陸の環境史

　アフリカからヨーロッパ、ユーラシア大陸へと拡散していた現生人類は、シベリア、アラスカなどを通って、アジアからアメリカ大陸へ最終的に到達した［関 2010, 2012, 岡田 1995］。そうした人々がアメリカ大陸へ進出するうえで最初の障害となったのは、シベリアとアラスカを隔てるベーリンジア海峡であった。

　現在の地形に残された氷河による浸食の状況や深海堆積物、およびグリーンランド氷床コアの酸素同位体比などの解析から明らかなように［cf. Zech et al. 2008; 2010］、氷河時代は、氷河が発達する寒冷な氷期と、氷期と氷期の間に挟まれる温暖な間氷期が長期にわたって繰り返されてきた。アジアからアメリカ大陸へ人類がわたってきた時期はこの氷河時代の最終氷期であると考えられている。なぜなら、氷河が発達する氷期には海水面が著しく低下し、広大な大陸棚を持つこの海峡は陸続きとなっていたと考えられているためである。この陸橋は 25000-9000 BC（27000-11000 BP）の間に出現していたことがわかっており、ベーリンジア陸橋と呼ばれている。

　一方で、北アメリカ大陸では、ローレンタイド氷床とコルディエラ氷床という2つの大陸氷床が一つに合わさり、数百 m の厚さに堆積していたため、ベーリンジアと北アメリカ中央部の間には大きな障害が形成されていた［cf. 岡田 1995; 関 2012; Davis et al. 2019］。この巨大な氷床によって 22000-19000 BC（24000-21000 BP）までは南への移住は不可能であったが、温暖化の開始とともに溶け始め、11000-10000 BC（13000-12000 BP）には「無氷回廊」と呼ばれる2つの大陸氷床の間に「隙間」ができていたと考えられている。つまり、人類はベーリンジア陸橋の出現する 25000-9000 BC（27000-11000 BP）までにアジアからアラスカへと渡り、12000 BC（13000 BP）以降に無氷回廊を利用しての南下が可能となったと考えられてきた[5]［岡田 1995; 関 2012］。

考古学的な証拠といえば、北米のクローヴィス文化（11500-10500 BP頃）や南米の魚尾型尖頭器文化（11000 BP）といった無氷回廊の形成後に南下してきたとみられる証拠が多く認められる一方で、それを大きく遡るような年代の遺跡が北アメリカ南部と南アメリカで徐々に確認されるようになってきた。先クローヴィス文化とも呼べるようなこれらの遺跡は、アイダホ州西部のコッパーズ・フェリー遺跡（16560-15280 cal BP）［Davis et al. 2019］、チカマ谷のワカ・プリエタ遺跡（14200-13300 cal BP）［Dillehay et al. 2012a］、チリ南部のモンテ・ベルデ遺跡（18500-14500 cal BP）［Dillehay 1989; Dillehay et al. 2015］など、無氷回廊出現以前とみられる年代を持つ遺跡が近年盛んに報告されており、氷河で閉ざされる内陸部ルートが存在する前に人類が南下した可能性がでてきた。このことから、少なくとも北米では、沿岸部を伝うように南下する新たな移住モデル[6]［Meltzer 2009; Davis et al. 2019］が現実味を帯びてきた。しかし、依然として、この時期の人類活動を表わす遺跡の報告例は極めて少なく、中央アンデス地域でも、後氷期に入って温暖な環境へと変化し始めたころの遺跡が多く確認されている。では、後氷期以降、すなわち完新世の古環境はどのようなものであったのだろうか。

　後氷期になると、氷期に発達していた氷河は後退し、植生の限界高度を押し上げた。中央アンデスも例外ではなく、植生の限界は順次上昇し、湿潤化が進み、やがて現在の植生に近いものになったと推測される。また、氷河が融けたことにより海水面が上昇し、海岸線は内陸へと後退した。そして、サバンナ的な景観を呈していたアマゾンは現在のような湿潤な環境へと変化しはじめる。さらに、氷期に多くみられた大型哺乳類は環境変動や人類による狩猟活動などによって絶滅し、中型、小型の哺乳類が生き残り、動物相も現在に近いものになったと考えられる［関 2012: 82］。

　しかし、このような生態環境はまだ安定的なものでなく、変動を伴うものであった。アンデス地域におけるこの時期の気温の変化を表すデータとして、ロニー・トンプソン（Lonnie Thompson）らによるワスカラン山における氷床コアの酸素同位体比分析の結果［Thompson et al. 1995, 2006］を中心にみていく（図1-9）。トンプソンらは、このワスカランの氷床コアのデータ[7]を中心に、そ

第3節 古環境という視点

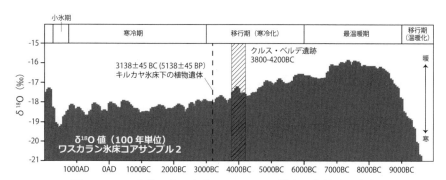

図1-9 ワスカラン山の氷床コアにおける酸素同位体比の変化
[Thompson et al. 2006 をもとに筆者作成]

のほかのアンデス山脈（ケルカヤ山、サハヤ山）における氷床コア、東アフリカに位置するキリマンジャロの氷床コア、北半球の日射量変動、ケルカヤ氷床の退氷によって露出した植物資料の年代測定結果などを総合し、完新世の気候の長周期的な変化について明らかにした［Thompson et al. 2006: Fig. 8 を参照］。図1-9 の黒く示したグラフが縦軸方向に増加するほど、当時の気温が高かったことを意味している。まず、10000 BC-9000 BC（12000-11000 BP）には、最終氷期から後氷期に向けての気温の大幅な上昇が起こったことが見て取れる。それによって大型動物が絶滅し、現代の動物相に近づいたとされ、この時期には、ラクダ科やシカ科動物を狩猟の対象とした生活が営まれ始める［León 2007］。その後、9000 BC-6000 BC（11000-8000 BP）になると気温の上昇は緩やかになるが、完新世において最も気温が高い時期であった[8]。酸素同位体比から換算した気温に基づくと、現在よりも 1.5〜2℃暖かい環境であったことが指摘されているほか、氷床コアに含まれる塵が多いことから乾燥した気候であったようだ［Thompson et al. 2006: 10541］。この高い気温によって氷床は融解し、退氷が急速に進んでいたことがわかる。6000-3000 BC（8000-5000 BP）にかけて気温は徐々に低下するようになり、これに伴って氷床は大きく拡大していった。近年の温暖化によって、同じくアンデス山脈の一つであるケルカヤ氷床の融解が進んだために表出した高地性草本類（*Distichia muscoides*）の絶対年代は 3138 ± 45 BC（5138 ± 45 cal BP）という値を示しており、この草本類は寒冷化によ

59

って拡大する氷床によって 3000 BC 頃に覆われたことが確認されている [Thompson et al. 2006: 10541]。3000 BC (5000 BP) 以降は寒冷な気候がほぼ安定して続き、1500 AD (500 BP) 以降に気温は再び急上昇し、現在に至る。気候の寒冷な時期において氷床に含まれる塵の量が少ないことから、寒冷期には湿潤な環境であったことが示唆されている [Thompson et al. 2006: 10541]。

　こうした完新世における気候変動の大きな流れは、土壌や地形の形成過程に着目したジオアーケオロジーの研究 [Noller 1993; Fontugne et al. 1999; Keefer et al. 2003; Rogers et al. 2004] や、海底堆積物などの海域環境のデータでも同様の傾向が報告されている [Rein et al. 2005; Loubere et al. 2003; Koutavas et al. 2006, Koutavas and Joanides 2012]。後者の研究では、海底に堆積した土壌や有機物の層から採取した有孔虫化石を対象に、酸素や炭素同位体比の分析から過去の海水温、栄養塩などの海域データを堆積層序にもとづいて明らかにするという方法が一般に取られている [cf. Loubere et al. 2003; Koutavas et al. 2006]。例えばペルー極北海岸から西へ離れた赤道太平洋東部の深海堆積物の分析によって、過去の長期的な海水温変動が復元されており、およそ 5000 BC 以降に寒流が強くなり、海水面温度の低下が起きたことが指摘されている [Loubere et al. 2003]。

　近年の古環境変動の研究においては、より精緻な時間分解能を持つデータとして湖底堆積物を対象とした研究が大きな注目を集めており、樹木年輪とともに陸域の古環境復元のための最も重要な試料の一つとして位置づけられている [米延ほか 2014]。湖底には、植物の花粉や種子、火山灰、放射性物質、珪藻の死骸や落ち葉、泥、砂、礫などの周辺環境に由来する多様な物質が堆積する。そのため、攪乱が少なく良好な堆積状況を示す場所で堆積層から円柱状のコアサンプルを採取し、堆積層の構造変化やそこに含まれる元素や化学成分を分析することで、多様なデータを得ることができるのである [米延ほか 2014: 8]。例えば、チリ中央部のアクレオ湖から採取した湖底堆積物を堆積学、地球化学、鉱物学的分析、花粉および珪藻の分析、放射性炭素年代測定などの多様な手法で検討したベッティーナ・ジェニー (Bettina Jenny) らは、湖周辺の乾湿状況の通時的変化を復元した [Jenny et al. 2002]。これによれば、7500-3700 cal BC に

第3節　古環境という視点

湖の周辺環境は乾燥状態にあったのに対し、3700 BC 以降に湿潤化しはじめ、1200 BC 前後に現在と同程度の湿潤環境となっていたという。こうした変化は後期完新世に強まったとみられるエル・ニーニョ現象による降雨に影響を受けていていた可能性がある［Jenny et al. 2002: 169］。

　このほかにも南アメリカでは、エクアドルのパユカコチャ湖［Rodbell et al. 1999; Moy et al. 2002］、ガラパゴス諸島のベインブリッジ・クレーター湖［Riedinger et al. 2002］の湖底堆積物が調査・分析され、古環境変動やエル・ニーニョ現象の多様性と通時変化が議論されている。これらはいずれも本書の対象であるペルー北海岸から離れた地域のデータばかりである。というのも、ペルーの海岸地域に広がる低地には調査に適した湖は分布しておらず、海域環境の精緻なデータを提供するサンゴ礁[9]も分布していないことから、この地域は完新世の変化を議論するためのローカルデータを利用することが難しいのである。

　一方で、こうした問題を乗り越えるための別のアプローチとして、陸域に残された化石資料・考古資料を用いた古環境復元の研究が挙げられる。そのような研究を長く続けてきた考古学者であるダニエル・サンドワイス（Daniel Sandweiss）は、ペルー極北海岸から極南海岸の遺跡で出土する貝類の変化から海域環境の変化に迫ろうとした［Sandweiss 2003; Sandweiss et al. 2007］。とくに比較的冷温の海域（暖温帯：warm-temperate）と暖温の海域（暖熱帯：warm-tropical）にそれぞれ生息域が限られる貝類に着目し、ペルー北海岸と北部中央海岸（南緯10度以北）において冷温海域の貝類（*Choromytilus chorus*, *Mesodesma donacium*）が 3800 BC 以前に出土しないことから、この時期に海水温の低下などの海域環境の変化が起こったことを指摘した［Sandweiss 2003; Sandweiss et al. 2001: 604, 2007: 29］。また、北部中央海岸のサンタ川、チャオ川周辺の陸域に残された古海岸地形における、貝類化石をもとにした分析では、人間の関与を受けず自然に堆積した貝類でも同様の変化が同じ時期に起きたことが明らかになっている［Perrier et al. 1994; Andrus et al. 2003］。

　この種の研究成果は、チリの湖底堆積物の研究［Jenny et al. 2002］やワスカラン山の氷床コアの研究［Thompson et al. 1995］などの他の研究手法のデータ

61

とも大まかに整合するものであり[cf. Sandweiss et al. 2001: 604-605, 2007: 34-37]、信頼性が高い。一方で、実際の海域環境の変化はより複雑な様相を示していたであろうことも示唆されている。たとえば、暖熱帯（warm-tropical）の生物種が出土する 3800 BC 以前の海域環境を復元することを目的に、オストラ・ベースキャンプ遺跡（5150-3800 BC）から出土したナマズ（*Galeichtys peruvianus*）の耳石断面に表れる成長パターンと酸素同位体比を分析した研究がある[Andrus et al. 2002]。そこでは、復元された年間の平均海水温は、現在よりも3〜4℃高く、エル・ニーニョ現象の頻度は極端に少ないか、あるいはなかったことが指摘された。それにもかかわらず、年間の水温変動値はエル・ニーニョ現象が頻繁に起こる現在よりも大きい。年間の最低水温は現在と同じものの、夏季の水温は現在よりも高かったというデータが提示されており、この時期の水温変動は数年間の変動よりも年間の変動が大きかった可能性が指摘されている［Andrus et al. 2002］。フレッド・アンドリュース（Fred Andrus）とサンドワイスらは、こうした海域環境の結果、現在とは異なり、高い水温に耐えることのできる暖温帯の生物種[10]が分布していたと主張した［Andrus et al. 2002］。しかしながら、3800 BC 以後のデータがないことや、当該地域・時期の年間の水温変動を示すようなデータが他にないことから、この時期の海水温変動の実態については留保しておく必要がある。

2．完新世のエル・ニーニョ現象

　本書で主に取り扱う古期（5000 BC-3000 BC）という時代は、完新世における最温暖期（9000-6000 BC）が終わりを告げ、徐々に寒冷化していく中にあった。後の章で詳しく述べることになるが、発掘調査が行われたクルス・ベルデ遺跡は、CV-Ia 期（4200 BC 〜 4000 BC）と CV-Ib 期（4000 BC 〜 3800 BC）という2つの時期にわたって利用されていたことがわかっており、これはまさに完新世最温暖期から寒冷期（3000 BC 以降）への移行期にあたることがわかる。こうした、長周期的な環境変化の中にあった古期の北海岸だが、古環境変動を語るうえでもう一つ欠かせない要素となるのが、先述したような ENSO の存在である。

第3節 古環境という視点

　この地域における短周期的な気候変動の代表格であるENSOは、上述の長周期的な気候変動の中で、どのように変化してきたのであろうか。幸いにも豊富な先行研究があるため、それらを概略的に整理してみたい。

　完新世のENSOを通時的に復元しようとする研究は様々な分析手法とデータに基づいて行われてきた。それらは、（1）エル・ニーニョ現象が引き起こす豪雨と洪水の痕跡に着目するものと、（2）海水温変動に着目するものの大きく2つに分けられる。

　（1）豪雨と洪水の痕跡に着目した研究の代表例として挙げられるのが、先述したような湖底堆積物の研究である。例えば、エクアドルのパユカコチャ湖の堆積物の研究では、豪雨に起因する砕屑性の堆積物が葉理[11]として連続的に確認されており、これをエル・ニーニョ現象の指標とすることで過去1万年以上の環境変化が明らかになった［Rodbell et al. 1999; Moy et al. 2002］。これによると、13000–5000 BC（15000–7000 cal BP）までの間では、エル・ニーニョ現象の指標となる葉理が15年よりも長い周期で断続的に現れているのに対し、5000 BC（7000 cal BP）頃より間隔が短くなり、3000 BC（5000 cal BP）以降には2～8.5年周期で繰り返されるようになるなど、エル・ニーニョ現象の頻度が多くなることが指摘された［Rodbell et al. 1999］。

　ガラパゴス諸島のベインブリッジ・クレーター湖の堆積物でも、同様の葉理が確認されている［Riedinger et al. 2002］。ここでは、～5100–2600 BC（～7100–4600 cal BP）の期間において、エル・ニーニョ現象は発生してはいたものの、その頻度は少なかったとされた。そして、1100 BC（3100 cal BP）以降になって、その頻度と規模は増加していく［Riendiger et al. 2002］。また、先述したチリのアクレオ湖では、古環境における乾湿の変化が多角的な分析から明らかになっている［Jenny et al. 2002］。これに湖における洪水堆積物のデータを合わせた結果、顕著な乾燥状況を示していた7500–3700 BC（9500–5700 cal BP）には洪水堆積が検出されず、徐々に湿潤化していく3700 BC（5700 cal BP）以降に検出され始める。さらに、そうした洪水堆積の頻度と湿度は1200 BC（3200 cal BP）に最大となることから、ここでもエル・ニーニョ現象の頻度が徐々に多くなっていくことがわかる。

湖底堆積物のデータがいずれも山岳地域のものである一方で、海岸地域のデータを提供する海底堆積物の研究でも、洪水による堆積物が検出されている。リマの沖合80kmほどの地点で得られた海底堆積物からは、時間解像度の高い2万年以上にわたるデータが報告されている［Rein et al. 2005］。これによれば、海水温の変化や光合成色素[12]の含有量、砕屑性洪水堆積などの分析から、6000 BC（8000 cal BP）以前に頻繁な洪水が起きる期間があった後、6000-3600 BC（8000-5600 cal BP）の間、エル・ニーニョ現象の影響は非常に弱くなったようだ。そして、1000 BC（3000 cal BP）以降に再び大規模となり、頻繁になる。このほか、大陸に残された洪水や豪雨の痕跡から当時の環境を復元するジオアーケオロジーの研究でも同様の環境変化が報告されている［Moseley et al. 1992; Rogers et al. 2004; Wells 1990, 1992］。とくに北部中央海岸のカスマ川流域における洪水堆積の記録は、1200 BC（3200 cal BP）に増大していたことが指摘されている［Wells 1990］。このように、エル・ニーニョ現象の変化について、画期となる年代に差異は見られるものの、いずれの堆積物のデータも中期完新世から後期完新世におけるエル・ニーニョ現象の増加傾向を示しているといえる。

　ENSOは、貿易風が弱まることで海流の強弱に変化が生じ、太平洋東岸の海水温が変動することで引き起されることが明らかになっている。この点を利用してエル・ニーニョ現象の有無に迫ろうとするのが（2）海水温変動に着目した研究である。例えば先述のサンドワイスは、遺跡から出土する貝類の生態学的な知見に焦点を当て、5150-3800 BCの人間活動の痕跡がみられるオストラ・ベースキャンプ遺跡をはじめ、比較的暖かい海流に生息する貝類が北海岸・北部中央海岸で出土するのに対して、3800 BC以降には比較的冷たい海域に生息するチリイガイ（*Choromytilus chorus*）やナンベイチドリマスオ（*Mesodesma donacium*）が出土するようになることを指摘した［Sandweiss et al. 2001: 604］。そして、800 BC以降、この地域における上記2種の貝類の出土量が激減し、代わってナミノコガイ属の貝類（*Donax Obesulus*）が多く出土するようになる［Sandweiss et al. 2001: 604］。

　チリイガイやナンベイチドリマスオは、急激な水温の上昇に対して耐性を持っていない［cf. Urban 1994］ことから、北海岸・北部中央海岸におけるエル・

ニーニョ現象が頻発する環境下では生息できない。一方、現在もエクアドル海岸にまで広く分布しているナミノコガイ属は海水温の変化に強い耐性を持ち、成長速度も速いことから、エル・ニーニョ現象の被害を受けてもすぐに個体数が回復するという特徴を持っている［Arntz and Valdivieso 1987］。これらのことからサンドワイスは、3800 BC 以前の北海岸・北部中央海岸ではエル・ニーニョ現象がなかったか、あっても極めて少なかったこと、3800-800 BC にはフンボルト海流が強まることで冷たい海水温が維持され、エル・ニーニョ現象が発生するようになるものの、チリイガイとナンベイチドリマスオが生息できる程度にその頻度が抑えられていたこと、800 BC 以降にエル・ニーニョ現象の頻度と規模が激増したことを主張した［Sandweiss et al. 2001; Sandweiss 2003］。また、オストラ・ベースキャンプ遺跡から出土したナマズの耳石の分析によって、3800 BC 以前の海域環境と海水温変動が現在と大きく異なっていたことが指摘されている［Andrus et al. 2002］。

　このほか、ペルー極南海岸の数遺跡から出土したナンベイチドリマスオの貝殻を対象としたスクレロクロノロジー[13]分析によって、1か月ごとの古水温の変化が復元された研究もある［Carré et al. 2014］。詳しい内容は第5章に譲ることにするが、約1年間の水温の変動率の大きさを ENSO の指標とし、これとペルー沖合の海底堆積物における洪水堆積［Rein et al. 2005］、ガラパゴス諸島周辺の海底堆積物から得られた海水温変動［Koutavas and Joanides 2012］、太平洋中部の北ライン諸島におけるサンゴ礁から得られた水温の変動率［Cobb et al. 2013］を比較したものである。その結果、6000 BC（8000 cal BP）以前と 2000 BC（4000 cal BP）以降では、現在と同規模の海水温変動を伴う ENSO が発生し、3000-2000 BC（5000-4000 cal BP）には ENSO による変動率が低かったことが明らかになった［Carré et al. 2014: 1046-1047］。さらに 4700-5500 BC（6700-7500 cal BP）には ENSO による大きな海水温変動が認められるものの海水温変動の空間様式[14]が異なり、ラ・ニーニャ現象が多く起こっていたため、太平洋沿岸部に降雨などの被害をもたらさなかったことも指摘された。ENSO は完新世のマクロな気候変動に伴って変化しやすい非常に繊細な現象であったと結論付けられた［Carré et al. 2014: 1047］。

第1章 アンデスの自然環境と歴史

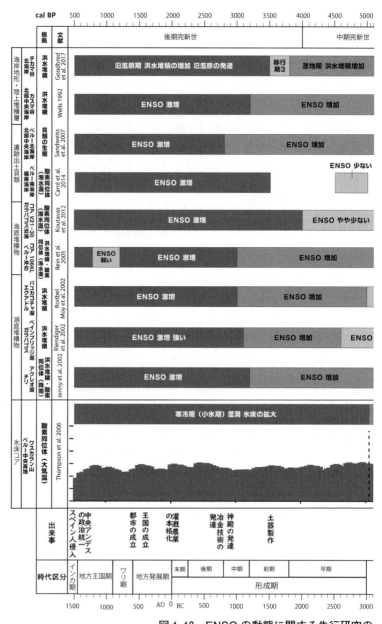

図 1-10 ENSO の動態に関する先行研究の

第3節 古環境という視点

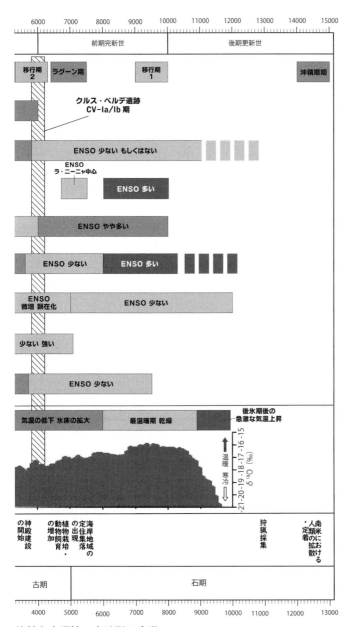

比較と古環境・古地形の変動

以上のような先行研究によって明らかになってきた、長期的な気候変動における ENSO の変化をまとめると図 1-10 のようになる。エル・ニーニョ現象のように北海岸と北部中央海岸において豪雨と洪水を引き起こすような ENSO は、完新世最温暖期が終わり寒冷化していく 4000 BC（6000 cal BP）頃より確認され始め、1000-800 BC（3000-2800 cal BP）頃に、そうした現象はさらに大規模となり、かつ頻繁に起こるようになっていくことがおおまかな傾向として示唆される。

3．チカマ川流域沿岸部の古環境

　クルス・ベルデ遺跡の位置するチカマ川流域沿岸部では、ワカ・プリエタ遺跡を再調査したディルヘイらの学際的調査プロジェクトによって、詳細な古環境の変遷が明らかになっている［Goodbred et al. 2017, 2020］。ここでは彼らの実施したジオアーケオロジー（地質考古学）の成果を参照しながら、後期更新世から完新世にかけての変化をまとめておきたい。

　スティーブン・グッドブレッド（Steven Goodbred）らは、複数地点における地層のボーリング調査および、河川や用水路によって削られた露頭の堆積学・地質学的な観察から、チカマ川流域における地形の形成過程を明らかにした（図 1-11）。各地層が形成された時期については、有機物を対象とした放射性炭素年代測定法や石英を対象としたルミネッセンス年代測定法[15]が利用され、各地層を形成した環境要因については、土壌の地質学的分析や生物遺骸（植物・貝類など）[16]によって特定されている［Goodbred et al. 2017: 54-58］。このようにして復元された生態環境は、（1）流出土壌による沖積平野・扇状地、（2）河川の洪水堆積による氾濫原、（3）ラグーン、（4）湿性堆積を有する沼地・湿地、（5）海岸線付近の沿岸環境の 5 つに大きく分類された。それぞれの生態環境の形成・拡大・縮小の過程を年代学・層位学的に検討した結果として提示された編年観は以下の通りである［Goodbred et al. 2017: 79-85］。

第3節　古環境という視点

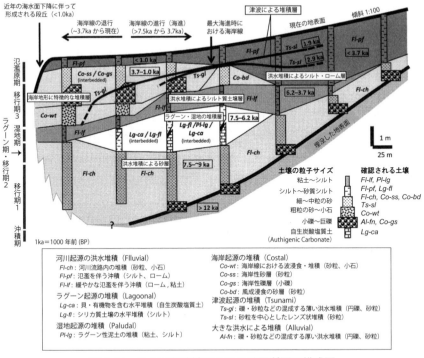

図 1-11　チカマ川流域における地層断面の模式図

［Goodbred et al. 2017: Figure 5. 9., Table 5.4. をもとに筆者作成］

①沖積期（Alluval Stage）［38000-12000 BC（40000-14000 cal BP）］

　アンデス山脈の乾燥した西斜面と海岸地域は、降雨による浸食に伴って大量の土砂が堆積した沖積地としての景観を示している。とくにチカマ川流域ではそうした土砂の運搬によって扇状地がよく発達しており、ルミネッセンス年代測定法によって 40000-14000 cal BP の年代が報告されている。つまり、こうした地形の形成は後氷期に最も活発であり、土砂の運搬と堆積は完新世に入る前に減少していった。そのため、現在でも多くの沖積扇状地が露出して残されているが、その上には完新世の中期から後期に頻繁に起こったエル・ニーニョ現象による洪水の痕跡が残されていることが多い。

69

②移行期1（Transition）[8000 or 7000 BC（10000 or 9000 cal BP）]

完新世に入り、沖積地形の上に堆積した最初の土壌は洪水堆積の砂層（fluvial sands）であり、小から中程度のサイズのシルト質の砂粒が、現在の氾濫原の下に6～8mほど堆積している。ただし、泥質土壌の欠如は、河川流路における土壌の堆積や砂州の形成によって、これらの砂層が堆積していたことを示しており、その分布も河川流路に限られている。すなわち、これらの土壌の形成は、流路を越えて広がるようなものではなく、チカマ川も現在の様相とは大きく異なっていたことが予測される。直接的な年代は明らかになっていないものの、この次のラグーンの堆積物との層位関係から8000-7000 BC（10000-9000 cal BP）ころに堆積が開始したと想定されている。

③ラグーン期（Lagoon Stage）[5500-4500 BC（7500-6500 cal BP）]

5500 BC（7500 cal BP）ころには、温暖化に伴う海面の上昇に伴って陸域に海水が侵入するようになっていった。こうした状況は、前時期における洪水堆積の上に、水面下に堆積した泥層や藻類起源の有機物層、泥炭の水平堆積が観察されていることを根拠にしており、この時期にラグーンが広く形成されていたことを示唆している。そうした泥質の堆積物は現在の河口から3kmの範囲に広がり、現在の海岸線から500～1000m内陸にまで分布していることから、かなり広大な範囲がラグーンに覆われていたことになる。放射性炭素年代測定によって得られた値の最も新しいものは4659-4295 BC（6659-6295 cal BP）となっていることから、およそ5500-4500 BC（7500-6500 cal BP）の時期にラグーンが形成されていたことがわかる。ワカ・プリエタ遺跡のマウンドはこのラグーンの形成に伴って建設され始めた［Dillehay et al. 2012b］。

泥質の堆積層に含まれる貝類遺存体には、海生のものは含まれず、概して汽水あるいは塩分濃度に耐性を持つ淡水種のものが報告されている（eg. *Lymnaea* sp., *Cyprideis* sp., *Cyprideis torosa*）。このことから、ラグーンには河川水も多く流入していたことがわかり、塩分濃度は0.6‰以下に保たれていたと想定される[17]。また、泥質の河川堆積物や水生植物（eg. *Ruppia maritima*）の茎や種子も検出されている。これらの生態学的な知見から、このラグーンは淡水からやや

第 3 節　古環境という視点

汽水に近い水質を持ち、海への小さな連結部を持つようなものであったことが想定されている。そして、ときおり、洪水堆積物が流れ込むような環境にあったという。

④移行期 2（Transition）[4300-3300 BC（6300-5300 cal BP）]

　先述の 4659-4295 BC（6659-6295 cal BP）という年代値以降、泥質のラグーン堆積物は徐々に少なくなっていく。ラグーン堆積物を覆って新しく形成された土壌は 1～2 m ほどの厚さで水平堆積した硬い泥層であり、次に紹介する湿地期に特徴的な土壌といえる。この層は水はけが悪く、季節的に水で満たされるような環境の存在を示唆している。そうした環境とは湿地であり、この硬い泥層が示す最も古い年代は 2903 BC（4903 cal BP）という値が報告されている。つまり、この硬い泥層の下にあたる移行期 2 において、4300 BC（6300 cal BP）から 2903 BC（4903 cal BP）の間を示す測定値が得られていないわけであり、グッドブレッドらは、この時期の堆積が非常に乏しくゆっくりとしたものであった可能性を指摘している。そのため、この時期をラグーンから湿地、あるいは氾濫原の形成に向けた移行期であると位置づけた。しかし、その一方で、ラグーンの消失傾向は、洪水堆積物の増加に伴うラグーン地形の埋没によるものであるとしており、この時期に以前よりその規模が大きく、頻繁に起こるようになったエル・ニーニョ現象とその洪水に関連付けて論じているなどやや矛盾もみられる。この時期のエル・ニーニョ現象の増加傾向については、先述したような研究によっても示唆されている[18]　[eg. Moy et al. 2002; Sandweiss et al. 2001]。

⑤湿地期（Paudal Stage）[3300-1800 BC（5300-3800 cal BP）]

　この時期は洪水堆積による氾濫原が発達し始める段階であり、水平堆積した土壌とそれに伴う湿地性の動物相の遺存体（eg. *Valvata* sp.）が検出されている。これらの土壌は、季節的に水分を含み短期的な湿地が形成されることによって堆積したものであり、そうした環境が沿岸域一帯に広く分布していたのがこの時期の特徴である。先述したように、この堆積土壌の最も古い地層の年代は 2903 BC（4903 cal BP）であり、最も新しい年代は 1847 BC（3847 cal BP）となる。

ラグーンから湿地、そして氾濫原への移行を、エル・ニーニョ現象の増加傾向［Moy et al. 2002; Sandweiss et al. 2001］と関連付けて論じているグッドブレッドらは、湿地期に定期的に引き起こされるようになるエル・ニーニョ現象とそれによる河川の氾濫が、河川流路を越えた広い範囲に土壌を堆積させ、氾濫原を発達させたと主張している。そして、この氾濫原は農地として利用するのに最も適した環境であることを強調している。そして、氾濫原の発達の初期段階である湿地期において、沿岸のラグーンを埋没させるようにして形成された湿地もまた、この時期の人々によって農地利用されていたという仮説を提示した［Goodbred et al. 2020］。沿岸域において、水に浸された湿地を畝状に盛り上げ、土壌の水分をコントロールしながら農業を行っていたであろう痕跡が、ワカ・プリエタ遺跡の近く、そして北に15kmほど離れたワカ・プルパール遺跡の近くに確認されているためである［Goodbred et al. 2020: 6, Fig. 5］。
　グッドブレッドらの論文［Goodbred et al. 2017, 2020］では明記されていないのだが、湿地期の開始年代が3300 BC（5300 cal BP）として設定されているのは、この湿地帯における畝状の遺構が残る堆積土から3200 BC（5200 cal BP）の年代値が得られている[19]ことを評価したものと思われる。

⑥移行期3（Transition: Maximum Transgression）［1800-1500 BC（3800-3500 cal BP）］

　湿地期から氾濫原期への移行期にあたる。この比較的短期間の移行期では、水が溜まる湿地帯のような環境から、より水はけのよいシルト質の氾濫原が大きく拡大していくような変化がみられる。さらにグッドブレッドらによれば、この時期は海進が最も進み、海岸線が内陸深くに移動していた時期でもあるという。この最大の海進は1700 BC（3700 cal BP）ころに起こっていたとされ、その後はより頻繁化したエル・ニーニョ現象による洪水堆積が発達することにより、海岸線は海側へ押し戻されていった。このことは、海へと流れる現在の農業用水路によって削られた露頭の観察と放射性炭素年代測定法によって得られたデータを論拠としている。これによると、現在の海岸線から100mほど内陸で確認された人間活動の痕跡［1740 BC（3740 cal BP）］の上に、海岸線地形に

第 3 節　古環境という視点

特徴的な円礫の堆積が形成されていることがわかっている。
　しかし、この 1700 BC（3700 cal BP）ころに最大の海進が起こっていたという点については、にわかに同意することはできない。なぜなら、先行研究が明らかにしてきた古環境変動モデルとの齟齬が大きく残っているためである。ワスカラン山の氷床コアによる大気温の変化は 9000-6000 BC（11000-8000 cal BP）に最も温暖な時期があり、その後、気温が低下していくことを明らかにした［Thompson et al. 2006］。もちろん、この温暖期には氷河が解け、海水面が上昇していたといえ、そうした傾向は地球規模の気候変動のモデルとも矛盾がみられない。また、北部中央海岸のサンタ川やチャオ川で行われたジオアーケオロジーの調査でも、地表に残された古海岸線や地形の形成プロセスと遺跡分布の関係から古海岸地形の変遷が明らかにされている［eg. Wells 1988, 1992］。それによると、海水面の変動が安定化する 4000 BC（6000 BP）［Bloom 1980］ころから、河川から流れ込む土壌の堆積が進むことで海岸線が海側へと徐々に押し下げられ、現在の海岸線から 4 km ほど内陸にまで広大な沖積平野が形成されたと考えられる［Wells 1992: 198］。そして、この沖積平野における考古遺跡の年代と分布から、そうした堆積が現在に至るまで継続的に形成され続けていたことと、沖積平野のおおよそが 1000 BC（3000 cal BP）までに形成されたであろうことが指摘された［cf. Wells 1992: Fig. 8］。同様のプロセスはスーペ川流域沿岸のメディオ・ムンド海岸でも確認されている［Sandweiss et al. 2009］。
　すなわち、グッドブレッドらによって確認された円礫の堆積層が海岸地形に起因するものなのか、大規模な洪水によって中・上流域から運搬されてきた堆積物なのかが不明なのである。また、彼らがその可能性を指摘しているように［Goodbred et al. 2017］、地殻変動によってこの地域の地盤が沈下した可能性も考慮して検証する必要がある。少なくとも、この時期には洪水堆積物による氾濫原の形成が徐々に進み、それは農地に適した環境を海岸地域に提供するものであったと指摘できる。このように、チカマ川流域で確認されたこの時期の海進については、さらなるデータの蓄積を待つ必要があるといえる。

⑦氾濫原期（Floodplain Stage）［1500 BC-1400 AD（3500-600 cal BP）］

1000 BC（3000 cal BP）以降には、エル・ニーニョ現象の急増に伴ってより急速な洪水堆積が広い範囲で進み、水はけがよく標高も高い現在のような氾濫原が形成された。この時期に、チカマ川下流域は農地に適した環境へと改変され、大規模な農業を行うような社会が形成されていったことが考古学データによっても立証されている。

　以上にみてきたように、チカマ川流域沿岸部の古環境は時代とともに大きく変化してきたといえる。本書で対象とする古期のマウンド遺跡もそうした環境史と密接に関係しながら形成され、様々な活動が行われてきたことが容易に想像できる。ここまで確認してきた、先行研究の課題と理論的視座、方法論、時空間的な位置づけ、自然環境などの研究の背景をふまえ、次章からはクルス・ベルデ遺跡の発掘で得られた調査データを提示する。まずは、発掘調査で得られたマウンドの層序と放射性炭素年代測定の結果を整理し、クルス・ベルデ遺跡の形成過程と年代学的な位置付けを明らかにしていく。

注
1) 「ドメスティケーションはプロセスを指す」［重田 2009: 73］との考え方にも表れるように、そうした変化は漸次的なものであると想定される。そのため 5000 BC という年代は便宜的な基準に過ぎないといえるが、他に有効な代案もデータも現段階ではないため、本論でもこれを踏襲することになる。
2) 沿岸とは、陸地および海のうち海岸線に沿った部分を指す［塚本編 2010］。
3) 湧昇とは、寒流である南からのフンボルト海流が海水の表層を流れることにより、それを補うようにして深層の有機物と栄養塩を含んだ水が大陸棚に沿って湧き上がってくる現象を指す。この養分によって植物プランクトンが増加することで小魚をはじめとする漁獲量が高く保たれている［渡邊 2012］。
4) 現在は、海鳥の生息個体数の減少を受け、またそれらの糞が蓄積したグアノを保護することを目的に、海鳥の狩猟は全面的に禁止されている（2016 年、ラ・リベルタ州マグダレーナ・デ・カオ村住民からの聞き取りによる）。古くからグアノは肥料として農業に利用されており、かつては高値で取引されていた［Cushman 2013］。
5) 実際に、この時期に無氷回廊を経由した人類の移動が古ゲノムの研究からも支持さ

れている［Scheib et al. 2018］。ローレン・デイヴィス（Loren Davis）らは、そうした移動の存在を否定できないとしながら、無氷回廊を利用した移動は北アメリカ南部への最初の移住ではなかったと主張している［Davis et al. 2019: 896］。

6) 先クローヴィスにあたる遺跡が大陸氷床以南にしか発見されていないことから、氷期においても氷河の影響が少なかった、西側の海岸線を伝って人々が移動したとする西海岸ルート説が唱えられ、注目を集めている［eg. Meltzer 2009］。

7) ワスカランにおける氷床コアのデータは、トンプソンらによる1995年の論文［Thompson et al. 1995］にて最初に発表された。このデータに対する当時の年代観は、本書で引用するものと大きく異なる。本書で引用した年代観は、世界各地で展開されたその後の調査の進展を反映して修正された新しい論文［cf. Thompson et al. 2006］をもとにしている。氷床コアのサンプリング方法やオリジナルデータは1995年の論文［Thompson et al. 1995］に示されている。

8) この時期の気候はオプティムン・クリマティクム（Optimun Climaticum）、つまり「最適な気候」と呼ばれてきたが［Cardich 1960］、地球規模での地域差を考慮すべき点や何をもって最適とするのかという点が不透明であるため、現在ではあまり使用されていない。

9) サンゴの硬組織の成長パターンと化学組成の研究は高度な時間分解能を持ったデータとして古海域環境の研究に大きく寄与してきた。このような生物の硬組織に着目した研究はスクレロクロノロジーと呼ばれる。本書の第5章で詳述する。

10) チリイガイ（*Choromytilus chorus*）は28℃以上の水温で50％の個体が24時間生存できないことが知られているほか［Urban 1994］、ナンベイチドリマスオ（*Mesodesma donacium*）は過去の大きなエル・ニーニョ現象（1982-83）で生息数が激減していることが報告されているなど、高い海水温に敏感な貝類として知られている［Sandweiss et al. 2001: 604］。

11) 肉眼で観察可能な最小の堆積層をさす。

12) 光合成色素とは、光合成に必要な光エネルギーを捕捉するための色素であり、葉緑体などの様々な生物の組織に含まれている。海底堆積物における光合成色素の量は海中の植物プランクトンの量と比例するため、湧昇の弱まるエル・ニーニョ現象時には、それらが減少する。

13) 生物の硬組織を対象にその成長パターンと環境要因の関係を探る研究分野。詳しくは第5章を参照。

14) ENSOには水温変動の空間様式が2種類確認されており、海水温上昇の中心が東太平洋（EP）にある場合と中央太平洋（CP）にある場合とに分けられる。EPの時、南アメリカの沿岸では大きな水温上昇を伴うエル・ニーニョ現象と、小さな水温低下

を伴うラ・ニーニャ現象が起こる。一方で、CPの時、南アメリカ沿岸では比較的小さなエル・ニーニョ現象と大きなラ・ニーニャ現象が起こる。6700年前〜7500年前にはこの水温変動の空間様式がCPに切り替わっていたため、大きな水温低下を伴うENSO（ラ・ニーニャ）が起きていたとした［Carré et al. 2014: 1046-1047］。

15）　ルミネッセンス年代測定法とは、石英や長石などの鉱物を試料として自然放射線や宇宙線の被曝量を計測し、年間の放射線量との関係から経過時間を算出する年代測定法である［cf. 橋本 1999］。

16）　土壌の地質学的・堆積学的な分類と確認された生物遺骸の詳細な分類はグッドブレッドらの論考で示されている［Goodbred et al. 2017: 59-78, Table 5.4.］。

17）　*Cyprideis torosa* は塩分濃度や水温に強い耐性を持つ微小貝であるが、その貝殻に残された「気孔」の形が生息水域の塩分濃度と関係が深いことが知られており、古環境の復元にも応用されている［cf. Frenzel et al. 2017］。

18）　ただし、これらの研究では、3800 BC（5800 cal BP）以前のENSOについて、存在しなかったか、あっても非常に少なかったとするなど、消極的な意見が述べられているほか、1800 BC（3800 cal BP）以降に最もエル・ニーニョ現象の頻度が多くなるとしている［Moy et al. 2002; Sandweiss et al. 2001］。

19）　ただし、この値は堆積土の年代を表しているものといえるため、湿地が形成された時期を示すものの、畝状遺構が形成され、利用されていた時期を直接的に表しているものではないと指摘できる。

第2章　クルス・ベルデ遺跡の発掘：
　　　　遺跡の形成過程と年代

本章では、クルス・ベルデ遺跡を対象に実施した発掘調査の概要を示し、調査によって得られた層位データと遺構の関係から、この遺跡の形成過程を明らかにする。これを通じて、過去にどのような活動がここで行われ、遺跡を形成するに至ったのかを論じることになる。また、出土した遺物を対象とした放射性炭素年代測定を行うことで、活動の年代学的な位置づけを示す。

第1節　クルス・ベルデ遺跡

1．調査対象地域と遺跡の選定

　アンデス文明史におけるモニュメントの出現と社会組織の動態に迫るため、古期における社会実践の様態を明らかにする必要があることは、すでに序章で述べた通りである。しかしながら、古期の研究蓄積は浅く、依然として研究者間の同意が得られているとはいえない。その理由として挙げられるのは、ワカ・プリエタ遺跡などを除けば、調査事例が非常に少ない点と、マウンドを形成してきた行為を集団的社会実践として論証するためのデータが希薄である点である。このような状況をふまえ、筆者は古期においてマウンド状遺構の存在が示唆されつつある北海岸のチカマ川流域沿岸部を調査対象地域として選定し、考古学調査を実施した。この地域は、近年の調査の進捗によって浮上した上述のような新しい課題に迫るうえで、一定の研究蓄積がすでに認められる点で研究目的に適しているからである。本書では、この地域の考古学調査によって、古期に行われたマウンドの形成過程を示すとともに、精緻な発掘調査にもとづく考古学データを様々な視点から検証することで、当時の人々による実践活動を復元し、変化の要因と行為者集団におけるマウンドの位置づけを明らかにする。

　ワカ・プリエタ遺跡やワカ・プルパール遺跡という高さ10mを超すマウンドと比較して、本書における調査の対象となるクルス・ベルデ遺跡は、チカマ川流域沿岸部に点在する複数のマウンドの中でも小規模のものである。考古学における調査手法上の制約として、層位的に古い文化層にたどり着くためには、

第2章　クルス・ベルデ遺跡の発掘：遺跡の形成過程と年代

そのうえに積み重なる新しい文化層を記録し、発掘調査によって取り除かなければならない点が挙げられる。つまり、大規模な遺跡になるほど、下層にある初期の活動の痕跡を捉えることは難しい。すでに述べたように、ワカ・プリエタ遺跡における発掘調査が4000年におよぶ長期的で継続的な活動の存在や、マウンドが人為的な活動の反復によって形成されてきた点を明らかにしたことは重要であるものの、マウンドの形成自体は単純に解釈される傾向があり、あたかもマウンドを積み上げることを目的とした行為が最初から長期継続的に行われていたかのように語られている。そこには、現在目にすることができる巨大なマウンドの姿から意図を持って築かれたものに違いないという考古学者の視点が色濃く表れているとともに、初期の活動の痕跡を詳細に捉えることが難しいという方法論上の制約を受けていたことも指摘できる。

一方でクルス・ベルデ遺跡のような小規模な遺跡の場合、長期的な活動の累積を捉えるのが難しいというデメリットはあるものの、発掘に要する時間が少なくて済むことから、上述の方法論上の制約を比較的受けにくい。そのため、古い活動の痕跡に関するデータを充実させることができるといえ、ワカ・プリエタ遺跡の調査データを補完することもできる。

また、クルス・ベルデ遺跡は、ワカ・プリエタ遺跡とワカ・プルパール遺跡という大規模マウンドに挟まれた地域にありながら、調査データの厚いワカ・プリエタ遺跡に近接した立地を示している。このことから、ワカ・プリエタ遺跡との比較を実施し、この地域におけるマウンド形成過程の比較を行うことにも適している。以上の理由から、クルス・ベルデ遺跡を対象として選定し、発掘調査を実施した。

クルス・ベルデ遺跡は、ペルー共和国、ラ・リベルタ州のチカマ川下流域沿岸部に位置している。現在の海岸線から約200mの距離にある海岸段丘の微高地に立地しており、チカマ川河口から北に6km、最寄りのマグダレーナ・デ・カオ村から南西に4kmほどのところに位置している（図2-1）。また、チカマ川流域沿岸部に点在するマウンド群のうち、クルス・ベルデ遺跡から南へ3kmほどのところにワカ・プリエタ遺跡とパレドネス遺跡、北へ12kmほどにワカ・プルパール遺跡が位置している（第7章 図7-1を参照）。

第 1 節　クルス・ベルデ遺跡

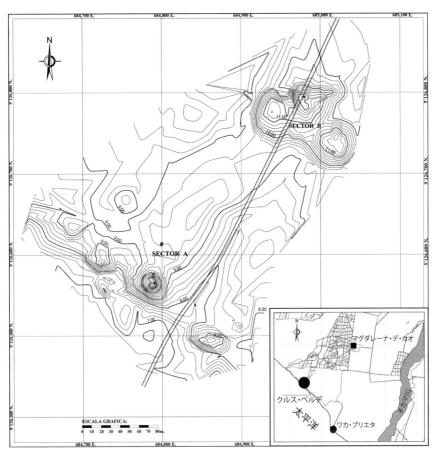

図 2-1　クルス・ベルデ遺跡の測量図（David Aponte 作成）

　遺跡は南西側に位置するやや急傾斜な 1 つのマウンド（A-2 マウンド：**写真 2-1**）と 200m ほど離れたややなだらかなマウンド群（B-1～3 マウンド：**写真 2-2**）、およびその間に広がる平坦地形（A-1 平坦面）の 3 つから構成されている（**図 2-2, 2-3**）。このうちの A-1 平坦面と A-2 マウンドにおいて、トルヒーヨ大学のセグンド・バスケス氏による小規模な発掘調査が 1980 年代に行われた [Vásquez 1998]。その結果、両地点における形成期前期～中期（1500 BC-800 BC）の土器と、A-1 平坦面における居住址とみられる遺構が検出されている

81

第 2 章　クルス・ベルデ遺跡の発掘：遺跡の形成過程と年代

写真 2-1　クルス・ベルデ遺跡の A-2 マウンド（筆者撮影）

写真 2-2　クルス・ベルデ遺跡の B-1 マウンド（筆者撮影）

第1節　クルス・ベルデ遺跡

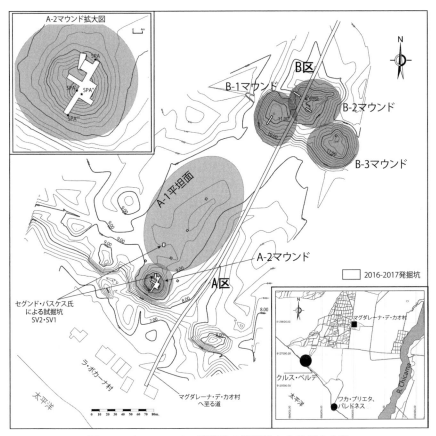

図 2-2　クルス・ベルデ遺跡の発掘坑と各地区の名称
（David Aponte の測量図をもとに筆者作成）

［Vásquez 1998 および同氏による私信］。

　一方で、後述するような筆者らの調査からは、A-1 平坦面において形成期中期初頭の土器を含む文化層が確認されており（**図 2-4**、**写真 2-3**）、小規模な居住活動がここで行われていたことが分かっている［荘司・ラ＝ロサ 2017］。一方、A-2 マウンドは古期の活動によって大部分が形成されており、その表層から上層部には地方発展期と地方王国期にあたる活動の痕跡が認められることが明らかになった。このマウンドにおいて明瞭な形成期の土器片は出土していない。

83

第 2 章　クルス・ベルデ遺跡の発掘：遺跡の形成過程と年代

図 2-3　1941 年に撮影された航空写真とクルス・ベルデ遺跡
クルス・ベルデ遺跡の位置は地形図として写真中央に示してある。
[SAN（Servicio Aerofotográfico Nacional）による写真をもとに筆者作成]

すなわち、この遺跡では様々な時代の活動が断続的に繰り広げられていたことが、2016 年と 2017 年に行われた調査によって明らかになっている [La Rosa and Shoji 2017, 2018]。土器をはじめとする出土遺物の差異にもとづき、まずはクルス・ベルデ遺跡での活動に関する大枠の編年を提示しておきたい。

（1）　CV-I 期（CV-Ia/Ib 期）：古期（4200-3800 BC）

本書が主題とする、クルス・ベルデ遺跡における古期の活動がこれにあたる。

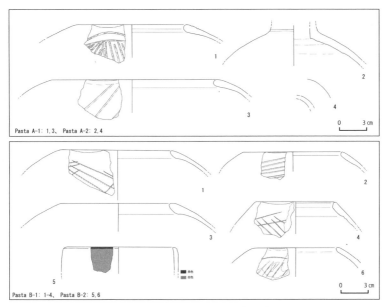

図 2-4　A-1 平坦面から出土した形成期中期初頭の土器

［荘司・ラ＝ロサ 2017: 図 3 より転載］

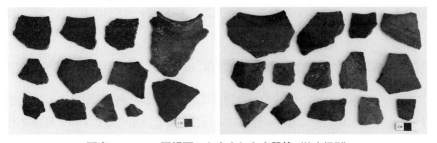

写真 2-3　A-1 平坦面から出土した土器片（筆者撮影）

　この時期の活動は A-2 マウンドにおいてのみ認められ、後述するように人為的な盛土によるマウンドの建設活動が行われた。また、このマウンドの内部からは複数の埋葬や食料残滓、道具類（石器・骨器・貝器など）が大量に検出された。この活動の詳細については後述する。これらの活動は、もともとの自然地形の地盤を意味する地山の直上から観察できるため、クルス・ベルデ遺跡にお

ける最初の人間活動であることがわかる。A-2 マウンドの大部分がこの時期に形成されたものの、A-1 平坦面での活動は確認されていない。

（2） CV-I 期（CV-Ic 期）：形成期早期（2800 BC 前後）

　古期と同じように土器が検出されないものの、年代測定によって形成期早期にあたる活動が認められた。これらは B-1、B-2 マウンドにおいて検出されている。これらのなだらかなマウンドは A-2 マウンドとは異なる堆積層によって形成されている。人為的な盛土はなく、踏み固められた床面のみが幾層にも重なっていた。また、動植物遺存体を含む考古遺物の出土量も A-2 マウンドと比べて圧倒的に少ない。円形の掘立柱建物の跡と考えられる列状柱穴群の一部や、貯蔵穴、炉址が検出されていることから、形成期早期の居住活動によって形成された可能性が高い。しかし、検出された考古遺物、遺構は非常に少ないために、多くのことを語るにはデータが不足しているといえる。地山の上にこの堆積層が形成されるため、B-1、B-2 マウンドはこの時期の活動によってはじめて形成されたといえる。

　これらの堆積層のほぼ中層にあたる貯蔵穴から出土した植物遺存体を年代測定した結果、2800 BC 前後の値が得られた。A-2 マウンドが放棄された後、しばらくしてから B 区での活動が行われたとみてよい。

（3） CV-II 期：形成期中期初頭（1200 BC 前後）

　A-1 平坦面において、形成期中期初頭にあたる土器の出土が認められる［荘司・ラ＝ロサ 2017］。これらの土器は北海岸に広く分布するアンコン刻線文土器（Ancon Incised）と称され、この 1 タイプのみが出土していることが特徴的である。上述のセグンド・バスケスの調査によって住居址と思われる石列が確認されているほか、筆者らの試掘坑によってこの時期の活動が A-1 平坦面の全体に広がっていることが明らかになった。また、この時期の堆積層も地山の上に形成されており、A-1 平坦面による最初の活動であったことがわかる。

第 1 節　クルス・ベルデ遺跡

（4）　CV-III 期：地方発展期（450 AD 前後）

　古期に形成された A-2 マウンドの上に、円礫を建材とした長方形の部屋状構造物が建設される。部屋状構造物の外壁は 1 段の階段状を呈し、西側に入口を持つことが調査によって明らかになっている。内部の床面は複数回の埋め立てと張替えが行われ、最終的に壁の高さまで埋め立てられることになった。出土数は限られているものの、土器が出土している。この建造物の類例や時期を特定できるような装飾文様付きの土器はないが、年代測定の結果は地方発展期の年代を示している。

（5）　CV-IV 期：地方王国期（1000-1500 AD 頃）

　A-2 マウンドにおいて先行する 2 つの時期の遺構が放棄されたのち、小規模な活動が行われる。動植物遺存体などがまとまって廃棄されているほか、銅製品や暖流産のウミギクガイなどの破片も見つかっている。こうした活動は A-1 平坦面でも見られるが、概して、その活動は小規模なものであった。B 区では、B-1 マウンドの上層から未焼成の土偶や、クジラの骨、大型の土器などを有する大きな土坑が検出されており、奉納行為の痕跡と思われる。そのほか、B-2 マウンドの上層から、1 基の埋葬が確認されている。しばしばチムー文化に特徴的な土器を伴うことから、地方王国期の活動が小規模に行われていたといえる。

　クルス・ベルデ遺跡の全体像は以上の通りであり、筆者らの発掘調査は、この遺跡が様々な時代の人々によって断続的に利用されてきたことを明らかにした［La Rosa and Shoji 2017, 2018］。本書の対象となるのは、このうちの古期に該当する考古学データであり、集中的に発掘が行われた A-2 マウンドの形成過程に焦点を絞って議論を進めていく。そのため、以下に A-2 マウンドで行われた発掘調査の方法と結果を簡略に示し、古期におけるマウンドの形成過程の復元とその変化、および年代学的な位置づけについて明らかにしていく。

2．調査の方法

　クルス・ベルデ遺跡は、A 区と B 区の二つに便宜上分けられる。先述したように A 区は遺跡の南西部にあたり、遺物が散布する平坦な地形を指す A-1 と急傾斜な地形を呈する A-2 マウンドから構成される。一方の B 区は、広くなだらかな 3 つのマウンド（B-1、B-2、B-3）から構成され、遺跡の北東部にあたる（図 2-2）。

　A 区と B 区のそれぞれにおいて 2 m × 2 m を一単位とする区画を設け（以下、"グリッド"と称する）、これにもとづいて発掘区の設定と遺物の収集が行われた。グリッドは、過去の調査によって設けられた基準杭を基点として南東方向に E 列、北西方向に O 列、北東方向に N 列、南西方向に S 列として番号を振り、二つの列を組み合わせて交差した地点のグリッド名とした。例えば、E 列の 2 番目と S 列の 1 番目が交差する地点のグリッド名は E2S1 グリッドとなる。

　このグリッドで出土した考古遺物には、その出土地点としてのグリッド名と層位、登録番号が付されている。遺物の登録番号は、考古遺物の種類ごとにアルファベット記号が設定されており、これにもとづいて決定される。例えば、17CV-A-L005 という遺物の登録番号は、2017 年のクルス・ベルデ遺跡（17CV）の発掘によって、A 区（A）から出土した 5 番目の石器（L005）を表す。この登録番号とグリッド名、層位番号がラベルに記され、出土した遺物に結び付けられている。なお、埋葬の名称に関しては、TM という記号を付し、2016 年と 2017 年で通し番号が用いられた。

　発掘によって掘り出された土は、層位ごとにすべて 12mm メッシュの篩にかけられた。これは、統一された基準にもとづいて土器の有無を確認し、動物骨や貝殻などの動物遺存体を収集するためである。水平的な遺物の集中や建築物の基礎、埋葬、焼土の集中などの特別な出土コンテクストを持つものは、図面の作成や写真撮影、トータルステーションによる出土地点、標高の登録など、グリッド内のより詳細な出土状況が記録された。また、埋葬などに関しては、Metashape（Agisoft 社）などのソフトウェアを用いて写真にもとづく 3D モデルの作成によって、詳細な出土状況が記録されている。

ペルーの海岸部は一般に極度の乾燥地域であるために、多くの有機物の遺残が出土する。しかし、先述の12mmメッシュの篩では、小さな動植物遺存体はすべてふるい落とされてしまう。そこで、微小な動植物遺存体を収集することを目的として、コラムサンプル法による土壌採集と遺物の選別作業が行われた。コラムサンプル法とは、ある決められた範囲を除いて周囲の発掘を進めることにより、柱状の堆積土壌を発掘坑の中に残す方法であり、この柱状の堆積土壌は、発掘が行われた層位にもとづいて層位ごとにすべて回収される。本調査では、マウンド頂上部のE1S1グリッド内に50cm×50cmのコラムサンプルを作成し、地表面から地山までの土壌を回収した。そして、この土壌を分析室に持ち帰り、室内で動植物遺存体の選別作業を行った。選別は、乾燥状態での肉眼による選別と水洗選別（フローテーション）を採用した。両者をともに実施したのは、それぞれの持つメリットとデメリットを考慮してのことである[1]。

　以上のような、発掘調査に関わる方法論にもとづいて、2016年と2017年に計2シーズンの発掘調査がA-2マウンドで実施された。

（１）　第一次発掘調査（2016年10月）

　2016年10月から、3週間にわたって発掘を実施した。地表面から地山に至るまでのマウンドの基本層序を確認することを主眼として、13のグリッドをつなげた2×26mの細長い発掘坑を設定する、いわゆるトレンチ発掘を実施した（図2-5）。また、トレンチをマウンドの端部から頂上部にかけて縦断するように設定することで、遺跡の形成過程に迫るような層位情報の取得と、遺跡の形成プロセスにもとづくマウンドの建築フェイズの解明を目指すこととした。さらに、1980年代におこなわれたセグンド・バスケス氏によるA-2マウンド北側の試掘坑（2×4m）の清掃によって層位情報を収集し、この試掘坑の底部より下層にあたる未発掘の堆積層の発掘調査を地山まで行った。この発掘坑は本調査によって設定されたグリッドと無関係であるため、SV1グリッドと名付けて区別した。

第2章　クルス・ベルデ遺跡の発掘：遺跡の形成過程と年代

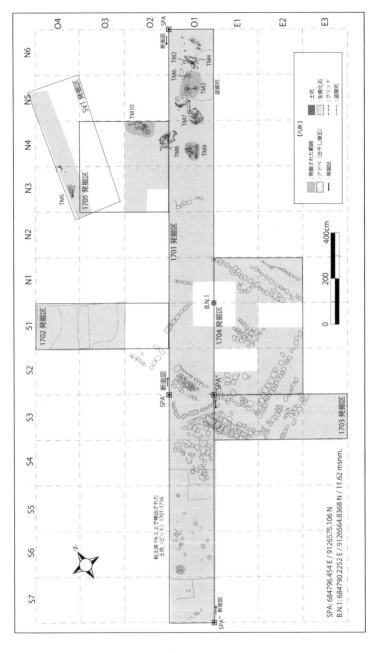

図 2-5　A-2 マウンドに設定された発掘区とグリッド、検出された遺構
図面中央の石列は CV-III 期の部屋状構造物。

（2） 第二次発掘調査（2017年8月）

　2017年8月から、6週間にわたって実施した。2016年よりも長い2 × 22mのトレンチを設けたほか、東西方向に発掘坑を拡張し、平面的な広がりをもって遺跡の形成過程やそこで行われた活動の把握を試みた。また、多くの埋葬が出土することが2016年の調査によってわかっていたので、マウンドの形成過程における埋葬行為の位置づけを把握することを目的に、トレンチではなく、より広い発掘区を設定し、埋葬の検出を試みた。

3．A-2マウンドの発掘と建築フェイズの設定

　二度にわたる発掘調査の結果、A-2マウンドの大部分は古期に形成されていたことが明らかになった。地表から1mほどの深さまではCV-IV期とCV-III期の活動が少量の土器片とともに認められ、CV-II期の活動の痕跡は検出されていない。その下、2.5mが土器の出土の認められない古期の堆積層であり、第8〜17層までの計10層に大別され、さらに細分された細かな堆積層によって構成されている（図2-6）。第18層は地山であり、古期よりも古い活動は認められていない。マウンドの形状はおおよそ円形を呈しており、マウンド上面はやや平坦にならされているものの、端に向かって緩く傾斜している。土留め壁は検出されていないことから、基壇というよりも、なだらかな丘状の遺構であったといえる。

　これらの堆積層からは、固くしまった床面とその上に積み上げられた人為的な盛土層が交互に繰り返される様子がCV-I期で一貫して観察できる。これは、序章で述べたワカ・プリエタ遺跡やワカ・プルパール遺跡のマウンドでの状況と類似している。すなわち、クルス・ベルデ遺跡のマウンドもまた、繰り返し土を盛ることにより形成されてきたことが明らかになった。そして、こうした床面と盛土の反復がCV-I期で継続的にみられるということは、マウンドを形成してきたこの活動が長期間、反復的に維持されていたことを意味する。こうした長期的なプロセスを通じて、マウンドの規模は徐々に大きくなっていった。

第 2 章　クルス・ベルデ遺跡の発掘：遺跡の形成過程と年代

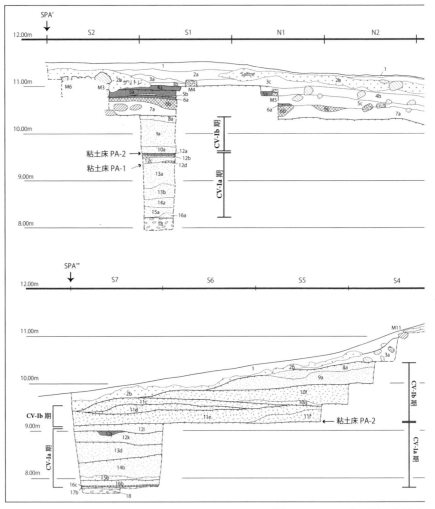

図 2-6　A-2 マウンドにおける

第1節　クルス・ベルデ遺跡

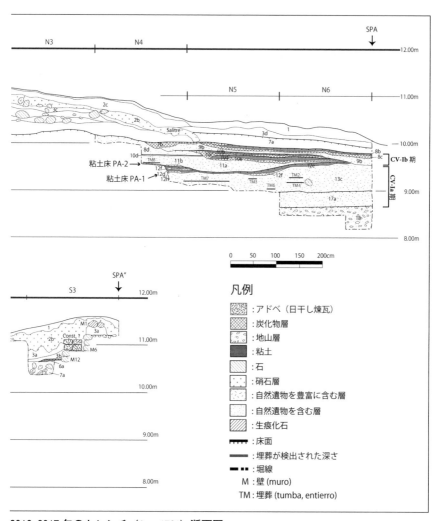

2016-2017年のトレンチ（Area1701）断面図

第2章　クルス・ベルデ遺跡の発掘：遺跡の形成過程と年代

写真 2-4　A-1 マウンドにおけるトレンチ南端（O1S6 および S7）の断面（筆者撮影）

　床面と床面の間に挟まれた各盛土層は、少なくとも 15cm ほどの厚みを持ち、食糧残滓としての大量の動植物遺存体や土壌、石器や骨器などの人工遺物、円礫を含んでいる。また後述するように、マウンドを覆う粘土質の土壌で作られた床や、マウンドの過程で残された埋葬も検出された。2016 年と 2017 年の発掘調査を合わせた、全 26m に及ぶトレンチのすべての範囲で盛土層が確認されていることから、マウンドの直径は 26m 以上であったと推察することができる。

　このような一貫したマウンド内の層序の共通性から、同じ場所に盛土や考古遺物を集積するという活動の連続が想定できる一方で、マウンド内の層序や検出される遺構には通時的な変化も認められる。この変化にもとづいて、本書では CV-Ia 期と CV-Ib 期という 2 つの異なる建築フェイズを設定した（**写真 2-4**）。次に、それぞれの時期におけるマウンドの形成過程の特徴を調査データにもとづいて示していく。

第2節　マウンドの形成過程と通時的変化

1．CV-Ia 期

　CV-Ia 期は、クルス・ベルデ遺跡において A-2 マウンドが形成されはじめる時期にあたる。この時期における最初の活動の痕跡として、踏み固められてできた活動面が地山（人間の活動の痕跡がない自然の堆積層）の直上に確認されている。この活動面の上に最初に形成されているのは、貝殻や動物骨などの動物遺存体や炭化した木片などで構成される薄い堆積層（図2-6：16c 層）であることから、このマウンドは動植物遺存体を床上に集積する行為によって形成され始めたものであったことがわかる。この動植物遺存体の堆積層の上に、厚さ15cm ほどの、動植物遺存体を含む土層が形成されており、この堆積層の中に活動面は確認されていないことから、これが A-2 マウンドにおける最初の盛土となったことがわかる。

　この盛土層の表面には固くしまった活動面が形成されており、何らかの活動が行われた証拠といえる。そして、この活動面の上に再び盛土層が積み上げられるなど、盛土と活動面は交互に形成されていった。この活動面に挟まれた盛土は、いくつかの堆積層に細分できる場合がある。その中には、貝殻や動物骨のみで構成されるような堆積層が不規則な厚みを持って検出されることも多く、そうした動植物遺存体は一度にまとめて堆積したものといえる。後の章で詳しく述べることになるが、マウンドから出土する動植物遺存体が人々の消費による廃棄物であったとするならば、一括廃棄が行われる場合もあったことを意味している。こうした盛土と活動面が交互に堆積していることが CV-Ia 期の特徴といえるが、盛土中とは異なり活動面においては遺物のまとまった出土が認められないことから、具体的な活動については不明である。

　動植物遺存体を多く含む盛土と上述のような活動面の累積は、ワカ・プリエタ遺跡やパレドネス遺跡で認められたマウンドの層序と酷似しており、同様の活動を通じたマウンドの形成過程がクルス・ベルデ遺跡でも、この時期に認め

られることがわかる。一方でこの CV-Ia 期の最終段階には、CV-Ib 期で繰り返しみられるような粘土質の土壌を用いて作られた床を盛土層の上面に建設し始めるようになる。とくに CV-Ia 期と CV-Ib 期を分かつ粘土床 (PA-2) は、マウンドの表面全体を覆っていたことが、トレンチの断面で観察された層序によって明らかになった (**写真 2-5**)。

この粘土床 (PA-2) の直前には、同じような粘土床 (PA-1) が建設されていた痕跡が部分的に残されている。しかし、その多くは PA-2 とその下の盛土層の建設活動にともなって破壊されており、明瞭とはいえない。この部分的に残された粘土床 (PA-1) を建設する直前に、土坑を掘り、遺体を納めた埋葬 (TM10) が検出された (**写真 2-6**)。TM10 は CV-Ia 期末に伴う唯一の埋葬であり、土坑と遺体を土壌で埋めた後に PA-1 の床面で覆った様子が発掘調査と層序によって復元できる。

以上のように CV-Ia 期では、人為的な盛土と固くしまった活動面が繰り返し建設され、これによりマウンドが徐々に形成されていったことがわかる。長期間にわたって同じ場所で盛土がなされ、似たような活動面が形成されていることは、慣習的に繰り返されるような行為が存在したことを示唆している。この活動がどのようなものであったのかという点については、マウンドから出土する考古遺物の分析 (第 5 ～ 7 章) を終えてから、再び議論したいと思う。本章で指摘する CV-Ia 期のマウンドの特徴は、動植物遺存体をはじめとする多くの考古遺物が盛土層に含まれていることであり、その最終段階になって、活動面は粘土質の土壌を用いた床層として建設され始めるようになる。この時期の反復的な活動によってマウンドの規模は増大し、CV-Ia 期の末には 1.5m の高さを持つようなものになっていた。

2．CV-Ib 期

マウンドの表面全体を覆う、先述の粘土床 (PA-2) を境として、CV-Ib 期になってマウンドの形成過程は大きく変化していく。CV-Ib 期の盛土は、CV-Ia 期にみられるものと同様に動植物遺存体や人工遺物などを多く含むものである

第 2 節　マウンドの形成過程と通時的変化

写真 2-5　A-1 マウンドにおけるトレンチ南端で検出された粘土床 (PA-2)（筆者撮影）
床面には複数の小さな土坑が残されているが定型的な配列はみられない。

写真 2-6　A-1 マウンドにおけるトレンチ北端 (O3N4) で検出された埋葬 TM10（筆者撮影）

が、床面と盛土の間には黒色の炭化物層が形成されるようになる（**写真 2-7**）。この炭化物層には、炭化した木片や植物遺存体が多く含まれており、盛土表面の土は被熱によって赤く変色する。また、盛土表面に含まれる貝殻や動物骨にも被熱痕が認められ、炭化物と接する部分では還元焼成が起き、黒く変色している。このことから、盛土が終了し床が建設される直前に植物などの有機物でその表面を覆い、火を放つような行為が行われていたといえる。そうした火を用いた行為が行われた理由は定かではないが、CV-Ib 期におけるマウンドの形成に際して繰り返し同様の痕跡が確認されている。マウンドの形成に関わる慣習的に定められた手順が存在していたことを示すものであろう。

　盛土表面での火を用いた行為によって炭化物層が形成された後、その上には白い粘土質の土壌を用いた床が張られるようになる。CV-Ia 期の活動面が、盛土の表面が固くしまったものに過ぎなかったことを思えば、CV-Ib 期の床面が床層として明確に建設されるようになる意味は大きい。マウンドの一面を覆う白い粘土床は周囲と比べて明瞭に活動域を画定し、その視認性を増大させるような結果にもなったと想定できる。

　このような粘土床の建設に関わる手順が、CV-Ib 期になってマウンドの形成過程に組み込まれるとともに、粘土床の改築と盛土は CV-Ia 期と比べてより頻繁に行われるようになっていった（**写真 2-8**）。こうした反復的な建設活動の結果、マウンドの規模は周囲の地表面との比高差が 2.5m となるまでに増大していった。

　マウンドは白い床で覆われた丘状の構造物として視覚的にも他の場所と区別されているものの、その上に部屋などの建築物はなく、開放的な空間が形成されていた。粘土床の上からは、炭化していない植物繊維がしばしばまとまって出土しているため、植物を編んだマットなどが部分的に敷かれていた可能性もあるほか、2 点の骨器も床上で確認されている。しかし、床上での活動を特定するほどの考古学データは得られておらず、どのようにこの空間が利用されていたのかは残念ながらわかっていない。

　以上のように、CV-Ib 期になってマウンドの表面は粘土床に覆われるようになり、床の建設に先立って火を用いた行為が行われるようになるなど、マウン

第2節　マウンドの形成過程と通時的変化

写真 2-7　A-1 マウンド、SV1 グリッドにおける西側の断面（筆者撮影）
粘土床と盛土、炭化物層の重なりがみられる。

写真 2-8　A-1 マウンド、SV1 グリッドで検出された粘土床の重なり（筆者撮影）

ドの形成過程には特別な手順が付与されるようになっていった。一方で、CV-Ib期におけるマウンドの変化は粘土床の建設だけではない。これと同時に、多くの埋葬行為が反復的な建設活動に際して行われるようになったようなのである。次にこの埋葬行為について詳しくみておくことにしよう。

第3節　マウンドと埋葬

1．埋葬遺構の特徴

TM2 ～ TM10 までの 9 基の埋葬遺構が検出された。それぞれの出土状況や遺構、層序について記述する（図 2-7）。考古学的な出土状況については、筆者が発掘調査の過程で得た所見にもとづいている。

（1）　TM2（CV-Ia 期末～ CV-Ib 期初頭）

TM2 は、トレンチ（Área 1701）の北端、O1N6 グリッド 13c 層の盛土内において検出された。埋葬遺体は下半身のみが解剖学的な配置を保って残存しており、上半身は盗掘によって攪乱を受けたために失われている。土坑の有無は確認されておらず、埋葬遺構の詳細は不明である。同じ盛土から検出されているそのほかの埋葬が CV-Ib 期の活動によって土坑が掘られ埋葬されていることから、この埋葬も CV-Ib 期の初期から CV-Ia 期の末期に該当するものと思われる。頭位方向は不明だが脚を折りたたみ、体の左側を下にして横になった状態で埋葬されていたことが、残された下半身の姿勢からうかがえる（**写真 2-9**、**図 2-8**）。副葬品や共伴遺物は見つかっていない。

（2）　TM3（CV-Ib 期）

TM3 は O1N5 グリッド 13c 層において、頭蓋骨と椎骨、数点の肋骨のみが解剖学的な位置を保って検出された。TM2 とほぼ同じ高さで出土しているものの、1 m ほど距離が離れていること、遺体の姿勢、検出された土坑の存在から別の遺体であることが確認できる。CV-Ib 期の層から粘土床（PA-2）を掘り抜く土坑が検出され、その底面に接するようにして、埋葬が発見されている（**写真 2-10、11**）。北西の頭位方向を示し、仰向けの埋葬姿勢が復元される（**図 2-9**）。全身骨格のうち腹側の部位や下半身には、マウンドの地表面から掘り込まれた盗掘坑が達しており破壊されている。頭蓋骨の下には、石器を含む 4 点の円礫

第 2 章　クルス・ベルデ遺跡の発掘：遺跡の形成過程と年代

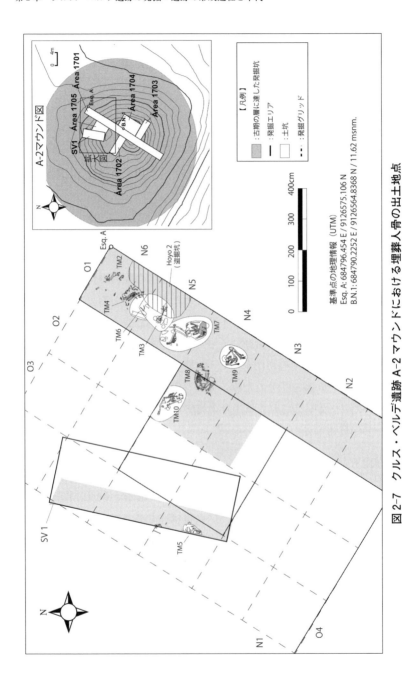

図 2-7　クルス・ベルデ遺跡 A-2 マウンドにおける埋葬人骨の出土地点

第 3 節　マウンドと埋葬

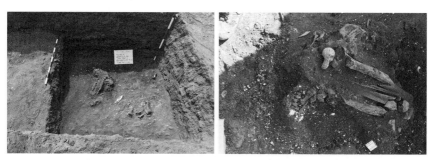

写真 2-9　TM2 の出土状況（左は俯瞰、右は接写、筆者撮影）

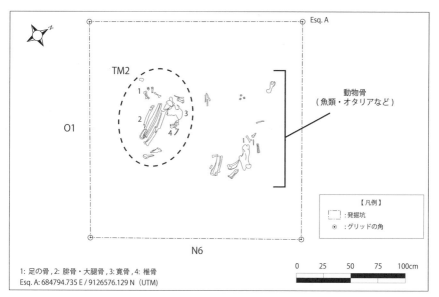

図 2-8　TM2 の出土状況を示す平面図

が人為的に並べられており、枕のようにして頭蓋骨を支えていた。副葬品は確認されていない。

（3）　TM4（時期不明）

　TM4 は O1N6 グリッドにおいて、TM2 のほぼ真下から出土した。TM2 との比高差は 30cm ほどであり、解剖学的な位置を保っていない埋葬人骨である

写真 2-10　TM3 の出土状況（左は俯瞰、右は接写、筆者撮影）

写真 2-11　TM3 における埋葬遺体の下で
　　　　　検出された埋葬姿勢維持のための石組
　　　　　（筆者撮影）

写真 2-12　TM4 の出土状況（筆者撮影）

（写真 2-12）。おそらく、後の埋葬活動によって攪乱を受けたとみられる。出土した埋葬人骨の部位同定の結果から、TM2 とは別個体であることが確認されている。

（4）　TM5（CV-Ib 期）

　SV1 グリッドにおけるこの埋葬は、発掘坑の西側で検出された。埋葬遺体の半分は発掘坑の西側断面に入り込んでいたために全面を発掘することができなかった。そのため埋葬状況を記録したのち、人骨は取り上げずに遺跡に残し、埋め戻した。しかし、検出された埋葬状況からはマウンドの形成過程との層位的な関係が明らかになっている。TM5 は、埋葬に際して設けられた土坑の中に、体の右側を下にして屈葬されていた（写真 2-13、14、図 2-10）。頭位方向は北で

第 3 節　マウンドと埋葬

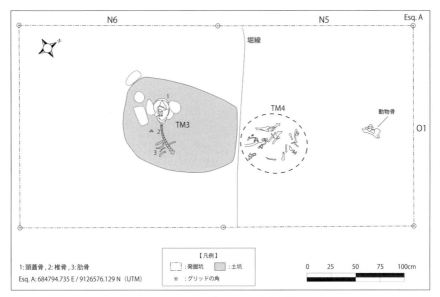

図 2-9　TM3 と TM4 の平面図
両者には中央にある堀線を挟んで 30cm ほどの比高差がある。

写真 2-13　TM5 の出土状況（筆者撮影）

写真 2-14　TM5 の出土状況（筆者撮影）

ある。この土坑は、粘土床（PA-2）を掘り込むようにして作られ、土坑の内部は粘土床の上に堆積する盛土と同じ土で埋め立てられている。このことから、TM5 は粘土床（PA-2）が放棄されたのち、CV-Ib 期において、その上に盛土を行う過程で土坑が掘られ、埋葬されたことになる。副葬品や共伴遺物は検出さ

第 2 章　クルス・ベルデ遺跡の発掘：遺跡の形成過程と年代

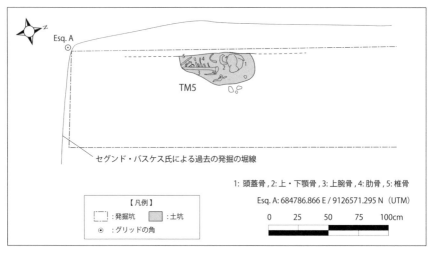

図 2-10　TM5 の出土状況

れていないが、埋葬人骨の表面には植物遺存体が多く付着していた。そのほかの埋葬の事例からみて、この遺体も植物製のマットに包まれていたと推測される。この植物遺存体は年代測定に利用された。

（5）　TM6（時期不明）

　TM3 が収められていた土坑の下から、頭蓋骨の一部と上腕骨のみが出土している。土坑の底部が確認されていることから、TM6 も土坑に埋葬されていたとみられるものの、その上部構造は TM3 や盗掘坑によって破壊されており、著しく攪乱を受けている。TM6 の土坑の端からは、骨端部が丸く加工されたクジラの骨が出土している。副葬品と思われるが、用途などは不明である（**写真 2-15**）。

（6）　TM7（CV-Ia 期末〜 CV-Ib 期初頭）

　O1N5 グリッドの 13c 層において、埋葬遺体の全身が良好な保存状態で検出されている（**写真 2-16、17**）。人骨は解剖学的な位置関係を保ち、体を緩く伸展させた姿勢で仰向けに埋められていた。頭位方向は南である。埋葬人骨の上半部には、背中から胸、頭を包むようにして植物製のマットが検出されており、

第 3 節　マウンドと埋葬

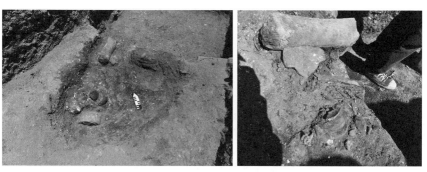

写真 2-15　TM6 の出土状況（筆者撮影）
左が俯瞰、右が接写。両写真の上部にクジラの骨の加工品が写る。

写真 2-16　TM7 の出土状況（筆者撮影）
植物製のマットに折りたたむようにしてくるまれ（左）、取り除くと埋葬人骨が現れた（右）。

写真 2-17　TM7 に副葬された石偶（右）とその出土状況（左）（筆者撮影）

第2章　クルス・ベルデ遺跡の発掘：遺跡の形成過程と年代

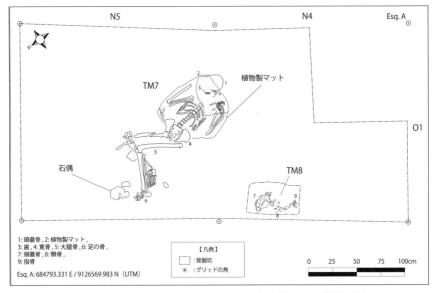

図 2-11　TM7 と TM8（頭部のみ）の出土状況を示す平面図

埋葬に際して遺体がそれに包まれていたことが推測される（図2-11）。埋葬を覆う土壌は、13c 層の盛土と酷似しており、土坑の有無は検証できていない。しかしながら、TM10 と同様の埋葬姿勢や植物製のマットを試料とした年代測定値から、おそらく CV-Ib 期の粘土床（PA-2）の直下から掘り込まれた土坑に埋葬されていた可能性が高い。埋葬遺体の足元には人の形を模した石偶が出土している。埋葬人骨の下には、遺体を支えるように配置された円礫や石器が多く出土している。

(7) TM8（CV-Ib 期）

TM8 は O2N4 グリッド 11 b 層において、全身骨格が出土したものである。そのほかの埋葬と異なり土坑は持たず、CV-Ib 期の粘土床（PA-2）上に接するようにして埋葬人骨が検出された。頭位方向は東であり、体の左側を下にした屈葬の埋葬姿勢を示すものの、埋葬遺体は盛土の土圧によって床面に張り付くように押しつぶされている（**写真 2-18、19、20、図 2-12**）。これらのことから

 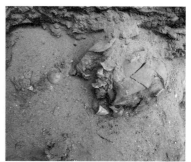

写真 2-18　TM8 の出土状況（筆者撮影）
写真中央下に埋葬遺体が白い床面の上で検出される。

写真 2-19　2016 年に検出された
TM8 の頭部（筆者撮影）

写真 2-20　2017 年に検出された TM8 の埋葬人骨（筆者撮影）
押しつぶされ床面に張り付く様子がわかる（写真右）。

TM8 は、粘土床（PA-2）が放棄され、その上に次の盛土が行われる直前に、遺体が床上に安置されたことがわかる。なお、2016 年の発掘によって頭蓋骨のみが発掘坑の範囲で検出されて取り上げられ、2017 年に首から下の埋葬人骨が発掘された。埋葬遺体の膝のあたりには、20cm 大の円礫が上に置かれており、他の海岸地域で報告された先土器時代の埋葬と同様の慣習の存在が示唆される [eg. Quilter 1989; Titelbaum and Verano 2017]。副葬品や共伴遺物はとくにみられないが、人骨表面に植物遺存体の付着がみられる。

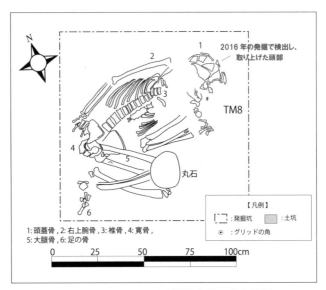

図 2-12　TM8 における埋葬人骨の出土状況

（8）　TM9（CV-Ib 期）

　TM9 は O1N4 グリッド 13c 層において、土坑内に屈葬された形で全身骨格が検出された（**写真 2-21**）。その埋葬姿勢は、TM7 や TM10 と異なり、小さな土坑の中へ窮屈に押し込まれるようにして埋葬されていた。やや左側に傾くようにして屈葬されており、頭位方向は北となる。TM9 の土坑は粘土床（PA-2）直下に積み上げられた盛土の地表面から掘り込まれており、埋め戻された後に粘土床（PA-2）によって覆われている（**図 2-13**）。そして、この粘土床の建設と床面の利用による圧力によって TM9 の頭蓋骨と膝の部分は潰れていた。こうした層位状況から、TM9 は、盛土の積み上げと火を用いた行為による黒い炭化物層が形成された直後、粘土床（PA-2）が建設される直前に埋葬されたことがわかる。副葬品は検出されていないが、埋葬姿勢を保つための礫や石器が埋葬人骨の下から出土している。また、人骨表面には植物製マットに起因する植物遺存体の付着がみられた。人骨や付着する植物遺存体は被熱した痕跡がないこと

第 3 節　マウンドと埋葬

写真 2-21　TM9 における埋葬人骨の出土状況
白い粘土床の断面に検出された下半身の骨格（左）と最終的な人骨の出土状況（右）。

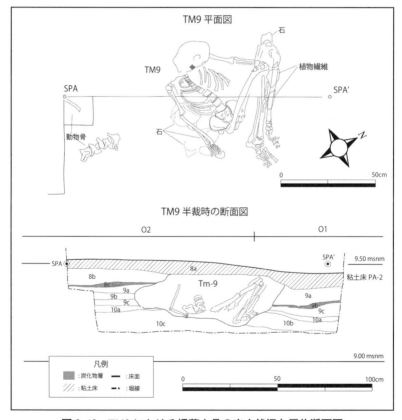

図 2-13　TM9 における埋葬人骨の出土状況と層位断面図

111

から、上述の炭化物層とは由来が異なることが明らかである。

(9) TM10 (CV-Ia 期末)

TM10 は CV-Ia 期に埋葬されたことが明白な唯一の埋葬遺構である。O2N4 グリッドの北端で半分のみが検出されており、膝から下と右肘から先の部位は発掘坑の北側断面に入り込んでいたために人骨の取り上げが行われていない。仰向けに緩く伸展した埋葬姿勢を保ち、発掘坑の断面で確認されたやや大きな土坑の内部に埋葬されていた(**写真 2-22**)。土坑は、粘土床 (PA-1) の下に積み上げられた盛土表面から掘り込まれており、同じ粘土床によって覆われている(**図 2-14**)。このことから、TM10 は粘土床 (PA-1) が建設される直前に埋葬されていたことがわかる。なお、この床面は CV-Ib 期の床面である粘土床 (PA-2) よりも下の層位に位置しており、粘土床 (PA-2) の一つ前の盛土に対応する。埋葬姿勢を保つための礫と石器が埋葬人骨の下から出土しているほか、頭蓋骨の下には、ヒョウタン製容器が開口部を下にして置かれていた。おそらく、TM3 と同じように頭蓋骨の位置を固定するためにヒョウタン製容器が利用されていたと思われる。このヒョウタン製容器の内部には、厚い有機物の付着が認められたため、でんぷん粒などの微小植物遺体の分析が行われた(第4章を参照)。人骨の表面には、植物製マットとみられる植物遺存体が多く付着していた。

写真 2-22 半裁された TM10 の出土状況 (左) と発掘坑断面における埋葬人骨 (右)
(筆者撮影)

第 3 節　マウンドと埋葬

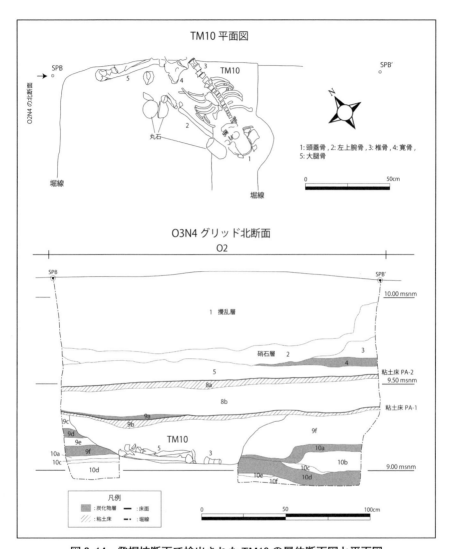

図 2-14　発掘坑断面で検出された TM10 の層位断面図と平面図

2．副葬品および共伴遺物

（1） 石偶

　上述した一連の埋葬において、副葬品とみられる考古遺物の出土はほとんどみられない。そのうち、TM7 の埋葬人骨と共伴して出土した石偶は数少ない明白な副葬品の一例として挙げられる。この石偶は TM7 の埋葬人骨とほぼ同じ高さにあり、被葬者の足元に横たえられるようにして出土した。石材は現地で「サンゴ石」と呼ばれる、多孔で石灰質の石であるが、実際のところそれはサンゴではない。ゴカイなどの多毛類の環形動物の中には石灰質の棲管[2]を群体として形成するものがあり、その生痕化石がこれにあたる［cf. Dillehay and Bonavia 2017b: 90］。ここでは、この多毛類棲管（Polychaete tube-base）を生痕化石として一括して記述する。

　この生痕化石に耐久性はないものの、多孔質であるために軽く、さらに柔らかいために加工が容易である。このことから、様々な用途で利用された事例が報告されている。同じく古期のワカ・プリエタ遺跡では、フェイズ 3 の後半（〜 3200 cal BC: 〜 5200 cal BP）に属する居住域の埋葬遺構から、20 の円形のくぼみを持つ加工された生痕化石が出土し、調査者はこれを、数を数えるための道具であると推測している[3]［Dillehay and Bonavia 2017b: 452］。また、同じ埋葬遺構からは、人の頭部を模したと推測されている加工品も出土している［Dillehay and Bonavia 2017b: Figure 11.14］。また、クルス・ベルデ遺跡の CV-III 期や CV-IV 期において、この生痕化石を建築材とする簡易的な部屋状構造物が確認されているほか、ヘケテペケ川の中流域に位置する形成期の遺跡からも同様の生痕化石の出土が報告されている［鶴見 2008: 160-161］。

　TM7 で出土した生痕化石を石材とする石偶は、頭部が丸く削り出されており、腕とみられる短い突起と脚とみられる部分が成形されている（**写真 2-17**）。おそらく座った人物を表しているとみられる。材の性質上、細かい表現はできないことからか、顔面の表現はみられない。底部はきれいに成形されていないため、平坦面の上では自立することができない。そのため、この石偶が副葬され

第 3 節　マウンドと埋葬

るためだけに製作された可能性も指摘できるが、材の性質上、使用痕の有無を確認することは不可能であり、はっきりとしたことは言えない。全体的に非常に簡素な作りであるが、人物表象としては明瞭な事例といえる。

　後述するように、TM7 は埋葬人骨を包んでいた植物遺体の放射性炭素年代測定が行われ、3950-3860 BC（95.4%）のモデル年代が得られている。ワカ・プリエタ遺跡における居住域の埋葬から出土した人物表象とほぼ同程度かさらに古い年代を示しており、明瞭な人物表象の事例としては、中央アンデス地域でも最古級のものである。

　こうした石偶が副葬されていた点を評価し、TM7 の被葬者を特別な人物としてみる意見もあるかもしれない。しかし、入手しやすく、非常に容易く加工できる生痕化石を石材として簡素な成形がなされている点、そのほかの埋葬と比べて埋葬施設や埋葬の手法に大きな差異がみられない点（いずれも植物製のマットに包まれ、マウンドの形成過程に合わせた埋葬方法が選択されている）をふまえれば、TM7 を特別な埋葬であったとする論拠はむしろ希薄と言わざるを得ない。

（2）　骨器

　副葬品と考えられるもう一つの事例として、TM6 の土坑内から出土した大型哺乳類骨の加工品が挙げられる（**写真 2-23**）。ただし TM6 は、後の活動と盗掘によって大きく攪乱を受けているため、その出土状況は良好であったとはいえない。直径 12cm、長さ 50cm に及ぶ柱状の動物骨であり、クジラ類などの超大型の海生哺乳類の骨と考えられる。骨端部を中心として全体が研磨によって丸

写真 2-23　TM6 で検出されたクジラの骨の加工品（筆者撮影）

115

く加工されているが、その用途については不明である。破砕された断面も、丸く摩耗しており、破砕後に加工、あるいは使用されたことが示唆される。

（3）石器

埋葬に共伴して、多くの石器が出土している。しかしながら、そのすべては埋葬人骨の下から出土しており、被葬者の埋葬姿勢を保つ目的で使用されていた。明瞭に副葬することのみを目的とした石器の事例は石偶を除いて挙げることができない。その大半が磨石や敲石などの大型の礫器であり、剥片石器も少数ながら見受けられた。詳細は第3章に譲ることとするが、埋葬と共伴するすべての石器で強い使用痕が認められている。このことから、これらの石器は、埋葬に供することを目的として新しく製作されたというよりは、長い年月、あるいは強い頻度で使用され、消耗した石器の転用であるといえる。

こうした埋葬における石器の利用として明瞭な事例はTM3で見受けられる。先述したように頭蓋骨の下には、枕のようにして組まれた4つの礫が確認されていた。このうちの1つが石器であり、良質な無斑晶質安山岩（第3章を参照）を石材として度重なる転用を経た石器のライフヒストリーが復元できる点で興味深い（**写真2-24**）。

この石器は未加工の状態で最初に磨石として使用されたことが明らかであり、平坦面に顕著な摩耗面が残っている。その後、摩耗面を切るようにして連続し

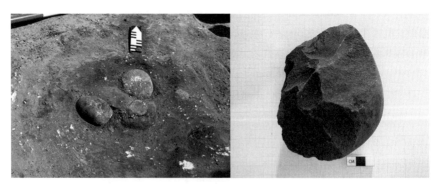

写真2-24　TM3の頭蓋骨を支えていた石組（左）とそこに転用された石器（右）（筆者撮影）
写真左の矢印が石器。

第 3 節　マウンドと埋葬

た剥片剥離が行われていることから、この磨石は石核として利用されるようになった。円礫全体の半分まで剥片素材が剥離されたところで、残った縁辺の端部を用いて敲石として使われため、剥離面には持ち手としての間接使用痕が重なることとなった。そして、最終的には TM3 の頭蓋骨を支える土台として埋葬施設に転用されたわけである。こうした石器のライフヒストリーが埋葬から出土する多くの石器で復元できることから、転用が頻繁に行われていたことがわかる。ただし、円礫という資源自体は海岸線沿いに豊富に堆積していることから、遺体を支えるという用途を果たすだけの石材はいくらでもある。それにも関わらず、長く転用を繰り返しながら使い続けた良質の石材を、わざわざ埋葬を支える台座として利用する点は、埋葬行為に関わる何らかの慣習の存在を想定してもいいかもしれない。いわゆる副葬品ではなく、あくまで埋葬姿勢を支える材として利用されているものの、そうした礫群に石器が混じる頻度の高さは、使い古された石器と被葬者の間に何らかの関係性を示している可能性もある。

（4）　ヒョウタン製容器

　ヒョウタン製容器が埋葬とともに出土した事例として、TM10 を挙げることができる。ただしヒョウタン製容器に関しても頭蓋骨の下から開口部を下にして出土しており、頭部を支える役目を果たしていたといえる。保存状態は非常に悪く、土壌化が進んでいたため、ほとんどが復元不可能な破片資料であった。開口部を下、底部を上にして置かれていた様子は、発掘調査の過程で確認されている。残存するヒョウタン製容器破片の内面には、有機物の厚い付着がみられ、ジャガイモやトウモロコシなどのデンプン粒が検出されている（第 4 章を参照）。この容器が裏返しに置かれていたことからも、その内容物が被葬者に供され、同時に埋められたわけではないようだ。ヒョウタン製容器がどのようなタイミングで使用され、有機物が付着したのかについて明らかにすることはできないが、少なくとも埋葬前の葬送儀礼や日常的な活動での使用などを経て、最終的に埋葬姿勢を支える材として利用されたことがわかる。

　ワカ・プリエタ遺跡などでは多くのヒョウタン製容器が出土しているものの、

第 2 章　クルス・ベルデ遺跡の発掘：遺跡の形成過程と年代

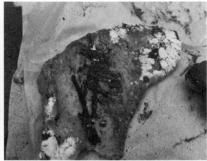

写真 2-25　TM7 の左手の骨とその下に敷かれた植物製マット（左）と TM10 の人骨に付着する交差状に組まれた植物製マットの破片（右）（筆者撮影）

A-2 マウンド全体でヒョウタン製容器の出土量は極めて少なく、それ自体がこの遺跡における貴重な出土例となっている。使用痕などについては、保存状態の悪さから確認できていない。

（5）　植物製マット

　埋葬を包む植物製のマットが TM5、7、8、9、10 などの良好な出土状況を保つ埋葬において確認されている（**写真 2-25**）。とくに TM7 においては、被葬者の上半身を包む四角い植物製マットが検出された。その出土状況と植物遺存体の観察から、この植物製マットはフンコ（*junco*）と呼ばれる葦の一種を縦横に編みこむようにして製作された、ゴザのようなものであったことがわかる [Vásquez and Rosales 2019d]。ただし、そうした植物遺存体は全体に土壌化が進んでおり、形を保ったまま現場で取り上げることはできなかった。近接して埋葬遺体があるような埋納状況では、有機物の保存状態が著しく悪くなるようである。TM7 以外の埋葬でも、植物繊維の部分的な付着が埋葬人骨の表面に多く確認できた。

3．埋葬方法および埋葬遺構の共通性と差異

　A-2 マウンドで検出された計 9 基の埋葬のうち、8 基は CV-Ib 期に属するも

第3節　マウンドと埋葬

のであることから、この時期になってマウンドに埋葬を埋め込むような活動が活発になったことがわかる。これらの埋葬行為はすべて、反復的なマウンドの形成過程と密接な関係にあったことが、それぞれの埋葬遺構の層位学的な検証から明らかであり、埋葬はすべてマウンドの内部に残されていた。

その一方で、マウンドの形成過程において埋葬が埋め込まれるタイミングは様々であり、埋設方法や頭位方向、埋葬姿勢などにも規則性は見られない。埋葬パターンは、①粘土質の床面を壊して土坑を掘り込み被葬者を土坑内に埋葬するというものが最も多く、TM5を典型例としてTM3、TM6、TM7もおそらくこれに該当する。そのほか、②盛土の上面から土坑を掘り込み、被葬者を埋葬したのちに粘土床で蓋をするというパターンとして、TM9と10が挙げられ、③粘土床の上にそのまま被葬者を安置し、それを盛土で覆うパターンとしてTM8が挙げられる（**写真2-26**）。それぞれの埋葬のタイミングとして、①粘土床が継続して利用されていた時、②盛土を行っている、あるいは盛土とその上面での火を用いた行為が終了した時点、③粘土床が放棄され、次の盛土が開始される時点が想定される。すなわち埋葬行為のタイミングは多様でありながらも、それはマウンドの形成に関与する一連の行為の中に密接に組み込まれていたことがわかる。

土坑の大きさにも多様性がみられ、そのサイズに従って埋葬姿勢が決められ

写真 2-26　A-1 マウンドにおけるトレンチ北端（O2N4）で検出された埋葬 TM8（左）と TM9（右）（筆者撮影）
TM9の頭蓋骨は写真上端にみえる床（PA-2）によって平たく潰されている。
TM8は床（PA-2）に張り付くように出土しており、盛土による土圧が強くかかる。

る（例えば TM9）など、そこに規則性を見出すことはできない。このことから、埋葬の技法については強く複雑な儀礼的慣習の存在を想定しにくい。ただし、埋葬姿勢を礫や石器を用いて維持することや、植物製のマットに被葬者を包むこと、しばしば 30cm 大の石を遺体のうえに設置することなどの緩やかな共通性も同時にみられる。被葬者を包む植物製のマットや遺体に置かれた石の存在は、中央アンデスにおける先土器時代の埋葬に広く認められる慣習であり、古くは北海岸のパイハン型尖頭器を伴う石期の埋葬［Briceño and Millones 1999］、古期における北海岸のワカ・プリエタ遺跡［Bird et al. 1985; Titelbaum and Verano 2017］や中央海岸のパロマ遺跡［Quilter 1989］、北部中央海岸のアルメハス遺跡［Pozorski and Pozorski 2003］などで類例が報告されている。

　A-2 マウンドの埋葬に伴う副葬品は概して乏しく、1 点の石偶と加工されたクジラの骨が出土するのみであった。埋葬方法に規則性はなく、埋葬間での大きな差異のパターンは見いだせない。このことから、A-2 マウンドに埋葬された被葬者たちの間の関係は比較的平等であったと考えられる。

4．埋葬人骨の生物考古学

　先述したように A-2 マウンドの発掘調査を通じて、CV-Ia 期と CV-Ib 期に該当する合計 9 基の埋葬遺構が検出された。このうち 5 基は埋葬遺体のすべての部位が良好な保存状態で出土している。残りの 4 基は、遺跡における後の活動（TM6）や、盗掘坑（TM2、3、4）によって攪乱を受けている。しかし、幸いなことに、攪乱を受けたほとんどの埋葬において解剖学的な位置を保った人骨が部分的に残されていた。そのため、A-2 マウンドで検出された 9 体の人骨はいずれも、マウンドの中に埋葬された遺体であることがわかる。TM5 に関しては、調査区域の境界部分で検出されてしまい、埋葬人骨の大部分が調査区外にあったために人骨の取り上げを行うことができなかった。本節では TM5 を除く 8 体の埋葬人骨に関する形質人類学的な所見について、以下に提示する。

　埋葬人骨の形質人類学的な分析[4]を行ったマルタ・パルマ（Martha Palma）によれば、観察が行われた 8 体のうち、7 体が成人男性として推定できるという

第 3 節　マウンドと埋葬

写真 2-27　TM10 で検出されたすべての埋葬人骨（アナ・フェルナンデス撮影）

[Palma n.d.]（表 2-1、写真 2-27）。一般的に考古遺跡から検出される埋葬人骨は、死亡率の高かった幼児や乳児の割合が高く、女性も男性と同程度の割合で認められることが多い。クルス・ベルデ遺跡の近隣に位置するワカ・プリエタ遺跡も例にもれず、居住域（フェイズ 2）、マウンド（フェイズ 3）ともに、女性と子供の埋葬が男性と同じように多く出土している[cf. Titelbaum and Verano 2017]。このことからすれば、古期のチカマ川流域沿岸部でも、一般的な性別・年齢構成を示す被葬者の埋葬が行われていた可能性は高い。これに比べて、成人の埋葬が多いクルス・ベルデ遺跡の A-2 マウンドから出土した埋葬群の性別・年齢構成は、やや異質といえる。

　また、頭蓋骨の保存状態が良好であった 4 人の成人男性の被葬者のうち、3 人に外耳道外骨種の形成が確認されていることも報告されている[Palma n.d.]（写真 2-28）。外耳道外骨種は、水夫などの潜水を繰り返す人に多い骨病変と言われており、A-2 マウンドに埋葬された人々が漁撈などの冷たい海での潜水を日常的に行っていたことを示唆している[cf. Kennedy 1986]。さらに、すべての埋葬人骨において観察された顕著な骨関節炎は、とくに左半身の手や手首、肘、足などの四肢に集中する傾向がある[Palma n.d.]（写真 2-29、30）。中手骨と指骨にみられる炎症は、物体を手で握る、引くなどの強い不可が反復的にかかっていたことを示しており、漁撈活動によるものである可能性もあるとの見解をパルマは示している[Palma n.d.]。こうした部位に強い負荷のかかる運動

第2章 クルス・ベルデ遺跡の発掘：遺跡の形成過程と年代

表 2-1 クルス・ベルデ遺跡 A-2 マウンドで検出された埋葬人骨の形質人類学的所見

埋葬番号	編年	性別	年齢区分	推定年齢	残存率%	間接炎	外耳道外骨種
TM2	CV-Ib	男性	成人（成年期）	23-57歳, x=25.2歳	40%	足, 手, 胸椎, 腰椎	不明
TM3	CV-Ib	おそらく男性	成人	—	25%	頸椎, 腰椎	右側頭部
TM4	不明	おそらく男性	成人	—	35%	左足, 頸椎, 腰椎	不明
TM5	CV-Ib			検出のみ、人骨は未採集			
TM6	CV-Ib	男性	成人	—	8%	不明	不明
TM7	CV-Ib	男性	成人（成年期）	21-46歳, x=28.7歳.	80%	足, 手, 手首, 膝, 腰椎	左側頭部
TM8	CV-Ib	男性	成人（成年期）	21-46歳, X=28.7歳.	80%	踵, 手首, 肘, 左肩, 胸椎, 頸椎	なし
TM9	CV-Ib	おそらく女性	成人（成年期）	21-53歳, x=28.7歳.	75%	足, 膝, 手, 手首, 肘, 腰, 首	不明
TM10	CV-Ia	男性	成人（成年期～壮年期）	23-57歳, x=35.2歳.	60%	肩鎖間接, 頸椎, 胸椎, 腰椎	右側頭部

［Palma n.d. の記述を総合し、筆者作成］

写真 2-28 TM10 で検出された外耳道外骨種を持つ頭蓋骨
（アナ・フェルナンデス撮影）

第3節 マウンドと埋葬

と出土状況

骨病変		攪乱の有無	頭位	姿勢	埋葬施設	副葬品	共伴遺物（埋葬姿勢維持）
骨折	その他						
左尺骨（治癒）	—	○	北東	屈葬	不明	×	×
なし	クリブラ・オルビタリア、虫歯	○	北西	不明	床面および盛土を切る土坑	×	石器
左足（治癒）	—	○	不明	不明	不明	×	×
		×	北	屈葬	床面を切る土坑	×	不明
不明	—	○	不明	不明	床面および盛土を切る土坑	クジラ骨加工品	×
左橈骨遠位端（治癒）	—	×	南南東	緩く伸展	床面および盛土を切る土坑？	石偶	石器
なし	虫歯	×	東	屈葬	床上に安置	×	×
左手（治癒）	—	×	北	屈葬	盛土を切る土坑、すぐ後に床面で覆う	×	石器
左橈骨遠位端（治癒）	虫歯	×	南	緩く伸展	盛土を切る土坑、すぐ後に床面で覆う	×	石器、ヒョウタン製容器

写真 2-29　TM2 で検出された骨棘、骨辺縁唇、多孔性の骨病変を持つ腰椎
（アナ・フェルナンデス撮影）

写真 2-30　TM2 で検出された骨折の治癒痕を持つ左の尺骨
（アナ・フェルナンデス撮影）

第2章　クルス・ベルデ遺跡の発掘：遺跡の形成過程と年代

を日常的に行っていたことは、手や足に多くの骨折痕が残されていることとも矛盾していない。また、四肢に強くみられる関節炎の存在は、北海岸に位置するプエマペ遺跡から出土した形成期前期の埋葬人骨の観察からも報告されており、外耳道外骨種との関係から頻繁に漁撈活動に従事していた人々であったことが推測されている［Pezo Lanfranco et al. 2009; Pezo Lanfranco and Eggers 2013: 202-206］。ただし、プエマペではとくに右半身に上述の骨病変が残されており、クルス・ベルデ遺跡の人々とはやや異なる行動パターンであった可能性も同時に示唆している。古期にあたるワカ・プリエタ遺跡の居住域とマウンドで出土した埋葬人骨では、外耳道外骨種の所見が確認できたものが男性に偏る傾向が報告されており、この時代の労働に性的分業があった可能性が指摘されている［Bird et al. 1985; Titelbaum and Verano 2017］。すなわち、男性の方が漁撈活動に従事する機会が多かったとみているわけだ。したがって、クルス・ベルデ遺跡のA-2マウンドに埋葬された被葬者らのほとんどが男性であり、外耳道外骨種を高確率で有していたという事実は、被葬者らが漁撈活動に従事する人々であったことを意味することになる。

　唯一、成人女性として推定されているTM9においては、残念ながら頭蓋骨の損傷が激しいために外耳道外骨種の有無を確認することはできない［Palma n.d.］。しかし、そのほかの成人男性と同じ部位に関節炎の骨病変が多く確認されていることは、そうした人々と同じような活動をTM9の成人女性も行っていた可能性が十分にあると筆者は考える。

　以上のようなパルマによる形質人類学的な所見や、A-2マウンドから海産資源に起因する動植物遺存体が大量に出土していることに鑑みれば、この被葬者がとくに漁撈活動に従事する人々であったと考えられる。ただし、魚類だけでなく大量の貝類が含まれている点や、出土する人工遺物に植物を加工していたとみられる台石や磨石が多く含まれている点、また被葬者の歯石から植物利用の痕跡が認められる点から、マウンド形成に関与した集団は漁撈活動のみを行っていたわけではない。すなわち、これらの集団を組織する人々のうち、漁撈活動に関わる成人男性を主体とした人々が、A-2マウンドに結び付けられて埋葬されていたといえる。

第4節　マウンドの絶対年代

1．測定試料の選別と分析の方法

　年代測定に用いた試料は、海洋リザーバー効果を考慮して、出土コンテクストが明瞭な炭化・未炭化の植物質資料から採取した。A-2マウンドの古期の層位から採取したこれらの測定試料は計12点である。このうち5点はマウンドの頂上部のO1S1グリッド（うち1点E2S1グリッド）において、古期の最上層から地山に至る北東および北西側の発掘坑断面から採取された試料である。採取にあたって、CV-Ib期およびCV-Ia期末の層位に関しては、粘土床建設の直前に火を用いた活動によって形成された炭化物層から、残りのCV-Ia期から地山までは、活動面直上のコンテクストで検出された炭化物片を用いている。さらに、別の5点は埋葬に伴って出土した未炭化の植物資料の一部であり、これは埋葬遺体を包んでいた植物製のマットである。先に述べた通り、これらの埋葬遺構の形成過程はマウンド内の盛土や床面との層位的な関係が明瞭となっているため、埋葬同士の前後関係も明らかである。残りの2点の試料は、発掘坑SV1において採取された。先述の通り、SV1とはセグンド・バスケスによって設定された試掘坑を指し、彼の試掘では未発掘となっていたマウンドの下層にあたる堆積層の発掘調査によって、新たに採取された試料がこれにあたる。発掘坑SV1は、筆者の設定した2×26mのトレンチやそれを拡張した発掘坑と接続していないことから、SV1で得られた層位データとそのほかの発掘坑で得られた層位データの対応関係は完全に立証されているわけではない。このため、SV1では、そのほかの発掘坑で確認された粘土床（PA1とPA2）と同一の層位にあたる2枚の粘土床から、それぞれ共伴する炭化物が採取され、年代学的な対応関係の検証を行った。なお、その結果、PA1とPA2という2枚の粘土床と、SV1で検出された粘土床の間に年代学的な対応関係があることが立証された。

　このように層序が明らかで良好な出土コンテクストを持つ測定試料を対象に放射性炭素年代測定が行われた。東京大学総合研究博物館年代測定室と株式会

社パレオラボという AMS（加速器質量分析計）を有する 2 か所のラボにおいて実施され、試料の清掃、準備作業、測定作業は東京大学年代測定室の大森貴之、およびパレオラボの職員が担当した［東京大学年代測定室 n.d.; パレオラボ n.d.］。この 2 つのラボが報告した測定結果は、南半球の放射性炭素データセット（SHCal13）［Hogg et al. 2013］にもとづき、年代解析プログラム（OxCal v4.4.1）［Bronk Ramsey 2020］を使用して暦年較正年代に換算された。クルス・ベルデ遺跡の A-2 マウンドで採取された 12 点の試料の測定結果と較正年代は**表 2-2** に整理した通りである。

2．測定結果と解釈：ベイズ推定

　暦年較正年代は、試料ごとに異なる年代幅とその確率分布として算出される。この確率分布は 95.4％ と 68.2％ の確立の中で統計処理によって求められ、グラフ上のピークがより高い確率を表すというような形でそれぞれに図化されるのが一般的である。

　この確率として与えられる較正年代に対し、層序などの考古学的なコンテクストによって制約を与えることで、より妥当性の高い年代を導きだすような統計的手段をベイズ推定[5]という。本書でいえば、考古学的な層序によって得られた試料間の新旧関係を評価し、これにもとづいて確率分布の年代幅を絞り込むことを意味する。この手法は、考古学・層位学的な情報と放射性炭素年代を組み合わせることで、より確度の高い編年上の解釈を導くものとして様々な年代学的研究に応用されつつあり、高く評価されている［cf. 大森 2013; 金崎・大森 2019: 64］。

　クルス・ベルデ遺跡の A-2 マウンドから出土した試料に適応された層位学的な新旧関係は、先述の O1S1 および E2N1 の試料群の層序と、マウンド北東部における埋葬と粘土床の切り合い関係の 2 つのグループに分けられる。そして両グループは、発掘調査によって広く明瞭に確認された粘土床（PA-2）によって橋渡しされ、関係づけられた。このベイズ推定の作業は、筆者による層位学的な新旧関係の解釈にもとづき、大森の助言を受けながら年代解析プログラ

第4節 マウンドの絶対年代

表 2-2 A-2 マウンドから出土した試料に対する年代測定の結果一覧

試料番号	遺物登録番号	出土状況	素材	¹⁴C Age (B.P.)	δ¹³C (‰)	較正年代 (cal B.C.) 1σ	較正年代 (cal B.C.) 2σ	モデル年代 (B.C.) 1σ	モデル年代 (B.C.) 2σ
TKA-18005	16CV2-A-C037	O1S1グリッド、炭化物層 12b層（粘土床PA-2の遺設に先立って床下に形成された層）	炭化木片	5296±22	-30.5±0.7	4225-4205（5.9%） 4155-4130（12.0%） 4065-3985（50.3%）	4230-4195（10.6%） 4175-4090（26.2%） 4085-3975（58.6%）	3880-3835（68.2%）	3925-3815（95.4%）
TKA-18006	16CV2-A-C045	O1N5グリッド、12e層、TM7を包む植物製マット	植物製マット	5036±28	-24.4±0.6	3890-3885（2.1%） 3800-3705（66.1%）	3940-3855（21.4%） 3815-3690（72.3%） 3685-3660（1.7%）	3965-3950（68.2%）	3975-3945（95.4%）
TKA-18918	16CV2-A-C041	O1S1グリッド、地山層の直上	炭化木片	5380±28	-22.6±0.3	4245-4220（9.6%） 4210-4155（27.1%） 4135-4065（31.5%）	4320-4295（3.4%） 4265-4045（92.0%）	4315-4115（68.2%）	4325-4060（95.4%）
PLD-36340	16CV2-A-C028	O1S1グリッド、15a層の直上	炭化木片	5292±21	-28.5±0.2	4225-4210（4.5%） 4155-4130（9.7%） 4060-3985（54.0%）	4230-4200（9.2%） 4170-4090（22.2%） 4085-3975（63.9%）	4225-4020（68.2%）	4230-4005（95.4%）
PLD-36341	16CV2-A-C040	O1S1グリッド、炭化物層 12d層	炭化木片	5279±22	-28.0±0.1	4055-3980（68.2%）	4230-4200（5.4%） 4170-4125（10.5%） 4115-4095（2.0%） 4080-3965（77.4%）	4055-4000（68.2%）	4160-3985（95.4%）
PLD-36344	17CV-A-C010	O2N4グリッド、12e層、TM8を包む植物製マット	植物製マット	5174±23	-10.0±0.2	3980-3940（44.0%） 3860-3815（24.2%）	4035-4025（0.7%） 3995-3910（56.3%） 3880-3800（38.4%）	3960-3810（68.2%）	3965-3800（95.4%）
PLD-36345	17CV-A-C020	O1N4グリッド、12e層、TM9を包む植物製マット	植物製マット	5088±23	-26.3±0.2	3945-3855（52.4%） 3820-3785（15.8%）	3955-3765（95.0%） 3725-3715（0.4%）	3965-3950（68.2%）	3975-3945（95.4%）
PLD-36349	17CV-A-C052	E2S1グリッド、 8a層	炭化木片	5111±24	-22.5±0.2	3945-3910（20.1%） 3880-3800（48.1%）	3960-3790（95.4%）	3945-3800（68.2%）	3960-3790（95.4%）
TKA-21439	16CV2-A-C029	発掘坑SV1.7a"層、粘土床PA-2直上の炭化物	炭化木片	5317±24	-25.7±0.4	4230-4220（12.6%） 4170-4125（22.0%） 4120-4095（8.1%） 4080-4040（20.4%） 4015-4000（5.2%）	4235-4190（17.2%） 4180-3990（78.2%）	3960-3945（68.2%）	3970-3940（95.4%）
TKA-21440	16CV2-A-C032	発掘坑SV1.9a"層、粘土床PA-1直上の炭化物	炭化木片	5329±25	-20.9±0.7	4230-4220（14.0%） 4170-4125（22.9%） 4120-4090BC（12.7%） 4080-4040（18.6%）	4235-4035（90.4%） 4020-3995（5.0%）	4170-4040（68.2%）	4235-3995（95.4%）
TKA-21441	16CV2-A-P048	発掘坑SV1.7a"層、TM5を包む植物製マット	植物製マット	5029±24	-27.5±0.4	3790-3710（68.2%）	3935-3875（13.4%） 3810-3690（80.1%） 3685-3731（2.0%）	3790-3705（68.2%）	3935-3660（95.4%）
TKA-21442	17CV-A-P068	O2N4グリッド、12g層、TM10を包む植物製マット	植物製マット	5411±26	-18.9±0.6	4325-4285（18.4%） 4270-4225（27.1%） 4205-4165（16.7%） 4130-4120（1.7%） 4095-4080（4.3%）	4330-4220（53.1%） 4215-4150（22.4%） 4135-4055（19.9%）	4325-4175（68.2%）	4335-4075（95.4%）

* 発掘坑SV1はそのほかの発掘グリッドから独立しているため層位番号は他のグリッドと対応していない

[パレオラボ n.d.、東京大学年代測定室 n.d. の報告データを統合し、筆者作成]

第 2 章　クルス・ベルデ遺跡の発掘：遺跡の形成過程と年代

ム（OxCal v4.4.1）［Bronk Ramsey 2020］を用いて筆者によって実施された。これによって算出されたモデル年代は**表 2-2** に示され、それらの関係と確率分布を**図 2-15** に示した。

　こうした測定結果の分析と解釈によって、上述の 2 つの建築フェイズの年代幅が明らかになった。CV-Ia 期は *4200-4000 BC*[6] という年代におおよそ収まり、CV-Ib 期は *4000-3800 BC* という年代に相当する。

第 4 節　マウンドの絶対年代

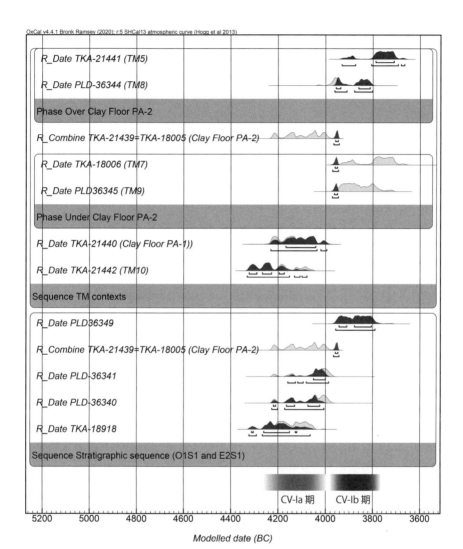

図 2-15　放射性炭素年代測定の結果とベイズ推定にもとづく年代値の確立分布
[パレオラボ n.d., 東京大学年代測定室 n.d. の報告データをもとに、筆者作成]

第2章　クルス・ベルデ遺跡の発掘：遺跡の形成過程と年代

第5節　小括：マウンド形成過程の変化と年代

　本章では、A-2マウンドで行われた層位的な発掘調査の成果にもとづいて、古期におけるA-2マウンドの形成過程を明らかにしてきた。マウンドの層序と検出された考古学的なコンテクストの検討から、このマウンドが盛土と床面の反復的な累積によって徐々に形成されてきたことが明らかであり、反復的な活動が慣習的に同じ場所で繰り返されたことが示唆される。一方で、このマウンドの形成過程や共伴する遺構には変化がみられることから、これにもとづいてCV-Ia期とCV-Ib期の2つの建築フェイズが設定された。

　CV-Ia期におけるマウンドの特徴は、動植物遺存体を多く含む盛土とその表面が固くしまった活動面が交互反復的に積み上げられていく点にある。それに対するCV-Ib期では、粘土質の土壌を用いてマウンドの表面に床が張られるようになり、床の建設活動に伴う手順も複雑なものとなっていた。さらに、マウンドの形成に伴って多くの埋葬が検出されるようになることから、様々なタイミングで行われた埋葬行為がマウンドでの活動へと組み込まれていく様子が見て取れる。このように、CV-Ia期からCV-Ib期にかけてマウンドの形成過程は大きく変化しており、とくに白い粘土質の土壌を用いて床を張るという行為が付け加えられることは、この時期にマウンドの建設活動が明確化していったことを意味している。クルス・ベルデ遺跡のマウンドにおけるこのような変化は、ワカ・プリエタ遺跡やパレドネス遺跡では認められない。この点については、第7章における両遺跡との比較を通じて、詳しく整理していきたい。

　また、このようなマウンドの形成過程に伴う層位から出土した試料の放射性炭素年代測定が実施された。その測定結果はベイズ推定によって検討され、モデル年代が算定されている。これによって、CV-Ia期（*4200-4000 BC*）とCV-Ib期（*4000-3800 BC*）それぞれの年代が明らかとなった。

　このように、クルス・ベルデ遺跡の発掘にもとづく調査データは、A-2マウンドの形成過程が通時的に変化していった様子を明らかにしている。これらの成果をふまえた今後の章では、本章で示したA-2マウンドの建築フェイズと

第 5 節　小括：マウンド形成過程の変化と年代

年代観にしたがい、両時期を比較する形で、通時的な視点から分析を進めていく。分析に先立つ次章では、発掘調査で出土した考古遺物を網羅的に整理し、出土遺物の全体像を摑んでおきたい。

注
1)　土壌の水洗によって比重の軽い植物遺存体を水表面に浮かび上がらせて回収するフローテーションは、もれなくすべての植物遺存体を回収できる。しかしながら、遺存体が水分を含み、乾燥する過程における膨張・収縮は小さな植物遺存体にダメージを与える。そのほか、小さな魚類の骨などは、フローテーションの過程によって、種同定に必要な細部が欠けてしまう可能性もある。乾燥状態での選別は、取りこぼしなく遺存体を回収することは難しいが、そうした遺物へのダメージは少ない。両者の選別方法による差異については、[Chiou et al. 2013] に詳しい。
2)　多毛類の中には、石灰質の分泌物を出して管状の巣穴を作るものがある。また、土や砂岩などを穿孔して巣穴とするものもあり、両者を合わせて棲管と呼ばれている。遺跡から出土したものは前者のような活動によって形成された棲管と考えられる。群生して石灰質の固い棲管をつくる種として、日本ではカンザシゴカイがよく知られ、広く分布する。
3)　円形のくぼみの一つに貝殻が配置された状態で出土したこと、この加工品の縁辺付近で2つの球状の石が出土したことから、そうした仮説を立てている [Dillehay and Bonavia 2017b: 452]。
4)　性別の判定、年齢推定、古病理学的な所見については形質人類学における先行研究 [Buikstra and Ubelaker (eds.) 1994; Larsen 2002; Baker et al. 2005] を参照しながら行われた [Palma n.d.]。
5)　条件付け確率を算定するのに際し、ベイズの定理が用いられる。
6)　ベイズ推定によって算出されたものであることがわかるよう、モデル年代はイタリック体で示す。

第3章　出土遺物の分析：
モノのライフヒストリーと廃棄行為

本章では、クルス・ベルデ遺跡の A-2 マウンドから出土した人工遺物を対象に出土資料の観察と分類の結果を示し、マウンドの形成過程で残された考古遺物の特徴を明らかにしていく。これによって、A-2 マウンドの盛土という行為に伴う考古遺物の位置づけや、人工遺物の製作・使用に関わる人々の行為を復元することが、本章の目的となる。クルス・ベルデ遺跡の CV-Ia 期と CV-Ib 期は、いずれも先土器時代にあたる古期に属するものである。そのため、この 2 つの時期に相当する地層から出土した人工遺物に土器は含まれていない。代わりに多く出土しているのが岩石を利用した石器と、骨や貝などの動物の硬組織を利用した骨器および貝器である。これらの考古遺物は、発掘調査の過程で検出し、収集したものだけでなく、発掘によって掘り出された土を 12mm メッシュの篩にかけることで収集されたものを含む。いずれの場合においても、すべての人工遺物は出土した地層および発掘グリッドなどの情報と紐づけられている。

なお、人工遺物（artifact）とは、人が様々な目的で加工・使用した自然物を指し、道具や装身具、衣服などを含むものである。以下に、クルス・ベルデ遺跡の A-2 マウンドから出土した人工遺物について記述していく。

第 1 節　石器の分析

1．分析の方法：使用痕の分類と石材

クルス・ベルデ遺跡の A-2 マウンドから出土した石器、全 149 点（CV-Ia 期 86 点/Ib 期 63 点）を対象として、このマウンドに残された石器がどのようなものであり、どのような活動がそこから復元できるのかを明らかにするため、分析が行われた。分析は肉眼、およびデジタルルーペ（Dino-Lite Edge EDR/EDOF Polarizer）による観察を主要な方法とし、各石器でサイズと重量の計測、使用痕の観察、器種の分類、石材の分類が行われ、CV-Ia 期と CV-Ib 期のそれぞれの傾向と通時的な変化を考察した。

一般的に石器は、石材となる母岩を素材として不必要な部分打ち欠き（ある

いは研磨し）製品を作り出す石核石器と、母岩を打ち欠いて取り出した剥片を素材として製品を作り出す剥片石器、母岩を加工せずにそのまま利用する礫石器に分類できる［cf. 稲田 2001］。さらに、こうした石器の素材に着目した大枠の分類に加えて、石器の片面のみを調整剥離によって加工する片面調整石器と両面を加工する両面調整石器など、加工の形態に着目した分類がなされる。

　本書が研究対象地域とするペルー北海岸では、パイハン型尖頭器などの石期における両面調整石器の製作技術伝統が広く知られており、そうした狩猟具について多くの研究が蓄積されてきた［eg. Chauchat 1988; Briceño 1999］。一方で古期における石器研究では、両面調整石器の割合は大きく減少し、不定形な片面調整石器が増加する様子がサーニャ谷の山間部から海岸部において確認されており、植物利用の増加との関係性が想定されている［Dillehay et al. 2011a］。ただし、これらの遺跡や極北海岸のアモタペ遺跡［Richardson 1992］などで、打製石斧や尖頭器などの両面調整石器が一定量出土し続けるのに対し、チカマ川流域沿岸部の遺跡では出土する石器の89％以上を礫石器や片面調整石器が占めるなど、地域的な多様性が認められる［Bird et al. 1985; Dillehay et al. 2017b］。この点は、クルス・ベルデ遺跡から出土した石器群に関しても同様の傾向を示している。ただし、沿岸部の遺跡で多く出土する不定形な礫石器や片面調整の剥片石器については、ディルヘイらが精力的に整理を続けているものの、器種分類や製作技法についての一般的な見解が確立されているとはいえない。

　石器の器種分類には、製作技術に基づく石器の形態に着眼した技術形態学的な分類と機能・用途にもとづく機能形態学的な分類の2種が挙げられる。先述のように、クルス・ベルデ遺跡から出土する礫石器や剥片石器は不定形であり、調整加工が行われないものも多い。加工の行われない石器については、使用痕の有無の検証が石器として判別するために必要であることもふまえ、こうした石器群の器種分類には機能形態学的な分類が適している。また使用痕の観察からは、一つの石器が複数の用途で併用されたり転用されたりする状況が示唆されている。このことから考えても石器の技術形態と用途には明確な関係性が認められない事例が多く想定されるのであり、石器を利用した人々の多様な活動

に迫るためには、機能形態学的な器種分類が必要といえる。

(1) 使用痕の分類と切り合い関係

　クルス・ベルデ遺跡から出土した石器群を対象に使用方法に着目した分類を行うため、肉眼と低倍率のデジタルルーペを用いた石器表面の観察を行った。使用痕とは、人間が石器を用いてなんらかの行為をする際に、無意識に石器側に残される物理的な変形の痕跡を指す［cf. Marreiros et al. 2015: 5-6］。この使用痕の分類枠組みとして、最初に直接使用痕と間接使用痕の2種を設定した。直接使用痕とは、人間が石器を媒介として作業対象物に働きかける物理的な行為を通じて石器と作業対象物の接触によって残される痕跡である。例えば、石器で固い木の実を擦り潰す際に、木の実との接触、あるいは木の実を固定した台との接触によって残される擦り傷などがこれにあたる。一方の間接使用痕とは石器を用いた作業に際して、人間と石器の接触（あるいは石器を装着した柄との接触）を通じ、間接的に残される痕跡を指す。例えば、石器を手で握り、作業を繰り返す中で、指などのかかる石器の角が丸く摩滅してしまったような痕跡が挙げられよう。

　この直接使用痕と間接使用痕は位置関係などから対応関係を読み取ることが可能であり、両者は共時的な関係にある。一方で、使用痕は石器を用いた作業のたびに反復的・重層的に石器表面に残されるものであり、重層的に上書きされていくことで部分的に失われることもある。この不可逆的な重なりは、使用痕の切り合い関係と呼ぶことができる。この使用痕間の切り合い関係は通時的な関係にあるものといえ、使用痕全体の共時的・通時的な関係性から石器の使用履歴を導きだすことが可能である（図3-1）。ここに、石材の入手から製作工程、度重なる使用、そして廃棄されるなどして考古学的な出土コンテクストに至るまでの石器のライフヒストリーを復元することが可能な理由がある。さらに、この石器のライフヒストリーは、人間が石器に働きかけてきた行為の履歴であるともいえ、ここから連鎖的な関係にある様々な人間の行為を時系列的に復元することが可能といえよう。

　本章では、石器に関わる人間の行為の全体像をおおまかに把握することが目

第 3 章　出土遺物の分析：モノのライフヒストリーと廃棄行為

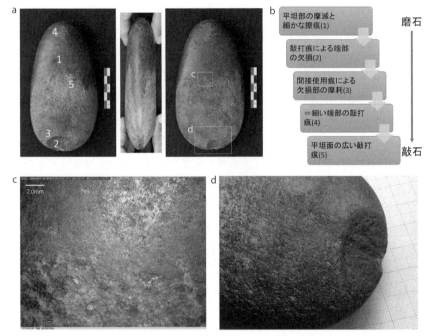

図 3-1　使用痕の切り合い関係からみた使用履歴復元の一例
a: クルス・ベルデ遺跡から出土した石器であり、写真中の番号は切り合い関係から判別した使用痕の順序、
b: a の写真中の番号と対応した使用痕の順序、c, d: 敲打痕と摩耗痕および破損と摩耗痕の切り合い
(遺物番号：17CV-A-L061)

的であるため、肉眼や低倍率のルーペで観察可能な使用痕に絞って分析の対象とする[1]。各石器の観察の結果、確認された使用痕は以下の 7 つに分類される（表 3-1）。

（2）　敲打痕

敲打痕とは、固い物質同士を垂直方向に打ちつけることによって物質の表面に残される円形で凹状断面を持つ小さな欠損である。複数回の敲打が繰り返されることにより斑点状、あるいは密集して石器の使用面に分布することが多い。石器の端部などでは、より突出した部分に多くの圧力がかかることから、敲打痕の集中は使用面を平坦な形状へと消耗させることになる。石器を打ちつけ、

第1節　石器の分析

表3-1　観察された使用痕の特徴と分類

	敲打痕	摩耗痕（直接使用痕）	摩耗痕（間接使用痕）	擦痕
写真				
概要	円形で凹状の断面をもつ小さな欠損の集合。頻繁に使用されることによって凸凹の表面を呈する。	鈍い光沢を持つような磨かれた痕跡。作業対象物との接触面全体に均一に残され、なめらかで平坦面な使用面を形成する。	鈍い光沢を持つような摩擦によって磨かれた痕跡。石器の稜線や凸部に集中して残される。	線状の微細な傷であり、その方向や形状は作業対象物との接触に伴う両者の動きを表す。その分布や密度にはむらが生じる。
想定される動作	敲く	磨る、こすり合わせる	握る	磨る、こすり合わせる
遺物番号	17CV-A-L041	17CV-A-L022	17CV-A-L051	16CV2-A-L141
倍率	20倍	16倍	20倍	ー

	微小剥離痕	ポリッシュ	刃こぼれ痕	破損
写真				
概要	刃部縁辺を基点として片側の面に残される小さな剥離。石材によって明瞭な場合とそうでない場合がある。ポリッシュや擦痕が頻繁に伴う。	刃部縁辺に帯状に残された鈍い光沢面。使用に際した作業対象物との摩擦によって生じる。	刃部縁辺に残された小さな欠損であり、刃部に逆らって垂直な圧力がかかることで生じる欠損。微小剥離痕とは異なり、刃に残される。	度重なる使用や強い衝撃によって、石器の強度を超えた圧力がかかることによって生じる。写真のように剥離として残る場合やヒビ、ワレなども含まれる。
想定される動作	こそぐ、削る	切る、こそぐ、削る	切る	過度な圧力をかける
遺物番号	17CV-A-L102	16CV2-A-L155	16CV2-A-L096	17CV-A-L045
倍率	20倍	20倍	20倍	ー

対象物を砕くような行為によって残された使用痕といえる。

（3）摩耗痕

　摩耗痕とは、少ない圧力で物質同士が水平方向にこすり合わさることによって、石器表面になめらかで鈍い光沢を持つような痕跡が残されたものである。一般的に石材よりも硬度の低い作業対象物との反復的な接触によって形成される場合が多い［cf. Dubreuil et al. 2015: 115-120］。この光沢を持つ摩耗痕は対象物との接触面全体に均一に分布し、これに合わせて時折残される擦痕の方向

139

などから使用に伴う石器の動きを復元することもできる。直接使用痕としては石器の平坦面に均一に残されるほか、石器の持ち手などには手で握るなどの動作によって狭い範囲の凸部や剥離面の稜部に残される。比較的柔らかいものをすり潰すなどの動作による直接使用痕と、手で握るなどの動作による間接使用痕がそれぞれ確認されることになる。

（4）擦痕

　摩耗痕と同様に物質同士を水平方向にこすり合わせるような運動によって残される使用痕であるが、その際に硬い物質同士が接触することによって大小のキズが残されたものを擦痕と呼ぶ。線状の微細な欠損であり、その方向や湾曲によって石器を動かす運動が読み取れる。一回の運動で対象物にかかる石器の圧力が強いほど深く大きな擦痕が残される。摩耗痕に伴って小さな擦痕がまばらに観察できる場合、柔らかいものをすり潰すような動作が復元でき、擦痕が大きく高密度で残され、摩耗痕がほとんど確認できない場合、対象物自体が硬いものであったと想定される。

（5）微小剥離痕

　微小剥離痕は、スクレイパーなどの鈍い刃部に残されることの多い使用痕であり、対象物との接触に際し、刃部の縁辺に対して片面から加圧されることにより、反対側の面に微細な剥離が残される。つまり、作業対象物に刃部を押し当て、刃部に対して直交する方向に石器を動かすことによって進行方向とは逆の面が小さく剥離するわけだ。例えば、動物の皮をなめす際に刃部を使って付着物をこそぎ落とすような作業によって形成されるなど、特徴的な刃部の使用方法を示すものとなる［cf. 御堂島 2005］。

（6）ポリッシュ（使用痕光沢面）

　ポリッシュとは、石器が何らかの対象物に対して使用された際に摩耗によって生じる微細な光沢面であり［山田 1986］、刃器などの利器の刃部に残されることが多い。刃部の使用時に縁辺周辺と対象物が接触したことを意味し、刃部

を用いた対象物の切断やなめしによって残される。クルス・ベルデ遺跡から出土した資料には、刃部や刃部の縁辺に沿って数 mm の帯状に残されることが多く、後述する刃こぼれ痕との共伴関係から、刃部を使って対象物を切断する際に残される場合が多かったと考えられる。このポリッシュは、石器や作業対象物の素材や状態、作業量、操作方法によって異なる形態学的特徴を持つものが形成されることが分かっており、実験考古学の手法によって、石器が使用された方法と対象物を推定する研究が進んでいる［eg. 山田 1986; 御堂島 2005; Gibaja and Gassin 2015］。ただし、本章は石器に残された使用痕の全体像を把握することを目的としているため、ポリッシュの同定に留め、作業対象物の推定は行わない。

（7） 刃こぼれ痕

　主に刃器などの利器の刃部に残され、鋭い刃部を使用して対象物を切断するなどの動作によって刃こぼれ状に残る欠損である。微小剥離痕とは異なり、刃部に対して垂直に圧力がかかることによって刃の部分に小さな凹状の欠損が生じる。やや硬い対象物との接触によって形成される。

（8） 破損

　様々な石器の使用過程において、上述の使用痕の程度を越えて石器が破損した状態を意味する。この破損は石器の強度を越えた圧力がかかってしまったことを意味し、敲打などに利用された石器でとくに認められる傾向がある。この破損部にそのほかの使用痕が認められない場合、破損を原因として石器の使用が行われなくなったことが示唆される。一方で、破損箇所の稜部などに間接使用痕などがみられた場合、使用面を変更したか、別の用途に転用されたことを意味する。

　以上のような使用痕の形状と分布、組み合わせや密度などから、石器の使用に際した動作を推定し、それにもとづいて後述する石器の器種分類を行った。

第 3 章　出土遺物の分析：モノのライフヒストリーと廃棄行為

表 3-2　石材として観察された岩石の特徴と分類

岩石名	火成岩					堆積岩	
	無斑晶質玄武岩	かんらん石玄武岩	輝石玄武岩	角閃石安山岩			
写真							
特徴（髙橋・大木 2015）	色調は濃い灰色から黒色であり、無色鉱物の斜長石を斑晶としても含むものの、その量は非常に少ない。基本的には石基のみで構成されており、その粒子も肉眼では捉えられない。	色調は濃い灰色から黒色であるが、古い時代のものは緑色や赤色を帯びることもある。有色鉱物として黄色みがかったかんらん石を多く含んでいる。	色調は濃い灰色から黒色であるが、古い時代のものは緑色や赤色を帯びることもある。有色鉱物として黒色の輝石を多く含んでいる。	色調は灰色を基本とし、一般的に斑晶を多く含み、中でも有色鉱物である黒色の角閃石の多くを含む。細粒な石基で構成されている。			
斑晶・粒子	斜長石（非常に少ない）	かんらん石、輝石、斜長石	かんらん石、輝石、斜長石	角閃石、輝石、斜長石			
遺物番号	17CV-A-L056	17CV-A-L063	17CV-A-L018	17CV-A-L037			
倍率	20倍	20倍	49倍	20倍			

岩石名	火成岩		堆積岩		
	花崗岩	流紋岩	砂岩	チャート	
写真					
特徴（髙橋・大木 2015）	マグマがゆっくりと冷えて固まった深成岩であり、斑晶や石基を構成する鉱物の粒子がやや大きい。石英や斜長石などの無色鉱物や有色鉱物の角閃石、黒雲母などを斑晶としても含む。	色調は白色を基本とするが、灰色や赤色、黄褐色、淡緑色などを呈することもある。斑晶として石英を多く含み、石基も石英質で細粒となる。黒色の角閃石や黒雲母を細かく含むこともある。	海底に堆積した砂粒が固まってきた堆積岩であり、粒子がそろった細かい粒子で構成される。粒子は石英や斜長石などの鉱物や岩石の破片が円摩されたものでやや丸みを帯びている。	細粒の石英の集合体からなる岩石であり、硬い。石質のプランクトンが海底に堆積して岩石となったものであり、粒子が肉眼で観察できない、やや透明感がある。非常に細かい石英	
斑晶・粒子	石英、斜長石、角閃石、黒雲母	石英、斜長石、角閃石、黒雲母	石英、長石、岩片		
遺物番号	17CV-A-L121	17CV-A-L059	17CV-A-L101	17CV-A-L034	
倍率		100倍	50倍	―	

第1節　石器の分析

	堆積岩	火山砕屑岩		変成岩	
	主質泥岩	凝灰質砂岩		珪岩	結晶片岩
写真					
特徴・粒子（髙橋・大木 2015）	海底に堆積した細かい粒子が固まってできた泥岩であり、粒子は肉眼で捉えられない（ほどちいさい）。このうち、石英質となったものは、打撃を加えると貝殻状の破断面が残る。	火山灰などが海底に降り積もったのち、海流などの影響で二次的に堆積した岩石となったもの。大きの粒子が混在しており、中には円磨された火山出砕屑子や石英などが含まれる。		チャートが熱などによる接触変成を受けることにより変質した岩石。石英の粒子が再結晶することで大きく、粗くなる。	灰色や緑色、赤色などを呈し、薄い層が重なった縞状構造を示す。一度形成された岩石に高い圧力が加わることで変質したものである。
班晶・粒子	非常に細粒で均質	石英、長石、火山起源の鉱物結晶		石英	白雲母、黒雲母、緑泥石、角閃石
遺物番号	17CV-A-L096	17CV-A-L153		17CV-A-L020	17CV-A-L017
倍率	20倍	50倍		47倍	98倍

	変成岩	鉱物結晶	その他
	ホルンフェルス	石英結晶	生痕化石（polychaete tube-base）
写真			
特徴・粒子（髙橋・大木 2015）	熱による接触変成作用を経て、粒子が再結晶し、硬質に変化した変成岩。ここで観察されたのはほとんど泥岩起源のものであり、菫青石と呼ばれる特徴的な結晶が生じている。	やや粗粒な石英結晶の集合体。岩盤の割れ目などに成長した鉱物が石英の岩脈となり、その一部。	ゴカイなどの多毛類環形動物の棲管が集まった生痕化石。そうした生物は土中に穴を穿ち棲管をつくるが、自身で石灰質を分泌して棲管をつくるが、これがどちらのものか不明。
班晶・粒子	菫青石（変成鉱物）	石英	なし
遺物番号	17CV-A-L120	17CV-A-L029	16CV2-A-L174
倍率	48倍	50倍	―

143

（9） 石材の分類と産地

石器の材料となる岩石は、様々な鉱物の含有率や生成過程によって、その物理的性質が異なる。そのため、石材の材質は石器の機能や用途、製作技法を選択するうえで大きな要素となり、石材と石器の製作や使用に関わる人間の行動は深く関係している。このことから、ある石器にどのような石材が利用されたのかという点を明らかにする必要があり、本章の分析でも岩石学的な分類［eg. 高橋・大木 2015］にもとづく石材の同定が筆者によって行われた（**表 3-2**）。

同定のための観察は肉眼と低倍率のデジタルルーペによって行われ、岩石を構成する斑晶や石基などの粒子のサイズ、構造、色彩をはじめ、斑晶となる鉱物の形状などの形態学的な特徴にもとづき、出版されている岩石標本の一覧［高橋・大木 2015; 五十嵐 2006］を参照した比較によって実施された。また、クルス・ベルデ遺跡の石器に多く観察される無斑晶質の岩石については、火成岩と堆積岩との判別が難しいため、紐につるしたネオジウム磁石によって磁力の有無を確認し、微量な磁力を有するものを無斑晶質火成岩として分類した。

A-2 マウンドから出土した全 149 点を対象にした石材の同定の結果、CV-Ia 期と CV-Ib 期ともに 65％以上の割合を火成岩が占めており、次いで多いのが CV-Ia 期で 21％、CV-Ib 期で 13％の堆積岩である（**図 3-2**）。CV-Ia 期から CV-Ib 期にかけて、珪岩や結晶片岩などの変成岩がやや多くなり、堆積岩が減少するなどの変化がみられる。主要な割合を占めている火成岩も微増するものの、利用される石材のおおまかな構成と割合に大きな変化はないといえる。

火成岩には玄武岩、安山岩、流紋岩、花崗岩が確認されている。CV-Ia 期に関して、57 点の火成岩のうち 53 点が玄武岩として同定されており、そのうち 43 点を無斑晶質玄武岩が占めている（**図 3-3**）。無斑晶質玄武岩は、斑晶をほとんど含まないために粒子が細かく、剥離面が滑らかとなるために剥片剥離を行うのに適している。また、質量も重く、硬いことから、敲石などの礫石器としての使用にも適しているなど、良質な石材といえる。この理由から、この岩石がクルス・ベルデ遺跡から出土する石器の石材として主要な位置づけを占めているといってよい。

第 1 節　石器の分析

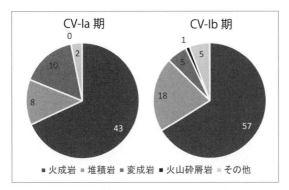

図 3-2　出土石器の石材に利用された岩石の割合
両時期で火成岩に利用が集中し、大きな通時的変化はみられない。図中の数字は出土点数。

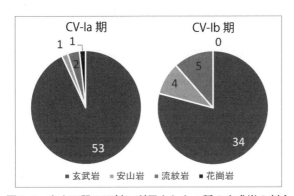

図 3-3　出土石器の石材に利用された 4 種の火成岩の割合
玄武岩の割合がもっとも高く、そのほとんどは無斑晶質玄武岩にあたる。CV-Ib 期にややその割合が下がる。
図中の数字は出土点数。

　CV-Ib 期についても 34 点の玄武岩のうち 29 点が無斑晶質玄武岩となるなど、上述の傾向は継続している（**図 3-3**）。その一方で、斑晶の少ない良質な流紋岩や安山岩の数はやや増加することもグラフから読み取れる。また両時期を通して、堆積岩には礫石器として利用される硬質の砂岩や泥岩が含まれるほか、剥片石器として利用されるチャートが確認されている。
　クルス・ベルデ遺跡周辺の海岸線には、河川により上流から海へと運ばれ、波の作用によって浸食され続ける円礫が多く堆積する（**写真 3-1**）。遺跡から出

145

第3章 出土遺物の分析：モノのライフヒストリーと廃棄行為

写真 3-1　遺跡周辺の海岸線に堆積する円礫（筆者撮影）

土する石器には、例外なく円礫が利用されていることから、海岸線や近くの河川に分布する円礫が遺跡に持ち込まれ、石器として利用されていたことがわかる。一方で、そうした自然状況下の円礫における無斑晶質玄武岩の割合がそれほど大きくない。このことは、石器として利用するのに適した石材が選択され、採集されていたことを意味している。なお、遠隔地から持ち込まれた石材は出土していない。

2．石器の特徴と組成

　前述のような使用痕の観察と分類にもとづき、使用痕の位置関係や組み合わせなどから石器の器種分類をおこなった。A-2マウンドから出土した資料群において分類された器種は全10種となる。以下に各器種について詳述する。

（1）　敲石　（写真3-2、表3-3、図3-4）

　使用面に顕著な敲打痕が残される石器であり、加工を伴わない礫石器となる。敲石としての使用が認められる石器は37例確認されている[2]。使用痕からは何らかの対象物を敲いて砕くような行為に使われていたことがわかる。クル

第1節　石器の分析

写真 3-2　クルス・ベルデ遺跡から出土した敲石（筆者撮影）

ス・ベルデ遺跡から出土するのはすべて円礫を利用したものであるが、一部の資料は石核として剥片剥離が行われたのちにその残核が敲石として利用されている。そのほかの転用の事例としては、石核、磨石から敲石への転用、敲石から石核、磨石への転用、石核から敲石を経て、剥離面がスクレイパーとして転用されるもの、磨石から石核を経て敲石に転用されるものなどが挙げられる。同遺跡出土の石器群には円礫の端部や縁辺部などの狭い面積を利用するものが多いほか、使用部の破損や度重なる使用に伴う敲打痕の蓄積によって使用面が平坦に削られているものが数多く認められるなど、使用に際して強い圧力がかかっていたことが示唆される。

　敲石としての使用が認められる石材は、質量が大きく硬い火成岩が多く利用されており、とくに無斑晶質玄武岩の割合が多い。そのほか、同様の性質を持つ安山岩や流紋岩が利用されるほか、硬質の砂岩や珪岩なども少数認められる。

　敲石の形状としては大きく分けて2種類存在し、最も多く認められているのは円柱状や三角錐状の細長いものであり、細くすぼまった端部に敲打痕が集中する傾向がある。このことから、敲石に利用される礫の選択には、より狭い使用面の利用が可能なものに重点が置かれていたことが示唆される。もう一方の種類の敲石は球状を呈しており、これには珪岩や硬質の砂岩が利用されている。

第3章　出土遺物の分析：モノのライフヒストリーと廃棄行為

表3-3　クルス・ベルデ遺跡から出土した敲石としての利用が認められる石器

遺物番号	建築フェイズ	発掘グリッド	埋葬	石材1	石材2	石材3	石器分類	器種（すべて）	器種（最終）	加工・調整	使用痕有無	直接使用痕	間接使用痕	最終直接使用痕	最終使用部破損
17CV-A-L043	CV-Ia	O2N4		火成岩	玄武岩	―	礫石器	敲石、磨石	敲石	×	○	敲打痕、摩耗痕	摩耗痕	敲打痕	○
17CV-A-L041	CV-Ia	O2N4		火成岩	玄武岩	―	礫石器	敲石、磨石	磨石	×	○	敲打痕、摩耗痕、欠損	摩耗痕	摩耗痕	×
17CV-A-L061	CV-Ia			火成岩	玄武岩	無斑晶玄武岩	礫石器	敲石、磨石	敲石	×	○	敲打痕、摩耗痕、欠損	摩耗痕	敲打痕	×
17CV-A-L071	CV-Ia	O2N4		火成岩	玄武岩	輝石玄武岩	礫石器	敲石	敲石	×	○	敲打痕	摩耗痕	敲打痕	○
16CV2-A-L095	CV-Ia	O1N6		火成岩	玄武岩	無斑晶玄武岩	礫石器	敲石	敲石	×	○	敲打痕、欠損	不明瞭	敲打痕	○
17CV-A-L045	CV-Ia	O1N3		火成岩	玄武岩	無斑晶玄武岩	礫石器	敲石、磨石	磨石	×	○	敲打痕、摩耗痕、欠損	摩耗痕	敲打痕	○
17CV-A-L033	CV-Ia	O2N3		火成岩	玄武岩	無斑晶玄武岩	礫石器	敲石	敲石	×	○	敲打痕	摩耗痕	敲打痕	×
17CV-A-L031	CV-Ia	O2N3		火成岩	玄武岩	無斑晶玄武岩	礫石器	敲石、磨石	敲石	×	○	敲打痕、摩耗痕	摩耗痕	敲打痕	×
16CV2-A-L170	CV-Ia	O1N4N5	TM7	火成岩	玄武岩	無斑晶玄武岩	礫石器	敲石、磨石、石核	敲石	×	○	敲打痕、摩耗痕	不明瞭	敲打痕	×
16CV2-A-L168	CV-Ia	O1N4N5	TM7	火成岩	玄武岩	無斑晶玄武岩	礫石器	敲石	敲石	×	○	敲打痕	不明瞭	敲打痕	×
16CV2-A-L130	CV-Ia	SV1		火成岩	玄武岩	無斑晶玄武岩	礫石器	敲石、磨石	敲石	×	○	敲打痕、摩耗痕	不明瞭	敲打痕	×
16CV2-A-L137	CV-Ia	O1N6		火成岩	玄武岩	無斑晶玄武岩	礫石器	敲石	敲石	×	○	敲打痕	摩耗痕	敲打痕	×
16CV2-A-L160	CV-Ia	SV1		火成岩	玄武岩	無斑晶玄武岩	礫石器	敲石	敲石	×	○	敲打痕	摩耗痕	敲打痕	×
16CV2-A-L158	CV-Ia	SV1		火成岩	玄武岩	無斑晶玄武岩	石核石器	敲石、スクレイパー、石核	スクレイパー	○	○	敲打痕、微小剥離、ポリッシュ	不明瞭	微小剥離	×
16CV2-A-L157	CV-Ia	SV1		火成岩	玄武岩	無斑晶玄武岩	礫石器	敲石、磨石、石核	石核	○	○	敲打痕、摩耗痕	摩耗痕	敲打痕	×
16CV2-A-L167	CV-Ia	O1N4N5	TM7	火成岩	玄武岩	無斑晶玄武岩	石核・素材	敲石、石核	石核	○	○	敲打痕	不明瞭	剥片剥離	×
17CV-A-L095	CV-Ia	O2N4	TM10	堆積岩	砂岩	硬砂岩	礫石器	敲石、石核	敲石	×	○	敲打痕、摩耗痕	摩耗痕	敲打痕	○
16CV2-A-L161	CV-Ib	O1N4		火成岩	安山岩	角閃石安山岩	石核・素材	敲石、石核	石核	○	○	敲打痕、欠損	不明瞭	なし	×

第1節 石器の分析

遺物番号	地区	グリッド	TM	岩石大分類	岩石中分類	岩石小分類	器種	推定用途	主要機能	剥離	敲打	痕跡1	痕跡2	痕跡3	熱変質
17CV-A-L025	CV-Ib	O1N3		火成岩	安山岩	角閃石安山岩	礫石器	敲石	磨石	×	○	敲打痕、摩耗痕、破損	摩耗痕	摩耗痕	○
16CV2-A-L162	CV-Ib	O1N4		火成岩	安山岩	輝石安山岩	礫石器	敲石	敲石	×	○	敲打痕、破損	不明瞭	敲打痕	○
17CV-A-L016	CV-Ib	O1N3		火成岩	玄武岩	輝石玄武岩	礫石器	敲石	敲石	×	○	敲打痕	摩耗痕	敲打痕	×
17CV-A-L040	CV-Ib	O1S5		火成岩	玄武岩	無斑晶玄武岩	礫石器	敲石	敲石	×	○	敲打痕、摩耗痕	摩耗痕	摩耗痕	○
17CV-A-L023	CV-Ib	O1S6		火成岩	玄武岩	無斑晶玄武岩	礫石器	敲石、磨石	敲石	×	○	敲打痕、摩耗痕、破損	摩耗痕	摩耗痕	○
16CV2-A-L151	CV-Ib	O1N5	TM7	火成岩	玄武岩	無斑晶玄武岩	礫石器	敲石	敲石	×	○	敲打痕、摩耗痕	摩耗痕	摩耗痕	×
16CV2-A-L132	CV-Ib	O1N5	TM3	火成岩	玄武岩	無斑晶玄武岩	礫石器	敲石	敲石	×	○	なし	摩耗痕	敲打痕	×
17CV-A-L118	CV-Ib	O1N5		火成岩	玄武岩	無斑晶玄武岩	石核・素材	敲石、磨石、石核	石核	○	○	敲打痕	摩耗痕	剥片剥離	×
16CV2-A-L104	CV-Ib	O1S2		火成岩	玄武岩	無斑晶玄武岩	礫石器	敲石、磨石	敲石	○	○	敲打痕、摩耗痕	摩耗痕	敲打痕	×
16CV2-A-L149	CV-Ib	O1N5		火成岩	玄武岩	無斑晶玄武岩	石核・素材	敲石、石核	石核	○	○	敲打痕、摩耗痕	摩耗痕	剥片剥離	×
17CV-A-L097	CV-Ib	O1N4	TM9	火成岩	玄武岩	無斑晶玄武岩	礫石器	敲石	敲石	×	○	敲打痕、摩耗痕	摩耗痕	摩耗痕	×
17CV-A-L013	CV-Ib	O1S5		火成岩	流紋岩	－	礫石器	敲石、磨石	磨石	×	○	敲打痕、摩耗痕	不明瞭	摩耗痕	○
17CV-A-L059	CV-Ib	O1S5		堆積岩	砂岩	硬砂岩	礫石器	敲石	敲石	×	○	敲打痕、破損	摩耗痕	敲打痕	×
16CV2-A-L134	CV-Ib	O1N5		堆積岩	砂岩	硬砂岩	礫石器	敲石、磨石	磨石	×	○	敲打痕	不明瞭	敲打痕	○
16CV2-A-L150	CV-Ib	O1N5	TM7	変成岩	珪岩	－	礫石器	敲石、磨石	磨石	×	○	敲打痕、摩耗痕	不明瞭	敲打痕	○
17CV-A-L020	CV-Ib	O2N4		変成岩	珪岩	－	礫石器	敲石	敲石	×	○	敲打痕	なし	敲打痕	×
17CV-A-L057	CV-Ib	O1S6		変成岩	珪岩	－	礫石器	敲石	敲石	×	○	敲打痕、摩耗痕	不明瞭	敲打痕	×
17CV-A-L055	CV-Ib	O1S6		変成岩	珪岩	－	礫石器	敲石	敲石	×	○	敲打痕	不明瞭	敲打痕	×

第 3 章 出土遺物の分析：モノのライフヒストリーと廃棄行為

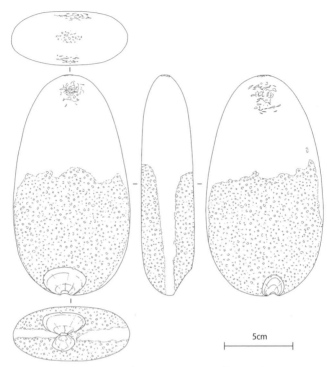

図 3-4 クルス・ベルデ遺跡から出土した敲石・磨石の実測図

扁平な円礫に切り合う使用痕が残る石器。磨石として使用された痕跡が摩耗痕として平坦面に残り、それに重なるようにして両端部に敲石として利用した敲打痕と破損が剥離として残る。この破損部に重なるようにして間接使用痕としての摩耗痕や平坦面への小さな敲打痕が残されていることから、最終的には広い平坦面を利用した敲石として利用されていたと考えられる。磨石から敲石への転用の過程が復元できる。図 3-1 に挙げた例と同一の礫器（遺物番号：17CV-A-L061）。

これに関しては、敲打痕が 1 か所に集中する傾向があり、そのほかの用途に転用が認められる事例はない。

（2） 磨石 （写真 3-3、表 3-4、図 3-4）

使用面に摩耗痕や擦痕が残される石器であり、加工を伴わない礫石器となる。磨石としての利用が認められる石器は 47 例あり、石器を水平方向に動かして対象物をすり潰すような使用が行われたことが使用痕からわかる。とくに摩耗痕は石器の平坦面全体に均一に残されており、そこに部分的な擦痕が伴う場合

写真 3-3　クルス・ベルデ遺跡から出土した磨石とミガキ石（筆者撮影）
右下2点の小さな石器がミガキ石であり、それ以外は磨石である。

が多い。磨石としての使用後に石材として転用される事例が多く認められ、石核や剥片の自然面に磨石としての利用に伴う使用痕を切るようにして剥離面が残されている。そのほか、磨石から敲石、敲石から磨石への転用が頻繁に確認できる。

　磨石として利用される石材は、敲石と同様に無斑晶質玄武岩が主な割合を占めるものの、硬質砂岩の利用される割合が敲石よりも多い。また、硬質砂岩の磨石は転用されることがほとんどなく、敲石と磨石の間で1例の転用がみられるのみである。

　磨石の形状は多種多様であるのだが、いずれも平坦面を有するやや扁平な石が利用されており、広い平坦面の全体に使用痕が認められる。長楕円形の磨石に関しては、長軸に対して直交する方向へ前後に動かすようにして使用されていたことが、擦痕の向きから明らかである。

（3）　台石　（写真 3-4、表 3-5）

　こちらも使用面に摩耗痕や擦痕が認められる礫石器であるが、その平坦な使用面は中心に向かってやや窪んでいるものが多く、使用痕は使用面の中央に集

第3章　出土遺物の分析：モノのライフヒストリーと廃棄行為

表3-4　クルス・ベルデ遺跡から出土した磨石としての利用が認められる石器

遺物番号	層位フェーズ	発掘グリッド	石材1	石材2	石材3	石器分類	器種(すべて)	器種(最多)	加工・調整	使用痕有無	直接使用痕	間接使用痕	最終直接使用痕	最終使用部破損
17CV-A-L032	CV-la	O2N4	その他	石英結晶	-	磨石器	磨石	磨石	×	○	摩耗痕,破損	摩耗痕	摩耗痕	○
17CV-A-L043	CV-la	O2N4	火成岩	玄武岩		磨石器	敲石,磨石	敲石	×	○	敲打痕,摩耗痕,破損	摩耗痕	敲打痕	×
17CV-A-L041	CV-la	O2N4	火成岩	玄武岩		磨石器	磨石,磨石	磨石	×	○	敲打痕,摩耗痕,摩耗	摩耗痕	敲打痕	×
17CV-A-L061	CV-la		火成岩	玄武岩	-	磨石器	磨石	磨石	×	○	摩耗痕,摩耗痕,摩耗	不明瞭	敲打痕	×
17CV-A-L063	CV-la	O1S7	火成岩	玄武岩	かんらん石玄武岩	磨石器	磨石	磨石	×	○	摩耗痕	摩耗痕	摩耗痕	×
17CV-A-L119	CV-la	TM10	火成岩	玄武岩	輝石玄武岩	石核・素材	磨石,石核	石核	○	○	摩耗痕,摩耗	不明瞭	剥片剥離	×
17CV-A-L122	CV-la	E1S1	火成岩	玄武岩	無斑晶安山岩	剥片石器	磨石,刃器	刃器	×	○	微小剥離,Polish	摩耗痕	微小剥離	○
17CV-A-L113	CV-la	O2N4	火成岩	玄武岩	無斑晶玄武岩	磨石器	磨石	磨石	×	○	摩耗痕		摩耗痕	○
17CV-A-L114	CV-la	O2N4	火成岩	玄武岩	無斑晶玄武岩	磨石器	磨石	磨石	×	○	摩耗痕	摩耗痕	摩耗痕	×
17CV-A-L028	CV-la	O2N3	火成岩	玄武岩	無斑晶玄武岩	磨石器	磨石,磨石	磨石	×	○	摩耗痕,摩耗,摩耗	不明瞭	敲打痕	○
16CV2-A-L166	CV-la	O1N5	火成岩	玄武岩	無斑晶玄武岩	磨石器	磨石	磨石	×	○	摩耗痕	不明瞭	摩耗痕	×
16CV2-A-L107	CV-la	O1S1	火成岩	玄武岩	無斑晶玄武岩	磨石器	磨石	磨石	×	○	摩耗痕,摩耗	摩耗痕	摩耗痕	×
17CV-A-L045	CV-la	O1N3	火成岩	玄武岩	無斑晶玄武岩	磨石器	敲石,磨石	敲石	×	○	敲打痕,摩耗痕	摩耗痕	敲打痕	×
17CV-A-L031	CV-la	O2N3	火成岩	玄武岩	無斑晶玄武岩	磨石器	磨石,磨石	磨石	×	○	敲打痕,摩耗,摩耗	不明瞭	敲打痕	×
16CV2-A-L130	CV-la	SV1	火成岩	玄武岩	無斑晶玄武岩	磨石器	磨石,磨石,石核	敲石	○	○	敲打痕,摩耗,破損	摩耗痕	敲打痕	×
16CV2-A-L170	CV-la	O1N4N5	火成岩	玄武岩	無斑晶玄武岩	磨石器	敲石,磨石,石核	敲石	○	○	敲打痕,摩耗,破損	摩耗痕	敲打痕	×
16CV2-A-L157	CV-la	SV1	火成岩	玄武岩	無斑晶玄武岩	磨石器	磨石,磨石,石核	石核	×	○	摩耗痕,摩耗	不明瞭	摩耗痕	×
16CV2-A-L108	CV-la	O1S1	堆積岩	チャート	-	磨石器	磨石	磨石	×	○	摩耗痕,摩耗	不明瞭	摩耗痕	○
17CV-A-L109	CV-la	O2N4	堆積岩	砂岩	硬砂岩	磨石器	磨石	磨石	×	○	摩耗痕,摩耗	不明瞭	摩耗痕	○
17CV-A-L110	CV-la	O2N4	堆積岩	砂岩	硬砂岩	磨石器	磨石	磨石	×	○	摩耗痕,摩耗	摩耗痕	摩耗痕	○
17CV-A-L111	CV-la	O2N4	堆積岩	砂岩	硬砂岩	磨石器	磨石	磨石	×	○	摩耗痕	不明瞭	摩耗痕	○
17CV-A-L112	CV-la	O2N4	堆積岩	砂岩	硬砂岩	磨石器	磨石	磨石	×	○	摩耗痕	不明瞭	摩耗痕	○
17CV-A-L117	CV-la	TM10	堆積岩	砂岩	硬砂岩	磨石器	磨石	磨石	×	○	摩耗痕	摩耗痕	摩耗痕	×

第1節　石器の分析

遺物番号	型式	層位	TM	岩種大分類	岩種	岩種詳細	分類	器種1	器種2	接合	使用痕1	使用痕2	使用痕3	被熱
17CV-A-L118	CV-Ia	O2N4	TM10	堆積岩	砂岩	-	硬砂岩	磨石	磨石	×	摩耗痕、破損	不明瞭	摩耗痕	○
17CV-A-L064	CV-Ia	O2N4	TM10	堆積岩	砂岩	-	硬砂岩	磨石	磨石	○	摩耗痕	摩耗痕	摩耗痕	×
16CV2-A-L159	CV-Ia	SV1		堆積岩	砂岩	-	硬砂岩	磨石	磨石	○	摩耗痕	不明瞭	摩耗痕	×
16CV2-A-L110	CV-Ia	O1S1		堆積岩	砂岩	-	硬砂岩	磨石	磨石	○	摩耗痕	不明瞭	摩耗痕	×
17CV-A-L095	CV-Ia	O2N4	TM10	堆積岩	砂岩	-	硬砂岩	磨石	敲石、磨石	○	敲打痕、摩耗痕、破損	不明瞭	敲打痕	○
16CV2-A-L120	CV-Ia	SV1		変成岩	ホルンフェルス	-	変成岩	磨石	磨石	○	摩耗痕、擦痕	不明瞭	擦痕	×
17CV-A-L025	CV-Ib	O1N3		火成岩	安山岩	角閃石安山岩	硬石器	磨石	敲石、磨石	×	摩耗痕、擦痕	摩耗痕	摩耗痕	○
17CV-A-L104	CV-Ib	O1N4	TM9	火成岩	安山岩	輝石安山岩	硬石器	磨石	磨石	○	摩耗痕、破損	不明瞭	摩耗痕	×
17CV-A-L018	CV-Ib	O2N4		火成岩	玄武岩	輝石玄武岩	硬石器	磨石	磨石	○	摩耗痕	なし	摩耗痕	○
17CV-A-L024	CV-Ib	O1S6		火成岩	玄武岩	無斑晶玄武岩	硬石器	磨石	磨石	○	摩耗痕、擦痕	不明瞭	摩耗痕	×
16CV2-A-L142	CV-Ib	O1N5		火成岩	玄武岩	無斑晶玄武岩	硬石器	磨石、スクレイパー、石核	スクレイパー	○	摩耗痕、微小剥離痕、擦痕、Polish	摩耗痕	微小剥離痕	○
16CV2-A-L152	CV-Ib	O1N5	TM7	火成岩	玄武岩	無斑晶玄武岩	石核・素材	磨石、石核	石核	○	摩耗痕	摩耗痕	剥片剥離	×
17CV-A-L012	CV-Ib	O1S5		火成岩	玄武岩	無斑晶玄武岩	石核・素材	磨石、石核	石核	○	摩耗痕、不明瞭	不明瞭	剥片剥離	×
16CV2-A-L141	CV-Ib	O1N5	TM9	火成岩	玄武岩	無斑晶玄武岩	硬石器	敲石、磨石、石核	敲石	×	摩耗痕、擦痕	摩耗痕	摩耗痕	×
17CV-A-L100	CV-Ib	O1N4		火成岩	玄武岩	無斑晶玄武岩	硬石器	磨石、磨石	敲石	×	敲打痕、摩耗痕	摩耗痕	敲打痕	×
16CV2-A-L151	CV-Ib	O1N5	TM3	火成岩	玄武岩	無斑晶玄武岩	硬石器	磨石	磨石	○	敲打痕、摩耗痕	不明瞭	敲打痕	○
16CV-A-L118	CV-Ib	O1S5		火成岩	流紋岩	-	硬石器	磨石	磨石	×	摩耗痕、破損	不明瞭	摩耗痕	×
17CV-A-L058	CV-Ib	O1S4		堆積岩	砂岩	-	硬砂岩	磨石	磨石	×	摩耗痕、破損	摩耗痕	摩耗痕	○
17CV-A-L059	CV-Ib	O1N4	TM9	堆積岩	砂岩	-	硬砂岩	磨石	磨石	○	摩耗痕	不明瞭	摩耗痕	×
17CV-A-L021	CV-Ib	O1N4		堆積岩	砂岩	-	硬砂岩	磨石	磨石	○	摩耗痕	不明瞭	摩耗痕	○
17CV-A-L101	CV-Ib	O2N4		変成岩	珪岩	-	-	敲石	敲石	×	摩耗痕	不明瞭	摩耗痕	×
17CV-A-L096	CV-Ib	O1N4		変成岩	珪岩	-	-	敲石	磨石	×	摩耗痕、摩耗痕	不明瞭	摩耗痕	○
17CV-A-L026	CV-Ib	O2N4		変成岩	砂岩	-	硬砂岩	敲石	磨石	○	摩耗痕	不明瞭	摩耗痕	×
17CV-A-L020	CV-Ib	O2N4		変成岩	砂岩	-	硬砂岩	敲石、磨石	磨石	○	敲打痕、摩耗痕、破損	不明瞭	敲打痕	○

第 3 章　出土遺物の分析：モノのライフヒストリーと廃棄行為

写真 3-4　クルス・ベルデ遺跡から出土した台石（筆者撮影）

表 3-5　クルス・ベルデ遺跡から出土した台石としての利用が認められる石器

遺物番号	建築フェイズ	発掘グリッド	堆葬	石材1	石材2	石材3	石器分類	器種(すべて)	器種(最終)	加工・調整	使用痕有無	直接使用痕	間接使用痕	最終直接使用痕	最終使用部破損
17CV-A-L056	CV-Ia	O1N4		火成岩	玄武岩	無斑晶質玄武岩	石核・素材	台石, 石核	石核	○	○	摩耗痕	なし	剥片剥離	×
16CV2-A-L145	CV-Ib	O1N5		変成岩	珪岩	−	礫石器	台石	台石	×	○	摩耗痕, 擦痕, 破損	不明瞭	摩耗痕	○
16CV2-A-L143	CV-Ib	O1N5		火成岩	玄武岩	無斑晶質玄武岩	石核・素材	台石, 石核	石核	○	○	摩耗痕, 擦痕	不明瞭	剥片剥離	×

中する。使用面が緩やかに凹んでいることから、この石器自体を磨石のように使うことは不可能であり、磨石を使用する際の受け皿や土台として利用された石器だといえる。クルス・ベルデ遺跡から出土した石器のうち、台石としての使用が認められるのは 3 例のみであり、いずれも大型の台石の一部にあたる破片資料である。このうち 2 例は石核への転用が認められている。

　台石として利用された石材は、石核への転用が認められる 2 例が無斑晶質玄武岩であり、残りの 1 例は珪岩となっている。これらの石器の形状は、いずれも角の丸い方形を呈していたと考えられる。

（4）　ミガキ石　（写真 3-3、表 3-6）

　磨石と同様に使用面に摩耗痕や擦痕を残す礫石器であるが、大きな平坦面ではなく、面積の小さな石器の端部などが使用面として利用される点で磨石とは

第 1 節　石器の分析

表 3-6　クルス・ベルデ遺跡から出土したミガキ石としての利用が認められる石器

遺物番号	建築フェイズ	発掘グリッド	埋葬	石材1	石材2	石材3	石器分類	器種（すべて）	器種（最終）	加工・調整	使用痕有無	直接使用痕	間接使用痕	最終直接使用痕	最終使用部破損
17CV-A-L116	CV-Ia	O2N4	TM10	堆積岩	砂岩	硬砂岩	礫石器	ミガキ石	ミガキ石	×	○	摩耗痕	不明瞭	摩耗痕	×
17CV-A-L017	CV-Ib	O2N3		変成岩	結晶片岩	砂岩質片岩	礫石器	ミガキ石	ミガキ石	×	○	摩耗痕,擦痕	摩耗痕	擦痕	×
17CV-A-L022	CV-Ib	O1S6		火成岩	玄武岩		石核石器	ミガキ石	ミガキ石	○	○	摩耗痕	不明瞭	摩耗痕	×
16CV2-A-L135	CV-Ib	O1N5		堆積岩	チャート	−	礫石器	ミガキ石	ミガキ石	×	○	摩耗痕,擦痕	不明瞭	摩耗痕	×

写真 3-5　クルス・ベルデ遺跡から出土した石錘（筆者撮影）

異なる。小型なものが多く、対象物をすり潰すというよりも、研磨するなどの用途で利用された石器であると考えられる。端部に限定される使用面は、強い摩耗の結果、平坦になっているものが多い。

　ミガキ石としての使用が確認できるのは 4 例であり、いずれも転用は認められない。とくに顕著な使用痕が残るのは、無斑晶質玄武岩やチャートなどの粒子の細かい石材である。

（5）　石錘　（写真 3-5、表 3-7、図 3-5）

　こぶし大の円礫の長軸に沿って敲打による帯状の加工が施される石核石器である。この加工によって、円礫を一周する帯状の浅い溝が 15 〜 20mm ほどの

155

第3章　出土遺物の分析：モノのライフヒストリーと廃棄行為

表3-7　クルス・ベルデ遺跡から出土した石錘としての利用が認められる石器

遺物番号	建築フェイズ	発掘グリッド	埋葬	石材1	石材2	石材3	石器分類	器種(すべて)	器種(最終)	加工・調整	使用痕有無	直接使用痕	間接使用痕	最終直接使用痕	最終使用部破損
17CV-A-L038	CV-Ia	O1N4		火成岩	玄武岩		礫石器	石錘	石錘	○	○	不明瞭	摩耗痕, 敲打痕	不明瞭	×
17CV-A-L036	CV-Ia	O2N3		火成岩	玄武岩		礫石器	石錘	石錘	○	○	不明瞭	摩耗痕, 敲打痕	不明瞭	×
17CV-A-L037	CV-Ia	O1N4		火成岩	安山岩	角閃石安山岩	礫石器	石錘	石錘	○	○	不明瞭	摩耗痕, 敲打痕	不明瞭	×
17CV-A-L060	CV-Ia	O2N4		その他	Polychaete tube-base	－	礫石器	石錘	石錘	○	×				×
17CV-A-L044	CV-Ia	O1N3		その他	Polychaete tube-base	－	礫石器	石錘	石錘	○	×				×

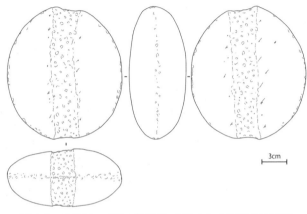

図3-5　クルス・ベルデ遺跡から出土した石錘の実測図
やや扁平な円礫の中心軸に沿って1周する加工が敲打によって施される。凹んだ加工部に縄などを結び錘として用いたと考えられる。加工部とその周辺には摩耗が散見され、円礫の縁辺には敲打痕が残される。使用に伴って、海底などに接触して残された敲打痕と思われる（遺物番号：17CV-A-L038）。

幅で施されている。直接使用痕は認められていないのだが、この加工された溝には、間接使用痕とみられる摩耗痕が残る。後代のモチェ期（1 AD-700 AD）の絵画土器に残された図像やそのほかの時代の出土例をふまえて、この石器は漁網や釣り針に付随する石錘として使用されていたと考えられる。そのため、浅い溝に残された間接使用痕は、縄と石錘の接触によって残されたものである可能性が高く、そこに縄が括り付けられて使用されていたことを示唆している。

　形状はいずれもやや扁平な円形を呈しており、その縁辺には、敲打痕や擦痕が不規則に残る。石錘として利用されたとすれば、これは海に投げ入れる際に

海底や岩などに衝突することによって残された使用痕だと考えられる。こうした特徴を持つ石錘は5例確認されており、破砕している事例が1例あるものの転用は認められていない。このうち3例は玄武岩や安山岩などの火成岩であり、いずれも同様のサイズを示し重量も大きい。残り2点は、ゴカイなどの多毛類環形動物の生痕化石（Polychaete tube-base: 第2章を参照）を加工したものであり、石材の性質から比較的軽いものである。

（6） 石偶 　（**写真 3-6、図 3-6**）

　第2章において埋葬の副葬品として記述した1例のみが出土しているだけであり、生痕化石を敲打によって人型に加工した石核石器である。石材の性質から使用痕などは観察できないが、加工により成形されていたことが明瞭にわかる。敲き削られた、丸い頭部や腕とみられる短い突起、脚の表現がみられ、おそらく座った人物をかたどっている。

写真 3-6　クルス・ベルデ遺跡の埋葬 TM7 から出土した石偶（筆者撮影）
（遺物番号：16CV2-A-L172）

第 3 章　出土遺物の分析：モノのライフヒストリーと廃棄行為

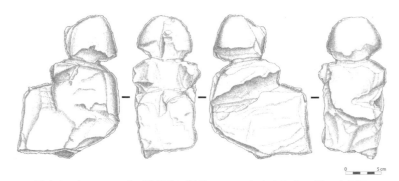

図 3-6　クルス・ベルデ遺跡の埋葬 TM7 から出土した石偶の実測図
（フーベル・ロハス作図）

（遺物番号：16CV2-A-L172）

写真 3-7　クルス・ベルデ遺跡から出土した石核（筆者撮影）

（7）　石核　（写真 3-7、表 3-8）

　打撃などの加圧によって素材となる石を打ち割り、薄い剥片を採取することを剥片剥離と呼び、剥離後に残される母岩を石核という。石核は、打撃が加えられた面を指す打面と、剥片がとられた剥離面によって構成され、その形態的特徴や位置関係から剥片剥離の方法や順序などの技術的側面を明らかにするこ

第1節　石器の分析

表3-8　クルス・ベルデ遺跡から出土した石核としての利用が認められる石器

遺物番号	建築フェイズ	発掘グリッド	埋葬	石材1	石材2	石材3	器種分類	器種(すべて)	器種(最終)	加工・調整有無	使用痕有無	直接使用痕	間接使用痕	最終直接使用痕	最終使用部破損
16CV2-A-L125	CV-Ia	SV1		変成岩	ホルンフェルス	-	石核・素材	石核	石核	○	×			剥片剥離	×
16CV2-A-L169	CV-Ia	O1N4N5	TM7	堆積岩	チャート	-	石核・素材	石核	石核	○	×			剥片剥離	×
16CV2-A-L108	CV-Ia	O1S1		堆積岩	チャート	-	礫石器	磨石,石核	磨石	○	○	摩耗痕,擦痕		摩耗痕	×
17CV-A-L119	CV-Ia	O2N4	TM10	火成岩	玄武岩	輝石玄武岩	石核	磨石,石核	磨石	○	○	摩耗痕,擦痕	不明瞭	剥片剥離	×
16CV2-A-L158	CV-Ia	SV1		火成岩	玄武岩	無斑晶玄武岩	石核石器	敲石,石核,スクレイパー,石核	スクレイパー	○	○	敲打痕,微小剥離痕,ポリッシュ	不明瞭	微小剥離痕	×
16CV2-A-L122	CV-Ia	SV1		火成岩	玄武岩	無斑晶玄武岩	石核	石核	石核	○	×				
17CV-A-L074	CV-Ia	O2N4		火成岩	玄武岩	無斑晶玄武岩	石核・素材	石核	石核	○	○	なし	摩耗痕	剥片剥離	×
17CV-A-L056	CV-Ia	O1N4		火成岩	玄武岩	無斑晶玄武岩	石核	台石,石核	石核	○	○	摩耗痕	なし	剥片剥離	×
16CV2-A-L167	CV-Ia	O1N4N5	TM7	火成岩	玄武岩	無斑晶玄武岩	石核	敲石,石核	石核	○	○	敲打痕	不明瞭	剥片剥離	×
16CV2-A-L170	CV-Ia	O1N4N5	TM7	火成岩	玄武岩	無斑晶玄武岩	礫石器	敲石,磨石,石核	敲石	○	○	敲打痕,摩耗痕	摩耗痕	敲打痕	×
16CV2-A-L157	CV-Ia	SV1		火成岩	玄武岩	無斑晶玄武岩	礫石器	敲石,石核	敲石	○	○	敲打痕,摩耗痕	摩耗痕	敲打痕	×
16CV2-A-L102	CV-Ib	SV1		堆積岩	チャート	-	石核・素材	石核	石核	○	○	なし		剥片剥離	×
16CV2-A-L161	CV-Ib	O1N4		火成岩	安山岩	角閃石安山岩	石核・素材	敲石,石核	石核	○	○	敲打痕,破損		剥片剥離	×
16CV2-A-L152	CV-Ib	O1N5	TM7	火成岩	玄武岩	無斑晶玄武岩	石核石器	磨石,スクレイパー,石核	スクレイパー	○	○	摩耗痕,微小剥離痕,ポリッシュ	○	摩耗痕	微小剥離痕	×
17CV-A-L012	CV-Ib	O1S5		火成岩	玄武岩	無斑晶玄武岩	石核・素材	磨石,石核	石核	○	○	摩耗痕		剥片剥離	×
16CV2-A-L140	CV-Ib	O1N5		火成岩	玄武岩	無斑晶玄武岩	石核・素材	石核	石核	○	○	なし		剥片剥離	×
16CV2-A-L104	CV-Ib	O1S2		火成岩	玄武岩	無斑晶玄武岩	石核・素材	敲石,石核	石核	○	○	敲打痕		剥片剥離	×
16CV2-A-L143	CV-Ib	O1N5		火成岩	玄武岩	無斑晶玄武岩	石核・素材	台石,石核	石核	○	○	摩耗痕,擦痕	不明瞭	剥片剥離	×
16CV2-A-L141	CV-Ib	O1N5		火成岩	玄武岩	無斑晶玄武岩	石核・素材	磨石,石核	石核	○	○	摩耗痕,擦痕		剥片剥離	×
17CV-A-L097	CV-Ib	O1N4	TM9	火成岩	玄武岩	無斑晶玄武岩	石核・素材	敲石,石核	石核	○	○	敲打痕		剥片剥離	×
17CV-A-L100	CV-Ib	O1N4	TM9	火成岩	玄武岩	無斑晶玄武岩	石核・素材	磨石,石核	石核	○	○	摩耗痕		剥片剥離	×
16CV2-A-L118	CV-Ib	O1N5	TM3	火成岩	玄武岩	無斑晶玄武岩	礫石器	敲石,磨石,石核	敲石	○	○	敲打痕,摩耗痕		敲打痕	×
16CV2-A-L149	CV-Ib	O1N5	TM7	火成岩	玄武岩	無斑晶玄武岩	礫石器	敲石,石核	敲石	○	○	敲打痕		敲打痕	×

とができる。

　そうした剥片剥離の痕跡を残す石器は 23 例確認されており，そのうち 17 例で転用の証拠となる使用痕と剥離面の切り合い関係が認められる。17 例のうち 10 例が敲石や磨石，台石から石核へと転用されたものであり，石核の剥離

159

面をスクレイパーとして転用した事例が2例ある。そのほか、敲石として転用された石核が4例、磨石として転用された石核が1例確認されている。ほかの器種と比べても転用の事例は多い傾向にある。

石材はすべて円礫であり、無斑晶質玄武岩が全23例中17例を占めるなどもっとも多い。そのほかも、1例のホルンフェルスや3例のチャートなど、剥片剥離に適した良質の石材が利用されている。

（8）刃器　（写真3-8、表3-9、図3-7）

ここでいう刃器とは、刃こぼれ痕やポリッシュなどが剥離面の縁辺に観察できるすべての石器を指し、調整加工された剥片石器や未調整の剥片を含む。刃部におけるそうした使用痕は石器を使って対象物を切断することで残ると考えられることから、刃器とは切るという行為に用いられた利器を意味する。この剥片を作り出す石核に礫石器からの多くの転用事例が確認されることから、刃器の素材となった剥片も一連の石材利用の連鎖の中にあると言ってよい。ただし、剥片に残される自然面（礫石器の使用面を含む）はわずかであることが一般的なため、刃器自体から転用による使用痕の切り合い関係を確認できる事例は非常に限られている。全29例の刃器のうち、刃器およびスクレイパーとして併用あるいは転用が確認できた事例は1例のみであり、そのほかの刃器が別の用途へ転用された事例は認められない。このことから、刃器としての利用は、一連の転用の最終段階に位置づけられる。

29例の刃器のうち、16例は未加工の剥片を利用したものであり、残りの13例に刃部の形成や持ち手の縁辺をつぶすための剥離調整が行われている。剥片の形状はおおまかに2つのグループに分けられることが可能であり、一つは自然面と主要剥離面が一面ずつ確認される円形の剥片であり、これは円礫を最初に打ち欠いた際に作り出される剥片といえる。もう一つは複数の剥離面によって構成された扇形の剥片であり、主要剥離面の打点は常に湾曲した自然面に残される。後述するように、こうした定型的な剥片の存在は、剥片剥離技術に一定の規則性が存在した可能性を示唆している。一方の調整剥離によって剥片が加工された刃器は、大きな剥片を半分に打ち欠いたのちに、刃部を残して縁辺

第1節　石器の分析

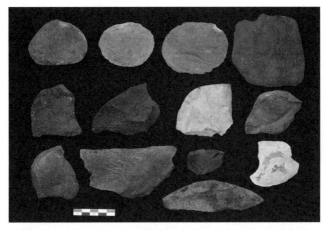

写真 3-8　クルス・ベルデ遺跡から出土した刃器（筆者撮影）

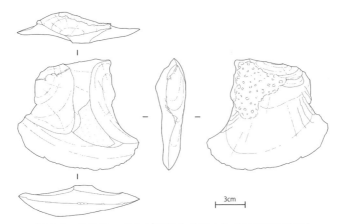

図 3-7　クルス・ベルデ遺跡から出土した刃器の実測図

刃部と反対側の腹面には連続する3つの連続剥離によって鈍角に調整され、敲打による加工によって持手が作り出されている。背面は刃部を残しながら二方向から抉り取るように剥離が施される。刃部に刃こぼれ痕、持手や稜線に摩耗が明瞭に残る（遺物番号：16CV2-A-L096）。

を剥離するような半円状のものが数例確認されるものの、多くは不定形となる。

石材は29例のうち24例が無斑晶質玄武岩となるなど、石核と同様の傾向を示している。そのほか、チャートや珪質泥岩、流紋岩、珪岩なども数例確認されている。

161

第3章　出土遺物の分析：モノのライフヒストリーと廃棄行為

表3-9　クルス・ベルデ遺跡から出土した刃器としての利用が認められる石器

遺物番号	建築フェイズ	発掘グリッド	埋群	石材1	石材2	石材3	石器分類	器種(すべて)	器種(最終)	加工・調整	使用痕有無	直接使用痕	間接使用痕	最終直接使用痕	最終使用部破損
16CV2-A-L114	CV-Ia	O1S1		火成岩	玄武岩	無斑晶玄武岩	剥片石器	刃器	刃器	○	○	刃こぼれ痕, ポリッシュ	摩耗痕	刃こぼれ痕	×
16CV2-A-L128	CV-Ia	SV1		火成岩	玄武岩	無斑晶玄武岩	剥片石器	刃器	刃器	×	○	刃こぼれ痕	摩耗痕	刃こぼれ痕	×
16CV2-A-L129	CV-Ia	SV1		火成岩	玄武岩	無斑晶玄武岩	剥片石器	刃器	刃器	×	○	刃こぼれ痕	不明瞭	刃こぼれ痕	×
16CV2-A-L136	CV-Ia	SV1		火成岩	玄武岩	無斑晶玄武岩	剥片石器	刃器	刃器	×	○	刃こぼれ痕	摩耗痕	刃こぼれ痕	×
16CV2-A-L154	CV-Ia	SV1		変成岩	珪岩	—	剥片石器	刃器	刃器	×	○	刃こぼれ痕	不明瞭	刃こぼれ痕	×
16CV2-A-L155	CV-Ia	SV1		火成岩	玄武岩	無斑晶玄武岩	剥片石器	刃器	刃器	×	○	刃こぼれ痕, 破損, ポリッシュ	摩耗痕	刃こぼれ痕	○
17CV-A-L030	CV-Ia	O2N4		火成岩	玄武岩	無斑晶玄武岩	剥片石器	刃器	刃器	×	○	刃こぼれ痕, ポリッシュ, 破損	摩耗痕	刃こぼれ痕	×
17CV-A-L034	CV-Ia	O2N3		堆積岩	チャート	—	剥片石器	刃器	刃器	×	○	刃こぼれ痕	摩耗痕	刃こぼれ痕	×
17CV-A-L039	CV-Ia	O1N4		火成岩	玄武岩	無斑晶玄武岩	剥片石器	刃器	刃器	×	○	刃こぼれ痕, 破損	摩耗痕	刃こぼれ痕	×
17CV-A-L042	CV-Ia	O2N4		火成岩	玄武岩	無斑晶玄武岩	剥片石器	刃器	刃器	×	○	刃こぼれ痕, ポリッシュ, 破損	摩耗痕	刃こぼれ痕	×
17CV-A-L050	CV-Ia	O1N3		火成岩	玄武岩	無斑晶玄武岩	剥片石器	刃器	刃器	×	○	刃こぼれ痕	摩耗痕	刃こぼれ痕	×
17CV-A-L051	CV-Ia	O1N3		火成岩	玄武岩	無斑晶玄武岩	剥片石器	刃器	刃器	×	○	刃こぼれ痕, ポリッシュ	摩耗痕	刃こぼれ痕	×
17CV-A-L052	CV-Ia	O1N3		火成岩	玄武岩	無斑晶玄武岩	剥片石器	刃器	刃器	×	○	刃こぼれ痕	摩耗痕	刃こぼれ痕	×
17CV-A-L070	CV-Ia	O2N4		火成岩	玄武岩	無斑晶玄武岩	剥片石器	刃器	刃器	×	○	刃こぼれ痕	摩耗痕	刃こぼれ痕	×
17CV-A-L075	CV-Ia	O2N4		火成岩	玄武岩	無斑晶玄武岩	剥片石器	刃器	刃器	×	○	刃こぼれ痕, ポリッシュ, 破損	摩耗痕	刃こぼれ痕	×
17CV-A-L091	CV-Ia			火成岩	玄武岩	無斑晶玄武岩	剥片石器	刃器	刃器	×	○	不明瞭	摩耗痕	不明瞭	×
17CV-A-L106	CV-Ia	O1S7		火成岩	玄武岩	無斑晶玄武岩	剥片石器	刃器	刃器	×	○	不明瞭, ポリッシュ	摩耗痕	刃こぼれ痕	×
17CV-A-L115	CV-Ia	O2N4	TM10	火成岩	玄武岩	無斑晶玄武岩	剥片石器	刃器	刃器	×	○	刃こぼれ痕, ポリッシュ, 破損	摩耗痕	刃こぼれ痕	×
17CV-A-L122	CV-Ia	E1S1		火成岩	玄武岩	無斑晶安山岩	剥片石器	磨石, 刃器	刃器	×	○	刃こぼれ痕, ポリッシュ	摩耗痕	刃こぼれ痕	×
16CV2-A-L088	CV-Ib	SV1		火成岩	玄武岩	無斑晶玄武岩	剥片石器	刃器, スクレイパー	スクレイパー		○	刃こぼれ痕, 微小剥離痕		微小剥離痕	×
16CV2-A-L096	CV-Ib	O1S1		堆積岩	泥岩	珪質泥岩	剥片石器	刃器	刃器	×	○	刃こぼれ痕, ポリッシュ	摩耗痕	刃こぼれ痕	×
16CV2-A-L127	CV-Ib	SV1	TM5	火成岩	玄武岩	無斑晶玄武岩	剥片石器	刃器	刃器	×	○	刃こぼれ痕, ポリッシュ	摩耗痕	刃こぼれ痕	×
16CV2-A-L177	CV-Ib	O1N4N5	TM7	火成岩	流紋岩	—	剥片石器	刃器	刃器	○	○	刃こぼれ痕, ポリッシュ	摩耗痕	刃こぼれ痕	×
16CV2-A-L178	CV-Ib	O1N4N5	TM7	火成岩	玄武岩	無斑晶玄武岩	剥片石器	刃器	刃器	○	○	刃こぼれ痕, ポリッシュ	摩耗痕	刃こぼれ痕	×
16CV2-A-L179	CV-Ib	O1N5		火成岩	玄武岩	無斑晶玄武岩	剥片石器	刃器	刃器	×	○	刃こぼれ痕, ポリッシュ	摩耗痕	刃こぼれ痕	×
17CV-A-L011	CV-Ib	O1S7		火成岩	玄武岩	無斑晶玄武岩	剥片石器	刃器	刃器	×	○	破損, ポリッシュ, 破損	摩耗痕	ポリッシュ	○
17CV-A-L046	CV-Ib	O1S5		火成岩	玄武岩	無斑晶玄武岩	剥片石器	刃器	刃器	×	○	刃こぼれ痕, ポリッシュ	摩耗痕	刃こぼれ痕	×
17CV-A-L048	CV-Ib	O1S5		火成岩	玄武岩	無斑晶玄武岩	剥片石器	刃器	刃器	×	○	刃こぼれ痕, 破損	摩耗痕	刃こぼれ痕	×
17CV-A-L099	CV-Ib	O1N4	TM9	火成岩	玄武岩	無斑晶玄武岩	剥片石器	刃器	刃器	×	○	刃こぼれ痕, ポリッシュ, 破損	摩耗痕	刃こぼれ痕	○

第1節　石器の分析

(9) スクレイパー　(写真3-9、表3-10)

　剥離面の縁辺に微小剥離痕やポリッシュが残る剥片石器であり、この使用痕は、刃部に直交する方向に石器を動かしていたことを示唆する。すなわち、対象物に刃部を接触させ、その表面を削る、あるいは表面に付着するものをこそぎ落とす道具として使われたと考えられる。この微小剥離痕は削りの進行方向と反対に向いた面の刃部縁辺に残される。

　スクレイパーとして使用された石器は14例であり、このうち2例が石核の剥離面を転用した石核石器、1例に刃器とスクレイパーの併用あるいは転用の事例が認められる。残りの11点は、剥片を剥離調整・加工して作られ、使用されたスクレイパーであり、これらの剥片石器に転用は認められない。先ほどの刃器と合わせて、これらの石器は一連の石材利用の最終段階として製作・使用されたことがわかる。利用される石材についても、1例の流紋岩をのぞくすべてが無斑晶質玄武岩であり、刃器などの剥片石器や石核と同様の傾向が読み取れる。

　スクレイパーの刃部には剥離調整が施されるものがほとんどであり、鋭い剥

写真3-9　クルス・ベルデ遺跡から出土したスクレイパー (筆者撮影)

第 3 章　出土遺物の分析：モノのライフヒストリーと廃棄行為

表 3-10　クルス・ベルデ遺跡から出土したスクレイパーとしての利用が認められる石器

遺物番号	建築フェイズ	発掘グリッド	埋葬	石材1	石材2	石材3	石器分類	器種（すべて）	器種（最終）	加工・調整	使用痕有無	直接使用痕	間接使用痕	最終直接使用痕	最終使用部破損
16CV2-A-L126	CV-Ia	SV1		火成岩	玄武岩	無斑晶玄武岩	剥片石器	スクレイパー	スクレイパー	○	○	微小剥離痕, ポリッシュ	摩耗痕	微小剥離痕	×
16CV2-A-L123	CV-Ia	SV1		火成岩	流紋岩	−	剥片石器	スクレイパー	スクレイパー	○	○	微小剥離痕	摩耗痕	微小剥離痕	×
16CV2-A-L111	CV-Ia	SV1		火成岩	玄武岩	無斑晶玄武岩	剥片石器	スクレイパー	スクレイパー	○	○	微小剥離痕	摩耗痕	微小剥離痕	×
16CV2-A-L124	CV-Ia	SV1		火成岩	玄武岩	無斑晶玄武岩	剥片石器	スクレイパー	スクレイパー	○	○	微小剥離痕, ポリッシュ	摩耗痕	微小剥離痕	×
17CV-A-L035	CV-Ia	O2N3		火成岩	玄武岩	無斑晶玄武岩	剥片石器	スクレイパー	スクレイパー	○	○	微小剥離痕, ポリッシュ, 破損	摩耗痕	微小剥離痕	○
17CV-A-L049	CV-Ia	O1N3		火成岩	玄武岩	無斑晶玄武岩	剥片石器	スクレイパー	スクレイパー	○	○	摩耗痕, 微小剥離痕	摩耗痕	摩耗痕	×
17CV-A-L062	CV-Ia			火成岩	玄武岩	無斑晶玄武岩	剥片石器	スクレイパー	スクレイパー	○	○	ポリッシュ	摩耗痕	ポリッシュ	×
16CV2-A-L158	CV-Ia	SV1		火成岩	玄武岩	無斑晶玄武岩	石核石器	敲石, スクレイパー, 石核	スクレイパー	○	○	敲打痕, 微小剥離痕, ポリッシュ	不明瞭	微小剥離痕	×
16CV2-A-L109	CV-Ia	O1S1		火成岩	玄武岩	無斑晶玄武岩	剥片石器	スクレイパー	スクレイパー	○	○	微小剥離痕, ポリッシュ	不明瞭	微小剥離痕	×
16CV2-A-L176	CV-Ib	O1N4N5	TM7	変成岩	珪岩	−	剥片石器	スクレイパー	スクレイパー	○	○	摩耗痕, ポリッシュ	不明瞭	ポリッシュ	×
16CV2-A-L088	CV-Ib	SV1		火成岩	玄武岩	無斑晶玄武岩	剥片石器	刃器, スクレイパー	スクレイパー	×	○	微小剥離痕	摩耗痕	微小剥離痕	×
16CV2-A-L097	CV-Ib	O1S1		火成岩	玄武岩	無斑晶玄武岩	剥片石器	スクレイパー	スクレイパー	○	○	破損, ポリッシュ	摩耗痕	ポリッシュ	×
16CV2-A-L152	CV-Ib	O1N5	TM7	火成岩	玄武岩	無斑晶玄武岩	石核石器	磨石, スクレイパー, 石核	スクレイパー	○	○	摩耗痕, 微小剥離痕, 擦痕, ポリッシュ	摩耗痕	微小剥離痕	×
17CV-A-L102	CV-Ib	O1N4	TM9	火成岩	玄武岩	無斑晶玄武岩	剥片石器	スクレイパー	スクレイパー	○	○	微小剥離痕, ポリッシュ	摩耗痕	微小剥離痕	×

　離面の縁辺が一方の面から小さく打ち欠かれることによって、より角度の鈍い刃部が作られる。そうした刃部の整形は、スクレイパーとして使用した際に刃部にかかる圧力に耐えるために強度を上げるねらいがあると考えられる。刃部の形状は膨らむように湾曲しているものが多いものの、刃部が直線的となるものも一定数認められる。前者は獣皮などの比較的に柔らかい対象物をなめすなどに適した形状であり、後者は獣骨などの硬い素材の整形に利用された可能性が高い。また、スクレイパーの製作に利用される剥片には比較的に厚みのあるものが多いほか、自然面と主要剥離面の一面ずつで構成されるものが多い。このことから、連続的な剥片剥離のうち、円礫から最初に剥離される剥片がスクレイパーの製作に多く利用される傾向が認められる。

表3-11 クルス・ベルデ遺跡から出土した剥片

遺物番号	建築フェイズ	発掘グリッド	埋葬	石材1	石材2	石材3	石器分類	器種(すべて)	器種(最終)	加工・調整	使用痕有無	直接使用痕	間接使用痕	最終直接使用痕	最終使用部破損
16CV2-A-L115	CV-Ia	O1S1		堆積岩	チャート	–	剥片石器	剥片	剥片	×	×				×
17CV-A-L047	CV-Ib	O1S5		火成岩	流紋岩	–	剥片石器	剥片	剥片	○	×				×
16CV2-A-L133	CV-Ib	O1N5		変成岩	珪岩	–	剥片石器	剥片	剥片	×	×				×
16CV2-A-L148	CV-Ib	O1N5	TM7	変成岩	珪岩	–	剥片石器	剥片	剥片	×	×				×
17CV-A-L103	CV-Ib	O1N4	TM9	変成岩	珪岩	–	剥片石器	剥片	剥片	×	×				×

(10) 剥片 （表3-11）

　ここでいう剥片は、石核から剥離された剥片のうち、使用痕や加工痕が観察できないものを指す。そのため、剥片石器の製作や刃器として利用することを目的とした素材であったと考えられる。もしくは、剥片剥離の際に失敗したもの、剥片剥離をしたものの、使用に耐えない石材であったために不要となったものも含まれる可能性がある。

　そうした使用痕・加工痕のない剥片の出土数は非常に限られており、5例に留まる。それらの石材は、チャートと流紋岩が1例ずつあるものの、残りの3例は珪岩であり、無斑晶質玄武岩は利用されていない。こうした良質とはいえない石材が多いことも上述の仮説を支持するデータであるといえる。

　以上のように、石器の用途や機能に着目した器種分類を行ってきた結果、クルス・ベルデ遺跡から出土した石器群の器種組成が明らかになってきた。図3-8では、CV-Ia期とCV-Ib期の石器群において敲石、磨石、石核、刃器、スクレイパー、石錘、およびその他の器種の割合を示した。すでに述べてきたように、クルス・ベルデ遺跡から出土した石器は、転用を経ているものも多いことから、このグラフに示されている数字はそれぞれの器種としての利用が認められていたすべての事例数を合算したものである。つまり、敲石から磨石への転用が認められる1点の石器はそれぞれのカテゴリーで1点として計上されているのであり、グラフの合計は、実際に出土した石器数と整合しない点に注意が必要である。これをみると、両時期を通してもっとも事例数の多い器種は磨石

第3章　出土遺物の分析：モノのライフヒストリーと廃棄行為

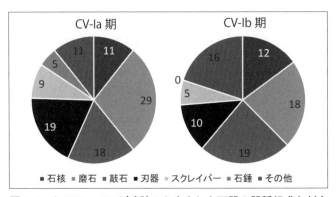

図 3-8　クルス・ベルデ遺跡から出土した石器の器種組成と割合
図中の数字は出土点数。

と敲石などの礫石器であり、それぞれ CV-Ia 期で 29 例と 18 例、CV-Ib 期で 18 例と 19 例が確認されている。次いで多いのは刃器やスクレイパーなどの剥片石器および、その素材となった石核である。

　CV-Ia 期と CV-Ib 期において器種組成にそれほど大きな変化は見られないものの、CV-Ib 期になると磨石の割合が若干少なくなり、それに応じて敲石の割合が増加する。また、CV-Ia 期において 19 例と 9 例が確認された刃器とスクレイパーは、CV-Ib 期になって 10 例と 5 例が確認されるにとどまり、割合も減少している。さらに、計 5 例が確認された石錘についてはすべて CV-Ia 期に該当するものであり、CV-Ib 期では確認されていない。

　こうした石器の器種組成を概観した中で指摘できるのは、A-2 マウンドから出土する石器のほぼすべてが加工具であり、槍先先頭器などの狩猟具は出土していないことである。また、漁撈具についても石錘が少数出土するにとどまっている。

3．石器の製作技術

　クルス・ベルデ遺跡の A-2 マウンドから出土した石器の多くは加工を伴わない礫石器であり、次いで多く利用されてきたのは剥片を素材として簡単な調

整剥離などの加工を行う剥片石器であった。これらの剥片石器においても、両面調整が行われた事例はなく、片面調整に留まるものである。加えて、少数が確認された石核石器についても、剥片の採取が行われた後に残る、残核をスクレイパーなどとして転用するものが多く、石錘を除いて石核石器の製作は行われていなかったことがわかる。

　こうした石器製作技術に関わる傾向は、クルス・ベルデ遺跡と同じくチカマ川流域沿岸部に位置するワカ・プリエタ遺跡やパレドネス遺跡でも確認されており［Dillehay et al. 2017b; Dillehay and Bonavia 2017b］、同時代の山間地域［Dillehay et al. 2011a］や極北海岸の事例［Richardson 1992］とは異なる石器製作が行われていた可能性が高い［Dillehay and Bonavia 2017b: 435］。すなわち、古期のチカマ川流域沿岸部では、地域的な特徴を持った片面調整石器を中心とした石器製作が行われていたといえる。

　片面調整によって製作される石器は剥片を素材とするものがほとんどであるのだが、この石材となる円礫から剥片を剥離する方法には、一定の規則性があったことがクルス・ベルデ遺跡の資料から指摘できる。これは、剥片石器や加工を伴わない剥片、および石核に残された剥離面の特徴と切り合い関係から、剥片剥離の順序や打撃が加えられる打点の位置関係、加圧の方向を復元することで明らかになる。

　クルス・ベルデ遺跡から出土した剥片には、大きく分けて2種類が存在する。一つは剥離面と自然面によって構成される円形の剥片であり、もう一方は複数の剥離面によって構成される剥片である（**写真3-8**）。前者は、剥離面が一つしか存在しないことから、円礫から最初に剥離された剥片であるといえ、後者はその後の連続的な剥片剥離の過程で製作された剥片であるといえる。複数の剥離面からなる剥片は、扇型の形状となる定型的なものが多く確認され、その最終剥離面の打点は湾曲した自然面に残される。そして、一つの剥片に残された最終剥離面の打点と、その一つ前に行われた剥離の打点は、自然面上の同じ位置に一定の間隔をあけながら確認されている（**図3-9**）。このことは、同じ打面を用いた打ち欠きが、一定の形状と厚さの剥片を得るために連続的に繰り返されていたことを意味する。

第3章 出土遺物の分析：モノのライフヒストリーと廃棄行為

図 3-9　背面と腹面で同一の位置と面に打点を持つ扇形剥片

　石核に残される剥離面の切り合い関係は、そうした連続的な扇形剥片の剥離が行われた打面に対して、最初の剥離が異なる打面を用いて異なる方向へ打ち欠かれていたことを示している。すなわち、クルス・ベルデ遺跡の石器群で多く認められる剥片剥離は以下の手順で行われたものであることがわかる（図3-10）。

　はじめに、円礫の下半部を水平方向に打ち欠くことにより、自然面と最終剥

第1節　石器の分析

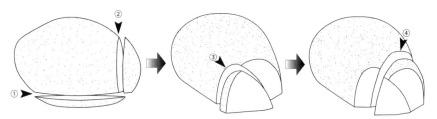

図 3-10　クルス・ベルデ遺跡出土資料から復元した剥片剥離の工程
黒の矢印は打点の位置と方向を示し、図の番号に従って剥離が行われた。最初の工程では円形の剥片、その後の工程では扇形の剥片が剥ぎ取られる。

離面の2面からなる薄い円形の剥片を採取する。次にこの剥離面と反対側の湾曲した自然面に打面を移して円礫の端部を打ち欠き、背面を自然面とする剥片を剥離する。そして、同じ打面において打点を中心から左右にずらしながら半分ずつ、一定の間隔をあけて交互に剥離が行われていく。こうした剥片剥離によって、扇形剥片が採取され、上記2種類の形状の剥片が1つの石核から産み出されていくのである。こうした剥片剥離の手順は多くの剥片や石核において観察されることから、一定の規範に沿った剥片剥離技術がクルス・ベルデ遺跡における石器製作において共有されていたとみてよいだろう。

一方で、こうした剥片を加工した剥片石器の調整に関しては定式的な方法がみられない。用途や剥片のサイズ、細部の形状によって、剥離調整の位置と方法が選択されていたようであり、これによって不定形な剥片石器群を形成している。

4．マウンドと石器のライフヒストリー

使用痕の観察を主眼においた石器の器種分類と組成をふまえながら、A-2マウンドから出土する石器の特徴を整理してみたい。

第1に、器種組成を確認した結果、これらの石器群において狩猟具の出土は認められず、漁撈具の出土もそれほど多くない。石器群の多くを占めるのは、磨石や敲石、刃器、スクレイパーなどの加工具として使用されたものであり、そうした活動が遺跡周辺で行われていたことを示唆する。磨石と台石に付着す

第 3 章　出土遺物の分析：モノのライフヒストリーと廃棄行為

図 3-11　ワカ・プリエタ遺跡で出土した角柱状の刃器と
クルス・ベルデ遺跡の刃器破片

a: ワカ・プリエタ遺跡から出土した角柱状刃器。b: 刃部の拡大図（a および b は Dillehay and Bonavia 2017b より引用）。c: クルス・ベルデ遺跡から出土した類似する形状の刃器破片。d: 刃部の拡大図（20 倍）。なお a と c については縮尺同一。

る微小植物遺存体のデータは、これらの石器が植物加工に多く利用されていたことを示していた（第 4 章を参照）。また、ワカ・プリエタ遺跡では、角柱状の刃器（prismatic blade）が使用痕の分析と微小植物遺存体の存在から植物を対象として利用されたと想定されており、これと酷似した刃器の破片がクルス・ベルデ遺跡からも 2 点確認されている（図 3-11）。このことから、本章で分析した刃器の一部も同じような使い方がされたと考えられる。総じて、クルス・ベルデ遺跡の石器の少なくとも一部分は一連の植物利用に利用されていたとみてよいだろう。一方で、動物遺存体の分析は魚類や海生哺乳類、貝類の利用が重点的に行われていたことも示しているため、海産資源を中心としながらも植物資源を補助的に利用していたものと考えられる（第 4 章を参照）。

　第 2 の特徴として指摘できるのは、石器群に使用痕が顕著に残されていること

とである。また、使用痕の切り合い関係は、これらの石器が様々な用途に転用されていたことも示している。とくに、良質な石材として多く利用された無斑晶質玄武岩などの火成岩は、敲石や磨石から剥片石器に至るまで広範な用途で、転用を繰り返しながら消費されていた。そこで、この火成岩製の石器に注目して使用痕の検出状況をみてみたい。

図 3-12 には、遺跡から出土した火成岩製の石器における使用痕が認められる石器の割合を示したものである。これをみると、CV-Ia 期と CV-Ib 期の両時期において 90％以上の非常に高い割合で使用痕が確認されていることがわかる。転用が認められる石器の割合は 25 〜 35％となっており、こちらも一定の割合を示している（図 3-13）。一方の未転用の石器には剥片石器が多く含まれており、半分以上の石核に礫石器からの転用が認められる。残される自然面の少なさによって剥片石器における転用の痕跡を検証することが難しいことをふまえれば、転用された石器の本来の割合はより高くなる。さらに、最終使用部の破損が認

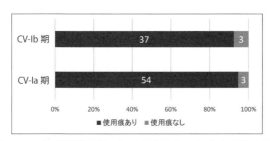

図 3-12　火成岩製石器における使用痕を有する石器の割合
図中の数字は出土点数。

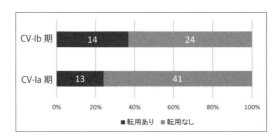

図 3-13　火成岩製石器における転用の痕跡を有する石器の割合
図中の数字は出土点数。

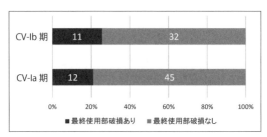

図 3-14　火成岩製石器における最終使用部破損を有する石器の割合
図中の数字は出土点数。

められた石器も 25％前後と比較的多く出土している（図 3-14）。

　これらのデータから、クルス・ベルデ遺跡の A-2 マウンドから出土した石器は、度重なる転用を経ながら、使用や転用が不可能になるまで顕著に消費されるものが多いと指摘できる。これらの石器は、石材の採集から製作、使用、転用、破損に至るまでの長期的なライフヒストリーのすべてを復元することが可能である。すなわち、A-2 マウンドに残され、考古資料として出土した石器は、度重なる使用を経て消耗し廃棄されたものであると考えられる。

第2節　骨器・貝器の分析

1．分析の方法：使用痕・製作痕の分類と素材

　A-2マウンドから出土した骨器8点（CV-Ia期5点/Ib期3点）および貝器9点（CV-Ia期6点/Ib期3点）を対象として分析が実施された。分析は、石器と同様に肉眼、およびデジタルルーペによる観察を主要な方法とし、各骨器・貝器でサイズと重量の計測、使用痕製作痕の観察、器種の分類、素材の同定が行われた。なお、骨器・貝器に関しては出土数が非常に限られているため、CV-Ia期とCV-Ib期を合わせた全体の傾向を把握することを主眼とし、両時期の差異については最低限の記述に留める。

　骨器・貝器の器種分類については、使用痕の観察結果をふまえて行う。ただし、後述するようにこれらの資料には未成品が多く含まれており、使用痕を観察できないという問題がある。一方で、骨器・貝器においては、未成品や製品の形態学的な特徴や製作工程が各用途に従って明瞭に区分できる傾向が読み取れる。そのため、各資料で観察される使用痕に加えて、製作痕や形態学的な特徴を合わせて分類基準とすることにより、機能的な分類が行われた。しかしながら、資料数が少ないため、細分はせずに大枠の傾向を示すことに努めた。なお、骨器・貝器においては転用の事例が確認されていない。

（1）　使用痕・製作痕の分類

　骨器・貝器の素材となる動物骨や貝殻は、一般的に石材と比べて硬度が低いため、使用痕や製作痕が残りやすい傾向を持つ。そこで、各資料の表面に残される痕跡を以下のように区分し、観察を行った。使用痕については、使用を意図して整形された部位に集中して観察できる痕跡であるかどうか、そのほかの痕跡に対して優位な切り合い関係がみられるかどうか（最終的に残された痕跡かどうか）という2つの視点から判別され、これが当てはまらないものを製作痕とした。

（2） 摩耗痕

　骨器・貝器と対象物が接触し、摩擦が生じるような運動によって磨かれた、鈍い光沢を持つ痕跡を指す。骨器・貝器の使用面に集中的に残される場合、それは使用痕といえる一方、製作工程の一部として全体に研磨された製作痕とみられる痕跡も多く確認されている。また、使用に際した持ち手に残される間接使用痕も一部確認されている。擦痕としばしば共伴し、その場合、これらの使用痕や製作痕が残された運動の方向を復元することも可能である。

（3） 擦痕

　骨器・貝器の表面に残された大小の線状を呈するキズがこれに当たる。比較的硬い物質や粗い表面を持つ物質との接触により残されることが多いと考えられる。使用面に集中し、一定の方向性を持つものは使用痕としてみなすことができるほか、削りによる骨器・貝器の整形に際した製作痕として、非常に多くの資料で確認されている。そのため、擦痕の向きによって使用や製作の方法を復元できる。一般的な製作工程は削りから研磨による仕上げへと移行するため、製作痕とみられる摩耗痕との切り合い関係から、擦痕を使用痕と製作痕に区別することが可能である。

（4） 打ち欠き製作痕（剥離痕）

　製作工程において、打撃を加えて動物骨や貝殻を打ち欠き、粗く整形する際に残る痕跡である。石器の剥離痕とは異なり明瞭ではないものの、圧力が加えられた打点や打撃の方向を推定することができる。整形の後、削りや研磨が行われるため、完成製品においては観察できない。クルス・ベルデ遺跡出土の資料では、貝殻を利用した未成品に打ち欠きによる剥離痕が確認されている。出土した資料において使用痕としてこうした痕跡が残ることはなく、すべて製作痕であるといえる。

（5） 破損

　製作や使用の過程において、意図せず破損した痕跡である。使用部の小さな破損の場合、使用が継続されることもあり、破損部にそのほかの使用痕や製作痕がみられるかどうかを確認する必要がある。圧力のかかり方によって異なる破損状況を示すと考えられ、破損の要因となった行為を復元することも可能である。

　以上のような使用痕・製作痕の形態と分布、組み合わせや密度などから、使用や製作に関わる動作を推定し、それにもとづいて器種分類が行われた。

（6） 素材の同定

　骨器・貝器に利用された動物骨や貝殻について動物種の同定を行った。動物骨については生物考古学研究所（アルケオビオス）のビクトル・バスケス、テレサ・ロサーレス両氏が現生標本との比較から動物種の同定を行い［Vásquez and Rosales 2019d］、貝殻の同定に関しては同様の手法で筆者が行った（表 3-12）。

　バスケスらによれば、動物骨が利用された骨器 8 点のうち 5 点が海生哺乳類の骨であり、そのうち 1 点がオタリア（*Otaria* sp.）、4 点がクジラやイルカなどの中型〜大型のクジラ目（Cetacea）である［Vásquez and Rosales 2019d］。それ以外の 3 点の骨器はオジロジカ（*Odocoileus virginianus*）と同定されている［Vásquez and Rosales 2019d］。

　貝器にはチリイガイ（*Choromytilus chorus*）、ロコガイ（*Concholepas concholepas*）、イタヤガイ科のムラサキヒヨク（*Algopecten prupratus*）の 3 種が確認されており、それぞれ 6 点、2 点、1 点とチリイガイが最も多く利用されている。チリイガイの貝殻は割れ口が鋭くなる性質を持っており、後述するように釣針の製作にす

写真 3-10　クルス・ベルデ遺跡から出土した用途不明の貝器（筆者撮影）

第3章　出土遺物の分析：モノのライフヒストリーと廃棄行為

表3-12　クルス・ベルデ遺跡から出土した骨器・貝器の一覧

遺物登録番号	時期	重量(g)	幅(cm)	長さ(cm)	直径・その他(cm)	素材	器種	加工痕	加工痕種類	未成品	直接使用痕	間接使用痕	使用による破損	加工による破損
貝器														
16CV2-A-B139	CV-Ia	29.0	3.70	5.00	―	ロコガイ Concholepas concholepas	研磨具	○	擦痕、研磨痕	×	摩耗痕			
17CV-A-B003	CV-Ia	1.5	2.62	2.30	穴:0.88 厚さ:0.21	チリイガイ Choromytilus Chorus	釣針	○	擦痕	○				○
17CV-A-B006	CV-Ia	1.5	2.27	2.39	穴:1.09 厚さ:0.21	チリイガイ Choromytilus Chorus	釣針	○	擦痕、研磨痕	×				
16CV2-A-B015	CV-Ia	2.5	2.55	2.29	穴:1.31 厚さ:0.3	チリイガイ Choromytilus Chorus	釣針	○	擦痕、研磨痕	○				
17CV-A-B002	CV-Ib	1.0	1.55	1.82	穴:0.75 厚さ:0.22	チリイガイ Choromytilus Chorus	釣針	○	擦痕	○				○
16CV2-A-B004	CV-Ib	5.0	3.40	2.76	厚さ:0.41	チリイガイ Choromytilus Chorus	釣針?	○	擦痕、打ち欠き	○				○
17CV-A-B001	CV-Ia	12.0	3.81	2.50	―	ロコガイ Concholepas concholepas	不明・素材	○	擦痕、研磨痕	○				
16CV2-A-B093	CV-Ia	1.0	1.85	2.90	―	ムラサキヒユ Algopecten prupratus	不明・素材	○	研磨	○				
17CV-A-B005	CV-Ib	2.0	2.40	2.68	―	チリイガイ Choromytilus Chorus	不明・素材	○	擦痕	○				
骨器														
17CV-A-B004	CV-Ia	16.0	3.25	9.00	―	オジロジカ Odocoileus virginianus	刺突具	○	擦痕	×		摩耗痕		
16CV-A-B006	CV-Ia	4.5	1.22	7.92	―	オジロジカ Odocoileus virginianus	刺突具	○	擦痕、研磨痕	×	擦痕,摩耗痕		○	
16CV2-A-B012	CV-Ia	5.5	1.82	6.79	―	オジロジカ Odocoileus virginianus	刺突具	○	擦痕、研磨痕	×	摩耗痕、破損			
17CV-A-B008	CV-Ia	40.5	2.70	17.60	―	オタリア Otaria sp.	へら状工具	○	擦痕、研磨痕	×	摩耗痕			
17CV-A-A204	CV-Ia	75.0	5.60	17.60	厚さ:0.58	クジラ目 Cetacea	へら状工具	○	擦痕、研磨痕	×	摩耗痕			
16CV2-A-B011	CV-Ib	60.0	2.80	13.90	厚さ:0.8	クジラ目 Cetacea	へら状工具	○	研磨痕	×	摩耗痕			
16CV2-B-B007	CV-Ib	39.0	7.18	6.41	半径:7.4 厚さ:1.45	クジラ目 Cetacea	台	○	擦痕	×	摩耗痕		○	

（骨器の素材に限り［Vásquez and Rosales 2019d］を参照）

べて利用されていた。残りの2種は厚く大型の貝殻を持っており、加工するのに適した素材であったようだが、いずれも貝殻破片の全体が丸く研磨されているのみであり、その用途は明瞭でない（**写真3-10**）。

　第4章で述べた通り、A-2マウンドからは多種多様な動物種の遺存体が出土しているのに対し、ここで骨器・貝器として利用されていた動物種は非常に限られている。このことからも、ここで骨器・貝器として利用された動物種は、その製作や使用に適したものが選別されていたことがわかる。

2．骨器・貝器の特徴と組成

　骨器・貝器を対象とした使用痕や製作痕、形態的な特徴を観察した結果にもとづいて分類された各器種の内訳についてみていく。これらの資料で認められた器種は全5種である。

（1）　刺突具　（**写真3-11、表3-12**）

　動物骨の一部をとがらせ、細く整形した小型の骨器であり、先端には使用痕が残されている。刺突具として分類された3点の骨器のうち使用痕が観察できたのは2点であり、1点は摩耗痕、残りの1点には摩耗痕と擦痕が認められた。擦痕は細くとがった使用部の長軸に対して直交する方向に伸びており、先端を対象物に押し当て、回転させるようにして使用していたことがわかる。摩耗痕のみが確認された刺突具は、先端部に小さな破損がみられ、破損面に使用痕は観察できない。このことから、先端に圧力がかかるような使用方法が想定可能であり、破損を要因として、この刺突具の使用が行われなくなったことが示唆される。

　製作痕としては、すべての刺突具において骨器の全体に擦痕が確認されており、これを切るようにして摩耗痕も確認されている。このことから、これらの骨器の整形は何らかの工具で削ったのちに研磨するような手順で行われたことがわかる。

　出土点数が少ないものの、3点すべてがCV-Ia期に出土しており、素材はす

第 3 章　出土遺物の分析：モノのライフヒストリーと廃棄行為

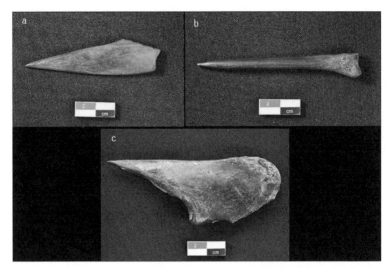

写真 3-11　クルス・ベルデ遺跡から出土した動物骨製の刺突具（筆者撮影）
遺物番号はそれぞれ、a: 16CV2-A-B012, b: 16CV-A-B006, c: 17CV-A-B004。製作痕としての摩耗痕や擦痕が全体に確認できる。

べてオジロジカの骨（中手足骨、大腿骨、尺骨）が利用されていた［Vásquez and Rosales 2019d］。こうした骨器に強度のある骨が重用されていたことを意味する。

（2）　へら状工具　（**写真 3-12、表 3-12**）

へら状工具として分類されるのは多様な形状を持つ骨器であるが、使用痕の検出状況において共通性がみられる。出土した 3 点のへら状工具には、いずれも摩耗痕による平坦で小さな使用面が形成されている。この使用面は使用部の先端に対してやや傾斜して残されており、いずれも使用部の先端を対象物に対して斜めに押し当てて使用されていた。

このうちの 1 点は、先端が細くすぼまる板状の形状をしており、酷似した骨器がワカ・プリエタ遺跡において、バードとディルヘイの発掘からそれぞれ出土している［Bird et al. 1985; Dillehay and Bonavia 2017b］。彼らはこれを、織物製作に使用された道具（刀杼）であるとして想定している（**写真 3-13**）。

第2節　骨器・貝器の分析

写真3-12　クルス・ベルデ遺跡から出土した動物骨製のへら状工具（筆者撮影）
写真右側の端部に使用に際した接地面としての摩耗痕が残る（遺物番号：17CV-A-A204）。

写真3-13　クルス・ベルデ遺跡とワカ・プリエタ遺跡から出土した
動物骨製のへら状工具（筆者撮影）
a: ワカ・プリエタ遺跡から出土したへら状工具［Dillehay and Bonavia 2017b より転載］。
b: クルス・ベルデ遺跡のへら状工具。写真左側の端部に使用による摩耗痕が残る
　（遺物番号：16CV2-A-B008）。

　その他にも、胴部が内側に屈曲した形状のへら状工具も出土しており、摩耗痕の残る傾斜した使用面はこの屈曲と反対側の面の先端に確認されている。このことから、内湾した面を上に向け、地面などの水平面に対してへら状工具を斜めに接地させて動かすような使用方法が推定できる。すなわち、この骨器に

179

第3章 出土遺物の分析：モノのライフヒストリーと廃棄行為

写真 3-14 クルス・ベルデ遺跡から出土した動物骨製の台（筆者撮影）
遺物番号：17CV-A-B07。写真右側は、摩耗により凸部が削れ水平な面を形成している。使用した際の接地面と考えられる。

関しては何らかの対象物をかき集める、あるいはすくうような道具であったと想定できる。このようにへら状工具として分類した骨器にはいくつかの異なる用途の道具が含まれている。

なお、へら状工具には、いずれもオタリアやクジラ目などの動物骨が利用されている。

（3） 台 （写真 3-14、表 3-12）

円盤状の骨器の破片が1点出土しており、これを台として分類した。円盤状の骨器の片面全体に残された摩耗痕と擦痕の特徴から、この面を接地面として据え置く、土台あるいは皿のような道具として使用されたことが想定される。クジラ目に分類されるような大型の海生哺乳類の椎骨が素材として利用されており、ほとんど加工されていない。

（4） 釣針 （写真 3-15、表 3-12、図 3-15）

明瞭な使用痕は認められないため、形態学的な特徴や製作痕にもとづき釣針として分類した。釣針として分類されたのはチリイガイを素材とした5点の貝器であるが、完形品と考えられるのは1点のみであり、残りは未成品である。完形品の釣針は、円形の鉤型を呈しており、釣針の針にあたる先端は鋭く尖る

第 2 節　骨器・貝器の分析

写真 3-15　クルス・ベルデ遺跡から出土した貝製釣針の未成品と完成品（筆者撮影）
右端のものが完成品とみられ、残りはすべて未成品。

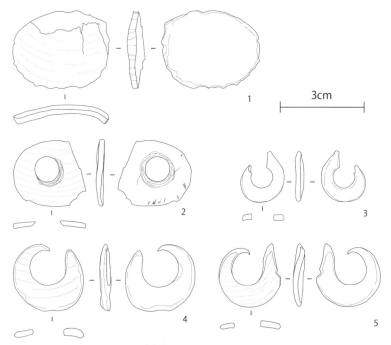

図 3-15　クルス・ベルデ遺跡から出土した貝製釣針の未成品と完成品
（写真 3-15 と同一）1: 17CV-A-B005, 2: 17CV-A-B003, 3: 17CV-A-B002, 4: 16CV2-A-B015, 5: 17CV-A-B006

ように整形され、針先はやや内側へと巻き込むような方向を向くように針先が調整されている。鈎型の反対側の端部には、紐などを結ぶためにつけられたであろう浅い溝が掘られている。しかし、この部分に紐などが擦れた時にできる間接使用痕は認められていない。

　一方の未成品としては、打ち欠きによって円盤状に粗く整形されたものや、円盤に直径1cmほどの穴があけられたもの、研磨によって鈎型に整形されたものなど、様々な製作段階の未成品が出土している。なかには製作の段階で破損してしまった痕跡が確認できるものもあり、製作の過程で完成に至らなかったものが多く出土している。

（5） 研磨具 （写真3-16、表3-12）

　ロコガイの貝殻を素材とした研磨具が1点確認されている。貝殻の断片は全体に研磨されることによって凹凸のない楕円盤状に整形されており、これによる摩耗痕が製作痕として確認できる。一方で、縁辺の一か所には平坦に傾斜した面が認められ、ここに均一な摩耗痕が集中していることから、この部分を使用していたことが示唆される。対象物に対して貝器の縁辺を斜めに押し当て、動かすことでついた使用痕と思われ、研磨具としての利用が推定できる。

写真3-16　クルス・ベルデ遺跡から出土した貝製の研磨具 （筆者撮影）
左側の端部にごく狭い使用面が形成される（遺物番号：16CV2-A-L139）。

このほか、用途が不明なものの、整形と加工の製作痕が認められる貝器が3点出土しており、器種不明あるいは素材というカテゴリーに分類している。

3．貝製釣針の製作技術

貝製釣針については、製作段階を示す未成品が多く出土しているため、一連の製作工程を復元することが可能であった（図3-15）。出土した未成品のうち、もっとも初期段階のものは、チリイガイの貝殻を円盤状に整形したものである。縁辺には打ち欠きによる調整痕が一周しており、研磨などによるそのほかの製作痕は確認されていない。貝殻を円盤状に打ち欠くことによって粗い整形が行われていたことがわかる。なお、この未成品については貝殻の構造に沿った亀裂が層状に残されており、この亀裂が製作を途中で放棄せざるを得なくなった理由であると考えられる。

次の段階を示す未成品として挙げられるのは、直径1cmほどの穴が穿たれたものである。その縁辺は上部において直線状に傾斜する形で削られており、下部は丸く削られる。右上の縁辺には打ち欠き調整痕がやや残るものの、同様に表面が削られ始めている。これらの縁辺には強い擦痕が残ることから、削りによる粗い整形がなされていたことがわかる。中央にあけられた穴については、穴の周囲にはみ出るようにして細い線状の擦痕が数本残されている（**写真3-17**）。

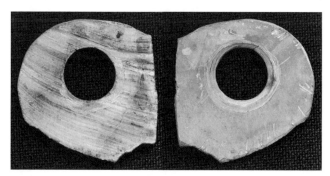

写真3-17　貝製釣針の未成品に残された穿孔の痕跡（筆者撮影）
左側が表面、右側が裏面であり、基本的には裏面から穿孔されている（遺物番号：17CV-A-B003）。

このことから、先の細い工具によって繰り返し円を描くようにして削りを行い、円形にくり抜いたものと思われる。そうした穿孔は貝殻の内面から主に行われたことが断面の形状より明らかであり、最後に外面からも円を描くように穿孔が行われた。

　鉤状に整形された未成品が2点出土しており、いずれも穴を囲っていた貝殻の上部が部分的に取り除かれている。このうち1点は直径1cmで穿たれた穴の形状が、ほぼそのまま残されているのに対し、もう1点については穴が拡張され、針にあたる部分も鋭く整形されている。このことから前者は後者の前段階にあたる未成品であると考えられる。穴の拡張がみられない未成品に関しては、針に当たる部分に小さな欠損がみられ、これはおそらく鉤型に整形する際に誤って破損したものと考えられる。この欠損は針先を内側に湾曲させ、返しのように整形する際の障害になったといえ、これを理由に製作がこの段階で放棄された事例と推察できる。穴の拡張がみられる未成品については、縁辺の角を丸くする研磨が全体にわたって施されることで擦痕は消失傾向にあり、針先も内側に湾曲するように整形されている。しかし、完成品と考えられる釣針と比べるとその湾曲は少ない。

　唯一の完成品と考えられる釣針は、全体に丁寧な研磨がかけられ、擦痕は残っていない。針先も鋭く整形され、その反対側の端部には紐を括るためと考えられる抉りがつけられている。しかし、ここに紐が擦れたような間接使用痕は確認できないため、実際に使用されていたのかどうか不明瞭である。

　このように、一連の製作工程を復元可能な未成品の存在は、クルス・ベルデ遺跡の周辺で釣針の製作が行われていたことを示唆している。また、製作過程での破損の痕跡を持つ未成品は、これらの貝器が製作の過程で不都合が生じ廃棄されたものであったことを意味している。なぜならば、製品となり使用された釣針が消耗し、破損する際には海中に残ると考えられるからである。消耗・破損した完成品の釣針がA-2マウンドから出土しないのはこのためであろう。

4．マウンドと骨器・貝器のライフヒストリー

　A-2 マウンドから出土する骨器・貝器の分析をふまえて、これらの資料群の特徴と器種組成について考えてみたい。まず、大きな特徴として、これらの資料の出土数は、石器と比べて限定的であり、A-2 マウンドに残された骨器・貝器の数は少なかったことがわかる。

　一方で、これらの資料には、最終使用部の破損や製作工程における破損の痕跡を有するものが一定量出土しており、使用痕の検出状況も顕著なものであった。すなわち、石器の分析から得られた見解と同様に、骨器・貝器においても使用や製作の過程で破損・消耗したものが廃棄された結果、A-2 マウンドに残されたと考えられる。

　漁撈具としての釣針が一定数出土しているものの、骨器・貝器において分類された資料群の器種組成は加工具がメインであり、狩猟具などは確認されていない。一方で、骨器・貝器の出土数が少ないにも関わらず、多様な器種の道具が確認されていることは、それらを用いた様々な活動が遺跡周辺で繰り広げられていたことを意味している。ワカ・プリエタ遺跡で確認されたものと類似する海獣骨製の大型へら状工具の存在が、織物製作に関わる道具であったとの仮説を是とするならば、クルス・ベルデ遺跡においてもその種の活動が行われていた可能性が示唆されることになる。しかし、ワカ・プリエタ遺跡における出土例の用途については推測の域を出ていないことや、クルス・ベルデ遺跡で織物製品の出土が確認されていないことから、このへら状工具の用途については今後検証することが求められる。

　出土する骨器・貝器の通時的な変化については、出土資料数の限界もあり、明白な結論を出すことはできない。ただし、CV-Ia 期に偏って出土するオジロジカの骨製刺突具の存在は、第 4 章の乾燥・水洗選別によってサンプリングされた動物遺存体において同種の動物骨の出土が CV-Ia 期に偏るという傾向とも合致している点で興味深い [cf. Vásquez and Rosales 2019d]。

第3節　小括：マウンドから出土した遺物の特徴と廃棄行為

1．クルス・ベルデ遺跡における道具類の利用傾向

　A-2マウンドから出土した人工遺物の分析にもとづき、石器および骨器・貝器の器種分類を行った結果、この遺跡で利用され、A-2マウンドに残された遺物の特徴が明らかになってきた。石器に関しては、磨石や敲石などの礫石器が非常に多く出土しており、次いで多いのは片面調整による加工、あるいは未加工の剥片石器であった。このことは、チカマ川流域沿岸部における同時期の遺跡と同様の石器利用の傾向を示しており、利用される石材も含めて、この地域で共通するような石器の製作と使用が行われていたことを示唆している［cf. Dillehay and Bonavia 2017b］。

　クルス・ベルデ遺跡から出土した石器群の器種組成は、敲石、磨石、台石、刃器、スクレイパーなどの加工具が大きな割合を占めており、狩猟具の出土は確認されていない。これは、骨器・貝器についても同様であり、これらの人工遺物が主に様々な資源の加工に用いられた道具であったことを示している。第4章で確認する自然遺物のデータや貝類遺存体の分析結果、磨石の使用面から微小植物遺存体が検出されていることなどをふまえれば、これらは主に生態資源の加工に使用されていたと想定してよいだろう。漁撈具については、貝製釣針や石錘が一定数出土しているものの、相対的な割合は多くない。この生態資源の獲得方法については、第6章で詳しく論じることになる。

　また、貝製釣針の製作や石器の剥片剥離には、一定の規範にもとづいた人工遺物の製作技術が存在していたことが示唆されており、使用痕の位置関係や特徴についても器種において共通するような傾向をみせていた。これは、A-2マウンドから出土した人工遺物を製作・利用していた集団の中で、道具の製作と使用に関わる技術的規範が共有されていたことを意味している。

2．モノのライフヒストリーからみた遺物の特徴と廃棄

　上述の分析から明らかになった点として重要なのは、これらの人工遺物が素材の獲得から製作、使用、転用、廃棄に至るような一連のライフヒストリーを復元できることである。石器に関していえば、それらは概して非常によく使い込まれていたことが使用痕の分析から明らかであり、一つの石材は度重なる転用を繰り返しながら、礫石器から剥片石器へと効率的に消費されていた。また、使用痕の切り合い関係の観察から、使用中の破損によって放棄された石器が多く出土していることが明らかである。このことは、A-2 マウンドにおける石器の出土が、様々な用途にもとづく石器の利用を経て、最終的に放棄された状況を示しているといえる。

　骨器や貝器においても、使用部に破損が認められるものや、製作の過程で破損するなどの不都合が生じた未成品が出土している。このことから、これらの人工遺物が放棄せざるを得ない状態に至った時点で、A-2 マウンドに廃棄される傾向にあったことがわかる。すなわち、A-2 マウンドから出土した人工遺物は、A-2 マウンドに残されることを意図して製作されたというよりも、日常的な製作と使用の段階を経て最終的に廃棄されたものであったと考えたほうがよいだろう。こうした傾向は、CV-Ia 期と CV-Ib 期において基本的に共通しており、様々な道具類の廃棄活動が行われた結果、マウンドが形成されていった。

注

1) 使用痕の研究は、石器を通じて作用が与えられた素材と石器の関係を高倍率の顕微鏡で観察できる微小な使用痕の特徴と実験考古学によって明らかにするものが多く行われている［eg. 阿子島 1989; 青山 1997］。そうした分析によって、その石器がどのような対象物に利用されていたのかを推察することが可能であるのだが、作業量と本書の目的を勘案し、ここでそうした分析は行わない。石器が使用された対象物の特定については今後の課題とするが、本書では石器に残される微小植物遺存体（第 4 章を参照）の分析によって一部補完することになる。

2) 様々な用途に転用された石器が多いことから、ここでいう 37 例は転用の過程のいずれかの段階で敲石として使用された石器をすべて含むものである。そのため、これ以降に記述する器種の事例と重複する石器を含んでいる。

第 4 章　食糧残滓からたどる資源利用

クルス・ベルデ遺跡の A-2 マウンドにおける発掘調査では、魚類を含む動物の骨や貝殻などが大量に出土し、植物遺存体も少量出土している。本章では、そうした自然遺物と呼ばれる出土遺物の分析を通して、クルス・ベルデ遺跡で活動していた人々の生態資源利用とその通時的な変化を明らかにする。

第1節　出土動物骨の変化と資源利用

1．サンプリング方法とデータの性格

　A-2 マウンドの発掘調査では、以下、および第 2 節で述べる三種類のサンプリング方法によって自然遺物が析出された。なお、出土動物骨の分析に用いたデータセットは、そのうちの二つである。これらのサンプリング方法には、それぞれに利点と欠点が存在し、そこで得られるデータの性格は異なっている。そのため、それぞれのデータを補完的に用いることで、クルス・ベルデ遺跡で行われていた生態資源利用の全体像がはじめて明らかになる。

　一つ目のサンプリング方法は、発掘作業の過程において析出された自然遺物を直接収集するものである。掘り出された土は、発掘区、層位ごとに 12mm メッシュの篩にかけられ、それによって土壌と分離されたすべての自然遺物が回収された。そのため、ここで示すデータは 12mm 以上の大きさの自然遺物がもれなく回収された定量的なものとなっている。このサンプリング方法では、比較的広い調査範囲から出土した資料を分析することができるため、とくに大型の自然遺物について定量的なデータを得ることができるという利点がある。しかしながら、12mm よりも小さな自然遺物のデータは抜け落ちてしまう。この点を補うことを目的として、二つ目のサンプリング方法が平行して用いられた。

　そのサンプリング方法とは、コラムサンプル法による土壌サンプルの採取とそこに含まれる遺物の選別作業である。コラムサンプル法とは、ある決められた範囲を除いて周囲の発掘を進めることにより、柱状の堆積土壌を発掘坑の中に残す方法であり［cf. 小宮 2015］、この柱状の堆積土壌は、発掘が行われた層位に基づいてすべて回収された。本調査では、マウンド頂上部の E1S1 グリッ

ド内に50cm × 50cm のコラムサンプルを作成し、地表面から地山層までの土壌を回収した。そして、この土壌を分析室に持ち帰り、室内で動植物遺存体の選別作業が行われた。選別に際しては、6mm メッシュと1mm メッシュのサイズの異なる篩を用い、それぞれの篩に残された土壌を対象に、乾燥状態での肉眼による自然遺物の選別が行われた。続いて、土壌の水洗により、比重の軽い植物遺存体を水表面に浮かび上がらせて回収する水洗選別（フローテーション）が行われた。前者の方法は、作業工程における自然遺物へのダメージを軽減することが可能であり、後者の方法では取りこぼしなくすべての自然遺物を回収することが可能となる。

この方法は微細な自然遺物を回収することができるという利点を持つものの、その作業には多くの時間を要するため、限られた調査範囲の資料しか分析することができない。この調査範囲の限定性に起因して、大型の動物骨に関しては出土数が少なくなる傾向にあり、遺跡における大型動物骨の分布にムラがあった場合、定量的なデータとして扱うことができない。そうした点を加味して本研究では、前述の発掘現場におけるサンプリングと土壌サンプルの乾燥・水洗選別によるサンプリングを並行的に行うことで両者の欠点を補完した。

2．データセット1：発掘調査における収集

まずは、12mm メッシュの篩を用いる選別方法によって、発掘作業の過程で収集された自然遺物についてみてみよう。ここで示すのは、マウンド北側のO1S7、O1S5、およびマウンド南側のO2N4 の3つの発掘グリッド（2m 四方）から出土した資料である（図4-1）。これらのグリッドがマウンドの中心を挟んで南側と北側にそれぞれ位置する点と、地山層までの一連の地層から出土した資料を扱うことのできる点から、優先的に自然遺物の整理が行われた［cf. 荘司ほか 2019］。3つのグリッドにおける発掘で得られた排土の量は、CV-Ia 期に当たるもので 5.298m^3、CV-Ib 期は 5.091m^3 となっている。

これらのグリッドと層位から出土した動物遺存体は合計で 3935 点（NISP[1]）であり、貝類遺存体は 4389 点（NISP）にのぼる。このサンプリング方法で植物

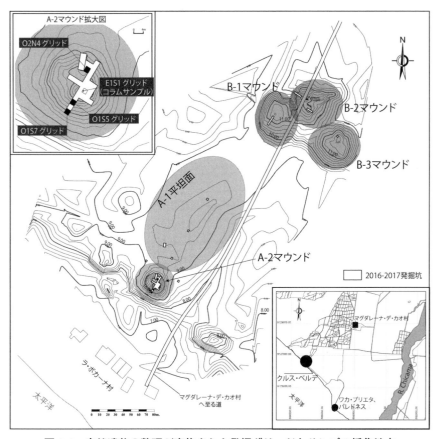

図 4-1　自然遺物の整理が実施された発掘グリッドとサンプル採集地点

遺存体は検出されていない。貝類については、本章第 3 節において詳細な分析が行われるため、ここでは動物遺存体について議論に関わるデータを提示しておく。

　これらの動物遺存体を対象に動物種の同定分析を行ったバスケスらの報告によると、同定された動物種は全 33 種で、魚類が 19 種、鳥類が 9 種、哺乳類が 5 種という内訳になっている［Vásquez and Rosales 2019a］。合計 3935 点のうち、CV-Ia 期の層位から出土した資料は全 1969 点、CV-Ib 期の層位から出土した資料は全 1966 点とほぼ同数となる。バスケスらによる同定分析の結果を整理し、

第 4 章　食糧残滓からたどる資源利用

表 4-1　A-2 マウンド出土の動物骨と時期ごとの同定資料数（NISP）

科（和名）	属・種（和名）	現地名	CV-Ia 期 NISP	CV-Ia 期 %	CV-Ib 期 NISP	CV-Ib 期 %	総数 NISP	総数 %
魚類								
Triakidae（ドチザメ科）	*Galeorhinus* sp.（イコクエイラクブカ属）	cazón	14	0.7	2	0.1	16	0.4
	Mustelus sp.（ホシザメ属）	tollo	4	0.2	4	0.2	8	0.2
Carcharnidae（メジロザメ科）	*Carcharhinus leucas*（ウシザメ）	cazón de leche	2	0.1	11	0.6	13	0.3
	Carcharhinus spp.（メジロザメ属）	tiburón	213	10.8	860	43.7	1073	27.3
	Rhizoprionodon sp.（ヒラガシラ属）	tiburón hocucón	17	0.9	104	5.3	121	3.1
Sphyrnidae（シュモクザメ科）	*Sphyrna zygaena*（シロシュモクザメ）	tiburón martillo	31	1.6	132	6.7	163	4.1
	Sphyrna sp.（シュモクザメ属）	tiburón martillo	104	5.3	200	10.2	304	7.7
Squatinidae（カスザメ科）	*Squatina armata*（カスザメ）	angelote	13	0.7	0	0.0	13	0.3
Rhinobatidae（サカタザメ科）	*Rhinobatos planiceps*（サカタザメ）	guitarra	0	0.0	2	0.1	2	0.1
Myliobatidae（トビエイ科）	*Myliobatis* sp.（トビエイ属）	raya águila	9	0.5	1	0.1	10	0.3
軟骨魚綱（科・属・種同定不可）			2	0.1	8	0.4	10	0.3
Mugilidae（ボラ科）	*Mugil cephalus*（ボラ）	lisa común	26	1.3	1	0.1	27	0.7
Bothidae（ダルマガレイ科）	*Paralichthys* sp.（ヒラメ属）	lenguado común	6	0.3	3	0.2	9	0.2
Carangidae（アジ科）	*Trachurus symmetricus*（マアジ）	jurel	0	0.0	2	0.1	2	0.1
	Paralonchurus peruanus（スーコ）	suco	14	0.7	25	1.3	39	1.0
Sciaenidae（ニベ科）	*Sciaena starksi*（ロバーロ）	robalo	10	0.5	90	4.6	100	2.5
	Sciaena deliciosa（ロルナ）	lorna	28	1.4	25	1.3	53	1.3
	Sciaena gilberti（コルヴィーナ）	corvina	20	1.0	11	0.6	31	0.8
	Sciaena sp.（*Sciaena* 属）		8	0.4	1	0.1	9	0.2
Haemulidae（イサキ科）	*Anisotremus scapularis*（アンダチイサキ）	chita	28	1.4	2	0.1	30	0.8
硬骨魚綱（科・属・種同定不可）			55	2.8			55	1.4

第1節　出土動物骨の変化と資源利用

鳥類								
Spheniscidae（ペンギン科）	Spheniscus humboldtii（フンボルトペンギン）	pingüino	6	0.3	7	0.4	13	0.3
Laridae（カモメ科）	Larus sp.（カモメ属）	gaviota	38	1.9	32	1.6	70	1.8
	（属・種同定不可）		3	0.2	0	0.0	3	0.1
Procellariidae（ミズナギドリ科）	Pterodroma sp.（シロハラミズナギドリ属）	petrel	36	1.8	5	0.3	41	1.0
Pelecanidae（ペリカン科）	Pelecanus sp.（ペリカン属）	pelicano	55	2.8	30	1.5	85	2.2
Sulidae（カツオドリ科）	Sula sp.（カツオドリ属）	piqueo	27	1.4	3	0.2	30	0.8
Phalacrocoracidae（ウ科）	Phalacrocorax bougainvillii（グアナイウ（ウミウ））	guanay	539	27.4	195	9.9	734	18.7
Scolopacidae（シギ科）	（属・種同定不可）		0	0.0	2	0.1	2	0.1
	鳥類（科・属・種同定不可）		134	6.8	43	2.2	177	4.5
哺乳類								
Otariidae（アシカ科）	Otaria sp.（オタリア）	lobo marino	455	23.1	152	7.7	607	15.4
Delphinidae（マイルカ科）	Delphinus sp.（マイルカ属）	delfin	38	1.9	6	0.3	44	1.1
Pinnipedia（不明鰭脚類）	（属・種同定不可）		0	0.0	3	0.2	3	0.1
Balaenidae（セミクジラ科）	（属・種同定不可）	ballena	2	0.1	1	0.1	3	0.1
	哺乳類（科・属・種同定不可）		32	1.6	3	0.2	35	0.9
合計			1969		1966		3935	

[Vásquez and Rosales 2019a をもとに筆者作成]

表 4-1 のようにまとめた（表 4-1）。以下、バスケスらの同定分析の結果 [Vásquez and Rosales 2019a] に従って、動物遺存体の内訳を確認していく。

（1） 魚類

バスケスらの報告によれば、同定された魚類において 2 時期ともに最も出土数の多いのはメジロザメ属（Carcharhinus spp.）であり、CV-Ia 期では 213 点、CV-Ib 期では 4 倍以上の 860 点の椎骨が同定されている [Vásquez and Rosales 2019a]（図 4-2）。メジロザメ属は下位区分である種の同定は難しいのが現状であるが、CV-Ia 期で 2 点、CV-Ib 期で 11 点の動物骨がウシザメ（Carcharhinus leucas）と同定された[2]（写真 4-1）。これらのメジロザメ属の種は概して大型であり、1 m 〜 3 m 程度の体長をもつ。ペルー沿岸の広範囲に分布しており、汽水域や淡水域に侵入し生活することのできる種も多い [IMARPE 2015]。次いで多く報告されているのが、同じく軟骨魚綱であるシュモクザメ属（Sphyrna sp.）であり、CV-Ia 期で 104 点、CV-Ib 期で 200 点の椎骨が同定されている。シロシュモクザメ（Sphyrna zygaena）として種同定された動物骨を合わせると一定量のシュモクザメ属が 2 時期にわたって利用されていたことがわかる。その他の軟骨魚綱で出土例が多いのは、メジロザメ科（Carcharhnidae）に属するヒラガシラ属（Rhizoprionodon sp.）であり、いずれの軟骨魚綱も体長は 1 m を超えるような大型の種ばかりである。また、やや小型の軟骨魚綱に当たる、トビエイ属（Myliobatis sp.）やカスザメ（Squatina armata）が出土しているが、いずれもその数は多くない。

硬骨魚綱にあたる魚類はそれほど多く出土しているわけではないが、CV-Ia 期では 26 点出土したボラ（Mugil cephalus）や 28 点のロルナ[3]（Sciaena deliciosa）、20 点のコルビーナ（Sciaena gilberti）、28 点のアツクチイサキ（Anisotremus scapularis）などの魚種が目立ち、全体に多様な種がやや均一に出土する傾向にある。一方の CV-Ib 期では、ロバーロ（Sciaena starksi）が 90 点出土し、増加しているにもかかわらず、CV-Ia 期でみられた魚種はいずれも出土数が大幅に減少するなど、一定の魚種に偏った出土傾向を示す。出土数に大きな変化がみえないのは、25 点ずつ同定されたロルナとフサニベ属スーコ（Paralonchurus

第 1 節　出土動物骨の変化と資源利用

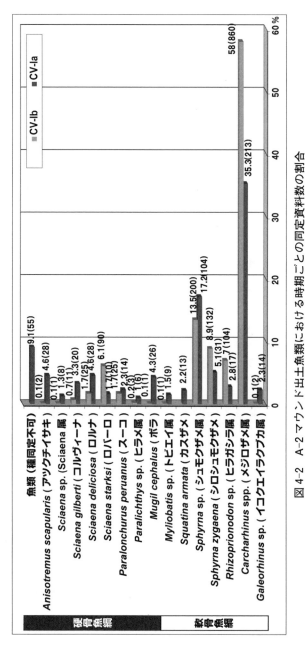

図 4-2　A-2 マウンド出土魚類における時期ごとの同定資料数の割合
[Vásquez and Rosales 2019a をもとに筆者作成]

第4章　食糧残滓からたどる資源利用

メジロザメ属（*Carcharhinus* spp.）の椎骨

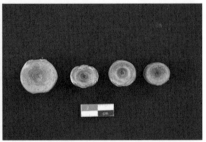

ヒラガシラ属（*Rhizoprionodon* sp.）の椎骨

ウシザメ（*Carcharhinus leucas*）の椎骨　　　ホシザメ属（*Mustelus* sp.）の椎骨

ロバーロ（*Sciaena starksi*）の椎骨（左）と耳石（右）

写真4-1　A-2マウンドから出土した魚類の一例（筆者撮影）

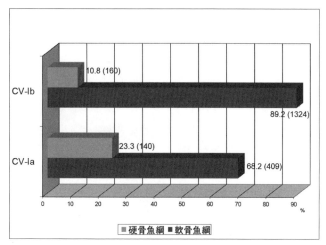

図 4-3　A-2 マウンド出土魚類における硬骨魚綱・軟骨魚綱の割合
［Vásquez and Rosales 2019a をもとに筆者作成］

peruanus）のみである。魚類における軟骨魚綱とその他の魚種の割合を比較したバスケスらは、両時期ともに軟骨魚綱に出土が偏っていることを指摘した［Vásquez and Rosales 2019a］（**図 4-3**）。その一方で、メジロザメ属の増加を反映して、とくに CV-Ib 期では、軟骨漁綱の割合が増加し、90％近くにも及んでいる。硬骨魚綱と軟骨魚綱の両分類間の個体サイズの違いや 1 個体あたりの骨の数[4]に鑑みれば、動物利用における軟骨魚綱への偏向は顕著であったといえる。また、CV-Ia 期と比較して、CV-Ib 期ではメジロザメ属の割合が大きくなるなど、この時期になってメジロザメ属を主体とした動物利用の傾向はより強くなったことが指摘されている［Vásquez and Rosales 2019a］。

（2）　哺乳類

　哺乳類についてのバスケスの報告は両時期ともにオタリア（*Otaria* sp.）が最も多いことを示している［Vásquez and Rosales 2019a］。とくに CV-Ia 期では 455 点の動物骨が同定され（**写真 4-2**）、出土量が減少する CV-Ib 期においても 152 点となるなど、哺乳類における最優占種であることに変わりはない。またマイルカ属（*Delphinus* sp.）が CV-Ia 期において 38 点出土するなどやや目立つも

第 4 章　食糧残滓からたどる資源利用

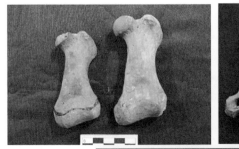

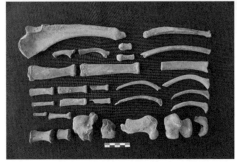

写真 4-2　A-2 マウンドから出土したオタリア（*otaria* sp.）の骨（筆者撮影）

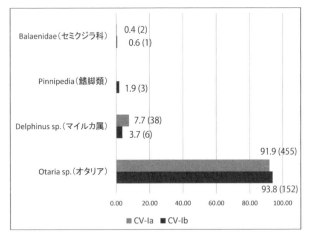

図 4-4　A-2 マウンド出土哺乳類における時期ごとの同定資料数の割合
［Vásquez and Rosales 2019a をもとに筆者作成］

のの、CV-Ib 期にその数は減少する。(**表 4-1**、**図 4-4**)。こうしたことから、クルス・ベルデ遺跡における哺乳類の利用は両時期ともにオタリアに大きく偏っており、陸生哺乳類は析出されていない。体重 300kg を超す大型の哺乳類であるオタリアは、クルス・ベルデ遺跡における動物利用の中で、とくに CV-Ia 期において大きな位置を占めていたであろうことが推察されている［Vásquez and Rosales 2019a］。

（３） 鳥類

　鳥類についても、哺乳類と同じようにある特定種にその利用が大きく偏る傾向がみてとれるという［Vásquez and Rosales 2019a］(**表 4-1**、**図 4-5**)。鳥類において圧倒的に出土量が多いのは、グアナイウ (*Phalacrocorax bougainvillii*) であり、次いで多いのはペリカン属 (*Pelecanus* sp.) となる［Vásquez and Rosales 2019a］(**写真 4-3**)。それぞれ、CV-Ia 期から 539 点と 55 点、CV-Ib 期から 195 点と 30 点が出土しており、大型動物利用全体における割合も含めて、その出土量は CV-Ib 期に大きく減少する。そのほか、出土量は多くないものの、シロハラミ

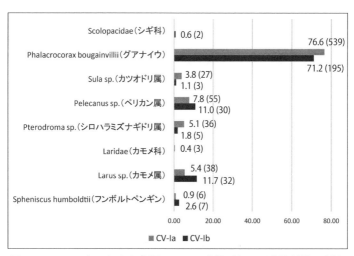

図 4-5　A-2 マウンド出土鳥類における時期ごとの同定資料数の割合

［Vásquez and Rosales 2019a をもとに筆者作成］

第 4 章　食糧残滓からたどる資源利用

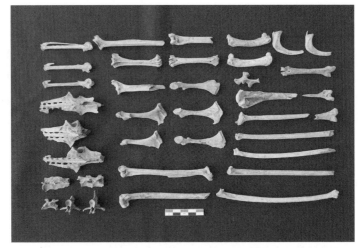

写真 4-3　A-2 マウンドから出土したグアナイウ（*Phalacrocorax bougainvillii*）の骨
（筆者撮影）

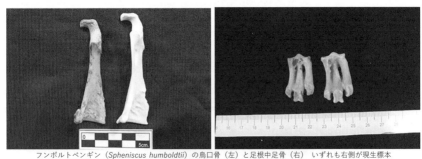

フンボルトペンギン（*Spheniscus humboldtii*）の烏口骨（左）と足根中足骨（右）　いずれも右側が現生標本

カツオドリ属（*Sula* sp.）の上腕骨　下が現生標本

写真 4-4　A-2 マウンドから出土した鳥類骨の一例（ビクトル・バスケス撮影）

ズナギドリ属（*Pterodroma* sp.）やカモメ属（*Larus* sp.）、カツオドリ属（*Sula* sp.）などの鳥類も一定量析出されている（**写真 4-4**）。出土した鳥類はすべて、沿岸地域に生息する海鳥や湿地帯に生息する鳥であり、沿岸地域の生態環境に基づいた鳥類利用がなされていたことが指摘されている［Vásquez and Rosales 2019a］。そうした鳥類の利用はとくに CV-Ia 期に顕著に認められる。なお、ペルー沿岸では季節的に個体分布の変化する渡り鳥が多く存在するが、クルス・ベルデ遺跡から出土したすべての鳥類は年間を通して、この地域に生息する動物種であることも指摘されている［Vásquez and Rosales 2019a］。

　以上のようなバスケスらの報告をもとにして、魚類・鳥類・哺乳類という 3 つの分類群におけるそれぞれの出土割合を時期ごとに比較してみると興味深いことが見えてくる。**図 4-6** において明らかなように、CV-Ia 期と CV-Ib 期では、その割合に顕著な変化が認められるのである。CV-Ia 期では哺乳類と鳥類の割合が高く、先にみた動物種の内訳に即していえば、オタリアとグアナイウがその主な利用資源であったことがわかる。これに加えて軟骨魚綱を中心とする魚類も同等の資料数が出土していることを読み取ることができる。これに対する

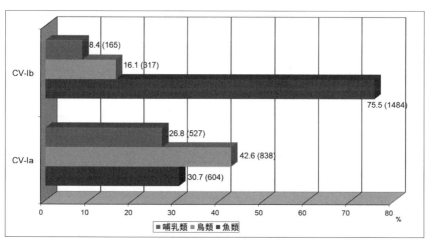

図 4-6　A-2 マウンド出土動物骨における魚類・哺乳類・鳥類の割合
［Vásquez and Rosales 2019a をもとに筆者作成］

CV-Ib 期では、哺乳類と鳥類が減少し、代わりに魚類の利用が大きな割合を占めるようになる。バスケスらの報告した魚類の内訳を参照すれば、その重点的な利用はサメなどの軟骨魚綱、とくにメジロザメ属（*Carcharhinus* spp.）に集中していたことがわかる [cf. Vásquez and Rosales 2019a]。すなわち、この時期になると、クルス・ベルデ遺跡における大型動物種の利用はメジロザメ属に集中していくのである。

　このように、クルス・ベルデ遺跡における動物相は沿岸地域に生息する大型種がそのほとんどを占め、海産資源に強く偏向した動物利用が行われていたことがデータから読み取れる。また、CV-Ia 期ではオタリアとグアナイウにメジロザメ属を組み合わせるような動物利用が行われていたのに対し、CV-Ib 期ではメジロザメ属を集中的に獲得するような動物利用へと変化していることがわかる。

3．データセット 2：コラムサンプルによる収集

　次にコラムサンプル法よる土壌の採取と最小 1 mm メッシュの篩を用いた乾燥・水洗選別によって析出された自然遺物をみてみたい。マウンドの中央部にあたる E1S2 グリッドの一角において 50cm 四方の範囲でコラムサンプル法による土壌の採取が層位ごとに行われた。このコラムサンプルの層位番号には、他と識別するために「CE」を付している。このうち CV-Ia 期と CV-Ib 期にあたる CE7 〜 CE21 層の土壌サンプルから得られたデータを本書で提示する。なお、堆積の厚い CE9、10、15、20 層に関しては上層と下層にわけている。これらの土壌サンプルを対象に、筆者自身が室内で乾燥・水洗選別を行い、自然遺物を肉眼によって収集した。選別された自然遺物を対象に種同定分析を実施したバスケスらの報告 [Vásquez and Rosales 2019b] に従い、魚類、その他の脊椎動物類、植物類に分けて出土した自然遺物を紹介する。

（1）　魚類

　バスケスらの報告によると、同定された魚類の総数は 41913 点（NISP）にの

ぼり、総重量は 1047.62 g であった [Vásquez and Rosales 2019b]。このうち、科・属・種のいずれかの同定ができた資料数は 32148 点（NISP）で、その重量は 648.80 g である[5]。

バスケスらによる種同定分析によって明らかになった各動物種の同定資料数と重量のデータ [Vásquez and Rosales 2019b] を CV-Ia 期と CV-Ib 期の 2 時期に分けて整理した（**表 4-2**）。表 4-2 の同定種名の欄では、発掘作業中に 12mm メッシュの篩を用いた前節のサンプリング方法で析出できず、乾燥・水洗選別によって新たに析出された動物種が太文字で記されている。これをみてわかるように、ここで析出された全 44 種類の魚種のうち新規に析出された 18 種類のほとんどが硬骨魚綱であり、非常に多様な魚種の利用が 2 時期を通して行われていたことがわかる。軟骨魚綱で新規に析出されたメジロザメ属のクロヘリメジロザメ（*Carchahrinus brachyurus*）は、1 点の歯が出土している [cf. Vásquez and Rosales 2019b]（**写真 4-5**）。

まずは、同定資料数に着目したい（**図 4-7**）。バスケスらによれば、軟骨魚綱でもっとも多く確認されたのは、前項のデータと同様にメジロザメ属であり、次いで多いのがシュモクザメ属と、これまた同様である。しかし、同定資料数からみた魚類におけるその割合は 1 ％前後に過ぎない。その理由は、硬骨魚綱において、圧倒的な数のカタクチイワシ（*Engraulis ringens*）の椎骨が析出されていることにある。カタクチイワシの椎骨は 1 mm ～ 2 mm ほどの大きさであるため、もれなく析出されている[6]。その数は、CV-Ia 期で 11789 点（NISP）、CV-Ib 期で 14869 点（NISP）であり、その出土数は圧倒的である。次いで目立つのは沿岸の岩礁に多く生息するイソギンポ科のボラッチョ（*Scartichthys giga*）や河口などの汽水を好むボラ（*Mugil cephalus*）である [cf. Vásquez and Rosales 2019b]。

では、この時期のクルス・ベルデ遺跡における魚類利用で最も大きな割合を占めていたのはカタクチイワシであったのだろうか。筆者としては別の見方もできると考えている。ビクトルらの報告において、同定資料数の多い硬骨魚綱は概して小型の魚類であり、とくにカタクチイワシに至っては体長が 11 ～ 17cm ほどである [cf. IMARPE 2001: 80]。そのため、体長が 1.5 ～ 2m を超す

第 4 章　食糧残滓からたどる資源利用

表 4-2　土壌のコラムサンプルから析出した動物遺存体の同定資料数（NISP）と重量一覧

科（和名）	属・種（和名）	現地名	CV-Ia期				CV-Ib期				総数			
			NISP	%	重量(g)	%	NISP	%	重量(g)	%	NISP	%	重量(g)	%
魚類（軟骨魚綱）														
Triakidae（ドチザメ科）	Galeorhinus sp.（イコウエイラクブカ属）	cazón	1	0.0	0.52	0.2	19	0.1	8.34	1.9	20	0.1	8.86	1.4
	Mustelus sp.（ホシザメ属）	tollo	0	0.0	0.00	0.0	3	0.0	0.80	0.2	3	0.0	0.80	0.1
Carcharhinidae（メジロザメ科）	Carcharhinus leucas（ウシザメ）	cazón de leche	0	0.0	0.00	0.0	3	0.0	3.58	0.8	3	0.0	3.58	0.6
	Carcharhinus spp.（メジロザメ属）	tiburón	74	0.5	64.69	30.2	256	1.4	251.16	57.8	330	1.0	315.85	48.6
	Rhizoprionodon spp.（ヒラガシラ属）	tiburón hocucón	1	0.0	0.22	0.1	0	0.0	0.00	0.0	1	0.0	0.22	0.0
	Carcharhinus brachyurus（クロヘリメジロザメ）		1	0.0	0.06	0.0	0	0.0	0.00	0.0	1	0.0	0.06	0.0
Sphyrnidae（シュモクザメ科）	Sphyrna sp.（シュモクザメ属）	tiburón martillo	94	0.7	7.26	3.4	173	1.0	85.20	19.6	267	0.8	92.46	14.2
Squatinidae（カスザメ科）	Squatina armata（カスザメ）	angelote	19	0.1	0.36	0.2	4	0.0	0.10	0.0	23	0.1	0.46	0.1
	Squatina sp.（カスザメ属）		16	0.1	0.34	0.2	3	0.0	0.12	0.0	19	0.1	0.46	0.1
Rhinobatidae（サカタザメ科）	Rhinobatos planiceps（サカタザメ）	guitarra	3	0.0	0.04	0.0	0	0.0	0.32	0.1	3	0.0	0.36	0.1
	Rhinobatos sp.（サカタザメ属）		1	0.0	0.04	0.0	0	0.0	0.00	0.0	1	0.0	0.04	0.0
Myliobatidae（トビエイ科）	Myliobatis sp.（トビエイ属）	raya águila	1	0.0	0.24	0.1	3	0.0	0.96	0.2	4	0.0	1.20	0.2
Rajidae（ガンギエイ科）	—		3	0.0	0.00	0.0	0	0.0	0.00	0.0	3	0.0	0.00	0.0
			54	0.4	0.60	0.3	1	0.0	0.02	0.0	55	0.2	0.62	0.1
軟骨魚綱（種同定不可）			5	-	0.06	-	120	-	12.44	-	125	-	12.50	-
魚類（硬骨魚綱）														
Ariidae（ハマギギ科）	Galeichthys peruvianus（ナマズ）	bagre	1	0.0	0.04	0.0	22	0.1	0.70	0.2	23	0.1	0.74	0.1
Engraulidae（カタクチイワシ科）	Engraulis ringens（カタクチイワシ）	anchoveta	11789	81.6	18.16	8.5	14869	84.0	33.02	7.6	26658	82.9	51.18	7.9
Clupeidae（ニシン科）	Sardinops sagax（マイワシ）	Sardina	212	1.5	2.53	1.2	167	0.9	1.02	0.2	379	1.2	3.55	0.5
	Ethmidium maculatum（ニシン）	machete	42	0.3	2.66	1.2	15	0.1	0.76	0.2	57	0.2	3.42	0.5
	Ethmidium sp.（Ethmidium属）		2	0.0	0.12	0.1	0	0.0	0.00	0.0	2	0.0	0.12	0.0
Mugilidae（ボラ科）	Mugil cephalus（ボラ）	lisa común	904	6.3	40.10	18.7	270	1.5	3.57	0.8	1174	3.7	43.67	6.7
Bothidae（ダルマガレイ科）	Paralichthys sp.（ヒラメ属）	lenguado	4	0.0	2.28	1.1	7	0.0	0.28	0.1	11	0.0	2.56	0.4
Gobiesocidae（ウバウオ科）	Hippoglossina sp.（Hippoglossuna属）	peje sapo	1	0.0	0.02	0.0	0	0.0	0.00	0.0	1	0.0	0.02	0.0
Blenniidae（イソギンポ科）	Sicyases sanguineus（ウバウオ）	borracho	4	0.0	0.22	0.1	0	0.0	0.00	0.0	4	0.0	0.22	0.0
Clinidae（ブサヒギン科）	Scartichthys gigas（ボラシマ）	trambollo	489	3.4	4.49	2.1	1361	7.7	10.84	2.5	1850	5.8	15.33	2.4
Carangidae（アジ科）	Labrisomus philippi（トランボーヨ）	jurel	51	0.4	1.25	0.6	46	0.3	1.74	0.4	97	0.3	2.99	0.5
	Trachurus symmetricus（マアジ）		0	0.0	0.00	0.0	3	0.0	0.16	0.0	3	0.0	0.16	0.0
	Trachinotus paytensis（パンパニート）	pampanito	9	0.1	0.03	0.0	0	0.0	0.00	0.0	9	0.0	0.03	0.0
	Trachinotus sp.（Trachinotus属）		4	0.0	0.10	0.0	0	0.0	0.00	0.0	4	0.0	0.10	0.0
Centrolophidae（イボダイ科）	Seriolella violacea（コエンバ）	cojinova	1	0.0	0.10	0.0	0	0.0	0.00	0.0	1	0.0	0.10	0.0

第1節　出土動物骨の変化と資源利用

科	種	現地名													
Sciaenidae (ニベ科)	*Paralonchurus peruanus* (スーコ)	suco	35	0.2	7.22	3.4	38	0.2	10.10	2.3	73	0.2	17.32	2.7
	Cynoscion analis (カチェマ)	cachema	0	0.0	0.00	0.0	1	0.0	0.04	0.0	1	0.0	0.04	0.0
	Cynoscion sp. (ナガニベ属)		25	0.2	1.68	0.8	22	0.1	1.58	0.4	47	0.1	3.26	0.5
	Stellifer minor (モトリーシキ)	mojarrilla	185	1.3	5.57	2.6	10	0.1	0.34	0.1	195	0.6	5.91	0.9
	Sciaena starksi (ロベーロ)	robalo	3	0.0	3.00	1.4	0	0.0	0.00	0.0	3	0.0	3.00	0.5
	Sciaena deliciosa (ロルナ)	lorna	117	0.8	18.00	8.4	20	0.1	4.00	0.9	137	0.4	22.00	3.4
	Sciaena gilberti (コルヴィーナ)	corvina	4	0.0	0.94	0.4	7	0.0	4.06	0.9	11	0.0	5.00	0.8
	Sciaena callaensis (ガジナーサ)	gallinaza	2	0.0	0.56	0.3	0	0.0	0.00	0.0	2	0.0	0.56	0.1
	Sciaena spp. (Sciaena属)		29	0.2	6.74	3.1	84	0.5	3.80	0.9	113	0.4	10.54	1.6
	Menticirrhus sp. (ミショ属)	misho	2	0.0	0.08	0.0	7	0.0	0.19	0.0	9	0.0	0.27	0.0
	‒		0	0.0	0.00	0.0	4	0.0	0.06	0.0	4	0.0	0.06	0.0
Serranidae (ハタ科)	*Paralabrax sp.* (*Paralabrax*属)	cabrilla	1	0.0	0.10	0.0	0	0.0	0.00	0.0	1	0.0	0.10	0.0
	Acanthistius pictus (ハタ)		102	0.7	6.52	3.0	24	0.1	1.16	0.3	126	0.4	7.68	1.2
Haemulidae (イサキ科)	*Anisotremus scapularis* (アツツチイサキ)	chita	169	1.2	17.30	8.1	247	1.4	6.28	1.4	416	1.3	23.58	3.6
	Isacia conceptionis (カビンサ)	cabinza	0	0.0	0.00	0.0	3	0.0	0.04	0.0	3	0.0	0.04	0.0
Scombridae (サバ科)	*Sarda chiliensis* (カツオ属)	bonito	1	0.0	0.26	0.1	0	0.0	0.00	0.0	1	0.0	0.26	0.0
	淡水魚 (種同定不可)		0	0.0	0.00	‒	22	‒	0.02	‒	22	‒	0.02	‒
	硬骨魚綱 (種同定不可)		7745	‒	335.62	‒	1873	‒	50.70	‒	9618	‒	386.32	‒
鳥類														
Spheniscidae (ペンギン科)	*Spheniscus humboldti* (フンボルトペンギン)	pinguino	2	1.5	5.40	3.1	1	4.8	0.00	0.0	3	2.0	5.40	2.8
Laridae (カモメ科)	*Larus sp.* (カモメ属)	gaviota	0	0.0	0.00	0.0	7	33.3	1.50	8.6	7	4.6	1.50	0.8
Procellariidae (ミズナギドリ科)		petrel	20	15.2	2.38	1.4	0	0.0	0.00	0.0	20	13.1	2.38	1.2
	Puffinus sp. (ミズナギドリ属)		22	16.7	15.34	8.9	0	0.0	0.00	0.0	22	14.4	15.34	8.1
Pelecanidae (ペリカン科)	*Pelecanus sp.* (ペリカン属)	pelicano	2	1.5	9.10	5.3	1	4.8	0.00	0.0	3	2.0	9.10	4.8
Sulidae (カツオドリ科)	*Sula sp.* (カツオドリ属)	piquero	4	3.0	2.60	1.5	0	0.0	0.00	0.0	4	2.6	2.60	1.4
Phalacrocoracidae (ウ科)	*Phalacrocorax bougainvillii* (グアナイウ)	guanay	82	62.1	137.66	79.8	11	52.4	16.42	93.9	93	60.8	154.08	80.9
Columbidae (ハト科)	*Columbina sp.* (スズメバト)	tortorita	0	0.0	0.00	0.0	1	4.8	0.02	0.1	1	0.7	0.02	0.0
	鳥類 (種同定不可)		646	‒	83.88	‒	80	‒	8.48	‒	726	‒	92.36	‒
哺乳類														
Otariidae (アシカ科)	*Otaria sp.* (オタリア)	lobo marino	23	85.2	180.24	86.2	2	100.0	58.78	100.0	25	86.2	239.02	89.3
Muridae (ネズミ科)			1	3.7	0.18	0.1	0	0.0	0.00	0.0	1	3.4	0.18	0.1
Cervidae (シカ科)	*Odocoileus virginianus* (オジロジカ)	Venado	3	11.1	28.60	13.7	0	0.0	0.00	0.0	3	10.3	28.60	10.7
	哺乳類 (種同定不可)		18	‒	3.04	‒	6	‒	4.10	‒	24	‒	7.14	‒
合計			23029				19816				42845			

※パーセンテージは魚類・哺乳類・鳥類ごとに、種同定不可の資料を除いて算出された。
※太文字の動物種は乾燥・水洗選別のサンプリングによって初めて検出された種

[Vásquez and Rosales 2019b をもとに筆者作成]

第4章　食糧残滓からたどる資源利用

カタクチイワシ（*Engraulis ringens*）の椎骨

ボラ（*Mugil cephalus*）の椎骨

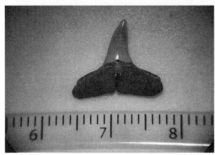
ヒラガシラ属（*Rhizoprionodon* sp.）（左）とクロヘリメジロザメ（*Carcharhinus brachyurus*）（右）の歯

写真 4-5　コラムサンプルより析出した魚類遺存体の例
（下段サメの歯のみビクトル・バスケス撮影）

のが一般的であるメジロザメ属とカタクチイワシの椎骨の析出数を単純に比較できないことは明らかだ。そこで、析出された魚骨の重量に着目して、各魚種の割合を再度整理し、比較してみた。図 4-8 で明らかなように、魚骨の重量に着目した場合、もっとも出土量が多いのはメジロザメ属であり、次いでシュモ

第 1 節　出土動物骨の変化と資源利用

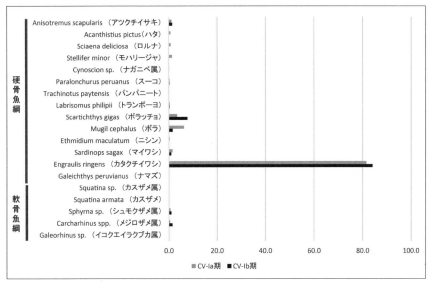

図 4-7　コラムサンプルから析出した動物遺存体における
各同定種の同定資料数（NISP）の割合

［Vásquez and Rosales 2019b をもとに筆者作成］

クザメ属である。CV-Ib 期においてその割合が大きく増加し、そのほかの魚類が減少している点や、CV-Ia 期には硬骨魚綱の様々な魚種をやや均等に利用している点など、前項のサンプリング方法で得られた魚類遺存体の割合と同様の傾向を示している。このことから、実際の食資源量の割合を重視するならば、重量で示された図 4-8 のグラフに示されるような魚類利用が、発掘作業で得られたデータとも齟齬がなく、より実態を表していると考えられる。ただし、本項のサンプリング方法で新たに析出された小型の魚種の存在が指し示す通り、クルス・ベルデ遺跡における魚類利用は多岐にわたる魚種を対象にしたものであったことが指摘できる。そして、そうした傾向はとくに CV-Ia 期に強く認められるようだ。

（2）　その他脊椎動物類

　そのほかの脊椎動物として哺乳類と鳥類が報告されている［Vásquez and

209

第 4 章 食糧残滓からたどる資源利用

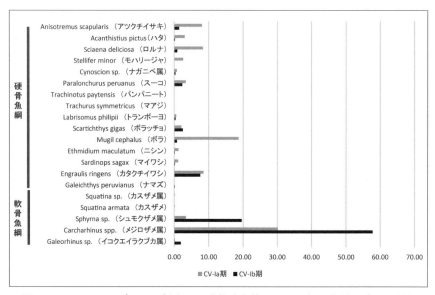

図 4-8 コラムサンプルから析出した動物遺存体における各同定種の重量の割合
［Vásquez and Rosales 2019b をもとに筆者作成］

Rosales 2019b］。哺乳類として同定された資料数は 53 点（NISP）、そのうち 29 点（NISP）で科・属・種が同定された（**表 4-2**）。前項で確認した自然遺物のデータが示すのと同様に、その 80％以上がアシカ科のオタリアにあたる［Vásquez and Rosales 2019b］。

バスケスらによれば、新たに析出された動物種はネズミ科（Muridae）とシカ科のオジロジカ（*Odocoileus virginianus*）であるが、前者は両時期合わせて 1 点、後者は 3 点とその割合が非常に少ない［Vásquez and Rosales 2019b］。ただし、オジロジカはクルス・ベルデ遺跡で析出された唯一の大型陸生哺乳類である点は重要である。より広範囲の発掘区で行われた前節のサンプリング法において析出されなかったオジロジカは、本節のサンプリング法によって各 1 点の前腕骨と肩甲骨の一部、1 点の小破片が CV-Ia 期の CE15 下層と CE17 下層から出土した［Vásquez and Rosales 2019b］。大型の動物骨であるオジロジカは本来ならば 12mm メッシュの篩でも容易に析出されるはずである。そのため、これが

210

前項のサンプリング法で析出されず、本項の方法で析出された理由として考えられるのは、そもそもオジロジカの骨が非常に少ない点、さらにそれらの多くが破砕している点などが挙げられる。前章で明らかになったように、オジロジカの骨は小さな刺突具（あるいは穿孔具）として加工され、使用されている。このことから考えて、クルス・ベルデ遺跡の A-2 マウンドにおいて、オジロジカが解体されていた痕跡は希薄であり、その多くは骨器として持ち込まれたか、その材料として少数が利用されていたものと推察される。

　鳥類に関しては、計 879 点（NISP）がバスケスらによって確認されており、このうち科・属・種の同定が行われたのは、153 点（NISP）であった［Vásquez and Rosales 2019b］（**表 4-2**）。これについても前項と同様に、グアナイウが非常に多く析出されている。種同定不可の資料を含めて、CV-Ia 期で析出された鳥類骨は 646 点、CV-Ib 期では 80 点となり、CV-Ia 期に偏った出土傾向を見せる［Vásquez and Rosales 2019b］。

第2節　植物資源の加工と消費

1．サンプリング方法とデータの性格

　同遺跡における植物資源の利用を示す自然遺物のデータは、前述のコラムサンプルによって検出されている。しかしながら、その出土数は決して多くないため、植物利用を復元する方法としては心もとない。そうした点を補うため、前述の方法に加え、三つ目の方法が用いられた。

　その方法とは、顕微鏡観察による微細な植物遺存体の析出である。乾燥した気候である海岸地域では、比較的に植物遺存体の保存状態が良いことが知られている。しかしながら、地下水との距離や埋蔵環境によって保存状態は左右されやすい。そこで、本研究では石器やヒョウタン製容器に付着する有機物や埋葬人骨の歯石をサンプリングし、これを顕微鏡観察することで微小植物遺存体の析出に努めた。これによって、土壌中では分解・破壊されてしまった可能性のある植物種の有無を明らかにすることができる。析出可能な微小植物遺存体とは、植物の組織に含まれ、なおかつ個々の生物種によって形態学的な差異が認められるような、デンプン粒やプラント・オパール[7]が挙げられる。ただし、これらのデータは、植物種の有無を解明することに留まるような定性的なデータとして扱われるのが一般的であるほか、コンタミネーション[8]の問題を孕んでいる。後者の可能性を極限まで排除するために、サンプリングや分析の過程では細心の注意を払っただけでなく、歯石や付着有機物という閉塞環境内にある微小植物遺存体のサンプリングを積極的に行った。

2．データセット2：コラムサンプルによる収集

　本項で実施したサンプリングによって、一定量の植物種子を析出することができた。植物種の同定を行ったバスケスらによると、その総数は100点にのぼり、CV-Ia期で79点、CV-Ib期で21点という内訳になっている［Vásquez and

表4-3 コラムサンプルから析出された植物種子の一覧

科(和名)	属・種(和名)	CV-Ia期	CV-Ib期	合計
Poaceae(イネ科)	Zea mays(トウモロコシ)	2	0	2
Malvaceae(アオイ科)	Gossypium barbadense(ワタ)	1	1	2
Solanaceae(ナス科)	Capsicum sp.(トウガラシ属)	1	0	1
Myrtaceae(フトモモ科)	Psidium guajava(グァバ)	23	0	23
	Psidium sp.(バンジロウ属)	15	0	15
Cucurbitaceae(ウリ科)	Cucurbita moschata(ニホンカボチャ)	0	1	1
	Lagenaria siceraria(ヒョウタン)	1	0	1
Fabaceae(マメ科)	Prosopis sp.(アルガロボ)	0	3	3
	Acacia sp.(アカシア属)	18	12	30
Cyperaceae(カヤツリグサ科)	Cyperus sp.(カヤツリグサ属)	3	0	3
	Scirpus sp.(クロアブラガヤ属)	1	0	1
未同定種子	—	14	4	18
	合計	79	21	100

[Vásquez and Rosales 2019b をもとに筆者作成]

Rosales 2019b]（表 4-3）。同定された種子のうち、もっとも多いのは果樹植物のグァバ（*Psidium guajava*）であり、同じバンジロウ属（*Psidium* sp.）の種子を含めればその数は計 38 点にものぼる［Vásquez and Rosales 2019b］。これだけの数のグァバの種子が CV-Ia 期に集中して報告されていることは興味深い。グァバは一つの果実に多くの種子を持つ点は憂慮すべきものの、これらが CE17 下層から CE20 上層の 4 層にわたって連続的に出土していることから、グァバが恒常的に利用されていたことは間違いないと考えられる。

　もう一つ興味深いのは、トウモロコシ（*Zea mays*）やトウガラシ（*Capsicum* sp.）、ニホンカボチャ（*Cucurbita moschata*）などが少数ながら同定されていることである［Vásquez and Rosales 2019b］。海岸地域におけるこれらの植物種の存在は、ワカ・プリエタ遺跡、パレドネス遺跡における近年の調査によっても確認され、その年代の古さが話題を呼んだ［eg. Grobman et al. 2012; Chiou et al. 2014］。とくに、海岸地域におけるトウモロコシの利用は、形成期早期以降、徐々に始まると考えられてきたのであり、従来の植物利用史を塗り替える調査成果であった。したがって 4200-3800 BC という年代幅を持つクルス・ベルデ遺跡のデータも同様に、初期植物利用の実態を示す貴重なものといえる。古期の早い段階から、北海岸の沿岸部でもこれらの植物利用が行われていたことは間違いない

だろう。

　このほか、アルガロボなどのProsopis属（*Prosopis* sp.）は、海岸地域の地下水が豊富な場所に植生がみられるマメ科の木本類であり、バスケスらが指摘しているように、良質な木材として利用される［Vásquez and Rosales 2019b］。ただし、同定資料がすべて種子であることを考えるならば、アルガロボの実を食用に利用していた可能性も十分に考えられる。

　食用ではない実用植物としては、ワタ（*Gossypium barbadense*）、ヒョウタン（*Lagenaria siceraria*）が出土している。このほか、アカシア属（*Acacia* sp.）は木材や燃料として利用された可能性が高く、トトラのような植物の種子としてカヤツリグサ属（*Cyperus* sp.）やクロアブラガヤ属（*Scirpus* sp.）の種子が報告されている［Vásquez and Rosales 2019b］。これらを編んだ植物製のマットなどが、埋葬遺構やマウンドの床面より出土していることから、そうした利用は一般的であったと考えられる。

3．データセット3：顕微鏡観察による析出

　顕微鏡観察による微小植物遺存体の析出が行われたのは、埋葬人骨の歯に付着する歯石と磨石、台石などの石器、およびヒョウタン製容器の内面などに付着する有機物である。

　人歯の出土が認められるほとんどの埋葬で歯石の付着が確認され、一般的に厚い歯石が堆積するような口腔環境にあったと推察される（**写真4-6**）。とくに大臼歯に厚い歯石が堆積することが多く、計5体の埋葬人骨からそれぞれ1～3本ほどの大臼歯と切歯を対象に歯石のサンプリングを行った。計7点の石器、1点のヒョウタン製容器を含め、試料の採取と準備、観察から同定までのすべての作業[9]は考古生物学研究所アルケオビオスにおいてバスケスらによって行われた［Vásquez and Rosales 2019c］。

（1）埋葬人骨の歯石から析出された微小植物遺存体

　バスケスらの報告によれば、計5体の埋葬人骨の歯石から採取されたすべて

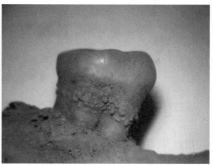

写真 4-6　埋葬人骨の歯に付着する歯石（ビクトル・バスケス撮影）

のサンプルで多くの微小植物遺存体が析出された［Vásquez and Rosales 2019c］。報告をもとに、筆者が整理しなおした表 4-4 と図 4-9 をみると、もっとも頻繁に析出されたのはトウモロコシ（*Zea mays*）であり、5 体すべての埋葬人骨の歯石から析出されている。

そのほか、カボチャ属（*Cucurbita* sp.）のプラント・オパールとデンプン粒やジャガイモ（*Solanum tuberosum*）のデンプン粒も確認されている［Vásquez and Rosales 2019c］。歯石から得られたこれらの微小植物遺存体のデータは、その試料の性格からして信頼性の高いものであり、上述のような植物を食資源として継続的に利用していたことを意味する。

（2）　石器から析出された微小植物遺存体

石器に関しては、6 点の磨石と 1 点の台石から試料が採取された。バスケスらの報告によれば、CV-Ia 期末の TM10 に共伴して出土した 2 つの硬質砂岩製磨石からは、トウモロコシのデンプン粒が顕著に析出されており、1 点のカボチャのデンプン粒も確認された［Vásquez and Rosales 2019c］（表 4-5、図 4-10）。また、CV-Ib 期の盛土から出土した 1 点の流紋岩製磨石からは、トウモロコシ、カボチャに加えてマニオク（*Manihot esculenta*）のデンプン粒も確認されている［Vásquez and Rosales 2019c］。CV-Ia 期と CV-Ib 期のすべての磨石と台石からトウモロコシのデンプン粒の存在が顕著にみられ、カボチャやマニオク、ジャガイモのデンプン粒も一定数が析出されていることから、これらの石器群が植物

215

第 4 章　食糧残滓からたどる資源利用

表 4-4　埋葬人骨の歯石から析出された微小植物遺存体

サンプル番号	埋葬番号	歯列番号	同定種	長さ x 幅 (ミクロン)	所見	フェイズ
CV-AL-01	TM3	#26（側切歯）#31（第2大臼歯）	トウモロコシ *Zea mays*	18.2 x 15.6	デンプン粒（多面体）	CV-Ib
				18.2 x 18.2	デンプン粒（多面体）	
				20.8 x 20.8	デンプン粒（多面体）、形成核が破損	
				15.6 x 13	デンプン粒（多面体）	
				15.6 x 15.6	デンプン粒（多面体）	
				18.2 x 15.6	デンプン粒（多面体）	
				15.6 x 13	デンプン粒（多面体）、形成核に亀裂	
			カボチャ属 *Cucurbita* sp.	10.4 x 10.4	デンプン粒（多角形状）	
				11.7 x 10.4	デンプン粒（卵型）	
				11.7 x 10.4	デンプン粒（多角形状）	
			ジャガイモ *Solanum tuberosum*	18.2 x 13	デンプン粒（楕円形）	
				15.6 x 15.6	デンプン粒（台形）	
				16.9 x 13	デンプン粒（楕円形）	
				13 x 10.4	デンプン粒（卵形）	
CV-AL-02	TM7	#25（第3大臼歯）#26（中切歯）#32（側切歯）	トウモロコシ *Zea mays*	18.2 x 18.2	デンプン粒（多面体）	CV-Ib
				20.8 x 18.2	デンプン粒（多面体）、形成核に亀裂	
				18.2 x 18.2	デンプン粒（多面体）	
				20.8 x 20.8	デンプン粒（多面体）	
				18.2 x 13	デンプン粒（多面体）	
			カボチャ属 *Cucurbita* sp.	11.7 x 11.7	デンプン粒（多角形状）	
CV-AL-03	TM8	#17（側切歯）#23（第3大臼歯）	ジャガイモ *Solanum tuberosum*	10.4 x 10.4	デンプン粒（球形）	CV-Ib
				13 x 13	デンプン粒（球形）	
				26 x 20.8	デンプン粒（楕円形）、保存状態良好	
			カボチャ属 *Cucurbita* sp.	13 x 13	デンプン粒（多角形状）	
			トウモロコシ *Zea mays*	20.8 x 18.2	デンプン粒（多面体）	
				18.2 x 13	デンプン粒（多面体）	
				14.3 x 14.3	デンプン粒（多面体）	
				18.2 x 18.2	デンプン粒（多面体）	
				18.2 x 16.9	デンプン粒（多面体）	
				14.3 x 14.3	デンプン粒（多面体）	
				19.5 x 13	デンプン粒（多面体）	
				18.2 x 16.9	デンプン粒（多面体）	
CV-AL-04	TM9	#24（中切歯）	ジャガイモ *Solanum tuberosum*	28.6 x 23.4	デンプン粒（卵形）	CV-Ib
				18.2 x 11.7	デンプン粒（楕円形）、横からみたもの	
			トウモロコシ *Zea mays*	18.2 x 18.2	デンプン粒（多面体）	
				14.3 x 14.3	デンプン粒（多面体）	
				15.6 x 13	デンプン粒（多面体）	
				15.6 x 13	デンプン粒（半球形）	
			同定不可		プラント・オパール	
CV-AL-05	TM10	#19 第1大臼歯	トウモロコシ *Zea mays*	20.8 x 18.2	デンプン粒（多面体）	CV-Ia
				14.3 x 13	デンプン粒（多面体）	
				18.2 x 15.6	デンプン粒（多面体）	
				18.2 x 15.6	デンプン粒（多面体）	
				18.2 x 14.3	デンプン粒（多面体）	
			カボチャ属 *Cucurbita* sp.	31.2 x 23.4	プラント・オパール	

［Vásquez and Rosales 2019c をもとに筆者作成］

第 2 節　植物資源の加工と消費

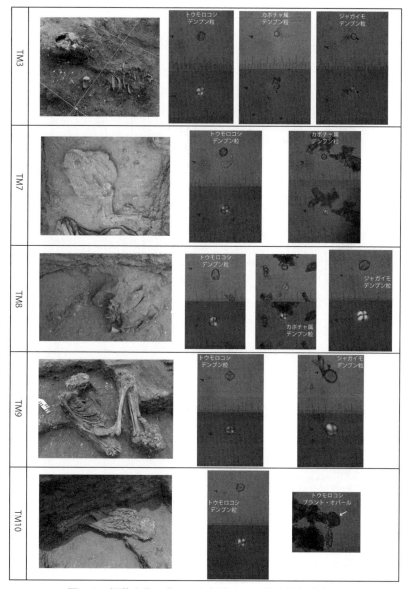

図 4-9　埋葬人骨の歯石から析出された微小植物遺存体
埋葬人骨の写真は筆者、微小植物遺存体はビクトル・バスケス撮影。各デンプン粒の写真は 2 枚ずつ提示しており、それぞれ上が普通光による顕微鏡写真、下が偏光による顕微鏡写真で植物種に特徴的な偏光十字が観察される。

第4章　食糧残渣からたどる資源利用

表4-5　石器から析出された微小植物遺存体

サンプル番号	遺物登録番号	出土地点	層位・共伴	石器分類	同定種	長さx幅(ミクロン)	所見	フェイズ
CV-AL-07	17CV-A-L095	O2N4	TM10	磨石	同定不可	46.8 x 39	プラント・オパール?	CV-Ia
					トウモロコシ Zea mays	13 x 13	デンプン粒(多面体)	
						18.2 x 15.6	デンプン粒(多面体)	
						15.6 x 15.6	デンプン粒(多面体)	
						16.9 x 15.6	デンプン粒(多面体)	
						13 x 13	デンプン粒(多面体)	
						13 x 10.4	デンプン粒(多面体)	
					カボチャ属 Cucurbita sp.	18.2 x 15.6	デンプン粒(半球体)	
					イネ科 Pooideae	13 x 13	デンプン粒(多面体)	
						78 x 15.6	プラント・オパール	
CV-AL-08	17CV-A-L118	O2N4	TM10	磨石	トウモロコシ Zea mays	18.2 x 18.2	デンプン粒(多面体)	CV-Ia
						18.2 x 15.6	デンプン粒(多面体)	
						18.2 x 16.9	デンプン粒(多面体)	
						20.8 x 18.2	デンプン粒(多面体)	
						15.6 x 15.6	デンプン粒(多面体)	
						16.9 x 14.3	デンプン粒(多面体)	
						26 x 18.2	デンプン粒(多面体)	
CV-AL-09	16CV2-A-L145	O1N5	hoyo3	台石(破片)	トウモロコシ Zea mays	15.6 x 15.6	デンプン粒(多面体)、形成核に穴	CV-Ib
						18.2 x 18.2	デンプン粒(多面体)	
						18.2 x 15.6	デンプン粒(多面体)	
						15.6 x 15.6	デンプン粒(多面体)	
						20.8 x 15.6	デンプン粒(多面体)	
					cf. ジャガイモ Solanum tuberosum	15.6 x 13	デンプン粒(先が断ち切られたような形、モロチョという品種に似る)	
						15.6 x 13	デンプン粒(台形)	

第2節　植物資源の加工と消費

試料番号	遺物番号	グリッド	層位	石器	種	計測値	形態	CV型
CV-AL-10	17CV-A-L043	O2N4	6層	磨石	トウモロコシ Zea mays	15.6 x 15.6	デンプン粒(多面体)	CV-Ia
						20.8 x 20.8	デンプン粒(多面体)	
						19.5 x 19.5	デンプン粒(多面体)	
					同定不可	18.2 x 18.2	穂軸のブラントオパール	
CV-AL-11	17CV-A-L058	O1S5	5層	磨石	トウモロコシ Zea mays	15.6 x 15.6	デンプン粒(卵形)	CV-Ib
						18.2 x 15.6	デンプン粒(多面体)	
						14.3 x 13	デンプン粒(多面体)	
						13 x 13	デンプン粒(多面体)	
						15.6 x 15.6	デンプン粒(多面体)	
CV-AL-12	17CV-A-L059	O1S5	5層	磨石	トウモロコシ Zea mays	15.6 x 15.6	デンプン粒(多面体)	CV-Ib
						23.4 x 20.8	デンプン粒(多面体)	
						18.2 x 18.2	デンプン粒(多面体)	
						20.8 x 20.8	デンプン粒(多面体)	
						18.2 x 15.6	デンプン粒(多面体)	
						16.9 x 16.9	デンプン粒(多面体)	
						16.9 x 15.6	デンプン粒(多面体)	
						18.2 x 16.9	デンプン粒(多面体)	
					マニオク Manihot esculenta	18.4 x 18.4	デンプン粒(半球体)	
					カボチャ属 Cucurbita sp.	28.6 x 26	ブラントオパール	
					未同定	44.2 x 36.4	ブラントオパール	
						23.4 x 10.4	ブラントオパール	
CV-AL-13	17CV-A-L101	O1N4	TM9	磨石	トウモロコシ Zea mays	20.8 x 18.2	デンプン粒(多面体)	CV-Ib
						14.3 x 13	デンプン粒(多面体)	
						13 x 10.4	デンプン粒(鐘形)	
						13 x 10.4	葉のブラントオパール	
					カボチャ属 Cucurbita sp.	13 x 10.4	デンプン粒(多角形状)	
							デンプン粒(多角形状)	
					マニオク Manihot esculenta	23.4 x 23.4/26 x 23.4	デンプン粒(半球体)	
					ジャガイモ Solanum tuberosum	13 x 11.7	デンプン粒楕円形	

[Vásquez and Rosales 2019c をもとに筆者作成]

第 4 章　食糧残滓からたどる資源利用

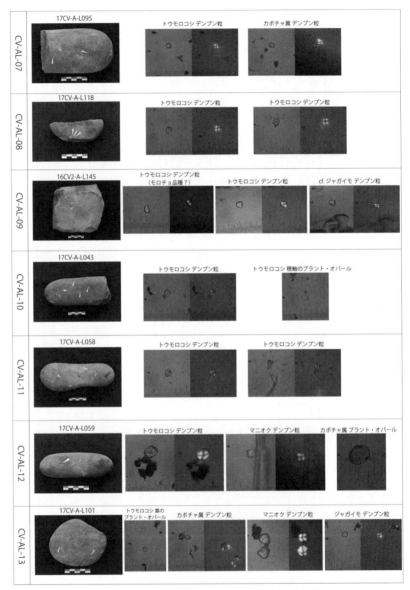

図 4-10　石器から析出された微小植物遺存体

石器の写真は筆者撮影、微小植物遺存体はビクトル・バスケス撮影。各デンプン粒の写真は 2 枚ずつ提示しており、それぞれ左が普通光による顕微鏡写真、右が偏光による顕微鏡写真で植物種に特徴的な偏光十字が観察される。

加工に利用されていたと考えてよいだろう。バスケスらは、デンプン粒の大きさを根拠として、これらの植物を栽培種であると想定している［Vásquez and Rosales 2019c］。なお、マニオクには有毒の品種が現在でも多く確認されており、ジャガイモも野生種は毒素を含むものが多い。そうした植物を利用するために、すり潰してあく抜きをするなどの加工が必要であった可能性は高い。植物加工に用いた磨石や台石が A-2 マウンドから出土していることをふまえれば、クルス・ベルデ遺跡において、そうした活動が行われていたと考えてよい。

（3） ヒョウタン製容器から析出された微小植物遺存体

TM10 と共伴して 1 点のヒョウタン製容器が出土した。この内面に付着する有機物から試料が採取された[10]。バスケスらの報告は、トウモロコシとジャガイモのデンプン粒が顕著に析出されたことを示している（**表 4-6**）［Vásquez and Rosales 2019c］。トウモロコシだけでなく、ジャガイモの利用もまた CV-Ia 期末に遡ることが明らかであり、ヒョウタン製容器に入れられていた内容物は、これら 2 つの食用植物起源のものであったと考えられよう。そうしたヒョウタン製容器の利用

表 4-6　ヒョウタン製容器から析出された微小植物遺存体

サンプル番号	遺物登録番号	出土地点	層位・夾件	石器分類	同定種	長さx幅(ミクロン)	所見	フェイズ
CV-AL16	17CV-A-P68	O2N4	TM10	ヒョウタン製容器	ジャガイモ Solanum tuberosum	24.7 x 20.8	デンプン粒(楕円)、保存状態良好	CV-Ia
						13 x 13	デンプン粒(台形)	
						18.2 x 15.6	デンプン粒(楕円)	
						14.3 x 10.4	デンプン粒(楕円)	
					トウモロコシ Zea mays	13 x 10.4	デンプン粒(多面体)	
						13 x 13	デンプン粒(多面体)	
						13 x 13	デンプン粒(多面体)	
						20.8 x 18.2	デンプン粒(多面体)	
						18.2 x 18.2	デンプン粒(多面体)	

［Vásquez and Rosales 2019c をもとに筆者作成］

が、埋葬行為に際したものであったのか、それ以前の利用によるものであったのかは不明である。ただし、ヒョウタン製容器が口を下にして裏返され、埋葬遺体の頭部を支えていたことから、この時点で容器の中に内容物が入っていなかったか、入っていたとしてもこぼれていた可能性もある。

(4) クルス・ベルデ遺跡で析出された微小植物遺存体の意義

　以上にみてきたように、埋葬人骨の歯石と石器、ヒョウタン製容器から採取した試料の顕微鏡観察の結果、前述の2つのサンプリング方法では析出されなかった食用植物の利用実態が明らかになってきた［cf. Vásquez and Rosales 2019c］。クルス・ベルデ遺跡の近隣に位置するワカ・プリエタ遺跡やパレドネス遺跡における近年の調査でも明らかになりつつあるように、北海岸における古期漁撈民の植物利用については現在大きな注目が集まっている。しかしながら、その類例がほかに報告されていないことや、これまでの海岸地域における植物利用として想定されてきた年代を大きく遡ることから、この時代におけるトウモロコシなどの植物利用においては容易に受け入れられているとは言えない。

　しかし、こうした状況の中で、前項と本項で提示した植物利用のデータは、古期の北海岸における植物利用を改めて裏付ける結果となった。クルス・ベルデ遺跡のデータは、チカマ川流域沿岸部におけるトウモロコシの利用が4000 BC以前に遡ることを明らかに支持している。中央アンデス地域におけるトウモロコシ利用の最古級のデータとして、クルス・ベルデ遺跡のデータも位置づけられるといえる。

　トウモロコシ利用について、ワカ・プリエタ遺跡、パレドネス遺跡との共通性が確認されている一方で、微小植物遺存体の析出状況には、異なる点も散見される。ワカ・プリエタ遺跡では、土壌中のデンプン粒の分析に加えて、2009年に発掘された9体と、バードらの発掘調査によって収集された別の9体の埋葬人骨の歯石が分析された［Piperno et al. 2017］。2009年に発掘されたものでは、9試料中でデンプン粒が確認されたのは2試料にとどまり、1試料については同定不可、もう1試料についてはリマビーンズとみられるインゲンマメ属

のデンプン粒が1点析出されただけであった。また、バードらの発掘調査によって出土し、アメリカの自然史博物館に保管されている人骨より採取した8試料でも、デンプン粒が析出されたのは3試料に留まっている。3つの試料から調理されたインゲンマメ属のデンプン粒が確認され、1試料からニホンカボチャ（*Cucurbita moschata*）と同定されたデンプン粒が析出された。埋葬人骨の年代は4000-2200 cal BCのものである［Piperno et al. 2017］。

　クルス・ベルデ遺跡におけるすべての歯石からはトウモロコシが確認されており、インゲンマメ属は乾燥・水洗選別の資料と合わせてまったく確認されていないなど、ワカ・プリエタ遺跡のデータと比べて対照的である。ワカ・プリエタ遺跡における歯石中デンプン粒の析出数自体が少ないため、保存状況などに起因する可能性も否めないが、そのほかの資料を対象とした微小植物遺存体の分析でも同様の差異が指摘できる。パレドネス遺跡から出土した1点のヒョウタン製容器（4500-4400 cal BC）からもトウモロコシは析出されず、インゲンマメ属とパカエ（*Inga feuillei*）のデンプン粒が析出されていた。また、同遺跡の1点の磨石（4600-4500 cal BC）でもカボチャ（*Cucurbita* sp.）が析出されるだけである［Piperno et al. 2017］。一方のワカ・プリエタ遺跡とパレドネス遺跡の土壌中と刃器などの剝片石器の刃部からはトウモロコシのデンプン粒が多く確認されている［Piperno et al. 2017］。

　トウモロコシの大型植物遺存体が出土していることから、ワカ・プリエタ遺跡とパレドネス遺跡においてトウモロコシが利用されていたことに間違いはないものの、食利用と直結する歯石のデータにクルス・ベルデ遺跡との差異がみられることをどのように評価すればいいのだろうか。少なくとも、多くのデンプン粒が析出されているクルス・ベルデ遺跡のデータにインゲンマメ属の存在が確認できないことは確かであり、クルス・ベルデ遺跡とそのほかの2遺跡の間で異なる植物利用の傾向があった可能性は指摘できるだろう。

　さらに重要な点として、クルス・ベルデ遺跡のCV-Ia期、CV-Ib期の両時期から析出されたジャガイモと、CV-Ib期で析出されたマニオクはワカ・プリエタ、パレドネス両遺跡で確認されていないことが挙げられる。クルス・ベルデ遺跡で析出された両種は、ともに中央アンデスの海岸地域における最も古い事

例となる[11]。とくにジャガイモは標高4,000mを超える高地に栽培化の起源地があるというのが定説である［cf. 大山ほか2009］。アンデス高地から搬入された可能性もあるが、そのほかの考古遺物で高地との交流を示す証拠は認められず、高地においても沿岸部の物品が持ち込まれた事例は報告されていない。クルス・ベルデ遺跡から20kmほど離れたセロ・カンパーナと呼ばれる海岸丘陵のロマス植生に、ジャガイモの野生種とされる植物（*Solanum mochiquense*）が自生している点［cf. Dillon 2005: 141; Ochoa 1999: 803］は興味深いものの、これらの塊茎類が高地から搬入されたものか、海岸地域で独自に採集もしくは栽培されたものかを解明するにはさらなる検証が必要といえる。

第3節　貝類の採集活動と資源利用戦略

　前節までみてきたように、CV-Ia期からCV-Ib期にかけてA-2マウンドに積み上げられていった動植物遺存体出土状況は、とくに大型動物利用に関して顕著な変化がおきていたことを示唆している。本節では、貝類遺存体に着目した動物考古学的な分析を実施し、そうした変化に伴う貝類の利用傾向の変化と要因を探っていく。

1．分析対象資料と出土状況

　本書における分析の対象となるのは、マウンドを形成する盛土から出土した貝類である。これに加え、古期の貝類利用の特徴を浮き彫りにするための比較材料として、形成期早期の居住域とみられるB-1マウンドから出土したCV-Ic期（2800 cal BC）の資料も併せて分析を行った［cf. Shoji 2018］。
　CV-Ia期とCV-Ib期の分析対象資料は、A-2マウンドの上に設けられた2m四方のグリッドのうち、マウンドの南側に位置するO1S5、O1S7グリッドおよび、北側のO2N4グリッドにあたる計3地点から出土したものである（図4-11）。マウンドの中心を挟んで南側と北側に位置するグリッドを選んだ理由として、調査地点の偏りを避けることと、地山までの一連の地層から出土した資料を扱うことのできる完掘されたグリッドであることが挙げられる。一方、形成期早期、CV-Ic期の分析対象資料は、B-1マウンドのO13S21、O13S25グリッドから出土したものである。
　すでに第2章で述べてきたように、CV-Ia期とCV-Ib期の貝類遺存体は、マウンドの形成過程に伴ってA-2マウンドに積み上げられるように残された食糧残滓といえ、そうした反復的な廃棄活動はマウンドを形成してきた行為の根幹をなしていたといえる。対する形成期早期の活動が認められるB-1マウンドでは、そうした盛土層は確認されていない。積み重なる活動面とその堆積層から出土する考古遺物はA-2マウンドと比較して非常に少なく、動植物遺存体

第4章　食糧残渣からたどる資源利用

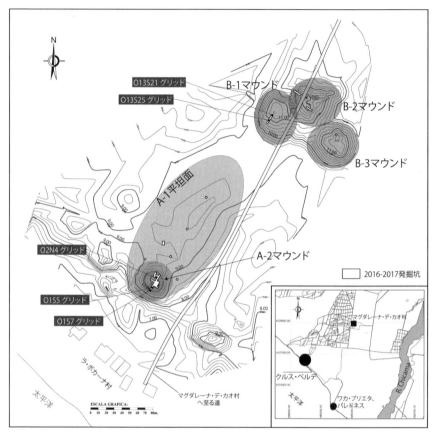

図4-11　分析対象資料の出土した発掘グリッドの位置

も例外ではない。

2. 貝類の種同定と定量分析

　上述のような資料は、すべて発掘作業の中で考古学的層位に基づいて収集された。また、掘削した土は層位・グリッドごとに12mmメッシュの篩にかけられ、破片資料・完形資料に関わらず、篩に残されたすべての動物遺存体が回収された。こうした定量的なサンプリング方法によって収集された貝類の同定資

料数（NISP）は、CV-Ia 〜 CV-Ic 期を総じて 5083 点であり、後述する最小個体数（MNI）は 4186 点である。また、5 つのグリッドの発掘から得られた排土の総量は CV-Ia 期に当たるもので 5.298m³、CV-Ib 期は 5.091m³、CV-Ic 期は 5.352m³ となる。

（1） 分析の方法

貝類を対象にした種同定分析は、生物考古学研究所アルケオビオスに保管されている現生標本および、ロス・ガビラーネス遺跡から出土した貝類標本との比較によって行われたほか、本研究対象地域に隣接する海域の貝類を網羅的に記録した文献も適宜補足的に参照された［eg. Álamo and Valdivieso 1997; Dall 1909; Keen 1971; Zuñiga 2002a; Schwabe 2010］（表 4-7）。また、甲殻類・棘皮動物についても同様である［eg. Chirichigno 1970; Zuñiga 2002b］。なお、これらの同定作業と定量分析は、ビクトル・バスケス氏の指導のもと筆者がすべて実施した。

これらの同定分析は貝類が出土した層位およびグリッドごとに実施され、同定種ごとにその出土点数を記録した。そののち、CV-Ia 期と CV-Ib 期に分けてその総数を合算し、各時期の貝類の利用状況を整理した。出土数による数量的分析には、完形、破片に関わらず種が同定された資料の総数を算出する同定資料数（NISP）のほかに、同一個体と思われる複数の破片のカウントを防ぐために各個体が一つずつ持つような特徴的な要素（Non-repetitive elements）［cf. Harris et al. 2015］の点数を算出する最小個体数（MNI）[12]、および重量が用いられた。ただし、甲殻類や棘皮動物（ウニなど）については最小個体数の算出が難しいため、同定資料数と重量のみが利用されている。これ以外の種についての各時期の量的な比較には前述の最小個体数（MNI）と、各時期の全最小個体数中にその同定種の最小個体が占める割合（%）が用いられた。

（2） 最小個体数の通時的変化

分析によって種同定された遺存体の資料数（NISP）は貝類が 5009 点、甲殻類が 66 点、棘皮動物（ウニなど）が 8 点となった。貝類のうち、多板綱（ヒザラ

第4章 食糧残滓からたどる資源利用

表4-7 クルス・ベルデ遺跡から出土した無脊椎動物同定種の分類と和名

No.	分類	科	属・種	英名	和名
	多板綱 (ヒザラガイなど)		属・種		
1		Chitonidae	*Enoplochiton niger*	Chiton	ヒザラガイ類
	腹足綱 (カサガイなど)				
2		Fissurellidae	*Fissurella peruviana*	Limpet	カサガイ類
3		Fissurellidae	*Fissurella limbata*	Limpet	カサガイ類
4		Fissurellidae	*Fissurella crassa*	Limpet	カサガイ類
5		Fissurellidae	*Fissurella latimarginata*	Limpet	カサガイ類
6		Fissurellidae	*Fissurella maxima*	Limpet	カサガイ類
	腹足綱(巻貝)				
7		Tegulidae	*Tegula atra*	Sea snail	クボガイ科
8		Tegulidae	*Tegula euryomphalus*	Sea snail	クボガイ科
9		Turbinidae	*Prisogaster niger*	Sea snail	リュウテンサザエ科
10		Cerithiidae	*Cerithium stercusmuscarum*	Sea snail	オニノツノガイ科
11		Calyptraeidae	*Crepipatella dilatata*	Sea snail	―
12		Naticidae	*Sinum cymba*	Sea snail	タマガイ科
13		Naticidae	*Polinices uber*	Sea snail	タマガイ科
14		Bursidae	*Bursa ventricosa*	Sea snail	オキニシ科
15		Muricidae	*Xanthochorus buxea*	Sea snail	アッキガイ科
16		Muricidae	*Thais haemastoma*	Rock snail	アッキガイ科
17		Muricidae	*Thais chocolata*	Sea snail	チョコレートレイシ
18		Muricidae	*Thais delessertiana*	Sea snail	アッキガイ科
19		Muricidae	*Crassilabrum crassilabrum*	Sea snail	アッキガイ科
20		Muricidae	*Concholepas concholepas*	Chilean abalone	アッキガイ科
21		Nassariidae	*Nassarius dentifer*	Nassa mud snails	オリイレヨフバイ科
22		Olividae	*Oliva peruviana*	Peruvian olive	マクラガイ科
23		Mitridae	*Mitra orientalis*	Sea snail	フデガイ科
24		Cancellariidae	*Cancellaria decussata*	Sea snail	コロモガイ科
25		Cancellariidae	*Cancellaria urceolata*	Sea snail	コロモガイ科
	二枚貝綱				
26		Mytilidae	*Choromytilus chorus*	Chorus mussel	チリイガイ
27		Mytilidae	*Perumytilus purpuratus*	-	イガイ科
28		Mytilidae	*Semimytilus algosus*	-	イガイ科
29		Cardiidae	*Trachycardium procerum*	-	ザルガイ科
30		Veneridae	*Protothaca thaca*	Clam	オオヌノメアサリ
31		Veneridae	*Eurhomalea rufa*	Clam	マルスダレガイ科
32		Veneridae	*Petricola rugosa*	Clam	マルスダレガイ科
33		Semelidae	*Semele corrugata*	Clam	アサジガイ科
34		Donacidae	*Donax obesulus*	Bean clam	シオサザナミガイ科
	海生甲殻類				
35		Platyxanthidae	*Platyxanthus orbignyi*	Crab	ヒラオウギガニ科
	淡水生甲殻類				
36		Palaemonidae	*Macrobrachium* sp.	Red claw shrimp	テナガエビ属
37		Pseudothelphusidae	*Hypolobocera* sp.	Crab	ヒメイソオウギガニ上科
	棘皮動物 (ウニなど)				
38		Arbaciidae	*Tetrapygus niger*	Sea urchin	-

第3節 貝類の採集活動と資源利用戦略

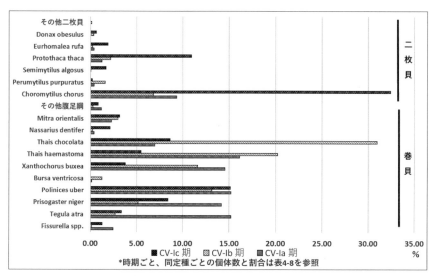

図 4-12　クルス・ベルデ遺跡から出土した貝類の各時期における同定個体数の割合
（MNI, %）

ガイなど2つ以上の殻で構成される）は4点、腹足綱（巻貝およびカサガイなど）は3619点、二枚貝綱（二枚貝）は1386点という内訳になっている。時期ごとの資料数（NISP）はCV-Ia期で1858点、CV-Ib期で2531点、CV-Ic期で694点である。これらの同定種の出土点数の一覧を表4-8に示した。このうち、最小個体数（MNI）が全体の1%に満たないものを「その他」にまとめ、各時期の出土点数の割合をグラフで示して比較したものが図4-12となる。なお、カサガイなどの Fissurella 属に関しては、CV-Ia期で一定の出土量が認められるものの、貝種ごとの出土量は少ないため、図では属のレベルで同定個体数をまとめて提示している。さらに、貝類のうち二枚貝、巻貝、多板綱の割合、および生息環境［cf. Álamo and Valdivieso 1997］で分類したものの割合を時期ごとに示した（図4-13、14）。

CV-Ia期では、利用された貝類の大部分が巻貝（86%）であり、生息地に関しても、大部分が岩礁地帯の生物種であるため（80%）、採集活動は岩礁地帯で多く行われていたといえる（図4-13、14）。一方で、各同定種の割合は相対的に均

229

第4章 食糧残滓からたどる資源利用

表 4-8 古期のクルス・ベルデ遺跡から出土した各時期の貝類最小個体数・同定資料数・

No.	同定種	CV-Ia 期(4200-4000 cal BC)						CV-Ib 期 (4000-3800 cal			
		MNI	%	NISP	%	重量 (g)	%	MNI	%	NISP	%
	多板綱(ヒザラガイなど)										
1	Enoplochiton niger	4	0.3	4	0.2	7.0	0.1	—		—	
	腹足綱(カサガイなど)										
2	Fissurella peruviana	16	1.0	16	0.9	75.0	1.1	1	0.0	1	0.0
3	Fissurella limbata	3	0.2	3	0.2	15.0	0.2	1	0.0	1	0.0
4	Fissurella crassa	2	0.1	2	0.1	30.0	0.5	1	0.0	1	0.0
5	Fissurella latimarginata	7	0.5	7	0.4	138.0	2.1	—		—	
6	Fissurella maxima	10	0.6	10	0.5	104.0	1.6	—		—	
	腹足綱(巻貝)										
7	Tegula atra	236	15.2	270	14.5	1034.0	15.5	58	2.7	62	2.4
8	Tegula euryomphalus	—		—		—		—		—	
9	Prisogaster niger	220	14.2	225	12.1	416.0	6.2	111	5.1	118	4.7
10	Cerithium stercusmuscarum	3	0.2	3	0.2	5.0	0.1	—		—	
11	Crepipatella dilatata	1	0.1	1	0.1	1.0	0.0	1	0.0	1	0.0
12	Sinum cymba	1	0.1	1	0.1	4.0	0.1	3	0.1	3	0.1
13	Polinices uber	236	15.2	237	12.8	377.0	5.7	284	13.1	285	11.3
14	Bursa ventricosa	2	0.1	2	0.1	20.0	0.3	27	1.3	27	1.1
15	Xanthochorus buxea	226	14.6	226	12.2	270.7	4.1	251	11.6	252	10.0
16	Thais haemastoma	250	16.1	250	13.5	662.0	9.9	437	20.2	438	17.3
17	Thais chocolata	108	7.0	109	5.9	438.0	6.6	669	31.0	679	26.8
18	Thais delessertiana	1	0.1	1	0.1	5.0	0.1	—		—	
19	Crassilabrum crassilabrum	—		—		—		1	0.0	1	0.0
20	Concholepas conchopas	5	0.3	5	0.3	198.0	3.0	—		—	
21	Nassarius dentifer	6	0.4	6	0.3	3.0	0.0	5	0.2	5	0.2
22	Oliva peruviana	—		—		—		—		—	
23	Mitra orientalis	35	2.3	35	1.9	62.0	0.9	64	3.0	64	2.5
24	Cancellaria decussata	3	0.2	3	0.2	2.0	0.0	—		—	
25	Cancellaria urceolata	—		—		—		1	0.0	1	0.0
	二枚貝綱(二枚貝)										
26	Choromytilus chorus	145	9.3	369	19.9	2384.0	35.8	147	6.8	426	16.8
27	Perumytilus purpuratus	6	0.4	8	0.4	7.5	0.1	34	1.6	61	2.4
28	Semimytilus algosus	—		—		—		1	0.0	1	0.0
29	Trachycardium procerum	—		—		—		1	0.0	1	0.0
30	Protothaca thaca	19	1.2	31	1.7	240.0	3.6	47	2.2	68	2.7
31	Eurhomalea rufa	6	0.4	6	0.3	81.0	1.2	5	0.2	6	0.2
32	Petricola rugosa	—		—		—		1	0.0	1	0.0
33	Semele corrugata	—		—		—		1	0.0	1	0.0
34	Donax obesulus	—		—		—		8	0.4	10	0.4
35	Chthamalus sp.										
	海生甲殻類										
36	Platyxanthus orbignyi	—		28	1.5	45.0	0.7	—		15	0.6
	淡水生甲殻類										
37	Macrobrachium sp.	—		—		—		—		1	0.0
38	Hypolobocera sp.	—		—		—		—		1	0.0
	棘皮動物(ウニなど)										
39	Tetrapygus niger										
	未同定甲殻類										
40	未同定甲殻類	—		—		32.0	0.5	—		—	
	合計	1551		1858		6656.2		2160		2531	

230

第3節 貝類の採集活動と資源利用戦略

重量一覧

BC)			CV-Ic 期 (2800 cal BC)						合計					
重量(g)	%		MNI	%	NISP	%	重量(g)	%		MNI	%	NISP	%	重量(g)	%
—	—		—	—	—	—	—	—		4	0.1	4	0.1	7.0	0.0
2.0	0.0		6	1.3	6	0.9	8.0	0.2		23	0.5	23	0.5	85.0	0.4
3.0	0.0		—	—	—	—	—	—		4	0.1	4	0.1	18.0	0.1
8.0	0.1		—	—	—	—	—	—		3	0.1	3	0.1	38.0	0.2
—	—		—	—	—	—	—	—		7	0.2	7	0.1	138.0	0.6
—	—		—	—	—	—	—	—		10	0.2	10	0.2	104.0	0.5
226.0	1.9		16	3.4	25	3.6	66.5	1.7		310	7.4	357	7.0	1326.5	6.0
—	—		1	0.2	1	0.1	5.0	0.1		1	0.0	1	0.0	5.0	0.0
209.5	1.8		40	8.4	47	6.8	58.5	1.5		371	8.9	390	7.7	684.0	3.1
—	—		—	—	—	—	—	—		3	0.1	3	0.1	5.0	0.0
4.0	0.0		1	0.2	1	0.1	1.0	0.0		3	0.1	3	0.1	6.0	0.0
11.0	0.1		—	—	—	—	—	—		4	0.1	4	0.1	15.0	0.1
645.0	5.6		72	15.2	72	10.4	117.0	3.0		592	14.1	594	11.7	1139.0	5.1
158.0	1.4		—	—	—	—	—	—		29	0.7	29	0.6	178.0	0.8
457.0	3.9		18	3.8	18	2.6	32.0	0.8		495	11.8	496	9.8	759.7	3.4
1404.0	12.1		26	5.5	26	3.7	84.0	2.2		713	17.0	714	14.0	2150.0	9.7
4501.0	38.8		41	8.6	44	6.3	445.5	11.5		818	19.5	832	16.4	5384.5	24.3
—	—		—	—	—	—	—	—		1	0.0	1	0.0	5.0	0.0
3.0	0.0		—	—	—	—	—	—		1	0.0	1	0.0	3.0	0.0
—	—		—	—	—	—	—	—		5	0.1	5	0.1	198.0	0.9
4.5	0.0		10	2.1	10	1.4	5.0	0.1		21	0.5	21	0.4	12.5	0.1
—	—		1	0.2	1	0.1	3.1	0.1		1	0.0	1	0.0	3.1	0.0
112.0	1.0		15	3.2	16	2.3	30.0	0.8		114	2.7	115	2.3	204.0	0.9
—	—		—	—	—	—	—	—		3	0.1	3	0.1	2.0	0.0
1.0	0.0		1	0.2	1	0.1	1.0	0.0		2	0.0	2	0.0	2.0	0.0
2706.0	23.3		154	32.4	289	41.6	1935.0	49.9		446	10.7	1084	21.3	7025.0	31.7
51.0	0.4		1	0.2	1	0.1	1.0	0.0		41	1.0	70	1.4	59.5	0.3
0.3	0.0		8	1.7	14	2.0	6.0	0.2		9	0.2	15	0.3	6.3	0.0
8.0	0.1		—	—	—	—	—	—		1	0.0	1	0.0	8.0	0.0
950.0	8.2		52	10.9	81	11.7	678.0	17.5		118	2.8	180	3.5	1868.0	8.4
81.0	0.7		9	1.9	9	1.3	103.5	2.7		20	0.5	21	0.4	265.5	1.2
2.0	0.0		—	—	—	—	—	—		1	0.0	1	0.0	2.0	0.0
3.0	0.0		—	—	—	—	—	—		1	0.0	1	0.0	3.0	0.0
7.0	0.1		3	0.6	3	0.4	4.5	0.1		11	0.3	13	0.3	11.5	0.1
8.0	0.1		—	—	—	—	—	—		—	—	—	—	8.0	0.0
29.5	0.3		—	—	21	3.0	58.5	1.5		—	—	64	1.3	133.0	0.6
—	—		—	—	—	—	—	—		1	0.0	—	—	0.0	0.0
1.0	0.0		—	—	—	—	—	—		1	0.0	1	0.0	1.0	0.0
—	—		—	—	8	1.2	4.5	0.1		—	—	8	0.2	4.5	0.0
13.0	0.1		—	—	—	—	230.0	5.9		—	—	—	—	275.0	1.2
11608.8			473		694		3877.6			4186		5083		22142.6	

第 4 章　食糧残滓からたどる資源利用

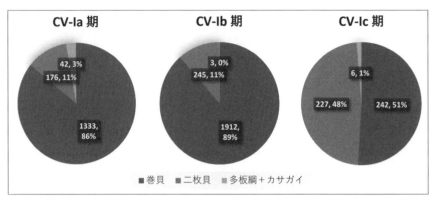

図 4-13　クルス・ベルデ遺跡から出土した貝類における巻貝、二枚貝、多板綱の割合

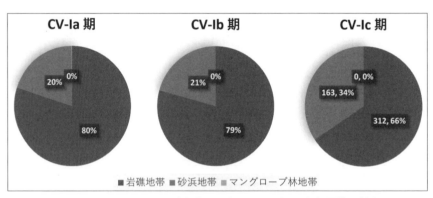

図 4-14　クルス・ベルデ遺跡から出土した貝類の生息環境の割合

一であり、20％を越えるような割合で優占的に出土が認められる貝種は存在しない（図 4-12）。二枚貝の内訳においては、チリイガイ（*Choromytilus chorus*）の優占的な出土傾向が認められ、そのほかの二枚貝の出土は相対的に少ないことがわかる。

それに対して CV-Ib 期では、巻貝および岩礁地帯に生息する生物種の割合は CV-Ia 期とほぼ変わらないものの、チョコレートレイシ（*Thais chocolata*）という巻貝が貝類全体のうち 31％を占めるなど、その出土点数は大きく増加する（図 4-13、14）。すなわち、巻貝と岩礁地帯の貝類の利用ではチョコレートレイシの

利用が目立つ一方で、そのほかの巻貝（*Tegula atra, Prisogaster niger*）の利用は相対的に減少する。二枚貝の利用については、巻貝ほどの大きな変化はないようだが、チリイガイの数はやや減少し、代わってオオヌノメアサリ（*Protothaca thaca*）とより小さなサイズのイガイ（*Perumytilus purpuratus*）が増加する。

　CV-Ic 期では、貝類における巻貝と二枚貝の割合が大きく変化しほぼ半分の割合をそれぞれが占めるようになる（図 4-13）。これは、同定個体数におけるチリイガイの大幅な増加（32％）を反映している。また、オオヌノメアサリの出土数も明らかに増加しており、二枚貝の利用のうち、この 2 種が優占的であったことを示している。小さなサイズのイガイは、*Perumytilus purpuratus* から、同様のサイズのイガイである *Semimytilus algosus* の利用へと変化がみられる。巻貝については、相対的にその出土数の割合が減少している。とくに、CV-Ib 期で優占的に利用されていたチョコレートレイシや *Thais haemastoma*、*Xanthochorus buxea* の数は大きく減少する。

3．個体サイズの多様性と採集圧

（1）　分析の方法

　前項で明らかにした CV-Ia 期から CV-Ic 期における利用貝種の変動をふまえ、さらに貝類採集活動の変化に迫っていくため、3 種の貝類を対象とした個体サイズの計測を実施した。この分析の対象となったのは、クルス・ベルデ遺跡から出土した貝類のうち特に特徴的な出土量の変動を示す、オオヌノメアサリとチリイガイの 2 種の二枚貝、および巻貝のチョコレートレイシである（写真 4-7）。

　本分析の目的は、クルス・ベルデ遺跡で利用されていた各同定種の個体サイズの平均とそのバリエーションを明らかにし、各動物種に対する採集圧の変化を推定することにある。一般的に、これらの貝類をそれぞれが生息する自然環境のなかで採集する時、個体の見つけやすさとその利用価値から、個体サイズのより大きなものを採集するようにバイアスがかかると考えられている［cf.

第4章 食糧残滓からたどる資源利用

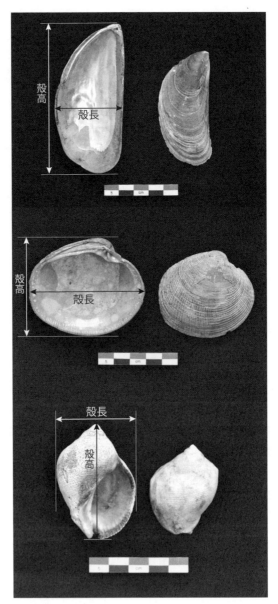

写真 4-7　個体サイズの計測方法（筆者撮影）
写真は上からチリイガイ、オオヌノメアサリ、チョコレートレイシ。

Mannino and Thomas 2002: 459-460]。そのため、人間集団による採集活動に対して、自然界におけるある生物種の個体群[13]の規模に余剰があれば、遺跡から出土する貝類の個体サイズのバリエーションはより大きなものに偏ると想定できる。反対に、採集活動がある生物種の個体群規模に対して過剰であったとするならば、より小さな個体にまでその利用が及ぶはずである。つまり、遺跡から出土する貝類とは、人間によって利用され廃棄された個体群であり、その個体サイズのバリエーションは、ある同定種に対する人間集団の採集圧と密接にかかわっている。本節では、この相対的な差異を3時期の通時的な比較を通して求めていく。ただし、採集圧が変化する要因には、人間集団の採集活動の変化だけでなく、個体群自体の変化も想定しなければならない。

　個体サイズの計測は、出土資料のうち貝殻の80％以上が残存している個体を対象とし、貝殻の殻頂から縁辺にかけての距離（殻高）および、それと直角に交わる縁辺と縁辺を結んだ最大長（殻長）をそれぞれ測定した。貝殻の残存率が高いとしても測定部に欠損がみられるものなどは除外している。

（2）　個体サイズの多様性と採集圧

　上述のような、特徴的な出土量の変動を示す3種の貝類（*Choromytilus Chorus*、*Protothaca thaca*、*Thais chocolata*）の個体サイズを計測し、各時期のバリエーションをグラフに示した（図4-15）。箱ひげ図は、個体サイズの多様性を示すためのものであり、個体群をサイズ順に並べて4つのグループに分割し、全体の4分の1の個体にそれぞれどれほどの値の不均等性があるかを示している。すなわち、上と下に伸びる「ひげ」と2分割された「箱」がそれぞれ長くなるほど、25％の個体群における不均等性が大きく、短くなるほどに個体サイズが近似していることを意味している。

　チリイガイの場合、97点の個体を計測した。これら97点のうち、中間的なサイズを示した50％の個体は、それぞれ87.55 〜 103.10mm（CV-Ia 期）、65.88 〜 95.84mm（CV-Ib 期）、70.18 〜 87.95mm（CV-Ic 期）のバリエーションを示しており、サイズの減少が認められる（図4-15）。時期が新しくなるにつれて、個体サイズの平均値と最小値もともに減少している一方で最大値はほぼ変化がみ

第4章　食糧残滓からたどる資源利用

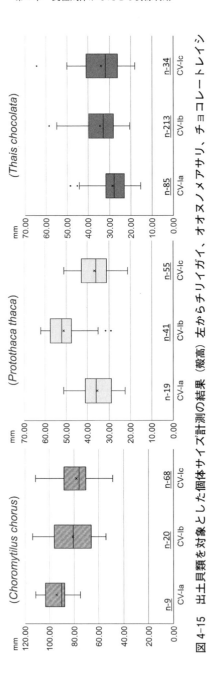

図4-15　出土貝類を対象とした個体サイズ計測の結果（殻高）左からチリイガイ、オオヌノメアサリ、チョコレートレイシ

られない。つまり、チリイガイの個体サイズは時期が下るにつれて、サイズの小さな個体も多く利用するようになり、個体間の不均等性が大きくなっていることがわかる。すなわち、チリイガイに対する採集圧は時期を追うごとに大きくなっていったと解釈できる。

オオヌノメアサリの場合、115点の個体が計測された。このうち中間的なサイズを示した50%の個体群は、28.90～40.90mm（CV-Ia期）、47.53～57.45mm（CV-Ib期）、31.10～42.70mm（CV-Ic期）のバリエーションを示している（図4-15）。個体サイズの不均等性は3時期を通してほぼ変わらないが、CV-Ib期において、個体群の平均値と最大・最小値ともにサイズの増大が認められる。すなわち、オオヌノメアサリの個体サイズの変化は、CV-Ib期において、前後の2時期よりも大きな個体を採集して利用する傾向にあったといえる。そのため、この時期においてオオヌノメアサリに対する採集圧は低くなったことがわかる。

最後のチョコレートレイシは、332点の個体が計測された。これら332点のうち、中間的なサイズを示

した 50％ の個体群は、23.15 〜 31.85mm（CV-Ia 期）、28.25 〜 39.65mm（CV-Ib 期）、26.28 〜 40.85mm（CV-Ic 期）のバリエーションを示している（図 4-15）。個体サイズの最小値と最大値、平均値は CV-Ia 期で最も低く、CV-Ib 期において増大し、CV-Ic 期になってやや減少する。このことから、チョコレートレイシに対する採集圧は、CV-Ia 期に大きく、CV-Ib 期になって減少したことがうかがえる。

4．多様度指数・均等度指数からみた利用貝種の多様性

（1）　分析の方法

　最後に、貝類などの無脊椎動物を対象とした資源利用傾向の変化を探るため、出土貝類の種の多様性について分析を行う。考古学において遺跡から出土した生物種の多様性を議論する際、同定された生物種の種類数（種の豊富さ：species richness）とその多様性（species diversity）は、しばしば混同されることがある。しかしながら、この「種の豊富さ」には、遺跡から出土した各生物種の出土点数やその割合という要素が抜け落ちている。例えば、2つの遺跡から出土した生物種数がともに3種であったとする。さらに、遺跡 A から出土した3種の出土点数がそれぞれ同じであるのに対して、遺跡 B から出土した3種の生物種の出土点数に差がある場合（例えば、1つの生物種が10点出土し、残り2種は1点ずつ）を想定してみよう。2つの遺跡の間で、「種の豊富さ」は同じである。しかし、3種の生物種の出土点数に偏りのある遺跡 B の方が、遺跡 A よりも利用された同定種の多様性は低いといえる。なぜなら、出土点数を踏まえると1種の生物種にその利用が偏っているためである。すなわち、遺跡で利用される生物種の多様性とは、「種の豊富さ」と「各生物種における出土点数の均等性」の2つの要素から成り立っているといえる。

　本節では、この「各生物種における出土点数の均等性」を考慮に入れて遺跡で利用された生物種の多様性を考察するために、生態学の分野で使用される「多様度指数」［Shannon-Weaver 1949］を算出した。その公式は以下の通りで

ある。

$$H' = -\sum_{i=1}^{s}(Pi)(\log_e Pi)$$

S は遺跡から出土した生物種数、Pi は特定種 i の出土点数を同定された生物種すべての出土総数で割った値が挿入される。これに Pi の自然対数（自然対数の底 e = 2.7182.... を何乗すると Pi になるかという値）をかけて、それらを合計した値が H' = 多様度指数となる。簡略すれば、出土したすべての資料から特定の生物種の個体を引き当てる確率を合計したものが、この多様度となる。多様度指数が高ければ、特定の種を引き当てる確率は低く、生物群の多様性は高い。さらに、出土した生物種の均等性（V' = Equitability）［Sheldon 1969］を評価する公式として以下のものを用いた。

$$V' = H'/\log_e S$$

算出した多様度指数を出土した生物種数の自然対数で割ったものが各同定種の出土点数の均等さ示す。これらは、自然環境における生物群集の構成や変動を評価するために生態学で主に用いられるが、考古遺跡から出土する生物遺存体は人間集団が採集、消費、廃棄した結果残されたものである。そのため、これは過去のある人間集団の生態資源利用の傾向と戦略を示すものであるといえる［cf. Reitz and Wing 1999: 233-235］。

(2) 出土貝類における種の多様性と通時的な変化

先述した公式に従って、多様度指数（H'）と均等度指数（V'）を3時期で最小個体数（S）から算出した（表4-9）。

CV-Ia 期では、25 種の生物種が出土資料から同定され、多様度指数は 0.9709、均等度指数は 0.6900 となっている。CV-Ib 期は同じく 25 種の生物種が同定されているが、多様度指数（0.8818）、均等度指数（0.6343）ともに3時期で最も低い値を示している。低い均等度指数は、全 25 種の出土した個体数に偏りがみられることを意味している。これは、チョコレートレイシと *Thais haemastoma* という巻貝に偏った貝類利用による結果と考えられよう（図4-12）。CV-Ic 期に

第3節 貝類の採集活動と資源利用戦略

表4-9 各時期における出土貝類の同定種数、多様度指数、均等度指数

時期	S (同定種数)	H' (多様度)	V' (均等度)
CV-Ia	25	0.9709	0.6900
CV-Ib	25	0.8818	0.6343
CV-Ic	19	0.9531	0.7504

なると、同定された生物種数は19種に減少する。しかしながら、多様度指数は0.9531、均等度指数は0.7504と高い値を示している。高い均等度指数は、同定された少ない生物種に対する相対的に均一な利用傾向を意味している。すなわち、CV-Ic期の貝類利用においては、必要性の少ない貝類の採集を行わず、一定の生物種を選択していたといえる。これは、この時期において前の2時期よりも計画的な貝類採集が行われていたことを示唆している。

5．古期における貝類生息数の変化と環境変化

考古遺跡から出土した貝類の個体サイズのバリエーションは、ある生物種の個体群規模に対する人間集団の採集圧と密接にかかわっているため、採集活動の選択性や偏向を明らかにすることができる [Mannino and Thomas 2002, Koike and Ohtaishi 1985]。しかしながら、この採集圧は、採集活動と個体群規模という2つの要素から成り立っているため、どちらの要素が変化したとしても採集圧の変化は起こる。そこで、個体サイズの計測で明らかになった採集圧の変化と、各時期から出土した同定個体数の割合および偏りを合わせて採集圧の変化の要因を考察する。

チリイガイの場合、時期が新しくなるにつれて小さな個体をより多く利用するようになったため、サイズのバリエーションが増大し、採集圧が大きくなっていたことが明らかになった。一方のオオヌノメアサリとチョコレートレイシでは、CV-Ib期における採集圧の低下が顕著に認められている。

2つの分析結果をまとめた**表 4-10** を参照してほしい。出土資料における各

239

第4章　食糧残滓からたどる資源利用

表 4-10　クルス・ベルデ遺跡から出土した3種の貝類の時期ごとの採集圧と出土個体数の割合、および変化の要因

チリイガイ Choromytilus chorus			
	CV-Ia(4200-4000 BC)	CV-Ib (4000-3800 BC)	CV-Ic (2800 BC)
出土資料における同定種の割合	＊＊	＊＊	＊＊＊＊
採集圧	＊	＊＊	＊＊＊
想定される採集圧の変化の要因	（大きな個体群規模）	生態環境の変化（個体群規模の変化）	集中的な採集活動（個体群は影響を受ける）

オオヌノメアサリ Protothaca thaca			
	CV-Ia(4200-4000 BC)	CV-Ib (4000-3800 BC)	CV-Ic (2800 BC)
出土資料における同定種の割合	＊	＊	＊＊＊
採集圧	＊＊	＊	＊＊
想定される採集圧の変化の要因	（小さな個体群規模）	生態環境の変化（個体群規模の変化）	集中的な採集活動（個体群は影響を受ける）

チョコレートレイシ Thais chocolata			
	CV-Ia(4200-4000 BC)	CV-Ib (4000-3800 BC)	CV-Ic (2800 BC)
出土資料における同定種の割合	＊＊	＊＊＊＊	＊＊
採集圧	＊＊＊	＊	＊＊
想定される採集圧の変化の要因	（小さな個体群規模）	生態環境の変化（個体群規模の変化）	採取活動の減少

同定種の割合については、全体のうち5％以下のものを「＊」、5％〜10％を「＊＊」、10〜15％を「＊＊＊」、15％以上のものを「＊＊＊＊」とし、その多寡を4つのカテゴリーで表した。また、採集圧については、それぞれの貝種でみた相対的な変化を重視し、3つの時期を採集圧の低いものから順に「＊」、「＊＊」、「＊＊＊」と割り当てて表に示した。なお、オオヌノメアサリについてはCV-Ia期とCV-Ic期で同程度の採集圧が復元されているため、両者を「＊＊」として同列に位置づけた。

　まずCV-Ia期に着目すると、チリイガイにおける同定個体数の割合はそれほど大きくなく、同時に採集圧も低いものであったことがわかる（**表4-10**）。このことから、チリイガイを対象とした貝類の採集活動は個体群規模に適した範囲で行われていたと考えられる。すなわち、チリイガイの個体群規模はこの時

第 3 節　貝類の採集活動と資源利用戦略

期の採集活動によって影響を受けていなかった。一方のオオヌノメアサリの出土数は少ないにも関わらず、採集圧は相対的に高い。このことから、CV-Ia 期において、小規模なオオヌノメアサリの採集活動が行われていたとしても、この採集活動が個体群規模に影響を与えるには十分であり、もともとの個体群規模の小ささが示唆される。同様に巻貝のチョコレートレイシについても、小規模な採集活動と高い採集圧が確認されている。

　対する CV-Ib 期では、これらの状況が大きく変化する。チリイガイについてみてみると、出土する同定個体数の割合は CV-Ia 期とほぼ変わらないか、やや減少しているにも関わらず、採集圧は相対的に高くなる。チリイガイの利用状況がほぼ変わらないとすれば、この採集圧の変化を説明する唯一の要因は個体群規模自体の減少である。一方のオオヌノメアサリも、出土する同定個体数の割合に大きな変化はみられないが、**図 4-12** をみるとやや増加していることがわかる。すなわち、この時期にオオヌノメアサリの採集活動はやや頻繁に、もしくは大規模に行われるようになるものの、採集圧は反対に大きく減少する。また、出土数の大幅な増加が確認されたチョコレートレイシでも、採集活動の規模が増大するにも関わらず、採集圧は減少している。この採集圧と出土する同定個体数の反比例が意味するのは、採集圧の変化が個体群規模の増減によって引き起こされていたということだろう。すなわち、CV-Ib 期において、チリイガイの個体数の減少および、オオヌノメアサリとチョコレートレイシの個体数の増加という個体群規模の変動が認められるのである。

　CV-Ic 期における遺跡から出土した同定個体数の割合は、チリイガイとオオヌノメアサリという 2 種の二枚貝の採集活動がより集中的に行われたことを示唆している。これに伴って、この 2 種に対する採集圧もまた増大している。つまり、この時期の採集圧の変化は採集活動の増大によって引き起こされたものであるといえる。すなわち、この時期になって、二枚貝の採集活動は個体群規模に影響を与えるほどに盛んに行われるようになったことを意味している。一方のチョコレートレイシの同定個体数はこの時期に大きく減少するが、採集圧に大きな変化はみられない。このことから、チョコレートレイシを対象とした採集活動は相対的に小規模になり、個体群規模の範囲内で行われていたことが

241

わかる。

　以上のように、3種の貝類を対象とした分析によって、CV-Ib 期において何らかの要因で個体数が増減するというような生態系の変化が起こったことが明らかになった。さらに CV-Ic 期においては、個体群規模の許容範囲を超えた採集活動が二枚貝において行われるようになったことが示唆される。

6．貝類の採集活動と資源利用戦略の変化

　貝類を対象に行った3つの分析結果を総合し、クルス・ベルデ遺跡における古期から形成期早期にかけての貝類獲得戦略の通時的な変化を考察する。

　CV-Ia 期において、豊富な同定種数と高い多様度指数および均等度指数が維持されていたことをふまえると、この時期の貝類採集活動は遺跡の周辺に分布する多様な貝類を広く利用するようなものであったことがわかる。前項において3種の個体サイズの計測による採集圧と同定個体数の割合を確認してきた結果、この時期にはいずれの貝類に対しても高い採集圧と集中的な採集活動が同時に起こることはなかった。これは、個体群規模に影響を与えるような過剰な資源開発が志向されていなかったことを意味する。すなわち、CV-Ia 期の貝類採集活動は多様な生物種に対して、個体群規模の大きさに適した形で行われていたのである。

　対する CV-Ib 期では、上述の分析と考察によって、生態系に何らかの変化が起きたことが明らかになった。個体サイズの計測と同定個体数の割合を鑑みれば、この生態系の変化はオオヌノメアサリとチョコレートレイシの個体群規模の増加および、チリイガイの個体群規模の減少を引き起こしていたことがわかる。これに伴って、出土資料の多様度指数と均等度指数は低下する。こうした利用される貝類の不均等性と生態系の変化は、この時期の貝類採集活動が生態系の変化に伴って対処していたことを意味している。チョコレートレイシの個体群規模の増加に伴って、この種の同定個体数の割合が大きく増加することや、ある特定種を対象にした貝類利用が個体群規模に影響を及ぼす事例が欠如している点から、クルス・ベルデ遺跡を利用していた集団は、生態系の変化に伴っ

て増加した生物種をより多く利用することでこの環境変動に適応していったと考えられる。そうした貝類利用の戦略を反映して、多様度指数と均等度指数はこの時期に低下していった。

　形成期早期の CV-Ic 期になると、この貝類採集活動の傾向には明らかな差異が現れるようになる。この時期になってやや高くなる採集圧と同定個体数の割合の変化は、チリイガイとオオヌノメアサリという 2 種の二枚貝の個体群規模が集中的で過剰な採集活動によって影響を受けていたことを明らかにしている。しかしながら、出土した貝類における同定種類数が大きく減少しているにも関わらず、この時期の多様度指数は個体数の均等性によって高く保たれている。一見、相反するこの 2 つの分析結果は、この時期の貝類採集活動が選択された複数の生物種に対して一定量の採集活動を行い、必要のない生物種の採集活動は行わないという、より選択的で計画的なものであったことを示唆している。CV-Ia 期における多様な貝類利用が選択的ではなく、わずかな出土量の貝類にまで広く及んでいたことを考えると、その貝類獲得戦略の変化は大きなものであったといえよう。すなわち、CV-Ic 期における貝類利用は、特定の生物種を選択しつつ、それらすべてを一定量利用するような計画的なものであり、さらにその採集活動は個体群規模の許容量を超過して志向されていたことがわかる。

　以上にみてきたように、CV-Ia 期と CV-Ic 期はともに高い多様度指数を示しているが、その貝類獲得戦略には大きな違いが認められる。多様な貝類を個体群規模に即して利用する CV-Ia 期に対して、CV-Ic 期では選択的な生物種を対象とした資源利用が均一に、しかし個体群規模を超過する形で行われていた。多様度指数は低くなるものの、個体群規模の変化に伴って増加した生物種を集中的に利用し生態系の変化に適応していた CV-Ib 期では、CV-Ia 期と同じように個体群規模に適した貝類獲得戦略を採用していたといえる。すなわち、本研究の分析と考察によって、CV-Ib 期に生態系に変化をもたらすような環境変動が起こったことが明らかになったものの、これに際して貝類獲得戦略が大きく変化することはなく、それに即した形で環境変動への適応が行われたといえる。その一方で、形成期早期の CV-Ic 期になると、貝類獲得戦略は個体群規模を圧迫し、縮小させるような選択的なものへと変化していったことが明らかになった。

第4章　食糧残滓からたどる資源利用

第4節　小括：クルス・ベルデ遺跡における資源利用と通時的変化

　3つのサンプリング方法に基づく自然遺物のデータは、マウンドでの活動に従事した人々の動植物利用の在り方に迫るような重要なデータを提供している。その中でも特徴的なのは、マウンドから出土する動物遺存体に関して、CV-Ia期とCV-Ib期の間で動物種の割合が大きく変化するという点である。CV-Ia期において、オタリアなどの海生哺乳類と海鳥、メジロザメ属などの魚類が均等に出土していたのに対し、CV-Ib期ではメジロザメ属をはじめとする軟骨魚綱に割合が集中するようになる。小型の硬骨魚類もまた、非常に多様な種類が出土していることが示されており、その多様さはとくにCV-Ia期に顕著である。出土する自然遺物は、基本的に海産資源と呼べるものに偏っているものの、植物遺存体の存在も明確に確認できることは興味深い。出土する自然遺物がどのような活動の結果残されたものであるのかを含めて、第6章で考察を深める際に本章のデータを再び参照したい。

　また、遺跡から出土した貝類を対象とした動物考古学的な手法に基づく分析によって、CV-Ia期、CV-Ib期、CV-Ic期の3つの時期の貝類利用の特徴と生態系の変化が明らかになってきた。本書の主旨に沿って、CV-Ia期とCV-Ib期にとくに注目してみると、CV-Ic期と比べて両時期はともに、個体群規模を圧迫するような貝類採集活動が行われていなかったことがわかる。CV-Ib期においてチョコレートレイシの増加が認められるなど、利用する貝種自体は変化するものの、これらは生態環境の変化によって増減する個体群規模に合わせて採集活動を適応させた結果であった。すなわち、クルス・ベルデ遺跡でマウンドの形成に関与してきた人々は、CV-Ib期における環境変動に直面した際、利用する生物種を個体群規模の変動に合わせて変化させることでこの環境変動に適応していったと考えられる。その意味で、CV-Ia期とCV-Ib期では個体群規模に合わせた貝類採集活動を行うという共通点を持っており、同様の資源獲得戦略に基づいて環境変動に適応していたといえよう。

第4節　小括：クルス・ベルデ遺跡における資源利用と通時的変化

　では、ここでいう環境変動とは一体どのようなものであったのだろうか。注目すべきは、CV-Ib 期に集中的に利用されるようになるチョコレートレイシの存在である。チョコレートレイシは、ペルー北海岸において数年周期で引き起こされるある環境変動によって、その生息個体数を大きく増加させる巻貝として知られている［Cantillánez et al. 2011］。その環境変動とは、第1章で説明してきたエル・ニーニョ現象であり、これに際して海水温が急激に上昇すると、チョコレートレイシは一か所に集まり、繁殖活動を行う。また、この現象によって海の生態系がバランスを崩し、多くの生物種が餓死することも、動物の死肉を餌とするチョコレートレイシにとっては良好な環境となるのだろう。加えて、CV-Ib 期で個体群規模の増加が認められたオオヌノメアサリも高い海水温に強い耐性を持つ生物種であり、環境変動下でも多くの個体が生存できる［Riascos et al. 2012］。反対にチリイガイなどは同現象に際した高い海水温に耐えられず、個体数が大きく減少することが報告されている［Díaz and Ortlieb 1993; Arntz and Fahrbach 1996］。

　こうした CV-Ib 期に利用される貝種の変化や、その生態を加味するならば、この時期に起きた環境変動はエル・ニーニョ現象と深く関わっていた可能性がある。これをふまえて、次章では、CV-Ib 期に起きた環境変動の実態を明らかにするための分析を行っていく。

注

1)　完形、破片に関わらず種が同定された資料の総数を算出する「同定資料数」を意味する。クルス・ベルデ遺跡から出土する動物骨には軟骨魚綱（サメやエイなど）が多く含まれ、これらの動物種に対して最小個体数（MNI）を推定する方法が確立されていない。

2)　ヒメネス・ナタリ（Jiménez Natali）［Jiménez 2017: 122］による、網羅的な現生標本と考古資料の比較研究を参照して同定した。

3)　同定された属・種のうち和名のないものは、現地のスペイン語による呼称をカタカナ表記で記した。

4)　軟骨魚綱は骨格の多くが軟骨で構成されているため、考古遺物として残存しない。軟骨魚綱として同定された動物骨はすべて硬組織として残存する椎骨である。

第4章　食糧残滓からたどる資源利用

5) 数量データとして、ここでも同定資料数（NISP）を用いるが、1 mm メッシュの篩で析出したものを含むこのデータセットでは生物種間におけるサイズの差異が非常に大きい。そのため、ここでは同定資料数と合わせて重量も適宜用いる。
6) ある土壌サンプルにおいて 1 mm メッシュの篩でふるい落とされた土にカタクチイワシの椎骨が含まれていないかどうか、目視で捜索を行ったところ、1 点の魚骨も確認されなかった。
7) 植物珪酸体のことであり、植物の茎や葉などに多く含まれる。
8) 試料汚染を意味する。微小植物遺存体は肉眼で観察できないため、分析やサンプリングの過程で現代の微小植物遺存体が混入したり、水の浸透作用によって土壌内の微小植物遺存体が動き、異なる層位のものが混入する可能性がある［cf. Bertone et al. 2008］
9) 人歯を清掃したのち、歯石の表面を薄く除去し、サンプルごとに使い捨てのカミソリを使用して歯石のサンプルを採取した。石器に関しては、使用面に残る直径 2 ～ 3 mm 程度の凹部や割れ目の深部から採取した。低倍率の顕微鏡を用いて有機物の一時堆積層であることを確認し、表面の層を除去したのちに新品の針を使用している。ヒョウタン製容器の内部に付着する有機物も同様に表層を除去したのちに、深部からサンプルが採取された。これらの試料を試験管に蒸留水とともに入れ、定期的に攪拌しながら 5 日間保管した。その後、一滴をスライドガラスに移し、生理食塩水（5 %）とグリセリン（乾燥を防ぐ）を加えて顕微鏡での観察が行われた。観察においては偏光顕微鏡が用いられ、デンプン粒の外形や偏光十字の形状などを 400 倍の倍率で詳細に観察し、記録した［Vásquez and Rosales 2019c］。プラント・オパールを含め、これらの微小植物遺存体の同定には食用植物を中心とした現生微小遺体標本が用いられたほか、関連する先行研究が参照された［eg. Piperno and Dillehay 2008; Pagán 2015; Loy 1990; Piperno 2006; Torrence and Barton 2006］。
10) 覆土にも含まれていたと考えられる微小植物遺存体の混入を防ぐため、容器に付着する有機物の表層は剥ぎ落され、より器面に近い有機物層が採取された。
11) マニオクは中央海岸のパンパ・デ・ラス・リャマス遺跡（1800-1500 BC）、ジャガイモは同じく中央海岸のワイヌネー遺跡（2000 BC）から出土する大型植物遺存体が、海岸地域の事例としてこれまで最古のものであった［cf. Ugent et al.1982; Ugent and Peterson 1988］（遺跡の年代は引用文献に準ずる）。
12) 例えば二枚貝の場合、種同定された資料群を、はじめに右と左の殻に分類し、それぞれにおいて殻頂や主歯（蝶番周辺）、前・後閉殻筋痕、套線湾入部などの特徴的な要素の検出数をカウントし、その最も多い点数を最小個体数とした［cf. Harris et al. 2015］。

13) ある特定の地域に生息する同種の個体の集まりを指す。本書では、その生息数や分布域を含めた個体群の大きさを意味する言葉として「個体群規模」を用いる。

第5章　二枚貝のスクレロクロノロジー：
　　　　　古環境変動を探る

クルス・ベルデ遺跡から出土した自然遺物のデータ（第4章を参照）は、CV-Ia期からCV-Ib期にかけて、なんらかの環境変化が起きた可能性を示唆している。そのため本章では、クルス・ベルデ遺跡から出土するオオヌノメアサリを対象とした貝殻の微細成長線解析を実施することで、CV-Ib期に起こった環境変化の実態を明らかにしていく。この研究手法はスクレロクロノロジーと呼ばれるが、その歴史は比較的浅く、考古学との学際的な研究もまだ限られている。そのため、まずはスクレロクロノロジーについて概要を示すこととし、考古学における先行研究を簡略に整理したうえで、本章で行う分析の方向性を見定め、現生資料と考古資料を対象とした分析へと移っていく。

第1節　スクレロクロノロジーと考古学

1．スクレロクロノロジーとは

　サンゴや貝殻、脊椎動物の骨に代表される生物の骨格は、生物自身が作り出す生体鉱物と呼ばれ、これを形成する作用をバイオミネラリゼーションという［渡部1997］。このバイオミネラリゼーションは、骨格の縁辺で、連続的に新しい結晶を付加しながら行われるため、一旦形成された結晶はそのままの形で変化することがなく、より新しい結晶によって層状に覆われていく［佐々木2010: 115］。そのため、骨格には、成長軸に沿って連続的に硬組織が蓄積されていき、その断面には木の年輪のような縞模様の成長履歴が残されている。このような生物の硬組織の特性に着目して骨格成長履歴をカレンダーのように利用し、生物のライフヒストリーや環境の変化を復元しようとする研究手法がスクレロクロノロジー（Sclerochronorogy）[1]である。これは、年輪年代学（dendrochronology）に対するアナロジーのもと、ギリシャ語の*Sklero*（硬い）と*Chronos*（時間）を合わせた造語として20世紀後半に提唱された［Buddemeier et al. 1974, Hudson et al. 1976］[2]。

　スクレロクロノロジーとは、付加成長[3]の過程で硬組織として固定化され、骨格成長履歴に残された、生体鉱物の物理的・化学的な周期性およびそのバリ

エーションを研究する学問として定義されている［Helmle and Dodge 2011: 958; Oschmann 2009: 1］。この周期性とは、硬組織の成長パターンを指し、潮汐単位や日単位、2週間周期単位[4]、月単位、年単位、あるいは世紀単位でこれを観察できることから、長期的な成長パターンの変動やバリエーションの詳細な記録を提供する［Pannella and MacClintock 1968; Kennish and Olsen 1975］。そして、骨格の成長は様々な内的、外的要因によって変化するため、その骨格を持つ生物の年齢や成長速度などのライフヒストリーだけでなく、成長に影響を与えた外的環境を成長パターンから復元することが可能である。さらに、バイオミネラリゼーションは、生物の置かれた環境特性をその化学組成に強く反映するため、硬組織の化学組成における安定同位体比や微量元素などの時系列に沿った連続的なデータを古環境や古気候の復元に役立てることもできる。

こうしたスクレロクロノロジーにおいて、とくに研究蓄積が厚いのは、サンゴの成長パターンからみた長期的な環境変動の研究である［eg. Cobb et al. 2013; Cole 2001; Morimoto et al. 2007］。一般にサンゴは年単位の成長周期を解析可能であるうえ、その寿命が長く、数百年単位の成長記録を追うことができる［Jones et al. 1984: 334］。そのため、大気や植生の変化を直接的に記録する湖底堆積物や氷床コアの研究［eg. Rasmussen et al. 2006; Bronk Ramsey et al. 2012］（第1章を参照）に対して、海域環境の長期的な変化を示す優れた指標として長らく脚光を浴びてきた。しかしながら、サンゴの生息域は熱帯と暖かい亜熱帯などの低緯度に限られているため、研究対象地域の地理的な制約を有する［Dodge and Vaisnys 1980］。沖合に寒流の流れる中央アンデス地域も例外ではなく、サンゴ礁のデータを用いることはできない。そうした問題に対するアプローチとして注目されてきたのは、年単位やそれよりも高精細の成長周期を観察することが可能でありながら、世界中のより広い範囲に生息域を持ち、考古遺跡出土資料も豊富な二枚貝の研究である[5]［eg. Lutz and Rhoads 1980; Jones 1983; Jones et al. 1984: 334］。

サンゴやウニ、フジツボなどとならび、貝などの軟体動物の殻は炭酸カルシウム（$CaCO_3$）でできている［渡部 1997］。また、貝殻を構成する炭酸カルシウムの結晶にはカルサイトとアラゴナイトという2つの多型[6]があり、種によっ

てそのどちらか、あるいは両方がみられることが分かっている［佐々木 2010: 113］。実際のところ、貝類が炭酸カルシウムの結晶をどのように分泌するのか完全には解明されていないが、貝の動物体の表面を覆う外套膜[7]と呼ばれる器官からそれは分泌されると考えられている［佐々木 2010: 114］。そのため、炭酸カルシウムの結晶は海水中の成分から直接結晶化されるわけでなく、海水中の成分が貝の動物体に取り込まれてから分泌されるという手順を踏む［佐々木 2010: 115］。

　このような貝殻縁辺部における付加成長の蓄積の結果、成長軸に沿って切断した貝殻の断面には細かな縞模様が観察できる。この連続的な縞模様の構造や化学組成を解析することで貝の成長パターンを明らかにしていくのがスクレロクロノロジーの主な手法であるのだが、組織の各部名称の日本語訳には統一された整理が完全に行われておらず、やや混乱がみられる［cf. 佐藤 2001: 47］。そこで以下に、本章で用いる各部名称の整理を佐藤［2001:47-48］に基づきながらそれを修正する形で行う。

　貝殻断面にみられる縞模様は付加成長によって残された硬組織の生理的・物理的な不連続性によって形成された層であり、この層全体を指して成長パターン（growth pattern）と呼ぶ（図5-1）。この成長パターンはいくつかのスケールで観察することができ、このうち貝殻の外表面において肉眼レベルで観察できるようなリング状の暗色層や溝を成長輪（growth ring）と呼び、これは成長にかかわる周期性の単位によって年輪[8]（annual growth ring）、朔望日輪（Lunar-day growth ring）などとも呼ぶことができる。貝殻断面において、顕微鏡レベルで確認できるような成長パターンを微細成長パターン（microgrowth pattern）と呼び、微細成長の周期的な不連続性によって残される暗色の薄い層を微細成長線（microgrowth line）という。微細成長線は短周期的な成長の停止や成長量の減少によって、硬組織に残される有機物の濃度が上がるために、暗色の層として形成される。この周期的に繰り返される微細成長線の間隔は一定の周期における貝殻の成長量を示しているのであり、暗色の微細成長線に挟まれた明色部は微細成長縞（microgrowth increment）と呼ばれる。そして、微細成長線の密集あるいは、幅の広い微細成長線は、なんらかの要因で長期間成長が停止していたこ

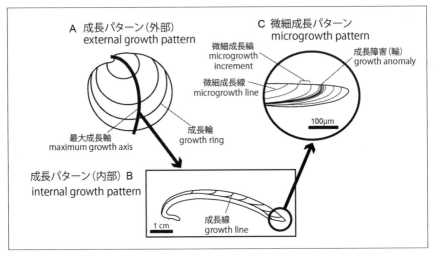

図 5-1　二枚貝の貝殻で観察できる成長パターンと各部名称

とを示しており、これを成長障害輪（growth anomaly / growth break）と呼ぶ [cf. Kennish and Olsson 1975]。大きな成長障害輪が年間の季節変化などによって一定の周期で残されている場合、それは貝殻の外表面でみられる年輪と同一といえるが、この周期性を判別せずに、成長の停止によって残される成長の不連続を総称する場合、それは単に成長障害輪と呼ばれる。

　成長障害輪は、外部環境の急激な変化や海水温の変動、放精・放卵、物理的な貝殻の損傷などの様々な外因・内因によって形成されることが分かっているほか [eg. Tanabe 1988; Sato 1995; Harrington 1989]、貝殻の成長パターンは種、生態、生息域（潮下帯・潮間帯を含むミクロな生息環境の差異）によって異なることから、各生息環境下で個別の貝種の成長パターンと環境因子の関係を明らかにする必要がある。

　例えば、潮間帯に生息する日本のカガミガイ *Phacosoma japonicum* の事例では、冬季の海水温の低下によって貝殻の成長が阻害され、年輪が形成されることが明らかになっているだけでなく [Tanabe 1988; Tanabe and Oba 1988]、潮汐サイクルによる成長速度のギャップによって形成される朔望日（太陰日）周期の成長縞（LDGI: Lunar-Day Growth Increment）や、月齢周期に伴う大潮と小潮の

サイクルによって2週間単位の微細成長パターンが構成されていることも確認されている［Miyaji et al. 2007; cf. Schöne and Surge 2012: Fig. 4］[9]。その一方で、潮下帯に生息するシャコガイなどの貝では、日夜の明暗周期に対応した微細成長縞が形成されており、共生藻の光合成が二枚貝の微細成長縞形成に影響を与えている可能性が指摘されているが［eg. Clark 1974; Ohno 1989］、一般的に非周期的な微細成長パターンを示すことが多いともいわれ［大野 1989］、不明瞭な点が多い。

また、硬組織が周囲の環境に含まれる元素を取り込みながら生成される点に着目し、微量元素や同位体など、貝殻の化学組成の解析も成長パターンと環境因子の関係を明らかにするために利用されてきた［Wefer and Berger 1991; Jones 1998; Sano et al. 2012; Shirai et al. 2008, 2014］。特に硬組織に含まれる酸素同位体比は、周囲の海水温と塩分濃度に合わせて変化する。そのため、断面の成長パターンに沿って連続的に採取された酸素同位体比の値から、その個体の骨格成長履歴と同期した海水温の変動を明らかにすることができるのである［cf. Craig 1965; Grossman and Ku 1986; Jones 1998］。

このようにして明らかになった成長パターンと環境因子の関係や微量元素の分析は、過去から現在の海域環境の解明に役立てられてきた［Marali and Schöne 2015; Zhao et al. 2019b, Tanaka et al. 2019］。また、様々な微量元素の解析にもとづいて、地震による津波や台風などの短期的で突発的な自然災害が海中の環境や貝の成長パターンにどのように影響を与えたのかを明らかにする研究［Murakami-Sugihara et al. 2019］や、貝の産地推定を行う研究［Zhao et al. 2019a］など、地球科学とスクレロクロノロジーを合わせた研究が隆盛をみせている。

以上のように、二枚貝を対象にしたスクレロクロノロジーの分析からは、成長パターンと環境因子の関係を明らかにする研究が多く進められている。現生の個別種の成長パターンを明らかにする必要はあるが、これを考古学に応用すれば、遺跡で出土する貝殻の成長パターンから、当時の古環境やその変動を検証することが可能といえる。

2. 考古資料を用いた環境史の研究

　先述したように、スクレロクロノロジーの研究は成長パターンと環境因子の関係を豊富な研究蓄積をもとに明らかにしてきたが、その黎明期から現在にいたるまで古環境の復元への応用に向けた方法論的有用性が指摘されてきた［eg. Jones et al. 1984］。しかしながら、完新世の古環境復元に最適な資料といえる考古資料にこれをあてはめた研究はそう多くない［佐藤 2001: 48］。

　日本では、考古遺跡から出土したハマグリ（*Meretrix lusoria*）とチョウセンハマグリ（*Meretrix lamarckii*）の微細成長線解析を先駆的に行った小池［1981, 1982］の研究や貝塚出土貝殻の酸素同位体比分析の研究［Chinzei et al. 1987］、カガミガイ（*Phacosoma japonicum*）の微細成長パターンの研究を遺跡出土資料に応用した研究［eg. Miyaji et al. 2007, 2010］などが挙げられ、完新世の古環境復元が試みられてきた。とくにカガミガイを対象としたものは、考古資料における日単位、年単位の二枚貝の成長パターンが、完新世の気候変動を解明するうえで重要なツールとなることを実例とともに示すなど［Miyaji et al. 2010］、最新のスクレロクロノロジーの成果を考古資料に応用した点で重要である。

　そのほか、考古資料を用いたスクレロクロノロジーの研究を積極的に行うエイミー・プレンダガスト（Amy Prendergast）は、遺跡周辺のミクロな生態環境復元の必要性を説き、陸生のカタツムリ（*Helix melanostoma*）の炭素・酸素同位体比から、植生を復元する方法を確立している［Prendergast et al. 2015a, 2015b］。そして、北アフリカのハウア・フテア（Haua Fteah）洞窟遺跡から出土する同種のカタツムリを分析し、旧石器時代における西アジアやヨーロッパへの人類の拡散と遺跡周辺のローカルな生態環境の変化の関係性を明らかにした［Prendergast et al. 2016a: 102-106］。

　また、アンデス地域においては、遺跡から出土した二枚貝および耳石の微細成長線解析と同位体分析から ENSO を含む長期間の古環境変動を明らかにした事例［eg. Andrus et al. 2002, 2003; Carré et al. 2014］や、考古資料に応用することを視野に入れて ENSO などの短期間の海洋環境の変動を記録する現生の二枚貝資料の微細成長線解析を行った事例［eg. Carré et al. 2005a; Lazareth et al.

2006; Larzareth et al. 2013] などが挙げられる。これらの研究についてはのちほど詳述することにする。

3．採集活動における季節性の研究

　スクレロクロノロジーの考古学への応用が、古環境復元の点においていまだ限られているのに対し、その成果は考古遺跡における人類の採集活動の解明に多く応用されてきた。これは、先進的なスクレロクロノロジーの研究が中・長期的な環境復元や古生物を含む貝類の生態解明を主題とするような生態学、古生物学、古環境学の要請において主導されてきたことと深く関わっている。これに対して考古学者は、人間が採集し、利用し、残された考古遺物としての資料の特性に着目し、貝殻に残された貝の生態履歴から遺跡を形成するに至った人間の活動の復元を試みてきた［eg. Andrus and Crow 2000; Andrus 2011, 2012］。すなわちそれは、季節的に残される成長障害輪と貝殻の縁辺との位置関係から各個体の死亡時期を推定し、それを人間によって採集活動が行われた時期として解釈するものである。

　例えば、小池［1979; Koike 1980］は、縄文時代の様々な時期の貝塚出土資料を層位ごとに分析し、成長障害輪から縁辺までの微細成長線の本数をカウントすることで1年を8つに区分した採集季節を推定した。既述のとおり、日本の二枚貝種は海水温の低下する冬季に成長を止め、明瞭な障害輪が形成されることが多い［Tanabe 1988; Tanabe and Oba 1988; Miyaji et al. 2007］。これを利用し、成長障害輪を水温の上昇が始まる2月15日として仮定し、そこからの微細成長線の本数を日数として計算した［小池 1979: 270］。そして、各貝層の季節組成を検討し貝殻堆積の季節推移を明らかにした結果、縄文時代の貝塚が通年の定住生活によって残されたこと、特に縄文時代後期において春季から夏季に採集活動のピークがあったことを明らかにした［小池 1979: 277］。季節的な居住によって貝塚が残されたニュージーランドの事例［Coutts and Higham 1971］でも同様の結果が報告されており、研究手法の有効性が確認されている。小池の一連の研究は、縄文時代の生活史の特徴を明らかにするうえで、また、現在の

縄文時代観を形作るうえで重要な論考となった。

しかしながら、これらの研究は、放精・放卵、津波や嵐による干出などの短期的なイベントなどによっても残されることが指摘されている成長障害輪 [eg. Tanabe 1988; Sato 1995; Harrington 1989] を冬季に残される季節的な"冬輪"と区別していない点で問題が残る。また、微細成長線が潮汐サイクルによっても残されることが明らかにされつつあるなど [cf. Miyaji et al. 2007]、近年のスクレロクロノロジーの急速な進展を顧みると、分析データの再検討は避けられない。

一方で、採集活動の季節性に関する近年の研究で最も応用されているのは、スクレロクロノロジーの成果をもとに貝殻の酸素同位体比を用いる分析手法である [eg. Andrus and Thompson 2012; Burchell et al. 2013]。例えば、先述したプレンダガストは、現生の海生巻貝 (*Phorcus turbinatus*) の骨格成長履歴に沿った連続的な酸素同位体比の増減が年間の水温の変動を明瞭に表していることを確認したのち、ハウア・フテア洞窟遺跡から出土した同種の巻貝の分析を行っている [Prendergast et al. 2016b]。その結果、15200-10500 cal BC の最も寒冷な時期に、同洞窟において通年的な採集と居住が行われていたことを明らかにした[10]。加えて、気温が上昇していく後期更新世から前期完新世にかけて (10700-7000 cal BC および 6500-3400 cal BC)、この種の貝類採取が冬季にのみ行われ、暖かい季節には他の動物種の狩猟活動が行われていたことから、貝類はその他の資源が枯渇する時に補足的に利用される資源であったことを指摘した [Prendergast et al. 2016b: 12]。ただし、この種の分析で留意すべき点は、酸素同位体比の値が海水温だけでなく、海水の塩分濃度によっても変化する点である。そのため、考古資料に応用するには、その生物種の生息地や生態が塩分濃度の変化しにくい海域のものでなければならない[11]。

こうした考古資料のスクレロクロノロジーからみた季節性の検討は、フロリダを中心とする北アメリカ南東部の貝塚群でも、大規模な考古学プロジェクトの一部として進められてきた [Reitz et al. (eds.) 2012; Pluckhahn and Thompson 2018]。これらのプロジェクトでは、貝塚を形成した人々の移動性と定住性、採集圧の検討 [eg. Andrus and Thompson 2012; Andrus 2012; Quitmyer and Jones

2012; Jones et al. 2012］および、貝塚を基礎としたモニュメントの形成過程や建設期間の解明［eg. Thompson and Andrus 2011; Thompson et al. 2016］を主題として、その主軸となる分析方法に二枚貝のスクレロクロノロジーと酸素同位体比の解析が位置づけられている。ビクター・トンプソン（Victor Thompson）ら［Thompson et al. 2016］は、フロリダ西海岸のクリスタル・リバー遺跡とロバーツ島遺跡の貝塚とマウンド遺構から出土したカキ（*Crassostrea virginica*）の骨格成長履歴に沿った酸素同位体比のデータから、冬季にピークを持つような通年の貝類採集が 65 AD ～ 1070 AD に行われていたことを明らかにした。さらには、冬季の採集が推定されたマウンド出土の貝殻と貝塚出土の貝殻の間に酸素同位体比の多様度に差があることから、これを同種のカキの生息環境における塩分濃度の差異（河口から河川上流まで）に起因する採集地のバリエーションとして解釈し、マウンド出土のカキが、塩分濃度の均一な限られた地点で採集されたものであることを指摘している［Lulewicz et al. 2017:12］。

　このプロジェクトでは、酸素同位体比の分析に加えて、成長パターンの解析から貝類採取の季節性に迫る手法も多く試みられた。この成長パターンの分析は、イルビー・キトマイヤー（Irvy Quitmyer）らの確立した手法［Jones and Quitmyer 1996; Quitmyer et al. 1997］をもとに行われており、先述した小池［1979］のものとは大きく異なるので概要を押さえておく。キトマイヤー［Quitmyer et al. 1997］は、アメリカ南東部で産出される同種のホンビノスガイ（*Mercenaria mercenaria*）の成長パターンが暗色で半透明の成長縞（Translucent increment）と明色で不透明な成長縞（Opaque increment）の反復によって構成されていることを示し、酸素同位体比の分析を通じて、暗色部が夏の水温上昇にもとづく成長速度の低下によって形成されることを明らかにした。そして、貝殻の縁辺部が暗色部（T）と明色部（O）のどちらで形成されているかに注目したうえで、それぞれの縞が前年にあたる同色縞の幅の 50％以下の幅の場合 T1/O1、50 ～ 99％で T2/O2、100％以上で T3/O3 として細分し、季節ごとに得られた現生資料縁辺に T/O 縞を持つ個体のヒストグラムから、季節性を推定する指標を考案した［Jones and Quitmyer 1996; Quitmyer et al. 1997］（図 5-2）。

　この手法は季節的な成長障害輪（年輪）を明瞭に残すような動物種と生態環

第 5 章　二枚貝のスクレロクロノロジー：古環境変動を探る

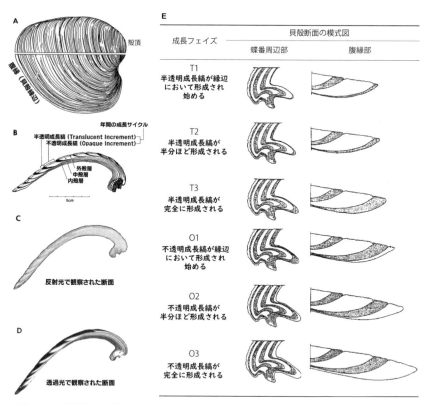

図 5-2　貝殻断面で観察される 2 種の成長縞と T/O の区分による成長段階の分類

[Quitmyer et al. 1997: Figure 1 および 2 をもとに改変]
A: ホンビノスガイ（*Mercenaria mercenaria*）の貝殻裁断面の位置。B: 貝殻断面で観察される特徴的な成長縞。
C: 反射光下で観察された断面。D: 透過光下で観察された断面。E: T/O の区分でみた成長段階の分類基準。

境で有効性が認められているものの、短期的で非周期的な環境変動や放精・放卵などの多様要因で成長障害が起こるような動物種に当てはめることは難しい。また、一般的に年齢が増加することによって成長縞の幅が減少する生物的特性や環境変化によって成長縞の幅が増減する可能性を想定するならば、前年の成長縞とのサイズ比較による T1 〜 T3/O1 〜 O3 の区分基準はあいまいなものとなりかねない。さらに、1 季節の個体群の組成には T と O が混成しているのが一般的であり、その割合から季節的な傾向が示される [eg. Quitmyer and

Jones 2012: Figure 7.5; Thompson and Andrus 2011: Figure 9]。そのため、1個体の考古資料からは季節を推定できないなどの問題も有する。季節性を推定するためのこの手法を、他地域の考古資料においても当てはめることができるかどうかは、各地域における現生貝種の微細成長パターンと環境因子の関係を解明したうえで、検討しなければならない。

4. 遺跡形成論とスクレロクロノロジー

　スクレロクロノロジーを考古学に導入することは、放射性炭素年代測定や層位学では捉えることのできない、生物の骨格成長履歴に沿ったミクロなタイムスケールを考古学的解釈に導入することを意味する。この点に着眼することで層位学的情報を持つ考古資料のスクレロクロノロジーから人間活動の集積である遺跡の形成過程を明らかにしようとする研究が散見される。

　その先駆的な研究事例として、縄文時代の貝塚から出土した貝殻の季節性を明らかにした小池［1979］は、いくつかの貝塚の貝層に含まれる貝殻の季節組成が層序に伴って春夏秋冬と順に推移することを明らかにし、考古学的堆積層における攪乱の有無や廃棄活動の継続性を考察した。そして、複数の住居址内貝層[12]の季節推移が連続的（春夏秋冬のいずれも欠けることなく、順に堆積していること）に形成されており、それがおよそ1年の継続的な廃棄によって形成されたことを明らかにしたほか、1季節や1年間の堆積量から、考古学層位の堆積速度を推定した［小池 1979: 275-277］。

　また、北アメリカ南東部の貝塚群を精力的に調査しているトンプソン［Thompson and Andrus 2011; Thompson et al. 2015］は、貝堆積物の盛り土を基礎とするマウンドやモニュメントの形成過程と建設および廃棄にかかわる人間行為の多様性の解明を主題として、先述のようなプロジェクトを展開している。

　例えば、ジョージア州東海岸のサペロ・シェルリング複合（1800 BC-800 BC）では、環状に積み上げられた3つの貝塚（Shell Ring I ～ III）から出土したアサリとカキの季節性が推定された［Thompson and Andrus 2011］。Shell Ring II とIII で通年的な貝類採集と破棄が行われていたのに対して、Shell Ring I では冬

第5章 二枚貝のスクレロクロノロジー：古環境変動を探る

季に季節が集中すること、Shell Ring II と III において 20cm の堆積層の中に夏と冬の両季節を示す貝殻が出土しているのに対して、Shell Ring I ではそのような状況が認められないことなどから、Shell Ring II と III は年間を通してゆっくりとした廃棄・建設活動によって形成されたこと、Shell Ring I は比較的短期間に集中的に廃棄・建設された可能性が高いことを示した［Thompson and Andrus 2011: 331-337］。さらには、そうした集中的な採集と廃棄が饗宴活動の結果引き起こされたものであり、Shell Ring I で際立つ貝塚の規模の大きさや可視性から、これらの3つの貝塚の形成にかかわる人間の活動は一様でなかったことを指摘している［Thompson and Andrus 2011: 338-339］。ただし、トンプソンが貝塚形成の季節性と短期性について慎重な言い回し［Thompson and Andrus 2011: 336-337］をしていることからもわかるように、Shell Ring I が複数年にわたる冬季の活動で形成されたのか、1回の冬季に形成されたのかについて完全に立証されたわけではないことや、Shell Ring I と III の季節組成に明瞭な違いがないようにみえること、分析の対象となった個体数に差があることなどの課題が残されている。しかしながら、スクレロクロノロジーを通じて遺跡形成論や人間活動の多様性に迫る可能性を示した意義は非常に大きく、先駆的な論考であるといえる。遺跡の形成過程やそれにかかわる実践の多様性への着目は、社会実践論などの文化人類学的な背景のもと、近年の行動考古学や現象学的考古学において盛んに行われている［cf. Pauketat 2001］。このことからも、考古学的・層位学的解釈においてスクレロクロノロジーを導入すること、およびその手法を確立することが両分野の融合と発展のために求められている。

5．アンデス地域におけるスクレロクロノロジーと考古学

最後に、上述のような貝殻のスクレロクロノロジーが、アンデス考古学においてどのように応用されてきたのかを整理しておこう。すでに述べたように、アンデス考古学では一般に、スクレロクロノロジーの成果を古環境変動の復元へと応用しようとする研究が目立つ［eg. Rollins et al. 1987; Carré et al. 2005a, 2005b; Lazareth et al. 2006］。しかし、それが実際に考古学資料とその解釈に応

用された事例はいまだに限られているのが現状である［cf. Carré et al. 2014; Franco 2017］。

　アンデス地域は比較的自然災害の多い地域であり、なかでもエル・ニーニョ現象による海水温の上昇や降雨量の増加は、漁獲量の急激な低下や普段雨の降らない地域に豪雨をもたらすことによる河川の氾濫や鉄砲水などの水害、農作物への被害など、大きな影響を数年周期で不定期的に引き起こす（第 1 章を参照）。このため、アンデス地域に長らく住んできた人々にとって、同現象が与える影響とそれに対する関心は絶大であり、考古学の文脈においても過去のエル・ニーニョ現象を社会変化や文明の盛衰に結び付けるような解釈が多くなされてきた［eg. Onuki 2001; Sandweiss et al. 2001, 2007; Richardson III and Sandweiss 2008］。考古学データに基づく社会変化や文化現象の要因を説明するために注目されたエル・ニーニョ現象であったが、その存在をいかに考古学的なデータから立証するかという点が長らく課題であり、様々なアプローチが試みられてきた［eg. Rollins et al. 1986; Wells 1990; Wells and Noller 1999; Moy et al. 2002］。その手法の一つとして、大きな期待を受けてきたのが貝殻のスクレロクロノロジーである［eg. Rollins et al. 1987］。

　ハロルド・ローリンズ（Harold Rollins）ら［Rollins et al. 1987］は、ENSO による海域環境の急速な変動が貝殻の骨格成長履歴に記録されていることをいち早く指摘し、1982-1983 年に起きたエル・ニーニョ現象の直後に採集した 2 種の貝類（*Chione subrugosa, Trachycardium procerum*）の成長障害輪と安定同位体分析を試みた。その結果、両種の成長パターンにエル・ニーニョ現象による成長障害が認められ、とくに *Trachycardium procerum* では、酸素同位体比の変動と相関がみられることを明らかにした［Rollins et al. 1987: 185-192］。また、同一の現生資料は、ENSO 障害輪および、その前後の放射性炭素同位体比の解析によって、エル・ニーニョ現象に伴う海流の変化があったこと［Andrus et al. 2005］[13]や、同現象の前後の微量元素の解析によって、成長障害輪が形成される際のバイオミネラリゼーションの変化が明らかにされる［Pérez-Huerta et al. 2013］[14]など、地球科学的物質循環に着目した詳細な解析が近年進んでいる。

　このうち、湧昇作用と関係が深い 1 個体の骨格成長履歴における放射性炭素

同位体比のバリエーション[15]の解析では、北海岸のモチェ谷から出土した考古資料が使用されている。ラ・リベルタ州のサラベリで採集された現生資料と1926年に採集された資料、ワカ・カオ・ビエッホ遺跡の植民地期の遺構から出土した16世紀の考古資料2点、ワカ・デ・ラ・ルナ遺跡のモチェ期の墓から出土した2点の考古資料（*Donax obesulus*）を対象にした解析の結果、AD 1578年以降の湧昇は現在の状況に近いものであったのに対し、AD 539年では湧昇の影響が弱かったこと、パルカコチャ湖の湖底堆積物のデータ［Moy et al. 2002］との関連からこの時期に大きなエル・ニーニョ現象があったことが指摘された［Etayo-Cadavid et al. 2013］。そして、そうしたエル・ニーニョ現象がモチェ文化の興亡と大きく関わっていたと推定している［Etayo-Cadavid et al. 2013: 601］。ただし、比較的寿命の短い *Donax obesulus* を分析の対象とする場合、その個体がエル・ニーニョ現象を経験したかどうかによって値のバリエーションは大きく変化すると考えられる。また、このバリエーションが短期的な環境変動によるものなのか、あるいは現在にいたる長期的な環境変動の結果によるものなのか、この分析だけでは定かでないため、この分析手法には成長パターンの解析による成長障害輪の同定を組み合わせる必要があるだろう。

　一方で、貝殻の微細成長パターンを解明し、同位体分析と組み合わせるような研究は南海岸で先駆的に進められてきた。ピスコからタクナまでのペルー極南海岸とチリ中央海岸で採集された潮間帯から潮下帯に生息する現生二枚貝（*Mesodesma donacium*）を対象に、微細成長線と酸素同位体比の詳細な解析が実施された［Carré et al. 2005a］。微細成長縞幅の測定結果を成長速度とし、潮汐周期と比較した結果、この貝の成長パターンが潮汐サイクルによって制約を受けていること、そして約半月の大潮/小潮のサイクルで周期的な成長パターンを示していることを明らかにした［Carré et al. 2005a: 9-13］。この成果はペルー極南海岸の遺跡から出土した考古資料に応用されている［Carré et al. 2005b, 2014］。

　過去1万年間の海水温の変動とENSOのバリエーションを明らかにするため、マシュー・カレ（Matthieu Carré）ら［Carré et al. 2014］は、ペルー中央海岸と極南海岸の7遺跡［cf. Carré et al. 2014: Figure S1］から出土した同種の貝殻の古

海水温を算出し、各個体で得られた算出水温の変動幅を通時的に比較した。その結果に加え、海底ボーリングコアにおける洪水堆積物の頻度［Rein et al. 2005］、海底堆積物から得た有孔虫殻酸素同位体比の変動値［Koutavas and Joanides 2012］、サンゴ礁のコアリングサンプルにおける酸素同位体比の変動値［Cobb et al. 2013］と合わせて1万年間のENSOのバリエーションを明らかにした［Carré et al. 2014:1046］。これによると、4000 cal BC 以前と 2000 cal BC 以降では、現在と同規模の海水温変動を伴う ENSO が存在し、3000-2000 cal BC には ENSO による変動率が低かった（あるいは ENSO がなかった）ことがわかる［Carré et al. 2014: 1046-1047］。さらに 5500-4700 cal BC には大きな海水温変動が認められるものの海水温変動の空間様式[16)]が異なったため太平洋沿岸部に降雨などの被害をもたらさなかった点も指摘し、ENSO が完新世のマクロな気候変動に伴って変化しやすい非常に繊細な現象であったと結論付けた［Carré et al. 2014: 1047］。

　もう一つ、アンデス地域の南海岸におけるスクレロクロノロジーの成果として、現生オオヌノメアサリ（*Protothaca thaca*）の研究が挙げられる［Lazareth et al. 2006, 2013］。高い海水温に対して強い耐性を示すオオヌノメアサリの特性［Urban 1994; Riascos et al. 2012］に着目したクレア・ラザレー（Claire Lazareth）は、貝殻のスクレロクロノロジーから ENSO を復元することを目的に、ポコマ（ペルー極南海岸）とエル・レングアード（チリ北海岸）の2地点で採取した、それぞれ4個体と6個体の現生オオヌノメアサリを分析した［Lazareth et al. 2006］。顕微鏡を用いた微細成長線解析の結果、微細成長縞の幅が大潮/小潮サイクルに伴って周期的に変動すること、その周期的な成長パターンを構成する微細成長線の数から、それらが1朔望日単位で形成される朔望日輪であることを明らかにした［Lazareth et al. 2006: 265］。また、観察された成長障害輪を、幅が 5～40μm のものと 50～400μm、400μm 以上のもの（50μm 以上のものを合わせて MGA: Major Growth Anomaly と呼んだ）に分類し、観測された海面温度の変動との比較から、これらの成長障害輪が 18 ℃以上の水温が 3 週間以上継続されるような夏季の海面温度の上昇によって周期的に形成されるものであることを示した［Lazareth et al. 2006］。ただし、この海域の海面温度の周期性は確

固としたものではなく、例えばラ・ニーニャ現象によって海面温度の上昇が抑えられた 2000 ～ 2001 年には成長障害輪が形成されずに成長を続けることが明示されるなど[17]、貝の年齢推定には細心の注意を払うべきであるとしている [Lazareth et al. 2006: 268]。さらに、1997-1998 年の長期的なエル・ニーニョ現象が 520μm 以上の成長障害輪を残していることを示し、これをエル・ニーニョ現象の指標とした [Lazareth et al. 2006: 266-267]。

　このオオヌノメアサリは、クルス・ベルデ遺跡をはじめとする古期の遺跡で非常に多く出土することや、他の貝種に比べてエル・ニーニョ現象による海水温の上昇への強い耐性を示すこと [Urban 1994] などから、考古学への応用可能性が非常に高いといえる。ラザレーも考古資料への応用を視野に入れた現生資料の研究を行っている [Lazareth et al. 2006: 268] ものの、考古遺跡から出土するこの種の貝の分析はまだ行われていない。

　すでに述べてきたように、クルス・ベルデ遺跡と同じチカマ川流域の沿岸部に位置し、同時期の人間活動の痕跡を持つワカ・プリエタ遺跡およびパレドネス遺跡では、学際的な研究チームによる再調査が行われてきた [Dillehay (ed.) 2017]。そこでは、採集活動と居住活動の季節性を解明するため、*Semele corrugata* を対象とした貝殻の酸素同位体分析 [Wei et al. 2017] と *Semele* sp. による成長パターンの解析が試みられている [Franco 2017]。しかし、酸素同位体比の分析では考古資料から有効な周期的変動を得ることができなかったため、採集の季節性は明らかにされていない [Wei et al. 2017: 721]。一方のスクレロクロノロジーでは、北アメリカ南東海岸の貝塚で多く使われた T/O 法 [Quitmyer et al. 1997] を用いて、時期ごとに多く行われた採集活動の季節性が推定され、夏を除くすべての時期で *Semele* sp. の採集が行われていたとした。ただし、前述したように、T/O 法は各個体の死亡時期を個体ごとに推定することができないという問題を抱えており、設定された考古学フェイズ中の資料群が多様な貝類採集のパターンと変動の結果であった場合、詳細な解析は難しい。また、ラザレー [Lazareth et al. 2006] が指摘したように季節的な海水温の変動が小さく、数年周期で起こる ENSO に伴う海水温変動が大きなこの海域では、明色部（O）と暗色部（T: 成長障害）のサイズが不規則になると想定される。こ

第 1 節　スクレロクロノロジーと考古学

のように T/O 法は明瞭な年輪（年周期的な障害輪）が貝殻に残されていることを前提としているため、アンデス地域の沿岸部でこの手法を利用するには細心の注意を払う必要がある。

　以上にみてきたように、1970 年代の後半から急速に発展してきたスクレロクロノロジーは、その黎明期から中・長期的な古環境復元を視野に入れてきたのに対し、考古資料への応用は現在進行形の課題といえる。スクレロクロノロジーから、ミクロなタイムスケールにおける通時的・共時的な活動の多様性や遺跡の形成過程に迫る場合、方法論的な課題を抱えているものが多く、微細成長パターンの研究や地球科学的手法を取り入れた先端的なスクレロクロノロジーの成果を組み込んだ研究は依然として少ない。
　アンデス地域における考古資料を用いた古環境変動や ENSO の研究では精緻なスクレロクロノロジーの手法を盛り込んでいるものも多いが、タイムスケールは非常に大きい。それは長期的な環境変動を解明するうえで大きな意義を持つ一方で、環境変動に対峙する人間社会が残した考古学データと突き合わすには精度に乏しいのである [eg. Etayo-Cadavid et al. 2013]。このように高精細な成長の周期性を復元することのできる貝殻のスクレロクロノロジーの特性を考えれば、この長期的スケールを補い、短期的なスケールにおいて、古環境の変動や人間の行動パターンを考察することが、古環境と人類の関係を明らかにするうえで有効であり、社会変化や政治・経済活動の変化を明らかにしてきた多様な考古学データとの親和性を高めることが可能になろう。
　これまでの考古学データの分析が明らかにしてきたように、古期のクルス・ベルデ遺跡では CV-Ia 期から CV-Ib 期にかけて、マウンド形成に関与する行為や生態資源利用などの人間の行動パターンに大きな変化が認められ、これと同時に、生態環境になんらかの変化が起きたことが第 4 章で示唆されている。しかしながら、クルス・ベルデ遺跡の位置する北海岸を対象とした研究は乏しく、古期に遡るようなデータや、これまでの分析で明らかになった遺跡での活動の変化と対照できる時間解像能のデータもない。このことから、クルス・ベルデ遺跡のデータを対象に、アンデス地域の環境・気候的特性によって応用が難し

いと思われる T/O 法ではなく、微細成長線解析を新規に実施することで、CV-Ia 期と CV-Ib 期に起きた環境変動の実態に迫ることができると考えられる。

　ただし、この研究手法の根幹をなす貝殻の成長パターンと環境因子の関係は、生息地や動物種によって多様であることから、対象となる個別の動物種の成長パターンを解明しなければならない。そのため本章では、現生オオヌノメアサリの収集からはじめ、その成長パターンと環境因子を解明し、そこで得た知見を考古資料の分析に活かすという手順を踏むことにする。

第2節　分析の方法と対象資料

1．オオヌノメアサリ（*Protothaca thaca*）

　微細成長線解析の対象とした二枚貝はオオヌノメアサリである。この動物種は、他の貝類と比べて、高い海水温に強い耐性を持つという特徴を持つため、ENSOにおけるエル・ニーニョの海域環境下でも生存し続けることが知られている［Urban 1994; Riascos et al. 2012］。このことから、オオヌノメアサリの貝殻にはそうした海域環境の変化に際した生理現象の変化が生体履歴として記録されていると考えられ、実際に研究が進められてきた［Lazareth et al. 2006］。クルス・ベルデ遺跡から一定量が出土していることからも、この種の二枚貝が本章の分析にもっとも適した動物種であるといえる。

　オオヌノメアサリは潮下帯の砂地に生息する二枚貝であり、比較的浅い沿岸域に生息する（最大水深20m）。一般的に7年以上の寿命を持つ貝であり、ペルーからチリの沿岸にあたる南緯12～45度の広い範囲に分布する［Lazareth et al. 2006: 264］。この種の貝は考古遺跡からも多く出土し、現在でも多く漁獲されているのだが、古期におけるその分布は現在のものと多少異なっていたようである。なぜなら、クルス・ベルデ遺跡の位置するチカマ川流域沿岸部では、現在、オオヌノメアサリが生息しておらず、現在でも漁獲が認められるのは北海岸と北部中央海岸の境界にあたるサンタ川流域以南の地域である。こうした状況はチリイガイ（*Choromytilus chorus*）などでも同様であり、形成期早期頃まで北海岸の遺跡から多く出土するこれらの貝種の分布域は、これ以降に南下し、現在に至ると推察される。

　先述のように、オオヌノメアサリは27.9℃の水温（24時間）でも生存できることが室内での実験によって明らかにされており、とくに急速な海水温の上昇に強い耐性を持つ点が特徴的である［Urban 1994］。こうした生態学的特性がエル・ニーニョ時の急激な海水温上昇という海域環境の変化においても個体が生存することを可能にしている。

第 5 章　二枚貝のスクレロクロノロジー：古環境変動を探る

（1）　現生資料

　現生のオオヌノメアサリの貝殻にみられる成長パターンの解析は、すでにラザレーらによって進められている［Lazareth et al. 2006］。しかしながら、これらの解析に用いられた資料はペルーの極南海岸あるいはチリの北海岸といった、クルス・ベルデ遺跡から遠く離れた南の海域で採取されたものであり、そのデータをそのまま用いることはできない。なぜなら、エル・ニーニョ現象の海水温変動を引き起こす暖流は赤道付近から南下してくるものであり、海水温の上昇にしても豪雨災害にしても、その影響はペルーの北部にいくほど強いのである。そのため、ペルー北部の海域環境におけるオオヌノメアサリの成長パターンが、南部のものと同様であるのか、しっかりと検証する必要がある。

　ただし、上述のように現在のクルス・ベルデ遺跡周辺の海域では、オオヌノメアサリが生息していないという問題がある。そこで本章では、クルス・ベルデ遺跡に最も近い、分布域の北限において現生個体を採集することで、こうしたデータを補うこととした。現生個体はクルス・ベルデ遺跡の南 180km に位置するアンカシュ州のネペーニャ川北岸、ロス・チムス村に面した湾で採集された（図 5-3）。採集に関しては、日常的に貝の採集を行う村の漁師に依頼をし、水深 4〜6m ほどの同一の漁場において 2018 年から 2019 年の約半年間で計 4 回行われた。採集された資料には、採集年月日にアルファベットを加えたサンプル番号（例えば、20180906-A）が付されている（表 5-1）。なお、2017 年 1 月〜3 月に、ペルーの海岸地域は大きなエル・ニーニョ現象を経験した。海水温が上昇するという海域環境の異常に伴って不漁の被害を受け、降水による浸水や河川の氾濫が起きている。本分析のために採集したオオヌノメアサリは、いずれもこの海域環境の異常を経験していたといえ、その痕跡が成長パターンに残されているかどうかを検証することも大きな目的となる。

（2）　考古資料

　考古資料に関しては、A-2 マウンド上の O1S5、O1S6、O1S7 グリッドの各層で出土した 47 点のオオヌノメアサリの貝殻を対象とした（表 5-2）。貝殻はい

第 2 節　分析の方法と対象資料

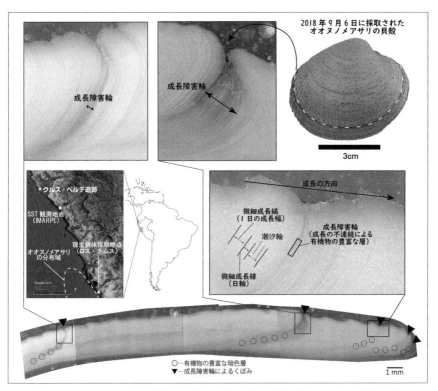

図 5-3　180906-B の貝殻断面で観察される微細成長パターンと成長障害輪

表 5-1　分析対象となる現生資料の一覧

資料番号	殻高(mm)	殻幅(mm)	微細成長縞の カウントと計測	同位体分析の試料数	採集年月日	採取地点
180906-A	55.89	63.97	○	53	2018-09-06	
180906-B	49.08	59.15	○	68		
180906-C	50.78	59.43		1（縁辺）		
181011-A	58.38	65.63	○	60	2018-10-11	
181011-B	49.36	55.38		1（縁辺）		
181011-C	38.33	44.46		1（縁辺）		アンカシュ州ロス・チムス
181106-A	50.12	58.24		1（縁辺）	2018-11-06	
181106-B	49.55	56.94		1（縁辺）		
181106-C	48.16	59.29		1（縁辺）		
190129-A	53.06	50.75	○	72	2019-01-29	
190129-B	43.34	51.83		1（縁辺）		
190129-C	42.26	60.00		1（縁辺）		

第 5 章 二枚貝のスクレロクロノロジー：古環境変動を探る

表 5-2 分析対象となる考古資料の一覧

資料番号	調査区	発掘ユニット	発掘グリッド	層位	時期	殻高(mm)	殻幅(mm)	重量 (g)	同位体分析試料数	備考
17CV-BC01	A	1701	O1S5	4a	CV-Ib	46.5	53.2	14.5	1	
17CV-BC02	A	1701	O1S5	4a	CV-Ib	31.6	37.8	4.5	1	
17CV-BC03	A	1701	O1S5	4a	CV-Ib	51.5	60.0	22.5	1	
17CV-BC04	A	1701	O1S5	4a	CV-Ib	59.0	67.9	34.5	1	
17CV-BC05	A	1701	O1S5	4a	CV-Ib	57.1	64.5	30.0	63	
17CV-BC06	A	1701	O1S5	4a	CV-Ib	35.0	41.0	6.7	1	
17CV-BC07	A	1701	O1S5	4b	CV-Ib	51.6	61.0	21.0	1	
17CV-BC08	A	1701	O1S5	4b	CV-Ib	55.1	65.2	26.0	1	
17CV-BC09	A	1701	O1S5	4b	CV-Ib	58.8	61.0	21.5	1	
17CV-BC10	A	1701	O1S5	4c	CV-Ib	41.5	50.0	9.0	0	被熱により結晶構造が変化
17CV-BC11	A	1701	O1S5	4c	CV-Ib	47.0	48.5	12.8	1	
17CV-BC12	A	1701	O1S5	5	CV-Ib	38.5	46.1	8.5	1	
17CV-BC13	A	1701	O1S5	5	CV-Ib	54.0	62.8	24.0	1	
17CV-BC14	A	1701	O1S5	5	CV-Ib	49.0	57.0	15.5	1	
17CV-BC15	A	1701	O1S5	5	CV-Ib	59.0	61.0	21.5	63	
17CV-BC16	A	1701	O1S7	3	CV-Ib	62.0	69.5	25.8	0	被熱により結晶構造が変化
17CV-BC17	A	1701	O1S7	3	CV-Ib	46.0	52.2	11.8	1	
17CV-BC18	A	1701	O1S7	3	CV-Ib	45.1	53.2	13.0	1	
17CV-BC19	A	1701	O1S7	3	CV-Ib	24.8	30.5	2.0	0	若干の被熱あり
17CV-BC20	A	1701	O1S7	4	CV-Ib	59.2	69.1	39.5	1	
17CV-BC21	A	1701	O1S7	4	CV-Ib	39.5	47.1	8.5	1	
17CV-BC22	A	1701	O1S7	4	CV-Ib	56.0	66.1	26.6	1	
17CV-BC23	A	1701	O1S7	4	CV-Ib	48.9	59.0	19.5	1	
17CV-BC24	A	1701	O1S7	4	CV-Ib	55.1	61.1	23.5	0	若干の被熱あり
17CV-BC25	A	1701	O1S7	4	CV-Ib	52.1	60.5	22.2	1	
17CV-BC26	A	1701	O1S7	8	CV-Ia	22.5	27.0	2.0	0	若干の被熱あり
17CV-BC27	A	1701	O1S7	8	CV-Ia	41.2	45.1	10.5	1	
17CV-BC28	A	1701	O1S7	8	CV-Ia	42.1	49.9	14.0	1	
17CV-BC29	A	1701	O1S7	9a	CV-Ia	28.0	33.1	3.5	1	
17CV-BC30	A	1701	O1S7	9b	CV-Ia	28.9	35.1	5.5	0	若干の被熱あり
17CV-BC31	A	1701	O1S7	9b	CV-Ia	35.8	43.0	7.1	1	
17CV-BC32	A	1701	O1S7	9b	CV-Ia	51.2	57.5	22.5	1	
17CV-BC33	A	1701	O1S7	9b	CV-Ia	36.0	42.8	7.0	1	
17CV-BC34	A	1701	O1S7	9b	CV-Ia	23.0	27.5	1.5	0	若干の被熱あり
17CV-BC35	A	1701	O1S7	10	CV-Ia	31.9	36.0	7.0	1	
17CV-BC36	A	1701	O1S7	10	CV-Ia	36.2	43.7	6.5	37	
17CV-BC37	A	1701	O1S7	10	CV-Ia	38.5	44.8	8.0	1	
17CV-BC38	A	1701	O1S7	10	CV-Ia	35.9	43.6	6.5	36	
17CV-BC39	A	1701	O1S7	10	CV-Ia	26.7	32.6	2.8	1	
17CV-BC40	A	1701	O1S7	10	CV-Ia	40.9	48.1	10.5	1	
17CV-BC41	A	1701	O1S7	10	CV-Ia	29.2	35.0	3.5	1	
17CV-BC42	A	1701	O1S7	10	CV-Ia	40.9	47.1	10.5	1	
17CV-BC43	A	1701	O1S7	10	CV-Ia	48.7	55.9	18.2	1	
17CV-BC44	A	1701	O1S5	4c	CV-Ib	61.0	61.5	28.2	0	若干の被熱あり
17CV-BC45	A	1701	O1S6	5	CV-Ib	40.8	48.9	9.0	1	
17CV-BC46	A	1701	O1S6	5	CV-Ib	38.9	46.2	8.3	1	
17CV-BC47	A	1701	O1S6	5	CV-Ib	37.9	45.0	8.5	1	

ずれも 60％以上の残存率を持つものとし、とくに成長パターンの観察を行う殻頂から縁辺までの殻高に欠損のないすべての資料を選出した。その内訳は、CV-Ia 期において 18 点、CV-Ib 期において 29 点となっている。これらの資料は、いずれも異なる個体の貝殻であることが確認されている。

2．分析方法と手順

　分析対象となる貝は、写真撮影とサイズ計測を行ったうえで最大成長軸に沿ってダイヤモンドカッターにより切断された（図 5-4）。最大成長軸に沿って両側に厚さ 2 mm の切片を 2 枚切り出し、最大成長軸に沿った面を研磨し、プレパラートに貼り付けた一片を成長パターンの観察、もう一片を同位体分析のための試料採取に利用した。なお考古資料については、経年劣化による変色が認められ、成長パターンの識別が難しいため、貝殻断面の染色とエッチング[18]を行った［cf. Schöne et al. 2005］。また、本章の試料準備や分析については東京大学大気海洋研究所の白井厚太朗氏の指導のもと筆者が実施し、機材についても同研究所が管轄するものを利用した。

　微細成長パターンの観察に関してはデジタルマイクロスコープ（KEYENCE 社 VHX-2000）を用い、100 ～ 300 倍の倍率で観察し撮影を行った。撮影した写

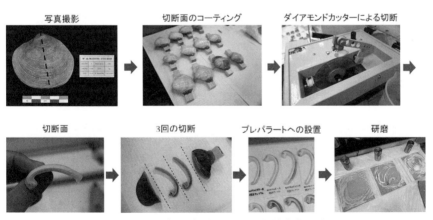

図 5-4　貝殻断面の観察に先立つ資料準備の手順

真をもとに写真解析ソフト Image J を用いて微細成長縞のカウント、成長幅の計測を実施した（図5-4）。現生資料については、このデータをもとに1微細成長縞単位における成長縞幅の変動をグラフに表し、過去10年間に観測されたSST（海水面温度）の変動と比較した。SST は現生個体の採取地とクルス・ベルデ遺跡の間に位置する IMARPE（ペルー海洋研究所）ワンチャコ支局（ラ・リベルタ州）の観測所により公開されている観測データを用いている。

3．貝殻の安定同位体分析

貝殻の断面から骨格成長履歴に沿った連続的な酸素同位体比のデータを得るため、作成した一片の資料を試料採取に利用した（図5-5）。最大成長軸に沿った断面に対し、電動ドリルによって約 1 mm 間隔で小さな穴を順に穿ち、その過程で採取した貝殻の粉末（200µg）を測定試料とした。試料は採取地点ごとに密封可能なバイアル管に収納され、分析にかけられた。個体サイズにもよるが、1貝殻断面から最大 70 点ほどの連続的な試料が採取されている。現生資料と考古資料のそれぞれ4個体で断面からの試料の採取が行われたほか、すべての

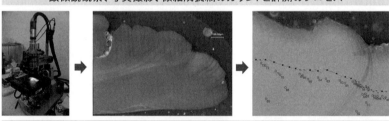

図5-5　貝殻断面の顕微鏡観察と成長縞の計測、
　　　　同位体分析用試料のサンプリングの手順

第 2 節　分析の方法と対象資料

資料の貝殻縁辺を薄く削ることで採取された 51 点の試料[19]を合わせ、分析試料の合計は 494 点に上る。なお、すべてのサンプリングの過程において、コンタミネーションを排除するための細心の注意が払われた。また、安定同位体比の測定は東京大学大気海洋研究所の出本紀子氏が行い、筆者は測定データの提供を受けた。

第5章 二枚貝のスクレロクロノロジー：古環境変動を探る

第3節　オオヌノメアサリの成長パターン

1. 朔望日輪、潮汐輪、大潮/小潮サイクル、成長障害輪

　現生資料の貝殻断面において微細成長パターンの観察を行った結果、10μm 〜 250μm ほどの厚さを持つ微細成長縞と、それを区切る 3 〜 5 μm ほどの厚さを持つ暗色の微細成長線が連続的に確認された（図 5-3）。この微細成長縞幅の計測値は一定の周期で増減を繰り返しており、とくに貝殻生成の活発な成長の初段階において、この周期は 15 本の縞によって構成されている（図 5-6）。

　こうした微細成長縞幅の増減サイクルは多くの貝種に認められ、大潮と小潮の周期に伴う 1 日（朔望日）の成長量の変動と連動していることが指摘されてきた［eg. Schöne et al. 2002; Miyaji et al. 2007］。潮汐サイクルが貝殻の成長パターンと密接に関係することは、すでにペルー極南海岸のオオヌノメアサリでも確認されていることから［Lazareth et al. 2006］、本資料で観察された成長パ

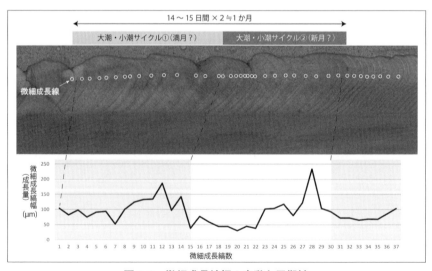

図 5-6　微細成長縞幅の変動と周期性

ターンも同様のサイクルを示しているといえる。すなわち、14日〜15日で繰り返される大潮/小潮の周期に伴ってオオヌノメアサリの成長量は変化しており、このことから1サイクルで14〜15本が認められた上述の微細成長縞は、朔望日周期の成長縞（LDGI: Lunar-Day Growth Increment）に相当することになる。

一方でこのLDGIの幅は、貝殻の成長が進むとともに緩やかに減少しており、1つの大潮/小潮サイクルにおけるLDGIの本数も5〜15本程度に減少していく傾向が観察された（図5-7〜11）。これは個体が成熟することによって成長速度が遅くなる傾向として貝類一般に認められる現象といえる。また、1つのLDGIの中には、より微細で幅の狭い成長線が観察できるのであり、1朔望日を構成する2回の潮汐サイクルに伴い2本の微細成長線を1セットとして

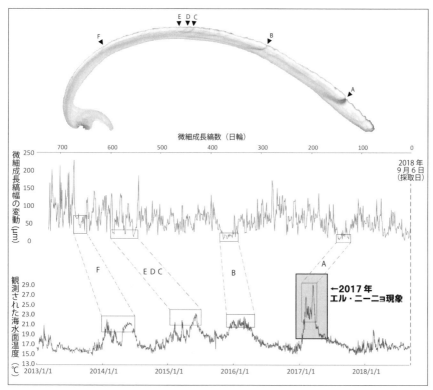

図5-7　微細成長縞幅の変動と成長障害輪および観測されたSSTの比較

LDGI が形成されるという先行研究［cf. Schöne and Surge 2012: Fig. 4］に当てはまる。これらのことから、現生オオヌノメアサリの貝殻断面は、微細なスケールでの成長パターンの解析が可能な状況にあることがわかった。

このような周期的なパターンを見せる微細成長縞に加えて、現生資料の貝殻断面では、様々なサイズの成長障害輪が形成されていることも明らかになった。この成長障害輪は微細成長線と同様の暗色層が厚く形成されており、何らかのストレスが生じたことによって一定期間の間、成長が停滞していたことを示唆している。本章で取り扱う現生資料においては、10 〜 600μm の厚さの成長障害輪が確認されているため、ここでは便宜的に 50μm 以下のものを miniGA (minimum growth anomaly)、50μm 〜 400μm のものを GA (growth anomaly)、400μm 以上のものを MGA (major growth anomaly) として 3 つに分類しておく。

これらの成長障害輪の形成に関わった外的要因を探るため、貝の骨格成長履歴に沿って連続的に採取した試料の同位体分析の結果をみてみたい（図5-8）。図の貝殻断面に付された黒い丸は分析用の試料を採取した箇所を示し、黒い逆三角は断面で観察された成長障害輪の位置を示している。大きな黒い逆三角で示した GA・MGA 相当の成長障害輪（180906-A における B・C、181011-A における A・D・G）から採取した試料では、海水温の変動を反映する酸素同位体比（δ18O-PDB）が小さくなっていることが確認できる。このことから、上記の成長障害輪が形成された際に海水温は通常よりも大きく上昇していたことがわかる。一方で miniGA 相当の小さな成長障害輪においては、大規模な海水温上昇の伴わないものが多いことから、別の要因によって形成されたものであるといえる。ただし、成長段階の早い時期に形成された殻長に近い部位の硬組織では、海水温の上昇に伴って miniGA が形成される傾向が見て取れる（例えば、180906-A の H・I・J、181011-A の K など）。これは、貝殻の付加成長が活発な段階における海水温の上昇が成長障害を生むものの、その規模は成熟した個体と比べて小さく、幅の広い成長障害輪が形成されないことを示唆している。以上のような同位体分析の結果、とくに GA・MGA などの幅の広い成長障害輪を生む成長の阻害は、海水温の上昇という海域環境の変化によって引き起こされることが明らかになった。

第3節　オオヌノメアサリの成長パターン

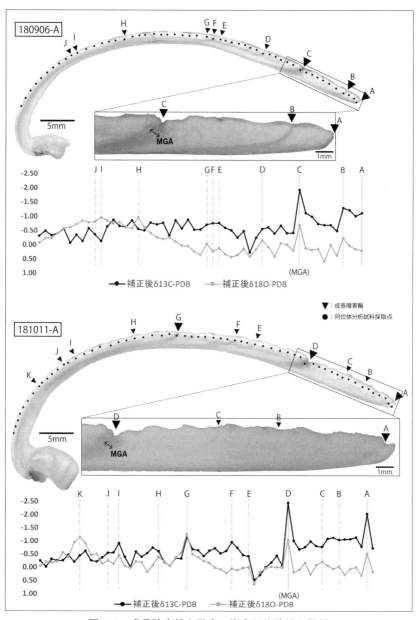

図5-8　成長障害輪と酸素・炭素同位体比の関係

海水温の変動と成長障害輪の関係については、微細成長縞であるLDGI幅の変動においても明瞭に表れている。**図5-7**にLDGI計測値の変動と観測された海水面温度（SST）の関係を示した。この図において明らかなようにLDGIの変動を示した折れ線グラフには成長障害輪の付近でLDGIの計測値が大きく減少する傾向が表れている。これと2015年1月から2018年9月6日（現生個体の採取日）までのSSTの変動グラフを比較すると、成長障害輪に伴うLDGI計測値の減少と海水温の上昇が同期していることが看取できる。両者のグラフに表れるピークの形状に類似性がみられることからも、海水温の変動は1朔望日あたりの成長量の変化にも大きく影響を与えていることがわかる。なお、観測水温のグラフを見てもわかるように、とくにエル・ニーニョ現象が起きる前後の数年では、海水温の変動パターンに明瞭な季節性はみられない。一般に南半球の夏（ペルー海岸地域における乾季）にあたる12月〜3月には、海水温の上昇が認められるのだが、ENSOのような短周期的な環境変動に伴って、そうした季節周期が大きく崩れることがわかっている。このことが、年間の季節変動に伴って冬輪や夏輪などの年輪が明瞭に形成される地域と異なり、この地域の貝類を用いて成長障害輪から貝の年齢推定を行うことを難しくしている［cf. Lazareth et al. 2006］。

2．成長パターンと環境要因

　これまでに述べてきた微細成長縞・線の観察や計測、および同位体分析の結果から、朔望日輪などの微細成長パターンが観察可能であること、この成長パターンには大潮/小潮サイクルなどの潮汐現象が密接に関わっていること、大きな成長障害輪の形成には海水温の上昇が関わっていることが明らかになってきた。それらの知見をふまえ、以下ではオオヌノメアサリの現生資料における微細成長パターンとSSTの関係から、骨格成長履歴に沿った編年学的な分析を行ってみたい。
　すでに述べたように、海域環境や貝の成長段階に伴ってLDGIの形成される数自体は減少していく傾向にある。また、成長が阻害されている間にLDGIは

形成されないため、その数から時間を遡ることは不可能であるし、明瞭な季節性を示す海水温変動もないために年輪を用いることもできない。そこで注目すべきは、大潮/小潮サイクルに伴う LDGI の周期的変動である。なぜなら、LDGI の数やその幅が個体の成熟とともに減少する傾向があるのに対し、その変動の周期数は成長段階に関わらず維持されるためである。

図 5-9 の中段には、18906-B において計測された LDGI 幅の変動グラフから増減の周期性を読み取り、微細成長パターンから推定される大潮/小潮サイクルの数が示されている。ここに海水温の上昇と連動して形成される GA・MGA の成長障害輪および観測された SST の変動を照合させるため、障害輪間で記録された大潮/小潮のサイクル数と SST が低く維持されていた期間の月数を比較してみたい。

2017 年のエル・ニーニョ現象に伴う SST の上昇が収束した 2017 年 4 月 16 日から、現生資料が採集された 2018 年 9 月 6 日までの期間は計 16.5 か月となっている。対する貝殻の縁辺から MGA1 までの間で確認された LDGI の変動周期数は 31 という数字を示している。大潮/小潮の 1 サイクルはおよそ 0.5 か月（14 日〜 15 日）に相当するとすれば、この間に要した期間は 15.5 か月と成長パターンから推測される。すなわち、SST にもとづいて算出された 16.5 か月とおおよそ一致することがわかる。さらに、この期間には 2018 年 2 月 22 日における小規模な SST の上昇が確認されており、ここから採集日までの期間は、miniGA3 から縁辺までの推定月数と整合している。同じく、エル・ニーニョ現象から小規模な SST の上昇（2018 年 2 月 22 日）までの期間は、miniGA3 から GA1 までの間で確認されている大潮/小潮サイクルの数とも一致している（図 5-9）。

同様に、MGA1 から GA1 までの間で確認されている 18 の大潮/小潮サイクルと、SST が低く保たれていた 2016 年 4 月 11 日から 2017 年 1 月 20 日までの 9 か月間もまた、想定される月数が一致しており、GA1 から GA2 の間でも同じことが確認されている（図 5-9）。

このことから、LDGI の変動周期を大潮/小潮サイクルとみなし、成長障害輪を SST の上昇期とみなした時、微細成長パターンから復元される編年学的な情

第5章 二枚貝のスクレロクロノロジー:古環境変動を探る

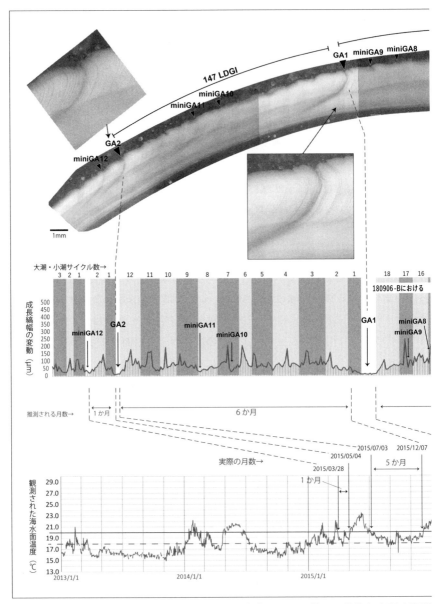

図5-9 大潮/小潮サイクル数から換算した現生資料

第 3 節　オオヌノメアサリの成長パターン

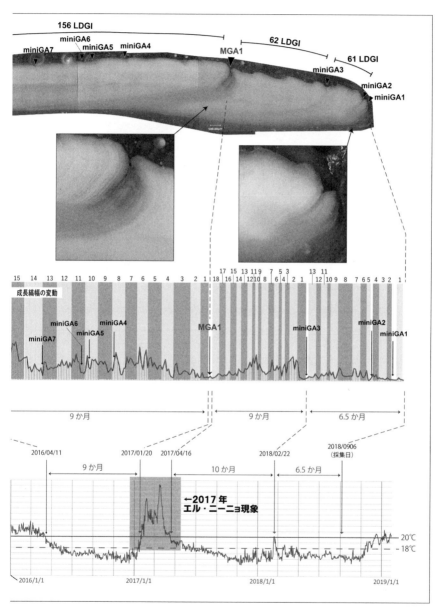

180906-B の微細成長パターンと観測海水面温度の編年学的関係

第 5 章 二枚貝のスクレロクロノロジー：古環境変動を探る

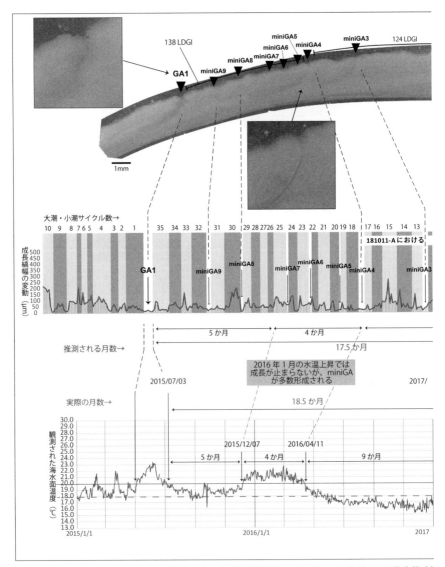

図 5-10 大潮/小潮サイクル数から換算した現生資料

第 3 節　オオヌノメアサリの成長パターン

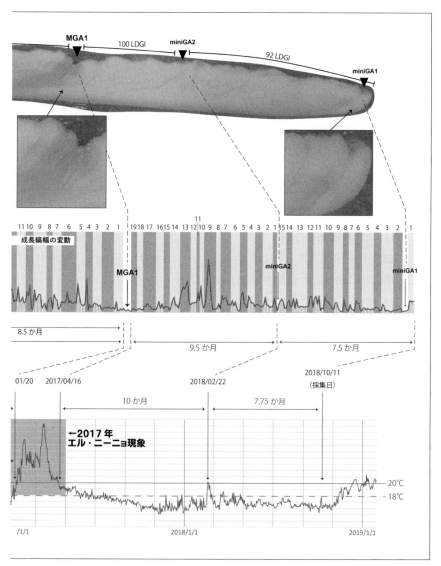

181011-A の微細成長パターンと観測海水面温度の編年学的関係

285

報は、観測された SST の変動と合致することがわかる。すなわち、オオヌノメアサリの微細成長パターンは、潮汐と海水温という 2 つの要素によって左右されていることになる。

また、微細成長パターンと SST 変動の編年学的な整合性は、海水温が 20 ℃以上に上昇するまで成長は阻害されないことを示している。これは極南海岸の事例から成長障害の指標として指摘された 18 ℃という海水温と比べて [Lazareth et al. 2006]、北海岸ではオオヌノメアサリが高い温度でも成長を続けることを意味している。

こうした微細成長パターンの編年学的な整合性は、180906-B だけでなく、180906-A、181011-A（図 5-10）、190129-A の全 4 個体でも確認されている。このことは、LDGI の変動周期から復元した大潮/小潮サイクルが、編年学的な操作を可能とする指標であることを示している（図 5-11）。一方で、解析が行われた 4 個体には個体差も見受けられる。

例えば 181011-A では、2015 年 12 月 7 日から 2016 年 4 月 11 日までの期間における 20 ℃以上の SST に対して、GA に相当する明瞭な成長障害輪が形成されていない（図 5-10）。

その代わりに miniGA4 ～ 7 までの小さな成長障害輪が断続的に記録されていることから、この個体ではこの時期に完全に成長が停止することはなく、小さな障害輪を多数形成しながらも成長が続けられていたことがわかる。181011-A は解析が行われたサンプルの中でも殻高の大きなものであることや、それ以前の 2015 年 5 ～ 6 月の海水温上昇において明瞭な GA を残していることから考えて、成長段階の違いが生んだ差異とは考えにくい。その要因は明らかでないが、この時期の海水温の上昇がそのほかのものよりも緩やかであったため成長障害が明瞭な形で起きなかったことも要因の一つであろう。いずれにしても、エル・ニーニョ現象に代表されるような急激な海水温上昇に対しては、すべての現生資料において明瞭な成長障害が残されている。

さらに、190129-A では、殻高こそ他の現生資料と大差ないものの、残りの 3 個体よりも若い個体であったことが微細成長パターンの解析からわかる（図 5-11）。190129-A では、エル・ニーニョ現象における 2017 年の急激な海水温上

第 3 節　オオヌノメアサリの成長パターン

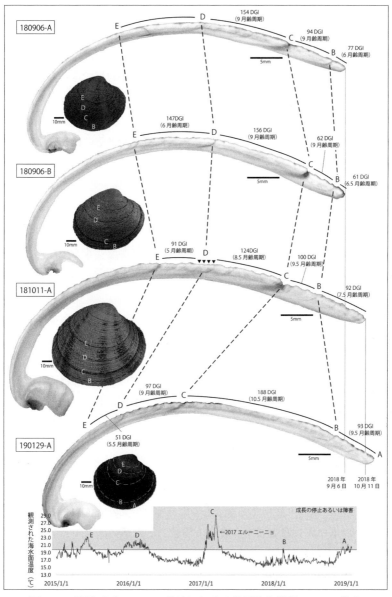

図 5-11　現生オオヌノメアサリにおける成長障害輪間の LDGI 数と
　　　　　変動周期数から換算した月齢周期数

昇を成長段階の早い時期に経験していることがLDGI変動周期と成長障害輪の位置関係より示唆されている。この時の成長障害輪C（図5-11）は、そのほかの個体と同様に厚みがあるものの、相対的に暗色の濃度が薄いものであり、小さな成長障害輪が密に集まって構成されていることが観察できる。これは、成長の活発な時期に急激な海水温上昇を経験したために、成長の停止が断続的に起きたことを示唆している。これらの個体は、エル・ニーニョ現象後の2017年4月以降に急激なスピードで成長し、最終的な殻高はそのほかの個体と同様なものとなっている。

　図5-11において、以上の4つの現生資料のLDGI数、大潮/小潮サイクル数、成長障害輪の位置関係を比較した。この結果、LDGI数については成長段階差、個体差が大きいものの、大潮/小潮サイクル数に関しては各個体で一定の範囲に収まっていることがわかる。これらの一連の分析から、オオノメアサリの成長パターンには、潮汐と海水温の大きく2つの要素が深く関わっている点が導き出される。

3．成長障害輪とエル・ニーニョ現象

　上述のような微細成長パターンの解析の結果、2017年におけるエル・ニーニョ現象に対応する成長障害輪がそれぞれの現生個体において明らかになった。図5-11に表したCの成長障害輪がこれにあたる。これはいずれも一連の成長障害輪の中で最も大きなものであり、400μm〜600μmのサイズを持つMGAに相当するものである。このことから、様々なサイズで確認されている成長障害輪のうち、MGAとして分類される顕著な成長障害輪はエル・ニーニョ現象による急激な海水温の上昇にともなうものであるといえる。すなわち、貝殻断面に400μm以上の成長障害輪が存在する場合、その個体はエル・ニーニョ現象下の海域環境を経験したと同定できる。つまり、これが北海岸のオオヌノメアサリを対象に微細成長線解析を行ううえでのエル・ニーニョ現象の指標となる。ラザレーらが極南海岸の事例から導き出した結論は北海岸においても適用可能といえる。

第 4 節　エル・ニーニョ現象と古環境変動

1．成長障害輪からみた古期の海域環境

　現生資料の解析結果に基づく知見を応用し、クルス・ベルデ遺跡の A-2 マウンドから層位的に出土した考古資料の分析を進めていく。すでに第 4 章の分析によって、CV-Ia 期から CV-Ib 期にかけての生態環境の変化が示唆されていた。それでは、この両時期におけるオオヌノメアサリの微細成長パターンにはどのような変化がみられるのであろうか。分析の対象となった 47 点の貝殻のうち、強い被熱によって結晶構造が変化してしまった 2 点を除く、45 点で微細成長パターンを明らかにすることができた。その内訳は CV-Ia 期で 18 点、CV-Ib 期で 27 点となる（表 5-2）。

　エル・ニーニョ現象の指標となる 400μm 以上の成長障害輪の有無に着目して解析結果を見ていこう。18 点の CV-Ia 期から出土したオオヌノメアサリにおいて、500μm 以上の成長障害輪を持つ個体が 2 点、400～500μm の成長障害輪を持つ個体についても 4 点確認された（表 5-3、図 5-12）。このことから、CV-Ia

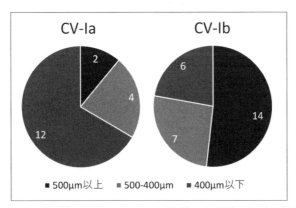

図 5-12　各時期の 400μm 以上の成長障害輪を持つ個体の割合
図中の数字は個体数。

第5章 二枚貝のスクレロクロノロジー：古環境変動を探る

表 5-3 考古資料を対象とした成長障害輪の計測値と採集月の推定結果

No.	資料番号	層位	時期	最終成長障害輪から縁辺までの潮汐サイクル数	月数	推定採集月（GA終=4月）	簡易推定月	備考	最終障害輪
1	17CV-BC35	10	CV-Ia	3-4	1.5-2	5.5-6	5		MGA
2	17CV-BC36	10	CV-Ia	6	3	7	7		GA
3	17CV-BC37	10	CV-Ia	2-3	1-1.5	5-5.5	5		GA
4	17CV-BC38	10	CV-Ia	3	1.5	5.5	5		GA
5	17CV-BC39	10	CV-Ia	0	-1	3	3	縁辺にてGA途中	GA
6	17CV-BC40	10	CV-Ia	2	1	5	5		MGA
7	17CV-BC41	10	CV-Ia	3	1.5	5.5	5		GA
8	17CV-BC42	10	CV-Ia	1	0.5	4.5	4		GA
9	17CV-BC43	10	CV-Ia	10	5	9	9		GA
10	17CV-BC30	9b	CV-Ia	5	2.5	6.5	6		MGA
11	17CV-BC31	9b	CV-Ia	2	1	5	5		GA
12	17CV-BC32	9b	CV-Ia	2	1	5	5		
13	17CV-BC33	9b	CV-Ia	0-1	0-0.5	4-4.5	4		GA
14	17CV-BC34	9b	CV-Ia	3-4	1.5-2	5.5-6	5		GA
15	17CV-BC29	9a	CV-Ia	0-1	0-0.5	4-4.5	4		GA
16	17CV-BC26	8	CV-Ia	3	1.5	5.5	5		MGA
17	17CV-BC27	8	CV-Ia	0	0	4	4	縁辺にてGA終わり	GA
18	17CV-BC28	8	CV-Ia	0	0	4	4	縁辺にてGA終わり	GA
19	17CV-BC12	5	CV-Ib	3	1.5	5.5	5		GA
20	17CV-BC13	5	CV-Ib	3	1.5	5.5	5		GA
21	17CV-BC14	5	CV-Ib	0-1	0-0.5	4-4.5	4		GA
22	17CV-BC15	5	CV-Ib	0-1	0-0.5	4-4.5	4		MGA
23	17CV-BC45	5	CV-Ib	2	1	5	5		GA
24	17CV-BC46	5	CV-Ib	2	1	5	5		GA
25	17CV-BC47	5	CV-Ib	0	-3	1	1	縁辺にてGA開始	GA
26	17CV-BC10	4c	CV-Ib						
27	17CV-BC11	4c	CV-Ib	0	0	4	4	縁辺にてGA終わり	GA
28	17CV-BC44	4c	CV-Ib	1-2	0.5-1	4.5-5	4		GA
29	17CV-BC07	4b	CV-Ib	6	3	7	7		GA
30	17CV-BC08	4b	CV-Ib	7	3.5	7.5	7		MGA
31	17CV-BC09	4b	CV-Ib	0	-2	2	2	縁辺にてGA途中	GA
32	17CV-BC01	4a	CV-Ib	2	1	5	5		GA
33	17CV-BC02	4a	CV-Ib	3	1.5	5.5	5		GA?
34	17CV-BC03	4a	CV-Ib	4	2	6	6		MGA
35	17CV-BC04	4a	CV-Ib	4	2	6	6		MGA
36	17CV-BC05	4a	CV-Ib	0-1	0-0.5	4-4.5	4		MGA
37	17CV-BC06	4a	CV-Ib	0.5	0.5	4.5	4		GA
38	17CV-BC20	4	CV-Ib	0	-2	2	2	縁辺にてGA途中	MGA
39	17CV-BC21	4	CV-Ib	11-12	5.5-6	9.5-10	9		MGA
40	17CV-BC22	4	CV-Ib	0-1	0-0.5	4-4.5	4		MGA
41	17CV-BC23	4	CV-Ib	2	1	5	5		GA
42	17CV-BC24	4	CV-Ib						
43	17CV-BC25	4	CV-Ib	0	0.5	4.5	4		GA
44	17CV-BC16	3	CV-Ib						
45	17CV-BC17	3	CV-Ib	3	1.5	5.5	5		GA
46	17CV-BC18	3	CV-Ib	0	-3	1	1	縁辺にてGA開始	GA
47	17CV-BC19	3	CV-Ib	6	3	7	7		MGA

※太字・下線の計測値は400μm以上の成長障害輪

第 4 節　エル・ニーニョ現象と古環境変動

一覧（層位順）

成長障害輪計測値（μm）

901.66	97.78	**586.18**	129.59	138.16	148.71	87.70	156.31	96.50	50.47	29.78	32.51	32.94	24.86		
57.81	109.57	73.09	68.91	**414.82**	175.16										
223.06	47.70	100.24	113.39	53.33	29.81	139.10	37.33								
75.81	62.94	379.05	47.84	173.64	133.36	159.94									
138.12	244.22	81.75	216.25	47.77	55.47										
230.91	164.80	53.29	135.04	64.17	94.87	238.12	201.77								
96.15	86.00	60.81	45.53	298.52	214.07										
152.45	150.77	75.49	187.49	269.72	**404.23**	294.87	154.83	156.65							
77.55	78.64	54.32	337.80	**405.63**	211.42	274.13									
87.05	275.17	364.77	204.94	330.16	213.40	115.22	94.23								
27.57	66.08	115.28	165.96	184.67	60.76	49.13									
71.43	50.82	134.68	311.37	282.61	267.04	281.76	**484.97**	176.97	119.05	104.39	122.23	82.82			
92.60	89.89	151.62	87.30	102.19	74.87										
76.78	117.84	129.74	68.91												
170.49	18.87	64.36	74.04												
51.74	187.71	65.85	398.09	32.72	66.02										
116.47	94.47	115.82	200.19	**688.35**	204.14	118.42	517.77	38.46	69.54	60.81					
160.23	128.27	358.28	152.85	309.27	122.65	53.26	256.11	103.40	163.57	201.87	346.04	395.90	265.77		
342.42	96.23	143.91	73.89												
145.70	287.04	**556.51**													
216.38	64.33	**476.25**	43.85												
364.33	338.99	223.18	**510.05**	71.90	71.02	167.49	58.65	70.36	30.55	83.20	76.26				
549.69	71.55	79.16													
342.75	362.48	137.89													
281.91	**402.12**														
被熱による結晶構造の変化のため観察不能															
513.21	151.63	42.11	175.43												
200.48	**413.97**	302.79	128.79	**590.05**	329.85	62.20	211.73								
129.20	154.87	322.33	**422.49**	303.35	61.92										
65.47	271.35	312.98	247.75	158.36	333.69	55.61	393.75	**490.92**	309.88	179.20	67.88				
276.19	86.69	371.62	341.47	213.32	74.19	**502.62**	234.28	120.73							
123.32	100.29	**429.98**	158.75												
392.58	103.33	94.69	134.00	37.71	64.22	48.36									
349.56	261.78	196.85	**580.95**	98.17	222.90										
597.55	48.00	59.63	99.64	85.33	40.12	109.66									
473.80	291.19	196.94	76.82	631.31	331.05	123.36									
284.23	257.56	187.55	220.86	261.09	310.16										
85.63	38.30	173.02	157.89	228.55	**470.03**	262.37	191.18	256.11	181.33	114.14	37.71	79.29	580.18	102.56	248.79
508.08	88.65	17.75	23.89												
216.12	**488.64**	256.10	251.88	**665.29**	112.39										
76.36	**416.85**	308.74	45.88	222.36	82.09										
571.40	82.82	**407.53**	128.71	80.60											
73.24	45.25	89.44	320.34	**593.28**											
被熱による結晶構造の変化のため観察不能															
162.25	45.53	38.43	26.64	49.35											
80.08	37.73	41.41	**407.29**												
19.20	231.56	71.90	42.76	31.41	17.58										

第 5 章　二枚貝のスクレロクロノロジー：古環境変動を探る

期においても ENSO に代表される短周期的な環境変動が存在していたことが明らかであり、エル・ニーニョ現象による急激な海水温の上昇を経験していた個体が存在したことを意味する。

　一方の CV-Ib 期では、29 点のオオヌノメアサリのうち、500μm 以上の成長障害輪を持つ個体が 14 点、400 〜 500μm の成長障害輪を持つ個体は 7 点確認されている。それぞれの時期を割合で示すと 400 〜 500μm の成長障害輪を持つものは CV-Ia 期において 11.1%、CV-Ib 期には 51.9%、500μm 以上の成長障害輪を持つ個体は CV-Ia 期において 22.2%、CV-Ib 期には 25.9% となり、いずれも CV-Ia 期から CV-Ib 期にかけて増加傾向にある。このことから、CV-Ib 期では、前時期と比べてエル・ニーニョ現象の頻度が増加し、その規模も大きくなっていったことが指摘できる。すなわち、CV-Ib 期の北海岸では ENSO という短周期的な環境変動がより規模の大きい明瞭なものとなり、その周期も短くなっていたことが示唆されるなど、両時期の間でエル・ニーニョ現象に関わる変化が明瞭に読み取れるのである。

　それでは、このエル・ニーニョ現象の頻度は現在と比べてどの程度のものであったのだろうか。ENSO の周期には多様性があり、これを予測することは現在でも困難を極めているのだが、近年記録されている ENSO は 2 〜 7 年ほどの周期で繰り返されている ［McPhaden et al. 2006］。古期のクルス・ベルデ遺跡が経験したエル・ニーニョ現象の周期を明らかにするため、CV-Ia 期と CV-Ib 期のそれぞれの資料を対象に、 1 個体において確認できる 400μm 以上の成長障害輪数の割合をグラフに示した（図 5-13）。この割合をみてわかるように、考古資料として出土した個体のほとんどが 400μm 以上の成長障害輪を 1 つ持つにとどまっている。オオヌノメアサリの寿命が 7 年前後であることを考えれば、 7 年以下の期間で複数回のエル・ニーニョ現象が起きることはまれであったと推定できる。おそらく CV-Ib 期におけるエル・ニーニョ現象の頻度は現在と同じか、それ以下であったであったとみてよいだろう。

　また、古期における海水温変動について明らかにするため、 4 点の考古資料を対象として貝殻の断面から骨格成長履歴に沿った連続的な貝殻粉末の試料を採取し、同位体分析をおこなった。考古資料においても、現生資料と同様に

第4節　エル・ニーニョ現象と古環境変動

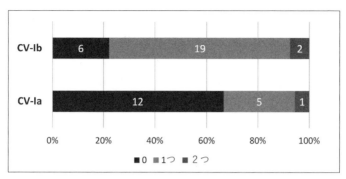

図 5-13　一個体が持つ MGA の数で分類した資料群の割合

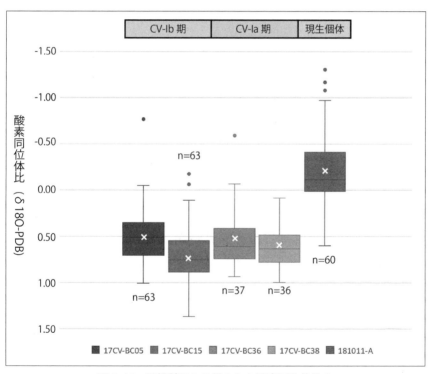

図 5-14　貝殻断面から得られた酸素同位体比の
　　　　 変動幅に着目した考古資料と現生資料の比較

293

GA・MGA相当の成長障害輪と海水温の上昇が同期していたことが確認されている。貝殻断面から採取された試料の酸素同位体比のデータと現生個体のデータを比較するため、それぞれの値の分布を箱ひげ図で表した（図5-14）。この図をみると、4個体の考古資料における酸素同位体比は、現生個体のものと比べていずれも大きくなっており、古期の北海岸における海水温の平均は現在と比べて低い温度であったことがわかる。これは、北部中央海岸の古期の遺跡から出土した海生ナマズの耳石に対する酸素同位体比の分析結果とも合致するものであり [cf. Andrus et al. 2002, 2003]、この時期の平時の海水温は現在よりも2～3℃ほど低かったと考えてよい。一方で、外れ値としてドットで示された高い海水温も考古資料において確認されていることから、エル・ニーニョ現象のような海水温の異常も存在していたことがわかる。

以上にみてきたように、現生資料から得られた知見を応用してクルス・ベルデ遺跡から出土したオオヌノメアサリの貝殻を分析した結果、CV-Ia期からCV-Ib期にかけて、エル・ニーニョ現象の頻度と規模が増加するという環境変動が起きていたことが明らかになった。こうしたCV-Ib期の状況は、現在のエル・ニーニョ現象の周期と同程度のものであったことが示唆されており、平時の海域環境については現在よりもやや寒冷な海水温が保たれていたことがわかる。

2．オオヌノメアサリの推定採集時期

続いて、クルス・ベルデ遺跡において出土したオオヌノメアサリの微細成長パターンの解析から、この貝種を対象とした採集活動が行われた時期を推定してみたい。先行研究の渉猟からも明らかなように、日本や北アメリカなどの地域では、明瞭な季節性を伴って形成される年輪と貝殻縁辺との位置関係から貝の死亡時期を推定する分析方法がとられてきた。しかしながら、中央アンデス地域の海域環境はそのほかの地域と比べて不定期的な季節変動が起こるため、年輪を基準として利用することができない。とくにそうした環境下では、北アメリカで多く採用されているT/O法による季節推定は難しいといえる。一方で、

第4節　エル・ニーニョ現象と古環境変動

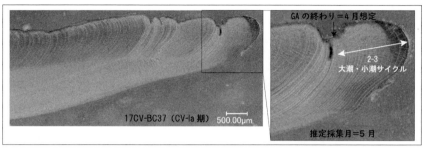

図 5-15　考古資料を対象とした推定採集月の算出方法

短周期的な環境変動であるENSOはその周期が不規則ではあるものの、エル・ニーニョ現象による海域環境の異常が引き起こされる時期はおおよそ12月〜4月とされ、海水温が上昇する。オオヌノメアサリにはそうした海水温の異常が骨格成長履歴に記録されていることから、これを季節推定のための基準として利用することができるだろう。

そこでエル・ニーニョ現象によって残されるMGA障害輪の端を海水温の異常が収束する4月と仮定し、そこから貝殻の縁辺までの間に記録されているLDGI幅の変動周期、つまり大潮/小潮サイクルの数を確認することで推定採集月を算出した（**図5-15**）。縁辺付近にMGAを有さない個体に関しては、低度の海水温上昇によって形成されるGAを同様に4月と仮定している。また、縁辺において成長障害輪が確認される場合、縁辺における障害輪が形成され始めているものを−3か月、障害輪が途中のものを−1〜−2か月、障害輪が終わりかけているものを0か月とした。あくまで、おおよその採集月を推定するものであるが、採集活動の傾向をつかむうえでは一定の有効性を持つ手段だと考えられる。

遺跡出土の各個体に対する分析結果を**表5-3**に整理した。結果として、多くの個体は成長障害輪が形成されたと想定される4月より1〜2か月ほど後の値を示しており、高い海水温が維持されていた、あるいはその後の短期間に採集されたことが推測される。一方で、8月〜12月に採集されたとみられる個体は極めて少なく、オオヌノメアサリの採集活動が年間の限られた時期に集中的

第5章 二枚貝のスクレロクロノロジー：古環境変動を探る

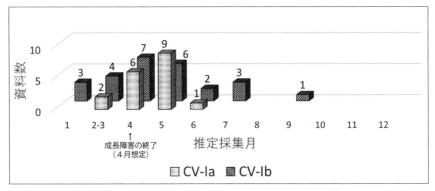

図 5-16　各時期における推定採集月ごとの資料数

に行われていたことが示唆される。加えて、CV-Ia 期と CV-Ib 期の各時期における推定採集月の分布を比較してみた（**図 5-16**）。この図をみると、オオヌノメアサリの採集活動はエル・ニーニョ現象などの海水温上昇が収まった直後にピークを持つことがわかる。一方で CV-Ia 期では 2 月〜6 月の期間に採集された個体が確認されているのに対し、CV-Ib 期では 1 月〜7 月の期間に採集された個体が出土しているなど、オオヌノメアサリの採集時期に若干の違いがみられる。

　このような季節性に関する分析結果は、酸素同位体比の分析によっても支持されている。強い被熱を受けていない 39 個体の考古資料を対象に貝殻の縁辺を削り、分析用の試料を採取した。すなわち、ここで測定された酸素同位体比は、各個体が最後に経験した海域環境のデータを表しているといえよう。これを CV-Ia 期と CV-Ib 期に分けて示した測定値のバリエーションと、17CV-BC15 という 1 個体の考古資料の断面から採取した連続的な全ての測定値のバリエーションと比較した（**図 5-17**）。その結果、縁辺から得られた試料のデータは、1 個体から採取された 63 点の試料のデータの中でも海水温の高い部分に位置づけられることが明らかとなった。すなわち、考古資料の多くが年間の海水温変動のうち海水温の高い時期に採集された個体が多いことを示しており、先述の分析結果と同じ傾向が得られている。

　オオヌノメアサリは急激な海水温の上昇に耐性を持っていることから、エ

第4節　エル・ニーニョ現象と古環境変動

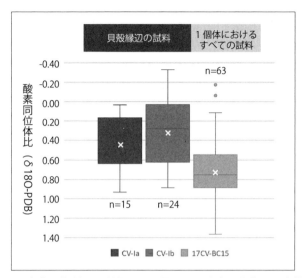

図 5-17　全考古資料の貝殻縁辺から得られた酸素同位体比の多様性と1個体の断面から連続的に得られた酸素同位体比の比較

ル・ニーニョ現象の状況下でも個体数を維持する［cf. Arntz and Fahrbach 1996］。そしてクルス・ベルデ遺跡の人々は、そうした環境変動に際してオオヌノメアサリやチョコレートレイシを多く利用することで環境の変化に対応していたことを第4章で指摘してきた。また、CV-Ib 期においてエル・ニーニョ現象の規模と頻度が増加していたことをふまえるならば、両時期における推定採集時期の差異は、CV-Ib 期におけるエル・ニーニョ現象の増加に伴ってオオヌノメアサリを利用する機会と期間が増加した結果であると解釈できる。とくに、推定採集月が海水温上昇の前ではなく、直後に集中していることは、エル・ニーニョ現象の影響によって変化し、一定期間維持された生態環境の開発に際してオオヌノメアサリが多く利用されていたことを示唆している。

　それでは、クルス・ベルデ遺跡は年間の限られた時期にだけ利用されていたのだろうか。本章で明らかにできたのは、オオヌノメアサリの利用に関する季節性のみであり、遺跡利用全体の季節性を明らかにするためには、そのほかの貝種や魚種を対象にした分析を行う必要がある。とくに、エル・ニーニョの状

況下で個体数が減少するような動物種の利用に関する季節性の解明が今後の課題といえよう。一方で、次の第6章で示すように、エル・ニーニョの状況下でない期間にも魚類などの生態資源の利用が継続的に行われている。同遺跡の利用は継続的に行われていた可能性がある。

第5節　小括：スクレロクロノロジーでみる環境変動と生態資源利用

1．古期における環境変動と ENSO の通時的変化

　これまでの分析の結果、古期のクルス・ベルデ遺跡が経験した環境変動の実態が明らかになってきた。現生資料を対象にした分析は、北海岸におけるオオヌノメアサリの成長パターンが、大潮/小潮などの潮汐サイクルや海水温の変動と密接に関係していることが明らかになり、エル・ニーニョ現象による急激な海水温の変化に伴って 400μm 以上の大きな成長障害輪が形成されることが立証された。

　こうした成長障害輪や大潮/小潮サイクルに伴う LDGI 幅の変動周期が考古資料においても確認できるのであり、この点から、遺跡から多く出土するオオヌノメアサリが過去の海域環境を復元するうえで有効な情報源となることを改めて指摘することができる。本章では、そうした指摘に留まらず、現生資料から得た知見を考古資料に応用することで、考古学データと親和性の高いタイムスケールと資料に基づいた海域環境の変化を明らかにすることができた。エル・ニーニョ現象に伴う海域環境異常の指標となる成長障害輪の数とサイズは、CV-Ib 期になって増加することが明らかであり、この時期にエル・ニーニョ現象の頻度と規模が著しく増加するような環境変動が起きたことがわかる。このことは、第4章で確認してきたような、CV-Ia 期（4200-4000 BC）から CV-Ib 期（4000-3800 BC）にかけての動物利用の変化とも同調する現象であり、環境変動に伴って、クルス・ベルデ遺跡の人々は行動を変容させていったことがわかる。のちに論じていくことになるが、環境変動に伴う一連の行動様式の変化が、マウンド形成に関わる行為の変化とも同期していたことは興味深い。

　完新世における ENSO の通時的な変化を論じる様々な先行研究は、時間尺度が粗いデータであるものの、同時期に同様の変化があったことを指摘してきた（第1章を参照）。エクアドル山岳地域の湖底堆積物やペルーの海底堆積物の研

究は、4000-3000 BC において ENSO の頻度が増加することを指摘してきたのに加え［eg. Jenny et al. 2002; Moy et al. 2002; Rein et al. 2005］、遺跡出土の貝類や地形学の研究も 4000 BC 前後に同様の変化が起きていたことを示唆している［eg. Sandweiss et al. 2007; Wells 1992］。このことから、クルス・ベルデ遺跡の一連の考古学データによって明らかになった 4000 BC を画期とする環境変動は、先行研究とも矛盾しない結果であるといえる。さらに言えば、古環境復元に関する様々なデータを参照しつつ極南海岸から出土した貝類の酸素同位体比を分析した精緻で信頼性の高いカレらの研究事例［Carré et al. 2014］と比較した場合、本章の分析結果は、彼らのデータの空白期を埋めるものとして位置づけることができる。

2．クルス・ベルデ遺跡における生態資源利用の季節性と通時的変化

　クルス・ベルデ遺跡から出土した考古資料を分析した結果、オオヌノメアサリの採集時期は海水温が高く保たれていた時期および、その後の数か月にわたる 1 月〜7 月に行われていたことが推定された。高い海水温に耐性を持つオオヌノメアサリの生態学的特性を考慮するならば、そうした環境下でも個体数が維持される貝が海域環境の変化に合わせて利用されていたと考えられる。また、高い海水温が保たれていた期間の終盤からその直後に、この種の貝類採集のピークがあるという点は、海水温の上昇に伴って形成され、維持されるような生態環境の開発にともなってオオヌノメアサリが利用されていたことも示唆している。

　本章における分析結果からは、少なくともオオヌノメアサリに関しては季節的な生態資源利用が行われていたことが示唆されるものの、遺跡利用の全体の季節性については、異なる生物種を対象としたさらなる季節性の検証が必要といえる。本章で得られたデータは、これまでの章でみてきたようなそのほかの動物種の利用傾向とも齟齬のないものといえ、生態環境の周期性やその変化に適応する形で生態資源利用が営まれてきたことがわかる。その変化とは、エ

ル・ニーニョ現象の頻度と規模が CV-Ib 期に増加するという環境変動であり、これに伴って、遺跡で行われた様々な活動にも変化がもたらされたと考えられる。

　これまでの章で明らかにしてきたマウンドの形成過程、生態資源利用の変化、環境変動についてのデータと分析結果をふまえ、次章では CV-Ia 期と CV-Ib 期の間で確認された様々な変化の関係性について考察していく。また、古期のチカマ川流域沿岸部におけるそのほかの遺跡との比較を通して、クルス・ベルデ遺跡で起きた様々な変化の位置づけを明らかにしていく。

注
1) 「硬組織編年学」、「成長線編年学」あるいは「骨格年輪学」と訳されるが今のところ日本語の名称は定まってない。
2) ロバート・ブディメイアー（Robert Buddemeier）［Buddemeier et al. 1974］らにより、年輪年代学（dendrochronology）のアナロジーとして生物の硬組織を用いるスクレロクロノロジーの可能性が提唱され、続くハロルド・ハドソン（Harold Hudson）［Hudson et al. 1976］らの著作 "Sclerochronology: a tool for interpreting past environments" で 1 つの方法論として定義づけられた。
3) 細胞分裂ではなく、縁辺部につぎつぎと結晶が付加されることによって成長するような成長様式を「付加成長」と呼ぶ［佐々木 2010: 113］。
4) 月齢に基づく大潮と小潮のサイクルで、14 朔望日（14 日〜15 日間）。
5) さらには、100 年間におよぶ環境解析が行われたシャコガイ *Tridacna giga* の事例［Watanabe and Oba 1999; Watanabe et al. 2004］や寿命が 400 年に達することがわかった北大西洋に生息するアイスランドガイ *Arctica islandica* の事例［Marali and Schöne 2015］など、日単位の高精細で長期間の環境復元に注目が集まっている。
6) 結晶の多型とは、同一の化学組成をもつ物質が異なる結晶構造を持つ現象であり、炭酸カルシウムには、上述の 2 つの多型に加えてバテライトという結晶構造もあるが、これを持つ貝殻は知られていない［佐々木 2010: 113］。また、カルサイトとアラゴナイトの両方を持つ貝種の場合も、この 2 つは層状に分かれ、混在しない［佐々木 2010: 113］。
7) 俗にいう貝の「ヒモ」にあたる器官である。
8) 成長輪は一般的に周期的な配列を示すため安易に年輪とみなされる場合が多いが、

9) 潮間帯に限らず、潮下帯に生息する貝種でも同様の成長パターンが多く報告されている［eg. Hallman et al. 2009］。
10) またプレンダガスト［Prendergast et al. 2016b: 12］は、この最も寒冷な時期において相対的に遺跡の周辺環境が良好であったために、巻貝に頼った資源利用と厚い人間活動の痕跡が洞窟に残されたとした。
11) そうした酸素同位体比の特性を逆に利用して季節性を推定した事例もある。ニカラグアでは海水温が年間で大きく変化しない一方で、雨季の集中的な降雨によって河川の流れ込むラグーンの塩分濃度が季節的に大きく変化するのであり、これをラグーンに生息する二枚貝に応用した［Colonese et al. 2017: 150］。
12) 住居址内貝層とは、放棄された竪穴住居に貝殻などの廃棄活動が行われたことによって形成された地層を指し、日本では一般的に検出される遺構である。
13) エル・ニーニョ現象の成長障害輪では、その前後よりも新しい海中の炭素が取り込まれていることから、これを同現象による表層海流の変化（暖流が南下し、南から北上する海流が表層の暖流の下を流れる）によって引き起こされる湧昇現象の弱体化の指標であるとした［Andrus et al. 2005: 17］。海生生物は海に流れる古い炭素を取り込むために放射性炭素の値が古くなる海洋リザーバー効果が認められており、海底に多く沈んでいる古い炭素は湧昇によって循環している。
14) 同種の貝は、エル・ニーニョ現象において貝殻を構成する炭酸塩の分泌を維持するためにそのバイオミネラリゼーションのメカニズムを変化させ、その結果、マグネシウムの比率（Mg/Ca）が増加することを明らかにしたほか、ストロンチウムの比率（Sr/Ca）を海水温の異常を推定するのに使うべきでないこと、エル・ニーニョ現象の後には貝殻の成長率を増加させるため、もしくは海中のバリウムを分解するためにバリウムの比率（Ba/Ca）が増加することを明らかにした［Pérez-Huerta et al. 2013］。
15) 湧昇によって海底の古い炭素が巻き上げられるために、湧昇の強弱によって測定値に差が生まれる。
16) ENSOには水温変動の空間様式が 2 種類確認されており、海水温上昇の中心が東太平洋（EP）にある場合と中央太平洋（CP）にある場合とに分けられる。EPの時、南アメリカの沿岸では大きな水温上昇を伴うエル・ニーニョ現象と、小さな水温低下を伴うラ・ニーニャ現象が起こる。一方で、CPの時、南アメリカ沿岸では比較的小さなエル・ニーニョ現象と大きなラ・ニーニャ現象が起こる。6700 年前 〜 7500

年前にはこの水温変動の空間様式が CP に切り替わっていたため、大きな水温低下を伴う ENSO（ラ・ニーニャ）が起きていたとした［Carré et al. 2014: 1046-1047］。
17) 夏季にも成長を続ける背景には、低い海水温だけでなく、それに伴う湧昇現象による植物プランクトンの増加などの食資源の豊富さがあるとした［Lazareth et al. 2006: 267］。一方で、水槽におけるオオヌノメアサリの飼育実験から、ラ・ニーニャによる極度の海水温の低下も成長障害を引き起こすはずであるとの意見もある［Riascos et al. 2012］。
18) グルタルアルデヒドと酢酸、染色剤（Alcian Blue 8GX）を用いて行われた。暗色層である微細成長線を保存しつつ明色層である微細成長縞をエッチングできるために、微細成長パターンに沿った微細な凹凸を作り出すことができる。
19) 考古資料 47 個体のうち、8 個体は強い被熱による結晶構造の変質がみられたために分析試料を採取しなかった。考古資料 39 個体と現生資料 12 個体の計 51 個体の貝殻縁辺から 1 点ずつの試料が採取された。

第6章　環境変動に伴う社会実践の変容とマウンド

クルス・ベルデ遺跡における発掘調査の成果と遺物分析の結果から、A-2 マウンドでは CV-Ia 期から CV-Ib 期にかけて様々な変化が起きていたことが明らかになってきた。本章では、マウンドの形成過程の変化、生態資源利用の変化、環境変動という 3 つの変化を順に考察し、三者の関係を論じながらこの時期に起こった様々な社会実践の変容過程を明らかにする。これを通して、社会実践の変容が生み出したマウンドに対する人々の認識の変化と集団の変化について議論する。

第 1 節　マウンドの形成と生態資源利用

1．A-2 マウンドの形成過程

　第 2 章において、発掘調査のデータにもとづくマウンドの層序と遺構の検討を行った結果、このマウンドが盛土と床面を積み重ねる反復的で継続的な行為によって徐々に形成されたものであることが明らかになった。一方で、この過程において共伴する埋葬遺構の有無や床面の建設手法に変化がみられることから、マウンドの形成過程は CV-Ia 期と CV-Ib 期という 2 つの時期に区分することが可能であった。それぞれの時期には、放射性炭素年代測定によって *4200-4000 BC* と *4000-3800 BC* という年代に相当する。

　CV-Ia 期において最初に確認された活動の痕跡は、地山層の表面に形成されていた。この活動面は地山層の上で何らかの活動がおこなわれていたことによって踏み固められたものである。この上に最初に形成されるのは、動植物遺存体のみで形成された薄い堆積であり、貝殻や動物骨の出土が目立つ。そして、その上に動植物遺存体や人工遺物を多く含んだ土層が堆積しており、この時点から盛土が行われるようになっていったといえる。さらに、この盛土の表面には再度、活動面が形成され、その後、盛土と活動面が交互に積み上げられていくことがわかっている。

　しかし、CV-Ib 期では、そうした反復的なマウンドでの活動に変化が生じていたことが確認されてきた。その変化とは、考古遺物を多く含む盛土の上で火

を焚くような行為が行われるようになり、それによって形成された黒色土層の上に、白い粘土質の土壌を用いて床が敷かれるようになるというものである。これに加えて、この時期にはマウンドの形成過程の様々な段階において埋葬行為が行われるようになっていくなど、マウンドの形成過程で行われた活動はより複雑で多様になっていったといえる。

では、このマウンドの形成に寄与してきた一連の行為とは、いったいどのようなものであり、マウンドとはどのような存在であったのだろうか。そうした行為の性格とマウンドの性質を明らかにしていくうえで着目すべきなのは、2つの時期で一貫して行われていた行為や共通性であろう。発掘調査や考古遺物の分析の結果をふまえたうえで両時期に共通する大きな要素と考えられるのは、マウンドの盛土から出土する大量の動植物遺存体や人工遺物の存在である。

2．マウンドから出土する動植物遺存体の性格

盛土から出土した考古遺物のうち、もっとも多くの割合を占めるのが動物遺存体であり、これに加えて、植物遺存体も析出されている。これらの動植物遺存体に特徴的なのは、実に多様な動植物種の出土が認められるという点である。12科12種の哺乳類・鳥類、21科36種の魚類、18科34種の貝類、5科6種の食用植物類、4科6種の実用植物類が同定され、実用植物を除くそのほとんどすべてが食用に利用されたと考えられる[1]。これらの資料群が攪乱を受けていない一次堆積層から出土しているにも関わらず、動物骨の各部位が解剖学的な位置を保って出土している例がないことから、動物骨は埋葬ではなく解体された状態でマウンドに残されたといえよう。こうした出土状況をふまえれば、食資源として消費され残存した動物遺骸や植物種子でマウンド内の自然遺物は構成されており、それが食糧残滓であったと考えられる。磨石、台石などの石器や歯石から微小植物遺存体が析出されていることや、乾燥・水洗選別によって収集された植物種子にそれと共通する植物種が認められていることなども、これが食資源として利用されていたことを裏付けている。また、こうした知見は、大型の巻貝などに認められる規則的な破損状況が、巻貝の肉資源を利用するた

第 1 節　マウンドの形成と生態資源利用

め意図的に壊されたものと推察できることによっても支持される。

　これらの食糧残滓は沿岸部の様々な生態環境を舞台にした生物資源の獲得と利用の結果にもとづいている。例えば鳥類には、沿岸部に形成される湿地に生息する動物種や海域環境に生息する動物種の出土が認められ、魚類にはラグーンをはじめとする河口・汽水域や沿岸海域の岩礁地帯と砂浜地帯などが、貝類でも岩礁海岸や砂浜海岸および浅い海域などに生息する動物種が出土している。クルス・ベルデ遺跡の周辺にいずれの環境も存在することから、遺跡周辺の多様な生態環境が利用されていたと考えられる。

　それでは、このような多様な食資源は、どのようにして消費され、マウンドに残されたのだろうか。ワカ・プリエタ遺跡、パレドネス遺跡の調査者であるディルヘイらは、パレドネス遺跡のマウンドから大量に出土する動植物遺存体について、ワカ・プリエタ遺跡のマウンドで行われた饗宴活動に際して消費された食糧残滓であるとの見解を述べている［Vásquez et al. 2017］。しかしながら、その論拠については明確に示されておらず、饗宴活動があったことについても立証されているとは言えない。近年の考古学研究では、祭祀建造物における食糧残滓のまとまった出土が安易に饗宴活動と結びつけられる傾向があるが［cf. Bray (ed.) 2003］、この点に関しては考古学データに即した検証と解釈がなされるべきであろう。

　そこで参照したいのは、第 4 章で紹介したコラムサンプルの乾燥・水洗選別によって析出された動物遺存体についてのデータである。ここで得られた魚類遺存体のデータは、採取された土壌サンプルの層位ごとに収集されたものであり、同定資料数も多いことから、層位ごとの各魚種の出土傾向を読み取る作業にも耐えうる定量的なデータである。本章では、バスケスらの報告したデータを層位ごとに整理しなおし、いくつかの魚種を対象とした同定資料数の変化を比較した（図 6-1）。1 層の堆積が厚く、土壌量が多い場合には上下層に分けて土壌サンプルが収集され、それぞれで魚骨の抽出が行われている。このうち、主要な魚種を抜き出し、土壌 1 kg あたりの同定資料数（NISP）で層位ごとの出土数の変動を示したグラフが図 6-1 となる。まずは、その出土量の多さから、もっとも信頼性の高い定量データといえるカタクチイワシに着目してみたい。

第 6 章　環境変動に伴う社会実践の変容とマウンド

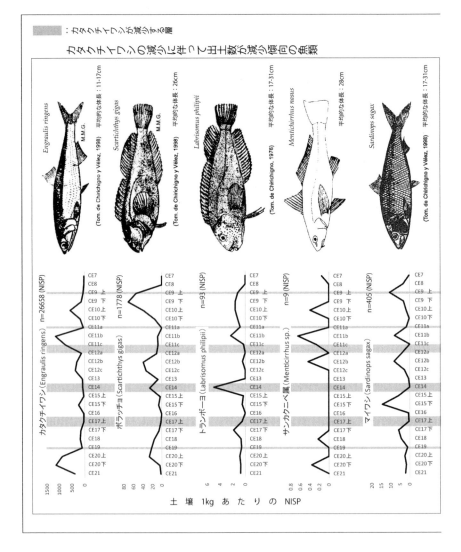

第 1 節　マウンドの形成と生態資源利用

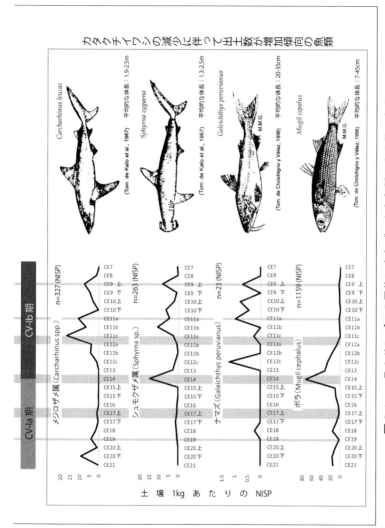

図 6-1　コラムサンプルの層位にもとづいた各魚種の出土数の変動
魚類のイラスト、体長は [IMARPE 2001] より引用、出土数のデータはバスケスの分析ノートをもとに作成

第6章　環境変動に伴う社会実践の変容とマウンド

　CV-Ia 期と CV-Ib 期でともに出土数が非常に多いカタクチイワシだが、その同定資料数は層位によって明確な差が認められ、とくに一定の間隔で増減のピークが繰り返されるような変動を示している。

　このカタクチイワシの出土数変動のサイクルに伴って、そのほかの魚種においても出土数の増減が層位ごとに認められる。ここで示した魚種のうち、マイワシ（*Sardinops sagax*）、ボラッチョ、トランボーヨ（*Labrisomus philipii*）、サンカクニベ属（*Menticirrhus* sp.）の 4 種は、おおよそカタクチイワシと同じような増減パターンを示しており、カタクチイワシの顕著な減少がみられる層位で同じく減少傾向を示している。対するメジロザメ属やシュモクザメ属、海生のナマズ（*Galeichthys peruvianus*）、ボラなどの魚種は、カタクチイワシが減少する層位において同定資料数の増加が認められる傾向にある。

　カタクチイワシは、現在でも頻繁に漁獲量の変動が認められる魚であり、その代表的なものにレジームシフトと呼ばれる 50 年単位の大規模な海洋気候の変動に伴う魚種交代が挙げられる。この魚種交代では太平洋内で同期したカタクチイワシとマイワシの個体数の増減が交互に引き起こされることが知られており［渡邊 2012］、カタクチイワシが減少する際にマイワシの数が増加する。この点をクルス・ベルデ遺跡の資料で検討してみたい。マイワシの出土数の大きなピークが示される CE15 下層や CE9 下層で、カタクチイワシの出土数がそれほど増加していない点は興味深いものの、それ以外の層位でカタクチイワシとマイワシは類似した出土数の変動パターンを示している（図 6-1）。そもそも、CE15 下層にしても CE9 下層にしても、マイワシの出土数はカタクチイワシに遠く及ばない。そうした状況からすれば、カタクチイワシの出土量変動が魚種交代という現象を表しているとは考えにくい。

　カタクチイワシの個体数が急激に減少するもう一つの現象として挙げられるのが、ペルー沿岸部の海水温が急上昇するエル・ニーニョ現象である。エル・ニーニョ現象では、海流の変化に伴って普段は豊富に存在する植物プランクトンの数が大幅に減少し、それを餌にするカタクチイワシの個体数も減少することが広く知られている［Arntz and Fahrbach 1996: 83-84］。そして、カタクチイワシは食物連鎖を支える重要な資源であるために、食物連鎖のバランスが崩れ、

魚類や海鳥、海生哺乳類などの個体数にも大きな影響を与える［Arntz and Fahrbach 1996］。一方でいくつかの動物種は、生存戦略の一環として高い海水温に耐性を持つものもいる。その例として挙げられるのが、普段から比較的水温の高い河口・汽水域で生活をする海生ナマズやボラである。これらの魚種は、エル・ニーニョ時の海域環境においても個体数を維持、あるいは増加させることが報告されている［Arntz and Fahrbach 1996: 83-84; Angulo 2008: 38］。さらに、エル・ニーニョ時に強まる北からの暖流とそれによる海水温の上昇によって、普段は沿岸域に生息するロルナ（*Sciaena deliciosa*）などの多くの魚種が沖合に移動すると同時に、熱帯の魚種が暖流に伴って移動してくると言われている［cf. Arntz and Fahrbach 1996: 111］。この点に関してカタクチイワシの減少に伴って増加するメジロザメ属のうち、ウシザメ（*Carcharhinus leucas*）やクロヘリメジロザメ（*Carcharhinus brachyurus*）が、現在はエクアドル以北の暖かい海域に主に生息する魚種であることは興味深い［cf. IMARPE 2015］。また、シュモクザメ属についても、とくに若い個体の生息域が海水温の増加とともにより沿岸に近づくことが分かっている［Gonzalez-Pestana 2019: 15-16］。

　以上のような魚類の生態をふまえるならば、カタクチイワシの減少する層位においてマイワシも同時に減少していること、反対にメジロザメ属やシュモクザメ属、海生ナマズ、ボラなどが増加していることなど、層序に伴う魚種の変動パターンは、エル・ニーニョ現象による短周期的な環境変動のサイクルを表していると判断できよう。

　各層位における利用魚種の変動パターンの同期は、出土した同定資料の重量比でみるとよくわかる（図6-2）。図6-2には、メジロザメ属、シュモクザメ属、ボラ、その他の魚類、カタクチイワシを対象とした重量の割合を層位に従って示した。メジロザメ属とシュモクザメ属を累積させた割合と、カタクチイワシの割合の変動パターンは、同調しながら交互に増減を繰り返している。そうした変動のサイクルの中で、とくにメジロザメ属とシュモクザメ属の占める割合が多くなるのはCV-Ib期以降であり、CV-Ia期ではその他の魚種とボラの占める割合が多い。とくにボラについてはCV-Ia期の後半にかけて集中して出土しており、カタクチイワシの減少に際して、この種の魚が食資源としての大きな

第6章　環境変動に伴う社会実践の変容とマウンド

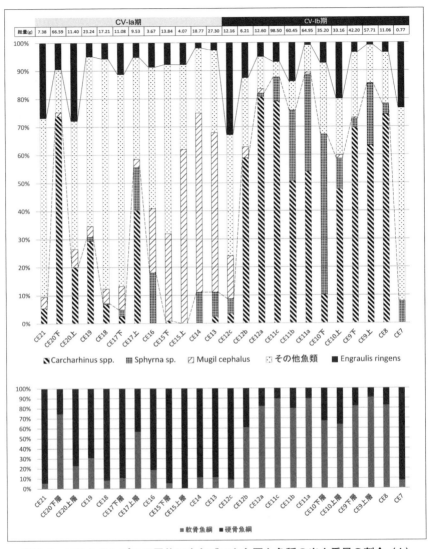

図6-2　コラムサンプルの層位にもとづいた主要な魚種の出土重量の割合（上）
およひ軟骨魚綱と硬骨魚綱の割合（下）
［各魚種・層位ごとの出土重量のデータはバスケスの分析ノートより作成］

314

役割を担っていたと考えられる。

このように、エル・ニーニョ現象下の海域環境において大きく個体数を減少させる魚種（カタクチイワシなど）と、反対に個体数が増加する魚種（サメ類）の資源変動サイクルがマウンドの堆積層序の中で通時的に現れている。このことから、エル・ニーニョ現象による海域環境の異常が生じていた時期とそうでない時期のいずれにおいても動物遺存体はA-2マウンドに残され続けていたといえ、海域環境の変化に適応しながら食糧残滓を盛土に埋めるという行為は継続していたことがわかる。すなわち、A-2マウンドから出土する動植物遺存体は、饗宴活動をはじめとする短期集中的なイベントによって短期間に消費された残滓というよりも、長期継続的な消費によってA-2マウンドに残された残滓であるとみるべきである。

加えて、第5章で実施したオオヌノメアサリの貝殻を対象とする微細成長線解析についても参照しておきたい。そこでは、オオヌノメアサリの採集活動が5月をピークとして1月〜7月の期間に行われていたことが明らかになった（第5章 図5-16）。一見すると短期間にオオヌノメアサリの採集と消費が行われたようにもみえるが、層位ごとにみた推定採集月のデータからは最長で6か月間にわたって採集され続けた個体が各層に含まれていることがわかる（**表6-1**）。饗宴活動が6か月間継続して行われていたとは考えにくいことや、先述

表6-1 オオヌノメアサリの微細成長線解析による層位ごとにみた推定採集月のバリエーション

時期	層位	推定採集月ごとの個体数										
		1月	2-3月	4月	5月	6月	7月	8月	9月	10月	11月	12月
CV-Ib期	3	1		1		1						
	4a		1	1	2	2						
	4b		1			2						
	4c			2								
	5	1		2	4							
CV-Ia期	8			2	1							
	9a			1								
	9b			1	3	1						
	10		2	2	5							

したような動物種ごとの出土量の変動サイクルの存在を加味するならば、オオヌノメアサリの採集と消費は季節的な資源利用サイクルの一環として行われていたと考えてよいだろう。

　このように A-2 マウンドから出土した動植物遺存体の考古学データを詳細に検討した結果、A-2 マウンドに残された動植物遺存体は長期継続的な生態資源の利用によって徐々に堆積した食糧残滓であると指摘できる。すなわち、そうした食資源の消費は饗宴活動などの短期的なイベントというよりは、日常的な食資源の消費によって残された食糧残滓と考えられるのであり、マウンドから大量に出土する動植物遺存体の存在は、生態資源の利用に伴う残滓の廃棄活動に伴ってマウンドが形成されてきたことを示唆している。

3．マウンドから出土する人工遺物の性格

　マウンドから出土する考古遺物として、動植物遺存体の次に挙げられるのが人工遺物である。CV-Ia 期と CV-Ib 期の両時期から、計 149 点の石器と 8 点の骨器、9 点の貝器が確認されているなど、動植物遺存体ほど多くはないものの、とくに石器に関しては一定数が出土している。

　これらの人工遺物について、第 3 章で行った分析の結果明らかになったのは、その多くが上述のような生態資源を加工する際に用いた道具であったことである。漁撈具として挙げられるのは、石錘と貝製釣針が少数確認されているのみであり、狩猟具に至っては出土していない。近隣のワカ・プリエタ遺跡における居住域などでも同様の傾向が認められている。

　とくに石器について、多くの割合を占めているのは、磨石や敲石、台石などの礫石器であり、剥片石器に関しては刃器やスクレイパーなどが出土している。中でも磨石と台石に関しては、析出された微小植物遺存体の存在から、食用植物の加工に利用されたものであることがわかっている。出土資料には剥片を剥ぎ取った石核なども出土していることから、少なくとも剥片石器の製作自体はクルス・ベルデ遺跡で行われていたことがわかる。

　さらに、こうした資料群の特徴として明らかになったのは、これらの人工遺

第1節　マウンドの形成と生態資源利用

物には使用痕が非常に高い頻度で確認されているということである。とくに石器については、無斑晶質玄武岩などの良質な石材が転用を繰り返しながら長期間にわたって使用され続けた事例や、使用に際して破損してしまった事例が頻繁に観察された。すなわち、これらは概して非常によく使い込まれて消耗したか破損によって使用が中断された石器であると指摘でき、そのような過程を経て放棄された石器が盛土の中に残されていたことがわかる。

　また、骨器や貝器についても同様であり、使用痕が多く確認されている。これに加えて、貝器については未成品が多く出土している点が特徴的である。貝製釣針には、製作の過程で破損した痕跡が残されているものが多くあり、製品として完成する前に製作行為が中断されたと考えられる。

　こうしたマウンドから出土する石器や骨器、貝器の特徴をふまえて考えるならば、いずれの資料も度重なる使用の結果や製作工程での不都合によって、それ以上の利用が不可能となった人工遺物がマウンドに残されていたといえよう。すなわち、これらの資料は、マウンドに埋めるために製作された奉納品ではなく、人々による利用を経てマウンドに廃棄された道具類であったことがわかる。

4．マウンドの形成と廃棄活動、生態資源利用、協働性

　以上のようにマウンドの形成過程と盛土から出土する動植物遺存体および人工遺物の特徴を整理してみると、CV-Ia 期と CV-Ib 期に共通する点として、日常的に消費された食糧残滓や、消耗または破損した道具類などの廃棄活動がマウンドの形成に際して行われていたことを指摘することができる。そうしてマウンドに廃棄されるのは、食糧の獲得から加工、消費というような一連の生態資源利用に関わる行為の結果として残された残滓であった。

　この A-2 マウンドが形成され始める過程に注目したとき、動植物遺存体の堆積層が地山層の直上で最初に確認されているという事実は、食糧残滓の廃棄活動が盛土に先立って開始されたことを示唆している。すなわち、マウンドを形成してきた反復的で継続的な盛土と廃棄行為の連続は、食糧残滓の廃棄を最初の契機として開始されたものであったことがわかる。このような観点に立つ

第6章　環境変動に伴う社会実践の変容とマウンド

とすれば、生態資源利用によって残される残滓の廃棄活動はマウンドを形成するうえで、根幹的な活動として位置づけられる。そして、同一の場所における残滓の反復的な廃棄と蓄積がマウンドという存在を徐々に生み出していった。

このような廃棄活動がどのような規模で行われたものであったのか、マウンドに廃棄された食糧残滓や盛土の量から考えてみたい。マウンドを南北に断ち割るようにして設定された26mのトレンチにおける発掘調査の結果、そのすべての範囲でCV-Ia期とCV-Ib期の堆積層が確認されている。さらに、マウンドの頂上部にあたるO1S1グリッドで確認された両時期の堆積層の厚さを確認した結果、それぞれの時期のマウンドと地山層の比高差はCV-Ia期で1.27m、CV-Ib期で2.23mとなっている。地形測量によって示唆されるマウンドの形状とトレンチの長さを加味すれば、CV-Ib期の末に放棄されたA-2マウンドの最終的な形態は直径26m以上、高さ2.23mの円形を呈するものであったといえよう。すなわち、単純計算でいってもCV-Ib期のマウンドの面積は約530m^{2}以上、堆積は1,183m^3（1,183,000ℓ）以上であったことがわかる。

動物骨および貝類遺存体の、堆積層1ℓあたりの出土重量はCV-Ia期で4.464g/ℓ、CV-Ib期で4.725g/ℓとなっており、両時期の平均で4.595g/ℓとなる（表6-2）。先に示したようなA-2マウンド全体の推定堆積で乗じた場合、想定される出土総量は5,436kg以上となる。動物種によって、骨や貝などの遺存体に対する可食部の量には差があるものの、一般的に言って貝を除く動物の場合、骨格重量よりも可食部重量は大きく想定することができるし、貝についても貝殻と可食部は同等かやや貝殻のが重いという程度であると想定できる。この点

表6-2　A-2マウンドにおける堆積層1ℓあたりの貝類および動物骨の出土重量

	CV-Ia 期			CV-Ib 期		
	出土重量	サンプリングが行われた土量	1ℓあたりの重量	出土重量	サンプリングが行われた土量	1ℓあたりの重量
貝類（12mmメッシュ）	6656.2 g	5298.0 ℓ	1.256 g/ℓ	11608.8 g	5091.0 ℓ	2.280 g/ℓ
動物骨（1mmメッシュ）	1018.5 g	317.5 ℓ	3.208 g/ℓ	586.8 g	240.0 ℓ	2.445 g/ℓ
合計			4.464 g/ℓ			4.725 g/ℓ

※　貝類は12mmメッシュの篩を用いた発掘作業中のサンプリングによって、動物骨はコラムサンプルを対象にした乾燥・水洗選別（1mmメッシュの篩を使用）によって析出したデータである。

を鑑みても、マウンド全体には相当量の食糧残滓が廃棄されていた計算になる。

　概算であるとはいえ、これだけの量の生態資源を消費し、盛土を積み上げるのは一人の人間では困難である。すなわち、このA-2マウンドは集団の活動によって徐々に形成されてきたと想定すべきであり、その過程で廃棄された食糧残滓は、集団の構成員によって消費されたものと考えてよいだろう。

第2節　環境変動と生態資源利用

1．生態資源利用の変化と河口・汽水域の開発

　2つの時期を通してマウンドの形成過程と深く関わってきた生態資源利用であったが、CV-Ia 期から CV-Ib 期にかけて大きく変化する。その変化とは、CV-Ia 期のオタリアやグアナイウ、大型のサメ類を同じような割合で出土する状況が、CV-Ib 期になってメジロザメ属を中心とした大型のサメ類に偏向していくといったものである。また貝類についても第4章で指摘したように、CV-Ib 期になってオオヌノメアサリやチョコレートレイシの利用へと集中していくような変化が読み取れる。生態資源利用の変化と環境変動の関係を議論するのに先立ち、第4章で提示した自然遺物のデータに従って大型の動物種を中心とした資源の獲得方法について考察を加えておきたい。

　オタリアやグアナイウ、メジロザメ属の魚類などの大型の動物種がどのようにして獲得されていたのか、確証の持てる答えが得られていないのが現状である。しかし、少なくとも槍先尖頭器や銛などの狩猟に用いられたような利器の存在は石器、骨器、貝器いずれにおいても報告されていない。同時期およびそれ以前の山岳地域では、槍先尖頭器が多く報告されているにもかかわらず［Chauchat 1988, Chauchat et al. 1998, Dillehay (ed.) 2011］、クルス・ベルデ遺跡やワカ・プリエタ遺跡などで尖頭器が1点も出土していないという事実は、両地域における生業体系に大きな差異があったことを示唆している。クルス・ベルデ遺跡においては、チリイガイ（*Choromytilus chorus*）を素材とした貝製釣り針が出土しているものの、サメ類の出土数が増加する CV-Ib 期にはその数が減少するほか、大型の魚類を釣るには強度が足りないと推測される。

　こうした狩猟・漁撈方法の問題に関して、ワカ・プリエタ遺跡の調査者であるディルヘイらが興味深い仮説を提示している［Dillehay et al. 2017b］。クルス・ベルデ遺跡から4km ほどの距離にあるワカ・プリエタ遺跡、パレドネス遺跡においても同様にオタリアや大型のサメ類が多く出土しているのだが、ク

ルス・ベルデ遺跡と同じように狩猟具や漁撈具は出土していない。ディルヘイらは、マウンド建設以前（13000-6000 cal BC）においても、それ以後（6000-1500 cal BC）においても、釣針や銛、漁網、釣り糸などの漁撈具や狩猟具が出土しないことを根拠に、「道具」という点において単純な技術（Simple technologies）を用いた、多様な食糧戦略がとられていた可能性を指摘している［Dillehay et al. 2017b, Vásquez et al. 2017: 365］。彼らが注目するのは、河川の流入によって沿岸部に形成される湿地帯やラグーン、河口の汽水域、高潮や潮の満ち引きによって形成される潮だまりなどの沿岸部における多様な生態環境である。ディルヘイらは、伝統的な漁撈を続ける遺跡周辺の漁民への聞き取り調査から、多くの罠漁や追い込み漁がラグーンなどの汽水域で行われていたことを明らかにした。また、古期において現在よりも巨大なラグーンが形成されていたことを地質学的な調査から指摘し［Goodbred et al. 2017, 2020］、そこに侵入した大型のサメを浅瀬に追い込み、石やこん棒で叩いて捕まえていたということを想定した［Dillehay et al. 2017b, Vásquez et al. 2017: 365］。実はこれを支持するようなデータがクルス・ベルデ遺跡から得られている。それは、A-2マウンドで出土した魚類の生態学的特性に関するものである。

　A-2マウンドから出土した魚類のうち最も大きな割合を占めるのはメジロザメ属の椎骨であった。先述のように、椎骨にもとづくメジロザメ属の種同定は、形態学的な研究が不足しているために難しいのが現状である。しかしながら、中米のマヤ地域における考古資料と現生標本の比較によってメジロザメ属の魚種を同定した事例が近年報告されるなど［Jiménez 2017］、種の同定は実現可能なものになりつつある。これを参照したバスケスらは、クルス・ベルデ遺跡で出土するメジロザメ属の椎骨のうち、一部をウシザメ（*Carcharhinus leucas*）として同定することに成功した［Vásquez and Rosales 2019b］。さらに、サメの歯には種ごとの形態学的な差異が大きく表れることが分かっており、乾燥・水洗選別によって析出された1点の歯がクロヘリメジロザメ（*Carcharhinus brachyurus*）として同定されている。

　これら2種のサメは、頻繁に汽水域や河川にまで侵入することが知られている。とくにウシザメは、水深1～50mの沿岸域に生息し、繁殖を目的として汽

水域や湾、大きな川の河口、ラグーンに侵入する［IMARPE 2015: 46］。そして、これらの汽水域においてウシザメは子を産み、幼体期をこの環境で過ごす［Curtis et al. 2011］。現在のウシザメの生息域はペルー極北部から北の熱帯地域に限られているが、前述のとおりエル・ニーニョなどの海域環境の異常の際に、熱帯の魚種が多く南下してくることを考えれば、この種の魚類がクルス・ベルデ遺跡周辺の沿岸にまで生息域を広げていた可能性は十分ある。クロヘリメジロザメについても同様であり、汽水や沿岸の浅瀬に生息する［IMARPE 2015: 44］。また、クルス・ベルデ遺跡では同定されていないものの、メジロザメ属の魚の中にはカマストガリザメ（Carcharhinus limbatos）やクエロ・ドゥーロ[2]（Carcharhinus porosus）など、汽水域に頻繁に侵入する魚種が存在し、沿岸域に活動範囲が及ぶものも多い［IMARPE 2015: 36-50］。

　このようにクルス・ベルデ遺跡で同定されたウシザメやクロヘリメジロザメは、河口やラグーンに侵入する魚種であり、この2種を含むメジロザメ属は魚類においてもっとも高い割合で出土している。また、CV-Ib 期におけるメジロザメ属の増加に伴って、多くの魚種の出土量が低下するにもかかわらず、海生ナマズやロバーロなどの汽水を好み、海水温の上昇に耐性を持つ魚種の出土量は増加している。このような魚類の生態と遺跡からの集中的な出土状況をふまえるならば、メジロザメ属などの大型のサメ類は、河口・汽水域において捕獲されていた可能性が高い。おそらく、ディルヘイらが指摘するようにクルス・ベルデ遺跡においてもラグーンなどの汽水域での捕獲が行われていたと考えられる。

　しかしながら、当時のチカマ川流域沿岸部において、ラグーンがどのように分布していたのかは明らかでない。ラグーンはどこにでも分布しうるものではなく、勾配がほとんどない平坦な地形や、海岸線において水をせき止める堤防状の地形、河川量と地下水の分布などの条件が揃った場所でないと形成されない。図6-3 は1941年に撮影された航空写真をもとに、現在はほとんどが農地利用のために埋め立てられてしまった過去のラグーンの分布状況を推定したものである。航空写真において、地下水が多く溜まる場所は濃い暗色で映し出されており、反対に標高がやや高く、地表面から地下水までの深さが離れている

第 2 節　環境変動と生態資源利用

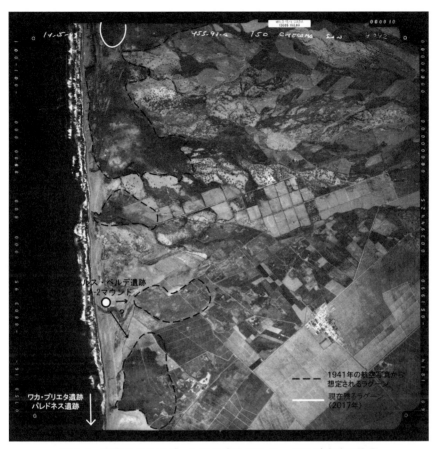

図 6-3　推定されるラグーンの分布とクルス・ベルデ遺跡の位置
1941 年に撮影された航空写真（SAN 提供）をもとに筆者作成。航空写真において地下水の多く溜まる場所が黒く映し出されているため、これを利用してラグーンの分布を推測した。その分布は支流を含む河川伏流水の流路と深く関わっている。クルス・ベルデ遺跡の人々は矢印で示した近隣のラグーンを利用した可能性が高いが、その規模はそのほかのラグーンと比べて小さい。2017 年のエル・ニーニョ現象で出現した小規模なラグーンは Google Earth の画像をもとに示した。

場所は乾燥して明白色を呈している。これをみると、クルス・ベルデ遺跡の周辺においても過去にラグーンが形成されていたとみられる痕跡が残っている。しかし、その規模は小さく、水深もそれほど深くなかったことが想定されるため、この場所だけで追い込み漁などが行われていたかどうかは疑問も残る。一

方で、ディルヘイらの調査 [Goodbred et al. 2017, 2020] は、かつてワカ・プリエタ遺跡の東側に広大なラグーンが形成されていたことを明らかにしており、それほど距離も離れていない。このことからすれば、クルス・ベルデ遺跡を利用していた人々がワカ・プリエタ遺跡近隣のラグーンも同時に利用していた可能性がある。

　もう一つの重要な食資源であったオタリアについては、さらに捕獲が容易であったと推察される。なぜなら、浜辺に上がってきた個体を海側から陸地へ追い込み、石や棒で叩いて捕獲する狩猟方法が現在でも行われているからである[3]。鳥類に関しても湿地帯や潮だまりなどにおける待ち伏せ猟や罠漁が近年まで行われていたのであり[4]、同様に特定の狩猟具や漁撈具を用いない簡単な技術にもとづいた狩猟が行われていたと考えられる [cf. Dillehay et al. 2017b: 7, Supplementary: Section S3]。

　ディルヘイらは、この食糧獲得戦略がチカマ川流域沿岸部に特有の近接した多様な生態環境と資源の豊富さの恩恵を受けて長く維持されてきたため、漁撈具や狩猟具の開発は必要とされなかったことを主張した [Vásquez et al. 2017: 365]。しかしながら、本書のデータと分析で明らかになったのは、生態資源利用の継続性だけではない。クルス・ベルデ遺跡の A-2 マウンドでは、CV-Ia 期から CV-Ib 期にかけての動植物利用に大きな変化が生じていたことは明らかなのである。

　CV-Ib 期になると、オタリアや海鳥、硬骨魚綱の出土量が減少し、代わってメジロザメ属が増加するなど、大型の軟骨魚綱を集中的に利用するような動物利用へと変化していった。こうしたメジロザメ属の捕獲がラグーンなどの汽水域で行われていた可能性が高いことは、同時に増加する海生ナマズやロバーロなどの汽水を好む魚種の存在からも示唆される。この点は、沿岸部の様々な生態環境に生息する広範な魚種や哺乳類を食料としていた CV-Ia 期と対照的である。CV-Ib 期における特定の動物種に偏った動物利用は、特定の生態環境に限定された食料獲得が行われるようになったことを示唆するものであろう。すなわち、CV-Ib 期になって、生態資源利用は河口・汽水域を集中的に開発するようなものへと変化していったのである。

2．古期における環境変動と生態環境の変化

　第5章で実施した、オオヌノメアサリの微細成長線解析は、そうした環境変動の実態を明らかにしてきた。この種の貝の貝殻に明瞭に残される大きな成長障害輪の存在は、エル・ニーニョ現象に伴う海水温の急激な上昇によって引き起こされることが明らかであり、考古資料を対象にした分析の結果は、CV-Ib期にエル・ニーニョ現象の規模と頻度が増加していたことを示している。すなわち、マウンドから出土する動物種の生態学的な特徴などから示唆されてきたCV-Ia期からCV-Ib期にかけての環境変動とは、ENSOの周期が短くなり、エル・ニーニョ現象の規模と頻度が増加するといったものであったと想定される。

　第1章で述べてきた通り、海域環境の異常を引き起こすエル・ニーニョ現象は、湿った大気を陸域に送り込むことで、普段は雨の降らない海岸地域や山岳地域に豪雨をもたらすことが知られている。そして、そうした豪雨が河川の氾濫や鉄砲水を引き起こすことで人間社会にも大きな被害をもたらす。そのようにして引き起こされる河川の増水は、沿岸部のミクロな生態環境に淡水を運び込むことによって汽水環境を拡大させ、地形によってはしばしば巨大なラグーンが形成されることが現在でも報告されている［Angulo 2008］。すなわち、エル・ニーニョ現象の頻度と規模が増加したCV-Ib期には、そうした生態環境の変化が頻繁に起こるようになっていたと考えられるのである。

　またエル・ニーニョ現象による海水温の急激な上昇が起きると、これに適応できない魚種はその場で死を迎えるか、冷たい海域に移動するため周辺海域の個体数が減少し、現在でも漁業被害がもたらされる［cf. Arntz and Fahrbach 1996; 川崎 2001］。その代表的な例はカタクチイワシの個体数の減少であり、これは海水温の上昇に加えて、この海域の湧昇現象が弱くなることによる植物プランクトンの枯渇とも密接に関係している［cf. Arntz and Fahrbach 1996: 83-84; 渡邊 2012］。カタクチイワシは食物連鎖を支える重要な位置づけにあることから、これを餌とする海獣類や鳥類、大型の魚種も連鎖的にダメージを受けることにもなるなど、エル・ニーニョ現象の時に生態系は大きくバランスを崩す。一方で、短周期的な海域環境の異常に適応し、個体数を維持するか増やし

ていく動物種もある。貝類におけるその代表例は、高い海水温に耐性を持つオオヌノメアサリやチョコレートレイシなどの大型の巻貝である［Cantillánez et al 2011; Arntz and Fahrbach 1996］。また、普段は暖かい海域に多く生息し汽水に侵入するメジロザメ属の数種やそのほかの大型のサメ類なども沿岸に近づいてくることが知られている［Gonzalez-Pestana 2019: 15-16］。このように、エル・ニーニョ現象が起きると沿岸環境における生態系には大きな変化が引き起こされるのである。おそらくCV-Ib期にはそうした生態資源の変動も頻繁に起きていたであろう。

3．生態環境の不安定化と資源利用戦略

　CV-Ib期にメジロザメ属などの大型のサメ類や、オオヌノメアサリやチョコレートレイシなどの大型の巻貝が増加する一方、オタリアなどの海獣類やグアナイウなどの海鳥が大幅に減少していることは、海域環境の変化に応じた生態資源利用が行われていた点を反映しているといえよう。とくに、この時期の食資源として重要な位置づけを占めていたメジロザメ属のサメ類や河口・汽水域を好む魚種の存在は、エル・ニーニョ現象下で拡大するラグーンなどの河口・汽水域を積極的に開発していたことを示唆している。また、海水温の上昇期とその後の数か月の間にオオヌノメアサリの採集が集中している点も、エル・ニーニョ現象によって拡大し数か月残存する傾向のあるラグーンの利用時期に合わせて沿岸海域の資源が開発されていたことを支持するものである。

　一方で、エル・ニーニョ現象は短期的な海域環境の異常に過ぎない。このことは、コラムサンプルにおいて各動物種の出土量の変動がみられることからも明らかである（図6-1、6-2）。つまり、CV-Ib期では、短周期的に変動する生態環境に合わせて、継続的に生態資源利用が行われていたのであり、エル・ニーニョ現象の規模と頻度の増加が、結果として大型のサメ類などの割合を増加させていたと考えなければならない。

　では、そうしたCV-Ib期の資源利用戦略とはどのようなものであったといえるのだろうか。貝類の採集活動と採集圧の関係について議論してきた第4章は、

第 2 節　環境変動と生態資源利用

CV-Ia 期と CV-Ib 期のいずれにおいても、自然環境下の個体群規模を超えた貝類の採集活動は行われなかったことを明らかにした。すなわち、自然環境下における個体群規模の変動に合わせて、利用する貝種を変化させながら採集活動が行われていたのである。生態資源の変動に即した持続可能な資源利用戦略といえる。おそらく魚類についても同様の資源利用戦略がとられていたと想定できることから、クルス・ベルデ遺跡の人々は、CV-Ib 期に不安定化する生態環境と資源に合わせて、利用する動物種を柔軟に変化させることで環境変動に適応していたと考えられる。

　以上のように、第 4 章で確認した自然遺物のデータ、および第 5 章で行ってきた分析の結果を整理してみると、CV-Ia 期から CV-Ib 期にかけての動物利用の明瞭な変化は、この時期に人々が不安定化する生態環境に柔軟に対応し、生態資源利用を変化させてきたことを示している。オオヌノメアサリの微細成長線解析が明らかにしてきたように、CV-Ib 期の環境変動こそが、そうした生態資源利用の変化の要因であったことは明白である。すなわち、エル・ニーニョ現象に際して拡大する生態環境や増加する動物種に照準を合わせるような形で、資源の獲得・加工・消費などに関わる日常的な実践が再編されていったと考えられる。

第3節　環境変動とマウンドの形成

1．マウンドの形成過程の変化と建設活動

　上述のように、CV-Ib 期における環境変動に伴って生態資源利用に大きな変化が生じていたことが明らかになってきたのだが、これと同時にマウンドの形成過程にも変化が起こっていたことがわかっている。ここでは、そうしたマウンドの変化に焦点を当てて、環境変動との関係性を考察してみたい。
　CV-Ia 期において、食糧残滓や使用された道具などの廃棄と盛土、その表面における活動面の形成が、繰り返し行われ蓄積することでマウンドが徐々に形成されていったことが示唆されている。一方の CV-Ib 期においても、反復的な盛土と廃棄行為が継続されていたものの、そこでは決まった手順に則って床が敷かれるようになる。具体的にいえば、マウンドの活動面は単に盛土の表面を叩きしめたものから、白い粘土質の土壌を建築材に用いた床で盛土の表面を覆うというものに変化した。つまり、床を張るという建設活動が明確化したといえる。
　これに加えて CV-Ib 期では、マウンドの形成過程に伴って埋葬行為が頻繁に行われるようになる。これらの埋葬はマウンドの形成過程における様々なタイミングで行われており、粘土質の床の直上や盛土の表面、盛土中などから検出されている。すなわち、埋葬行為はマウンドの建設活動の中に密接に組み込まれているのであり、この時期にマウンドと埋葬行為が関係づけられるようになっていった様子がうかがえる。埋葬された被葬者のうち 1 人を除くすべてが成人男性として同定されており、形質人類学的な所見から漁撈活動に従事していた人々であったことは第 2 章で確認した通りである。ワカ・プリエタ遺跡の居住区などでは、男性と女性、そして子供の埋葬も多く確認されていることと対比するならば、クルス・ベルデ遺跡では成人男性を中心とするマウンド内の埋葬が目立つ。ただし、副葬品や遺体の取り扱い、埋葬姿勢の点で大きな差異は確認されていないことから、比較的平等な社会関係を想定した方が良い。

第3節　環境変動とマウンドの形成

　このように A-2 マウンドでは、環境変動やそれに伴う生態資源利用の変化が起きた CV-Ib 期において、これらの変化に合わせてマウンドの形成過程が変化してきたことがわかってきた。その変化として、盛土を覆う白い床が作られるようになることからマウンドにおける建設活動がより明確化し、埋葬行為がそれに合わせて行われるようになるなど、単純な生態資源利用に関わる残滓の廃棄活動だけでなく様々な行為がマウンドで行われるようになる。すなわち、この時期になって、より複雑で多様な活動がマウンドの形成に伴って行われるようになっていったことがわかる。

2．マウンドの形成サイクルと環境変動

　上述の通り、A-2 マウンドは生態資源の利用および残滓の廃棄行為と深く関わって形成されてきたことから、環境変動に伴う生態資源利用の変化は、マウンドの形成過程にも関係した可能性が高い。この CV-Ib 期における環境変動とは、エル・ニーニョ現象に伴う短期的な海域環境の異常の頻度と規模の増大である。マウンドの形成過程が環境変動と生態資源利用の変化を要因として変化したとするならば、その周期性の変化がマウンドの形成活動にも表れるはずである。そこで、マウンドの形成サイクルに着目して、マウンドの層序に関する考古学データを改めて検証してみよう。

　すでに何度か述べてきたように、マウンドの層序に沿った動植物遺存体の変動サイクルは、生態資源の周期的な変動に合わせた生態資源利用の在り方を如実に表している。エル・ニーニョ現象という短周期的な海域環境の異常によって個体数が減少することの知られるカタクチイワシと、逆に個体数が増加すると考えられるメジロザメ属の魚骨は、互いを補完するようにして交互に増減を繰り返していることから、これがエル・ニーニョ現象を含む ENSO による資源変動サイクルを示していることがわかる。これに加えて、エル・ニーニョ現象下で個体数が増加することの知られるチョコレートレイシもまた、カタクチイワシの減少に合わせて出土量の増加が認められている（図 6-4）。

　こうした層位学的な自然遺物のデータに活動面あるいは床が検出された層位

第 6 章　環境変動に伴う社会実践の変容とマウンド

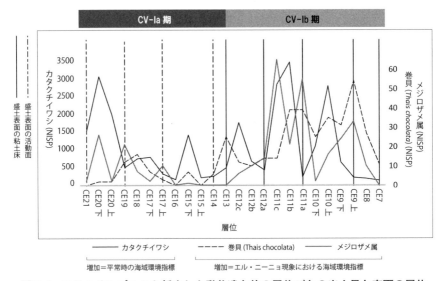

図 6-4　コラムサンプルから析出した動物遺存体の層位ごとの出土量と床面の層位
マウンドにおける粘土床および活動面が検出された層位（図中の黒色線および点線）は、いずれもカタクチイワシの出土量が減少する盛土層の直上にあたる。同時にエル・ニーニョ現象下の海域環境において生息数が増加するチョコレートレイシやメジロザメ属の動物遺存体の出土量が増加する盛土層でもある。

を当てはめることで、短周期的な資源変動とマウンド形成の関係を対比してみた。その結果、すべての活動面と床は、エル・ニーニョ現象下で形成されたと考えられる堆積層の直上に形成されていることが確認できた。いいかえれば、マウンドの活動面は、エル・ニーニョ現象が起こった時、あるいはその直後というタイミングで形成されていたことになる（図6-4）。こうした傾向はとくにCV-Ib 期の床において特に明瞭に表れるなど、この時期の白い粘土質の床はエル・ニーニョ現象が起きるのに合わせて建設されるような性質のものであったことがわかる。こうした床面の上で行われていた活動については考古学的な証拠から明らかにすることができないものの、床が短周期的に訪れる生態環境の変化のサイクルに合わせて反復的に張られていたという事実は両者の関係性を考察するうえで重要な知見となる。

さらに、オオヌノメアサリの推定採集月に関する、先述の表6-2 を参照してみると、各層位で確認されているオオヌノメアサリの推定採集月は、前後の層

第 3 節　環境変動とマウンドの形成

で重複関係が認められる。たとえば、4a 層で 2 ～ 6 月に採集されたと推定される個体が出土しているのに対し、その下層にあたる 4b 層でも同様に 2 ～ 7 月に採集された個体が出土している。2 つの層位は異なる堆積層として明瞭に区分されていることから、その前後関係は不可逆的であり、それぞれの層で確認されている同じ推定採集月の個体を同じ年に採集されたものと考えることはできない。つまり、4b 層において 2 月～ 7 月までの期間の個体が確認されているのであるから、その上に堆積する 4a 層の 2 月に採集された個体は、4b 層の 7 月よりも後、すなわち 1 年以上後に採集されたものだと考えられる。すなわち、ここで見られるマウンドの堆積層は少なくとも 1 年以上の期間をかけて形成されたものであることがわかる。

　あくまで概算であることを念頭に置きつつ、マウンド形成の周期性に関わるおおまかな傾向を提示するためにマウンド堆積層の形成サイクルを算出してみたい。CV-Ia 期において、確認されている盛土表面の活動面の数は 4 つであり、それと対応して 4 回のカタクチイワシの出土量の減少期が認められる。このため、エル・ニーニョ現象による海域環境の変動が 4 回程度起きていたと想定できる。微細成長線解析が行われたこの時期のオオヌノメアサリ 18 点のうち、33.3％にあたる 6 点でエル・ニーニョ現象の指標となる 400μm 以上の成長障害輪が認められている。そのほとんどは 1 個体につき 1 つの大きな成長障害輪が確認されていることから（第 5 章　表 5-3）、オオヌノメアサリの一般的な寿命である 7 ～ 10 年の間に 1 度のエル・ニーニョ現象を経験していたことになる。そして、エル・ニーニョ現象を経験した個体が全体の 1/3 であったことをふまえて単純に計算するならば、オオヌノメアサリの寿命のおよそ 3 倍にあたる 21 ～ 30 年程度の間隔で、エル・ニーニョ現象が起きていたと推測することができる。CV-Ia 期の堆積層でこれが 4 度確認されていることから、この時期のマウンドは 84 ～ 120 年かけて徐々に形成されたとみてよいだろう。各活動面の間には 2 ～ 3 の堆積層が確認されているため、1 つの堆積層の形成速度は 1 ～ 10 年程度と想定することができる[5]。

　対する CV-Ib 期においては、盛土表面の床が 5 つ確認されており、これに伴うカタクチイワシの出土量の減少も 5 回確認されていることから、エル・ニー

ニョ現象による海域環境の異常がこの期間に5回程度起こっていたと予測される。400μm以上の成長障害輪を持つオオヌノメアサリは27個体中21個体確認されており、その割合は77.8％にのぼる。このことから、7〜10年の寿命を持つこの貝種のおよそ3/4の個体がエル・ニーニョ現象を1回程度経験しているといえ、1.25倍の9〜12年程度の間隔でこの現象が起きていたと推定することができる。これにCV-Ib期の堆積層で確認されている5つの床を乗じた、45〜60年という比較的短い期間で、この時期のマウンドが形成されたといえよう。同じく、各床の間には2〜3層の堆積層が検出されていることから、1つの堆積層の形成速度は1〜4年程度と考えられる。

　以上のようにマウンドの形成サイクルについて考察してきた結果、CV-Ib期にエル・ニーニョ現象の規模と頻度が増加するのに合わせて、マウンドの形成サイクルも同時に変化していったことがわかる。エル・ニーニョ現象が起きた際に形成される床面は、その頻度が多くなるにつれて短期間のサイクルで形成されるようになり、その過程で白い粘土質の床が建設されるようになるなどマウンドの建設活動は明確化していった。すなわちA-2マウンドとは、エル・ニーニョ現象という短周期的な生態環境の変動サイクルおよび、それに合わせた生態資源利用の周期性と密接な関係にあったことがわかり、CV-Ib期における環境変動を契機としてマウンドの形成過程が変化していったといえる。

3．環境変動に伴う社会実践の変容とマウンド

　ここまで議論してきたように、クルス・ベルデ遺跡のA-2マウンドは、生態資源利用に関わる残滓の廃棄や盛土、床の建設活動、埋葬といった様々な行為によって複合的に形成されてきた。これらの行為は、一つの場所に積み重ねるようにして残滓を廃棄し続け、盛土を行い、決まった手順で床を建設するというような、人々の反復的・慣習的な協働によって行われてきたものであることから、集団的な社会実践として捉えることができる。

　序章で述べてきたように、社会実践とは、ある社会の中で慣習的に行われている行為を指す言葉であり、実践は特定の集団の中で、成員の誰しもが共有す

第 3 節　環境変動とマウンドの形成

るような規範や知覚、世界観、あるいは過去の経験に基づきながら繰り返し組織、生成され続けていく。その一方で実践は、行為されることを通じて規範などを再生産していくのであり、弁証法的な関係のもと連続的に変化していくと考えられている［cf. ブルデュー 1988; ギデンズ 1993］。

　これをマウンドの形成過程で実践されてきた様々な行為に当てはめて考えるとするならば、A-2 マウンドという場所に、生態資源の利用にまつわる残滓をまとめて廃棄するという社会実践が CV-Ia 期から継続的に行われてきたのであり、そうした行為を組織する規範が遺跡周辺の人々の中で共有されていたといえる。社会実践がクルス・ベルデ遺跡において長期間にわたって繰り返されることとなったのであり、その結果、マウンドの規模は徐々に増大し、その視認性は相対的に高まっていったと考えられる。

　こうした実践が繰り返され、マウンドという物理的な存在が自然と生み出されていったことにより、この実践を導く規範はマウンドという存在と結びつきながら、より強固なものとなっていったのであろう。これは CV-Ia 期のマウンドの形成過程にみられる実践の一貫性と反復性からも読み取ることができる。その一方で、こうした活動が食糧残滓や生態資源利用に際して用いられた道具の廃棄にも関わるものであったことは、これらの実践と規範が生態資源利用そのものと深く関与していたことを示唆している。加えて、エル・ニーニョ現象に伴う生態資源量の変動のサイクルが、マウンドの形成サイクルと同期していたことも、上述の通りである。すなわち、日々の生態資源の獲得から加工、消費に至るような日常的な実践と、マウンドで行われた実践は密接な関係を保っていたことが示唆されている。

　CV-Ib 期における環境変動に伴って、クルス・ベルデ遺跡の人々は資源利用の在り方を変化させてきた。具体的には、エル・ニーニョ現象の規模と頻度が増加するという新たな資源変動のサイクルが生じたのであり、これに合わせてラグーンなどの河口・汽水域や増加する生態資源を集中的に開発するという適応戦略がとられていたことがわかる。すなわち、環境変動に伴う新たな自然環境の周期性に適応した形で、新たな生態資源利用の実践が組織されるようになったといえよう。

第6章　環境変動に伴う社会実践の変容とマウンド

　環境変動に伴って、利用される動物種が変化していったことが明らかな一方で、その資源利用戦略自体は大きく変わっていなかったことも示唆される。第4章の貝類の分析で明らかになったように、この時期の貝類利用は自然環境下の個体群規模を超えて行われることはなく、個体群規模の増減に合わせて個体数の増加する貝種を積極的に利用していた。すなわち、個体群規模に合わせて貝類採集を行うという意味で、CV-Ia期とCV-Ib期に違いはなく、両時期の資源利用戦略は本質的には大きく変化していない。これは、形成期早期にあたるCV-Ic期において、個体群規模を超えた資源利用が行われていることとは対照的である（第4章を参照）。こうした点を考慮に入れるならば、クルス・ベルデ遺跡の人々は、既存の資源利用戦略という規範に基づいてCV-Ib期の環境変動を受け入れ、適応していったと考えられる。ただし、環境変動に起因する生態資源の新たな周期性は、従来の規範を参照しながらも、新たな実践を生み出すことになったのであろう。なぜなら、資源利用戦略自体は大きく変化しないとしても、生態資源の獲得、加工、消費という一連の行為は、対象となる生物種やその生態学特徴に合わせて連鎖的に組織されており、利用する生物種の変化はそうした行為を変化させるからである。

　このようにしてCV-Ib期に起きた環境変動は、結果的に様々な社会実践を変容させていった。この変容する社会実践には、生態資源利用に関わる日常的な実践が含まれるだけでなく、その廃棄に関わって形成されてきたマウンドでの活動の変化をも生み出していたことが明らかである。それでは、そうした一連の社会実践の変容はどのような規範や認識の変化を生み出してきたのであろうか。次に、マウンドの形成過程の変化をマウンド・ビルディングという概念で再検討することで、マウンド形成に関わる規範やマウンドに対する認識の変化に迫ってみたい。

第4節　社会実践の変容とマウンド・ビルディング

1．マウンドの形成過程とマウンド・ビルディング

　マウンド・ビルディングとは、土を主な建築材としてある特定の場所に積み上げ、公共的な建造物を作り上げる行為であり、建造物それ自体というよりもその慣習的な行為や形成過程を焦点化した言葉である。これは北アメリカ大陸の南東部に点在するマウンド状のモニュメント研究において頻繁に用いられるものであり、およそ3400 BCの年代があてられている盛土遺構［eg. Saunders 1994］から、AD 1100前後のピラミッド状の基壇［eg. Young et al. 2000］まで、祭祀儀礼や埋葬、エリート層の居住地などの多様な目的のもと建設された様々な形状の土製建築に広く当てはめられ、マウンドの建設活動と社会変化の関係性が考察されてきた［eg. Pauketat 2007］。

　さらに、そうしたマウンド状の建造物と累積的な建設過程の存在は、多様な形で広くアメリカ大陸全般に認められており、同じく北アメリカのフロリダ半島［eg. Thompson et al. 2016］やブラジル南部［eg. Fish et al. 2013; Pezo-Lanfranco et al. 2018］における貝塚を基礎とするマウンド、ウルグアイ北東部の低地に点在するマウンド［Villagran and Gianotti 2013］などでもマウンド・ビルディングという用語を用いた研究が進められている。そして、クルス・ベルデ遺跡と同じチカマ川流域沿岸部に位置するワカ・プリエタ遺跡のマウンドもそうしたマウンド・ビルディングによって建設されたことが指摘されてきた［Dillehay et al. 2012b］。

　このように反復的な行為によってマウンドを築くことを、マウンド・ビルディングと呼んできたわけだが、マウンド自体を即座にモニュメントとみなす傾向が強い点には注意しなければならない。ワカ・プリエタ遺跡の事例についても、最終的に遺跡として残された巨大なマウンドの存在をモニュメントとみなすことが前提となっており、その初段階から一様なマウンド・ビルディングが行われていたことが想定されている［Dillehay et al. 2012b］。そこには、長期的

335

第 6 章　環境変動に伴う社会実践の変容とマウンド

なマウンドの建設過程を最終的な形状から遡り、観察する研究者の視点が見え隠れしている点は否めない。長期的・反復的に形成され続けてきたマウンドを一貫してモニュメントとみなすかどうかは、行為者の意図と視点から問い直さなければならないだろう。

　クルス・ベルデ遺跡における A-2 マウンドの形成は、食糧残滓の廃棄活動によって開始された。それは CV-Ia 期の最下層では、地山層の直上に動植物遺存体のみで形成された薄い堆積層が検出されているためであり、廃棄活動はマウンドを形成する活動の根幹として CV-Ib 期に至るまで維持されていた。ただし、最下層を除く CV-Ia 期の堆積層には動植物遺存体だけでなく円礫や土壌が含まれていることから、土を盛る行為が同時に行われていたことも示唆されている。このことから、マウンドを形成してきた活動は、生態資源利用に関わる残滓を累積的に廃棄するだけでなく、盛土によってマウンドを高く積み上げようとする意図のもと行われていた可能性も否定しきれない。しかしながら、マウンドの平面的な形状は不定形な円形であったと考えられ、盛土の表面もそのまま硬化されているにすぎないことから、マウンドを建造物として意識的に構築しようとしていたと考えることには躊躇せざるを得ない。

　一方の CV-Ib 期になると、盛土の表面には、慣習的な手順に則って明瞭な床が敷かれるようになった。白い粘土質の土壌を用いて、床をマウンドの上に構築するという行為は、マウンドを建造物として認識し形作ろうとしていた意識が働いていたことを推察させ、ここに建設活動の明確化を読み取ることができる。すなわち、マウンドを生み出した行為は前半と後半で一様ではなかったということになる。マウンドの建設活動が明確化するという行為の変化からは、行為者のマウンドに対する認識や意図の変質が示唆される。つまり、マウンド・ビルディングが意図的に建造物を築く行為であるならば、CV-Ib 期の変化こそがクルス・ベルデにおいてマウンド・ビルディングが開始された証拠となる。

　ただし、CV-Ib 期においてもマウンドの形状は不定形な円形のままであり、そのほかの建築要素も依然として認められていない点には注意する必要がある。この時期のマウンド・ビルディングは、建造物の完成型を思い描き、それに沿

って建設活動を行うというような計画的なものではなかったわけだ。少なくともクルス・ベルデ遺跡の事例は、この時期にマウンドを建造物として建設しようとする意図が徐々に生まれつつあったことを示している。

2．マウンド・ビルディングの開始とマウンドに対する認識の変化

　このように、マウンドを形成してきた行為にはCV-Ib期に変質が認められるわけだが、もう一つ重要な変化があるとすれば、それは埋葬行為がマウンド・ビルディングの開始に伴って行われるようになることである。

　第2章でみてきたように、この時期に検出されるようになる埋葬遺構は、マウンドの形成過程に組み込まれるようにして残されていた。ただし、それらがマウンド・ビルディングに組み込まれるタイミングや埋葬手法が様々であったことからするならば、埋葬行為に合わせてマウンドが建設されていたというよりも、マウンド・ビルディングの過程でその必要性が生じる度に埋葬行為が行われていたといえる。被葬者に特徴的なのは、1人を除くすべてが成人男性であったことであり、骨病変の所見は彼らが高い強度で漁撈活動に従事してことを示唆している。すなわち、マウンド・ビルディングを行っていた集団のすべての構成員がマウンドに埋葬されていたわけでなく、その中の限られた人物がマウンドに埋葬されるべき人間として選ばれていたと考えるべきであろう。一方で社会階層差を表すようなデータは副葬品や埋葬パターンに現れていないことから、被葬者間の関係は比較的平等であったことが推察される。CV-Ia期からCV-Ib期までのマウンドの形成過程が生態資源利用と深く関わっていたことを考えるならば、被葬者が生前に行っていた生業活動がマウンドへ埋葬を決定するための要素であった可能性が高い。

　建設活動が明確化し、建造物を作ろうとする行為者の意図が発現し始めたCV-Ib期において、それまでになかった埋葬行為がマウンドの形成過程に組み込まれるようになることは、単に生態資源利用に関わって残滓の廃棄が行われる場所であったマウンドに新たな性格が付与されたことを示唆している。それ

では、この時に起こったマウンドに対する認識の変化とはどのようなものであったのだろうか。

マウンドに対する認識の変化を考えるうえで、重要な要素の一つとなるのがマウンドの視認性である。なぜなら、人々のマウンドに対する働きかけ、つまり、視認性を意識したマウンド・ビルディングが行われているかどうかという点に、マウンドに対する認識の在り方が立ち現れる可能性が高いためである。

CV-Ia 期において、マウンドは廃棄される残滓と盛土によって覆われており、その表面は盛土がそのまま固められただけの状態を呈していた。この盛土にはマウンドの周囲と同じ土壌が使われているのであり、表面が叩きしめられていたとしても、マウンドとその周囲の土壌は大きく異なるものではなかったといえる。すなわち、CV-Ib 期のマウンドは周囲の物理的環境の中で特段に際立った視認性を有する存在として形成され始めたわけではなかったことが指摘できる。

やがて、残滓と盛土は積み重なっていきマウンドの規模は徐々に増加していく。CV-Ia 期末には、周囲の地形よりも 1.27m ほど高く積み上げられており、遺跡周辺の物理的環境の中でのマウンドの視認性も増加していっただろう。ただし、この時期のマウンドは、あくまで反復的な廃棄行為の結果、意図せずして増大していったと考えられ、マウンドの視認性を意識した建設行為が行われていたことを示す証拠はない。

これに対して CV-Ib 期では、明らかにマウンドの視認性を意識した行為によってマウンドが形成されるようになる。マウンドの表面は白い粘土質の床で覆われていくことになるのだ。マウンドの周囲に分布する土壌とは異なる、粒子の細かい土壌を建築材として利用した床の建設活動は、マウンドを周囲の環境とは異なった姿に変貌させたと考えられる。また、この時期の床面は非常に平坦に均されていることも特徴的であり、これは自然の堆積によって形成された地形とは大きく異なる。こうして、マウンドの視認性は CV-Ia 期と比べて相対的に高まっていたことがうかがえる。CV-Ib 期の末になってマウンドは 2.23m の高さを持つようになる。つまり、マウンドを形成する活動は CV-Ib 期に大きく変化し、マウンドに対する認識もまた何らかの形で変化していた。マウンド

は周囲と異なる場所であり、視認されるべき建造物としてみなされ、維持されるようになったといえる。

一方で、廃棄行為がCV-Ib期にも継続されていたことから、マウンドが全く異なるものへと転換したわけではなく、そこには連続性も認められる。従来の規範と実践を維持しながらも、マウンドに対する新しい認識と規範を付加し、マウンドの性格を変質させていったと考えられるのである。マウンドの形成に関わる社会実践の変化を内包しつつ、それが同じ場所で反復されることによって、マウンドという物理的環境は徐々に変化していった。こうしたCV-Ib期の現象は、クルス・ベルデ遺跡の人々がマウンドに付与し、マウンドから読み取り、マウンドとの関わりの中で再生産していく、物理的な周囲の環境の意味や認識が変容していったことを示唆している。

3．廃棄物のマテリアリティ：刻み込まれた痕跡と物質的過去

すでに述べたように、両時期を通してマウンドから出土する考古遺物の多くは、生態資源利用を通じて残された残滓といえる特徴を持つことから、これらの残滓の廃棄行為がマウンドを形成するうえで重要な位置づけを占め続けていた。では、廃棄された残滓という物理的な存在はマウンドの中でどのような位置づけにあったのだろうか。

現代社会において廃棄物というと、不要で不衛生で穢れたものとしてのマイナスのイメージが付きまとうのであり、それは我々の視界と記憶から遠ざけられて処理されるべきものを指すといえるだろう。しかし、そうしたネガティブな廃棄物のイメージが遠い過去の人々にとっても同じであったことを無批判に前提とするのは正しい手続きとはいえない。こうした問題意識のもと、廃棄行為を捉え直した考古学研究が近年行われるようになっており、廃棄という行動の多様な側面が指摘されつつある［McNiven 2013; 松本 2013, 2015］。

そのような、廃棄物に対する当時の人々の認識を捉えるために考古学において注目されるのは、廃棄行為における廃棄物の取り扱われ方であり、その行為の様態から認識を読み取ろうとするものである。例えば、オセアニアのトレス

海峡諸島におけるジュゴンの骨塚を調査したイアン・マクニブン（Ian McNiven）は、狩猟と消費によって廃棄物として残されたジュゴンの骨が、役に立たない価値のないものとして捉えられていたのではなく、尊重され、管理され、飾られ、記憶されるべきものとして捉えられていたことを主張した［McNiven 2013: 29］。その論拠となったのは、この骨塚が村の中の良く人目につくような場所に配置されているという点と、ジュゴンの骨が一定の規則にもとづいて配置されながら廃棄される点などである。まさに、現代社会においてマイナスのイメージと捉えられる廃棄物とは対極的な廃棄物への働きかけがなされているといえよう。そしてマクニブンは、日常的な食糧獲得行為と廃棄行為によって形成され続ける「生きる建造物」としての骨塚に、人の埋葬が織り込まれていることから、この埋葬実践が建造物に各集団を関連付ける行為であったとしている［McNiven 2013: 29］。そして、「象徴的社会的価値を持って繰り返される廃棄という実践が、廃棄物の堆積にエージェンシーを吹き込み、再帰的に社会を構造化し再生産することとなった」ことを指摘している［McNiven 2013: 29］。

　ペルー南高地に位置する形成期の神殿建築を調査した松本雄一もまた、マクニブンの議論を引用しつつ、神殿で行われた饗宴残滓の廃棄遺構について考察している［松本 2013; 2015］。松本は、儀礼の一部として神殿更新の過程で行われた饗宴の残滓が、儀礼的廃棄によって神殿に残されていたことを指摘しつつ、そうした残滓が人目に付きやすく、さらに神殿の装飾が多い場所に廃棄されていたことに注目している。これは、この廃棄物が「見せるためのモノ」として扱われていたことを意味し、それらが過去の儀礼に関する情報を日常的に発信することで、儀礼実践の反復性が生み出されていたことを指摘している［松本 2015: 205-208］。このような両者の議論を参照するならば、廃棄行為に関わる廃棄物の取り扱いに着目することで、行為の中に現れた廃棄物に対する認識を読み取ることが可能といえる。

　加えて、両者はともに、廃棄された残滓を過去の実践に関する情報を発信するものとして捉えており、反復的な実践を生み出す存在として議論していることも重要な論点となる。社会実践という人間の行為は規範によってのみ生み出

第4節　社会実践の変容とマウンド・ビルディング

されるわけではなく、そこには、物理的な存在としてのモノが身体を介して関わっていることが多く議論されてきた［eg. Gell 1998; Robb 2004; ルロワ＝グーラン 1973; ギブソン 1986; Renfrew 2005］。そうした議論のうち、ここでは、モノという物質が持つ過去性についての議論を参照してみよう。

　考古学という学術的な営みに着目する哲学者の佐藤啓介は、序章で紹介したような遺跡形成論や使用痕の研究などのプロセス考古学の成果［eg. Schiffer 1972］を引き合いに出しつつ、考古学が人間の行為や自然過程を含めた痕跡の総体として物理的世界を理解しようとするような「総体としての物質性を考える」［Knappett 2012: 195］考古学的想像力を持つ学問であることを指摘した［佐藤 2016］。すなわち、道具に繰り返し残された使用痕や遺構に残された足跡、火を焚いたあとに残る被熱した土壌、木材が切り出された切り株、河川の浸食によって変形した礫や地形など、人間を取り囲む物質世界には人間や非人間（自然現象を含む）が残す物理的な痕跡が累積している［佐藤 2016: 236］。そして、ハンマーで石を打ち割る行為は、破断面という痕跡を石に残すと同時にハンマーを消耗させる行為でもあり、その過程で飛び散った石の欠片を残すなど、痕跡には共時的なポジ―ネガの連鎖関係が認められる。それと同時に、痕跡は遺跡や遺物に不可逆的に累積しているのであり、ここに時系列的な連鎖も認められることから、痕跡と事物の壮大なネットワークとして物理的な世界は成り立っていると考えることができる［佐藤 2016: 236-237］。すべての事物が「崩壊した行為（collapsed act）」の残存であるとするジョージ・ミード（Geoge Mead）の主張［Mead 1977: 97］やティム・インゴルド（Tim Ingold）の景観概念［Ingold 1993, 2000］にも通ずるものといえよう［cf. 荘司 2023］。すなわち、人間が直面し、それに働きかけることで行為が生み出されていくすべての物質には、すでに過去の行為を通じて刻み込まれた痕跡が累積しているのであり、そこには必然的に過去性がひそんでいる。

　このような、痕跡というすべての物質にひそむ過去性については、存在論的転回の学問的潮流にある考古学者や人類学者によっても指摘されてきた［eg. Alberti 2016: 169; Olsen et al. 2012: 1; Witmore 2014; Fowler 2013: 242-245］。それは考古学的に検出された"今"における物質的過去（material past）［Alberti

341

2016: 173-174] から当時の人々の時間観を読み取るものであり、遺跡に現れる遺物の記録は、断片化された歴史を表すというよりも、どのように"過去"が"今"の中に集められているのかという状況を表しているという考えに基づいている [Olsen 2010: 26]。そのほか、物質の持つ過去性については「残滓("residue")」[Lucas 2012] や、「記憶体 (memory object)」[Oliver 2011: 132] という言葉で表され、その重要性が指摘されてきた。

　もちろん、こうした物質的な世界に対する理解は考古学者の視点にすぎないものであることから、物質的過去を当時の行為者たちが読み取っていたかどうかは別の問題である。この点については、行為に際した物質の取り扱われ方に立ち返らなくてはならないだろう。

　このような研究を参照するならば、クルス・ベルデ遺跡の A-2 マウンドから出土する考古遺物もまた、顕著な形で過去性を宿していたことになる。なぜなら、出土する道具類には度重なる使用と転用によって顕著に使用痕や製作痕が蓄積しているのであり、生態資源の消費による残余物としての動植物遺存体も、そうした日常的な活動の痕跡そのものであるといえるためである。

　CV-Ia 期におけるマウンドの形成過程は、これらの廃棄物の廃棄行為が反復的に行われてきたことを示しているものの、そこにマウンドを建造物として作り上げる意図が働いていたかどうかは判然としない。同一の場所に廃棄物を集積し、積み上げるという規範が存在していたことは指摘できるが、それが単に日常的に生み出される残滓を居住の場と分けてまとめ置くという処理の一環であった可能性もある。マウンドにおける廃棄物の堆積はあくまで反復的な廃棄行為の結果として意図せずして形成されたとみた方がよいだろう。すなわち、クルス・ベルデ遺跡の人々が、この時期に廃棄物の物質的過去を認識していたかどうか、その取り扱われ方からは読み取ることができない。

　CV-Ib 期になると、マウンドに対する認識の変化が生じつつあったことを先に指摘してきた。床の建設活動が明確化し、埋葬が組み込まれるようになるという行為の変化からは、周囲と異なる形で視認されるべき人為的な建造物としてマウンドを作り上げ、マウンドに新たな性格を付与していくような認識の変化が読み取れた。この時、廃棄行為もまたマウンド・ビルディングという実践

の一部として位置づけられていたことになる。視認されるべき存在として扱われ始めたマウンドに残滓を廃棄し続けるという事実は、マウンドを構成する廃棄物もまた視認されるべき存在の一部として扱われ始めたということを示唆している。そうしたマウンド・ビルディングにおける廃棄物の取り扱われ方からは、累々と積み上がり増大していく廃棄物の山の過去性と連続性が読み取られ、マウンドとして例示されていたことがわかる。一つの場所にものを「捨てる」という行為と何かを「築く」という行為はニュアンスの違いを含みながらも、現象面では非常に近しいものとなる［cf. 荘司 2022］。この時期のマウンドは「捨てる」と「築く」のはざまにあるような状態で、積み上げられてきた構造物であったといえるだろう。

　廃棄物と同様に、マウンド・ビルディングの一部として位置づけられた埋葬行為もまた、遺体という過去性を帯びた人物の存在を、視覚的効果を有するマウンドに結び付ける行為であった。それはとくに、マウンド・ビルディングに参加する集団を、より直接的にマウンドへと関連付ける効果を発揮していたと考えられる。このように、生態資源利用という過去の行為が刻み込まれた残滓や、集団の一部をなす被葬者の遺体が持つ過去性に着目し、その取り扱われ方およびマウンドとの関係が変化していることを鑑みれば、CV-Ib 期には残滓や遺体の物質的過去が読み取られ始め、マウンドという存在へと統合するようにして再編されていたと考えることができる。すなわち、マウンド・ビルディングという行為は、集団の過去をマウンドという"今"に含み込ませ、マウンドを可視的な構造物として作り上げる実践であったことになる。

4. マウンドの多義性、包括性、および集団の凝集性

　反復的な実践としてマウンドを形成してきた廃棄行為は、CV-Ib 期にマウンド・ビルディングという形の実践へと再編されていった。こうした一連の社会実践が、ある集団の協働によって実現されていたという事実は、マウンドに対する認識や規範を共有する集団の存在を示唆する。とくに、マウンド・ビルディングに埋葬行為が付加されている点は、示唆的であろう。埋葬行為がマウン

ド・ビルディングという社会実践の一部に組み込まれ、マウンドに遺体を埋め込んでいくことは、集団を直接的にマウンドへと結び付けていくものであった。集団の成員はマウンドへの認識を共有し、その中で日常的に繰り返される社会実践を通じてマウンドに強く結び付けられていったのであろう。

　ここでいう集団とは、マウンド・ビルディングという社会実践に参与することで立ち現れる人々を意味している［cf. レイヴ＆ウェンガー 1993］。一方で、このマウンドが生態資源の利用と密接に関係していたことを考慮するならば、それは一連の経済活動を共有する人々でもあったといえよう。とくに、集団を代表する存在としてマウンドに組み込まれた成人男性の被葬者が、漁撈活動に従事していたことが骨病変から推測されていることから、漁撈活動が集団にとって重要な位置づけであったことが示唆される。

　また生態資源利用に関わる残滓の反復的な廃棄行為が同一地点でCV-Ia期から継続して行われていることから、この集団は初期から継続的に存在していたことがわかる。一方で、CV-Ib期に明確化するマウンド・ビルディングは、それに従事する人々と日々の活動、そしてマウンドという存在を結び付ける社会実践であり、社会生活を構成する一連の行為の関係性やマウンドに対する認識は、協働的な実践が繰り返される中で共有されるものであった。CV-Ia期から続く漁撈集団は、この時、マウンド・ビルディングに従事する集団としての性格が付加され、マウンドとして視覚化されることで、集団の統合性はより高いものへと変化していったと考えられる。

　ここで注目したいのは、マウンド・ビルディングが様々な行為を含みこんだ複合的な実践であったという点である。CV-Ib期のマウンドでは建設・廃棄・埋葬というような多様な実践が行われ、マウンドに埋め込まれた残滓は、マウンドの外で日常的に展開された生態資源利用などの痕跡であった。マウンド・ビルディングとは、互いに関係し合う多様な社会実践の統合体なのである。しかも、マウンドという目に見える一つの構造物を作り上げる行為を繰り返すことで、マウンドは、多様な実践の絡み合いを例示し、常に想起させる存在に変化していったのである。このように、マウンド・ビルディングとは、生態資源の獲得や消費、廃棄行為、埋葬行為、マウンドの建設行為などの、社会生活を

構成する多様な実践の連関を一つのマウンドとして包括することで、行為と行為の関係性を改めて物理的環境の中に位置づけ、再生産していくような行為であったといえる。こうしたマウンドの多義性にもとづいて、マウンドはその認識を共有する集団の結節点となり、集団としての凝集性を高め、また過去に対する社会的認識を作り上げていった。

5．マウンドのモニュメンタリティ

　以上のようにマウンドを形成してきた行為の変化について考察してみると、そこには廃棄物の山という累積する物質的過去を読み取り、それを集団と結びつけ、集団の記憶として物理的環境の中に構築し始めるような変化があったことがわかる。序章において整理してきたように、アンデスのモニュメント研究は長らく建造物の規模や装飾、投下労働量にモニュメンタリティを求めてきた傾向があった。そして、これが「モニュメントのはじまり」という古くて新しい問題を解き明かすうえで障害となってきたことも指摘してきた。投下労働量に表れないような初期のモニュメントを議論の射程に含めるためには、社会的に繰り返される行為を通じてモニュメンタリティが生み出され、経験されていくプロセスに着目する必要がある。その際に鍵となるのが、モニュメントが生み出す集団の記憶という問題系であった［Scarre 2011: 9; Pauketat 2007: 199］。

　このようなアンデスにおける初期モニュメントの問題系にもとづき、クルス・ベルデにおけるマウンドの形成過程の変化を振り返ってみると、そこにはモニュメンタリティの形成にかかわる大きな変化があったことがみえてくる。すなわち、様々な行為の痕跡をマウンドとして関連付けることで、集団の記憶を築くのがマウンド・ビルディングという実践であり、その反復的実践こそがモニュメンタリティの実践として位置付けられるということだ。つまり、古期のマウンドの変化にモニュメントの萌芽を見出すことができよう。

　序章で述べたように、形成期における神殿の形成過程については、反復的な神殿更新を社会実践と捉える議論を参照することができる［関 2014b; 2015b; 2017］。こうした議論では、ある規範にもとづく儀礼的で協働的な建設活動・

廃棄活動の反復が、行為者集団のイデオロギーや世界観を再構築していたという社会実践論的な解釈が持ち込まれている。この建設活動の繰り返しによって、神殿建築の規模は意図せずして増大していったと考えられるのであり、建築規模の増大は集団の在り方にも影響を及ぼし、結果として社会変化が生まれたと考えられている［関 2015b: 142-150］。また関は、神殿の建設活動に関するこうした実践論的な解釈は神殿の出現過程にも当てはまる可能性があると推測する。関が注目するのは、中米のマヤにおけるピラミッド型建造物の出現過程を論じたローズマリー・ジョイス（Rosemary Joyce）の研究である［関 2015b: 150-151; 2017: 48-49］。ジョイスの研究とは、共同祭祀場のような小さな土製基壇が、それが作られたことによりおのずと社会的意味を持ち始め、永続性や視認性を意識した恒久的な建造物へと作り替えられていくことによって神殿建築が出現するという過程を実証したものである［Joyce 2004］。すなわち、同様の過程がアンデスの神殿建築の出現にも当てはまるのではないかという仮説だ。こうした点は、なぜ神殿が建設され始めるのかという長く答えのでていない課題にアプローチするための方向性を示したといえるが、初期の神殿建築の出現過程に関する詳細なデータをもとにしたものではない点が課題であった。

　ディルヘイも、公共建造物の出現が古期に遡ることを一連の調査成果から主張し、その建設活動をマウンド・ビルディングとして捉えることを主張している［e.g. Dillehay et al. 2011b, Dillehay et al. 2012b］。しかし、すでに述べてきた通り、この主張は巨大なマウンドを公共建造物あるいはモニュメントであるとみなす前提によって立つものであり、その出現過程をデータにもとづいて実証してきたとは言い難い。彼の議論にもとづけば、マウンドは形成され始めるその時点からモニュメントなのであり、なぜそうした建造物を作るような実践が生み出されたのかという点は説明できていない。

　以上の議論を参照するならば、クルス・ベルデ遺跡の考古学データは、マウンドを形成してきた社会実践の変化を明らかにし、ここにモニュメンタリティの生まれる過程を初めて実証したといえる。すなわち、社会実践論的な解釈によって導き出された、公共建造物の出現に関する仮説を実際の考古学データから検証し、神殿建築とは異なるモニュメントの出現過程を古期において明らか

にしたのである。本書の議論は、モニュメントの出現を形成期早期における神殿建築の出現（3500-3000 BC）と同義として捉えてきたアンデス研究［e.g. Shady 2006; Pozorski and Pozorski 2012］に一石を投じるものとして位置付けることができるだろう。

第6章　環境変動に伴う社会実践の変容とマウンド

第5節　小括：ゴミ捨て場からモニュメントへ

　本書で提示してきた考古学データやその分析の結果によって明らかになったように、マウンドの形成過程の変化、生態資源利用の変化、環境変動という3つの要素は、互いに深く関係し合いながら、CV-Ia 期から CV-Ib 期にかけての A-2 マウンドの変化を生み出してきた。こうした考察の結果、エル・ニーニョ現象の規模と頻度が増大するという CV-Ib 期における環境変動が契機となり、相互に関連する様々な社会実践の変化を生み出してきたといえる。
　そして、こうした一連の変化に伴うマウンドの形成過程の変化は、そこに関与してきた人々のマウンドに対する認識や意図に変化が生じていたことを示唆しており、人々とマウンドの関係性や集団の在り方をも変容させていくものであった。マウンドの形成過程の変化と集団の変化について簡略に振り返っておく。
　CV-Ia 期におけるマウンドは、生態資源利用に伴う残滓を反復的に廃棄することによって累積的に形成されてきた。この盛土の表面にはマウンド上で行われた何らかの活動によって形成された活動面が残されており、これはエル・ニーニョ現象による海域環境の異常が起きた直後に形成されていたことが層位ごとの動植物遺存体の分析から明らかになっている。このことから、CV-Ia 期のマウンドは生態資源利用に関わる残滓の廃棄という社会実践が生態環境の周期性に沿って繰り返されることにより、結果として廃棄物が累積し、規模が増大していったものと考えられる。ここでいう廃棄物とは、過ぎ去った一連の生態資源利用の痕跡であり、過去性を有するものであったといえる。しかし、建物を築くために廃棄物を盛ったという証拠は希薄であり、マウンドは単に廃棄行為の累積によって形成されたと考えるのが妥当である。したがって、クルス・ベルデ遺跡の人々がマウンドに過去性まで読み取っていたかどうかは判然としない。すなわち、この時期のマウンドという存在は、日常的に行われ、生態環境の周期性によって区切られた一連の資源利用に関わる残滓が、物理的環境の中で積み重なることによって自然に形成されたのである。マウンドは協働的な

第 5 節　小括：ゴミ捨て場からモニュメントへ

廃棄行為を通して残される廃棄物の山としての性格を強く持っていたといえる。

　ところが CV-Ib 期になると、こうした状況は大きく変化する。エル・ニーニョ現象の規模と頻度が増加するという環境変動に伴い、河口・汽水域の生態資源を集中的に開発するようなものとなったのだ。いわば、生態資源の変動サイクルに合わせた動物種を利用するような適応戦略がとられていた。一方のマウンドの形成過程においては、反復的な廃棄活動を継続しながら、慣習的な手順に則って白い粘土質の土壌を用いた床を張るようになるなど、マウンドの建設活動が明確化する。さらには、マウンドの形成過程に組み込むようにして成人男性を被葬者とした埋葬行為が行われるようになっていった。とくに、マウンドの建設活動が明確化する点から、この時期にマウンドを人為的な構造物として構築するような意図が生まれ始めていたことが示唆される。こうしてマウンドはマウンド・ビルディングという実践を通じて建設されるという段階に至るのである。

　CV-Ia 期から続く、廃棄活動の反復によってマウンドの規模が徐々に増大していたことはマウンドの視認性が増加していたことを示しており、マウンドの表面を均し白い粘土床によって覆うという建設活動はマウンドの視認性を確保しようとするものであったといえる。これに加えて埋葬行為がマウンドに関連付けられるようになることから、人々のマウンドに対する認識は CV-Ib 期において何らかの形で変化していたことが示唆される。このマウンドに対する認識の変化は、マウンドの基礎をなす廃棄物に対する認識の変化にも連動していた。これらの廃棄物が様々な社会実践の残滓という物質的過去であったことをふまえれば、生態資源の獲得・加工・消費という一連の日常的実践のすえに立ち現れる過去をマウンドという"今"の景観に位置づけるようになっていったと考えられる。

　こうしたことから、生態資源利用後の残滓はマウンドという建造物を構成する要素として取り扱われるようになっていったと指摘できる。同時に、遺体という過去性を帯びた人物の存在もまたマウンドに結び付けられるようになっていった。このような CV-Ib 期における変化は、マウンド・ビルディングが、様々な社会実践を連関させながら、実践と実践の残滓を改めて景観の中に位置

第 6 章　環境変動に伴う社会実践の変容とマウンド

づけていくような行為への変化をも意味している。社会生活を構成する多様な実践の関係性やマウンドに対する認識は、協働的なマウンド・ビルディングの反復とマウンドという視覚的な存在によって集団の中で共有され、再生産されていくものであったと考えられ、そこにモニュメンタリティの萌芽が読み取れる。

　本書において、マウンドの形成過程の変化を考古学データに基づいて丹念に検証してきた結果、マウンドは CV-Ib 期になって初めてモニュメントとして建設され始めることが明らかになった。これは、これまで仮説［cf. 関 2015b］として提示されてきたにすぎなかった、アンデス文明史におけるモニュメントの創出過程の一端が本書によってはじめて検証されたことを意味している。また、これまでに神殿建築の出現と同義とされてきたモニュメントの出現過程に異議を唱え、それが古期に遡ることを明らかにした。集団の凝集性が徐々に高まっていく社会状況はすでに古期に始まっていたのである。本書で強調したいのはこの点である。

　一方で、ここまでの考察では、クルス・ベルデ遺跡においてマウンド・ビルディングという社会実践が開始された理由を十分に議論しきれていない。そこで、次章では、なぜマウンド・ビルディングが開始され、集団をマウンドという特定の場に結び付けていくような凝集性がこの時期に生まれたのかという点に論点を絞っていく。まずはチカマ川流域沿岸部に分布するそのほかのマウンドとクルス・ベルデ遺跡の関係性を明らかにし、改めてこれを考察していこう。

注
1) 例外として、大型のクジラ目の動物骨は食資源として利用されたというよりも、浜辺に打ち上げられた死骸から動物骨のみを利用したと考えられる。また、オジロジカについても、出土量が極端に少ないことや破片資料であること、これを素材とした骨器が多く出土していることから、クルス・ベルデ遺跡において食糧として消費されたかどうか定かではない。
2) 和名は存在しない。英語では small-tail shark と呼ばれる。
3) 現在は食糧としての利用は行われていない。オタリアは漁網などの漁撈具を壊してしまうため、駆除の対象として狩猟される。

4) 現在は法律によって海鳥の狩猟が禁止されている。
5) 放射性炭素年代測定によって得られた200年という各時期のタイムスパンは、測定試料数の限界と確率分布の誤差を含み推定されたおおよその時間幅を示している。一方で、堆積層に記録されたエル・ニーニョ現象の回数から推定される堆積速度の推定も不確定要素を含むことから、より詳細な検討が望まれることを付言しておく。

第7章　チカマ川流域沿岸部における
　　　　クルス・ベルデ遺跡

本章では、クルス・ベルデ遺跡におけるマウンドの形成過程をチカマ川流域沿岸部に分布するその他のマウンドと比較することで、この地域における同遺跡の位置づけを明らかにしていく。その目的は、遺跡間の関係と当該期の社会状況の変化を明らかにすることで、クルス・ベルデ遺跡においてマウンド・ビルディングが開始され、モニュメントが建設されていくという一連の変化に影響を及ぼした外部要因を検討することにある。具体的には、クルス・ベルデ遺跡において廃棄実践の反復によってマウンドが形成され始めるという現象、およびCV-Ib期にマウンド・ビルディングへとそれが変化していくという現象が、それぞれ同遺跡において独自に生じたものであるのか、それとも外からの影響によって生じたものであるのかを考察していく。この検討作業によって、マウンドの形成過程に変化をもたらしてきた要因を明らかにするとともに、チカマ川流域沿岸部の地域史におけるクルス・ベルデ遺跡の位置づけを整理する。

第1節　チカマ川流域沿岸部におけるマウンド

　まず初めに、チカマ川流域沿岸部に位置するその他のマウンド（**図7-1**）で確認された考古学データについて遺跡ごとに整理する。クルス・ベルデ遺跡の事例との比較を行うため、やや詳細に各遺跡の調査データを確認しておこう。

1．ワカ・プリエタ遺跡

　これまでに何度か言及してきた通り、ワカ・プリエタ遺跡（**写真7-1、図7-2**）は調査データの豊富な遺跡であり、クルス・ベルデ遺跡の比較に際して重要な位置づけを占める。この遺跡では長期的な活動の痕跡が認められ、この過程はフェイズ1〜5に区分されている［Dillehay et al. 2012b］。また、ディルヘイらの調査によって住居とみられる遺構がマウンドのふもとで検出されているため、これを居住域として区別し、各フェイズで報告されている考古学データについても調査区域ごとにみていく。ここで整理するデータはディルヘイ［Dillehay et al. 2012a, 2012b, 2017b, Dillehay 2020; Dillehay (ed.) 2017］とバード［Bird et al.

第 7 章　チカマ川流域沿岸部におけるクルス・ベルデ遺跡

図 7-1　チカマ川流域沿岸部の古期から形成期早期におけるマウンド遺跡の分布
［Google Earth を改変、遺跡の分布については Maggard and Dillehay 2017 および Chauchat et al. 1998 を参照］

写真 7-1　ワカ・プリエタ遺跡（左）とワカ・プルパール遺跡（右）のマウンド
（筆者撮影）

1985］の報告にもとづく。

（1）　フェイズ 1（12200-5500 cal BC）

　マウンドの最下層において 0.5 〜 1.5cm 程度の薄い文化層（12200-11300 cal

第1節　チカマ川流域沿岸部におけるマウンド

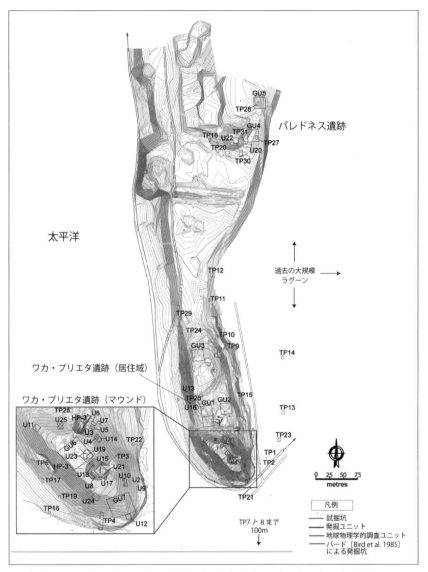

図 7-2　ワカ・プリエタ遺跡およびパレドネス遺跡の位置と発掘坑の位置
[Dillehay et al. 2012b: Fig. 3 を翻訳し転載]
図中の U は発掘坑、TP は試掘坑、GU は地球物理学的調査ユニット、HP はバードによる発掘坑を意味する。

BC）が確認されており、焚火址や石器、動植物遺存体が少数確認されている。調査者のディルヘイは、小規模で断続的な活動がこの時期に行われていたが、マウンドは形成されていなかったことを確認している［Dillehay et al. 2012a］。

　ワカ・プリエタ遺跡のフェイズ1と同時期のチカマ川下流域には、パイハン型尖頭器[1]が出土するような石器の集中遺構が網羅的な遺跡の分布調査によって報告されている［Chauchat et al. 1998］。これらの遺跡は概して海岸線から10kmほど離れているにもかかわらず、魚骨なども一定量出土する［Chauchat et al. 1998: 25］。しかし、ワカ・プリエタ遺跡では、そうした特徴的な両面加工石器は出土せず、円礫を用いた礫石器や片面加工石器などが出土するのみである。ワカ・プリエタ遺跡の出土遺物において、内陸の遺跡との交流を示すデータは希薄であり、両者の関係性は明らかになっていない。

（2）フェイズ2（5500-4500 cal BC）

① マウンド

　ワカ・プリエタ遺跡におけるマウンドは、古いマウンドを覆うようにして反復的に盛土が行われ、その長期的な活動によって徐々にマウンドの規模が拡大していく（図7-3）。このマウンドが形成され始める5500 cal BCを画期としてディルヘイらはフェイズ2を設定している［Dillehay and Bonavia 2017a: 102］。この時期におけるマウンドの堆積層は豊富な動植物遺存体と盛土によって構成されており、堆積層とその上面に形成される固くしまった複数の活動面の重なりが認められる［Dillehay and Bonavia 2017a: 103］。マウンド上に石造の建築

図7-3　ワカ・プリエタ遺跡におけるマウンドの各時期の復元図

［Dillehay et al. 2012b: Fig. 8を翻訳し転載］

第1節　チカマ川流域沿岸部におけるマウンド

物は確認されていないことなども含めて、クルス・ベルデ遺跡の CV-Ia 期のマウンドと類似した様相を示す。しかし、クルス・ベルデ遺跡のマウンドが形成される 4200 BC と比べて、ワカ・プリエタ遺跡ではより早い時期からマウンドが形成され始めるようだ。フェイズ2の末にあたる層位からは赤色顔料を伴う1基の埋葬がマウンドの北部で確認されている。

② 居住域

マウンドの北方 40m ほどの平坦な地形に設けられた U16 発掘坑において、住居と想定される円形の部屋状構造物が検出されている（図 7-4）。この発掘坑において検出された最も古い部屋状構造物（"House 5"）から得られた年代値は 5413-5005 cal BC となっており、マウンドが形成されはじめるのとほぼ同時期にこの地区での活動が開始されていたことになる。出土する考古遺物としては石器と動植物遺存体が確認されており、メジロザメ属のサメ類やグアナイウの出土数が目立つ傾向にある。これは、オタリアの骨が相対的に多く出土する同時期のマウンド区域と比べて異なった状況となっている。この時期に埋葬は検出されていない。

(3) フェイズ3（4500-3300 cal BC）

① マウンド

フェイズ3はマウンドの拡張期とされており、クルス・ベルデ遺跡の CV-Ia 期と CV-Ib 期はいずれもこの1時期に含まれる。この時期に盛土の量は多くなり、マウンドの北東側にはスロープが設置されるという。また、マウンドの崩壊を防ぐため、斜面に並べられた円礫層が一部で検出されているほか、東側と西側の斜面に石積みの部屋状構造物が確認されるなど、建築活動の様相がやや顕著に現れるようになる。ディルヘイは、この時期の活動を通してマウンドという建造物が基壇に近い形となり、計画的なものになったことを主張しているが [Dillehay et al. 2012b]、報告書を読む限りマウンドの形状や建造物の配置パターンなどを見出すことはできない。

このフェイズ3の最後には、ディルヘイらが円形半地下式広場と呼ぶ建造物

第 7 章　チカマ川流域沿岸部におけるクルス・ベルデ遺跡

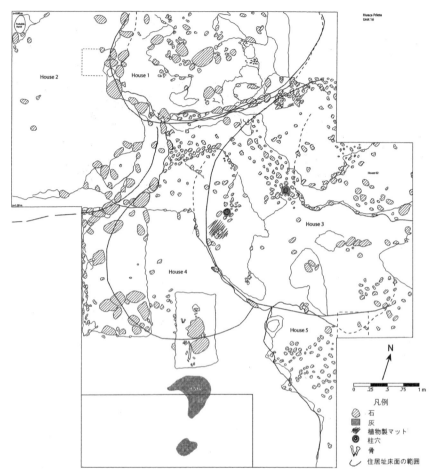

図 7-4　ワカ・プリエタ遺跡の U16 発掘坑で検出された住居址の平面図
［Dillehay et al. 2017a: Fig 7.29 を翻訳し転載］

の最初の床面が建設されるという［Dillehay et al. 2012b］。これが円形半地下式広場であるとするならば、カスマ谷のセチン・バホ遺跡に匹敵するような古さの神殿建築がここで登場することになる。しかしながら、その平面形がいびつであるのみならず、広場の内壁となる円形の石壁とここでいう床面の層位関係がまったく明らかでない（図7-5）。これは、窪んだ円形構造物の中央部しか発掘していないためであり、内壁がどの程度の深さまで達している構造物なのかどうか確認されていない。つまり、フェイズ3最後の床面が、半地下式広場であったのか、単なる平坦なマウンドの頂上部であったのか判断できないのである。さらに続くフェイズ4には、この広場の内部に直径2m程度の円形・方形構造物が建設され、円形半地下式広場の内壁と組む床面は凹んだ広場の中心に向かって傾斜している。これらの点は、形成期早期の円形半地下式広場が持つ建築的特徴とは大きく異なるものである。また上述したように、この円形構造物とフェイズ3の床面を結び付ける解釈には層位学的根拠に欠け、マウンド上のこの建造物の建設がこの時期に遡るかどうかも不明である。

このようにマウンドの形成過程に変化がみられる一方で、フェイズ2で多く出土していた動植物遺存体の出土量は大きく減少する。また、埋葬の存在は確認されていない。

② 居住域

フェイズ2と同様にU16発掘坑から住居（"House 2", "House 3", "House 4"）[2]と考古遺物を含む薄い堆積層が確認されていることから、ここでも継続的に活動が行われていたことが示唆される。動植物遺存体の出土量が大きく減少するマウンドと比較して、ここではその出土量は維持されており、出土する動物種もフェイズ2と同様にメジロザメ属のサメ類とウミウの出土が目立つ。この時期には、計4基の埋葬遺構が住居址の外で検出されており、そのうち2基が成人男性、1基が成人女性、残りの1基が子供を被葬者としている。

第7章　チカマ川流域沿岸部におけるクルス・ベルデ遺跡

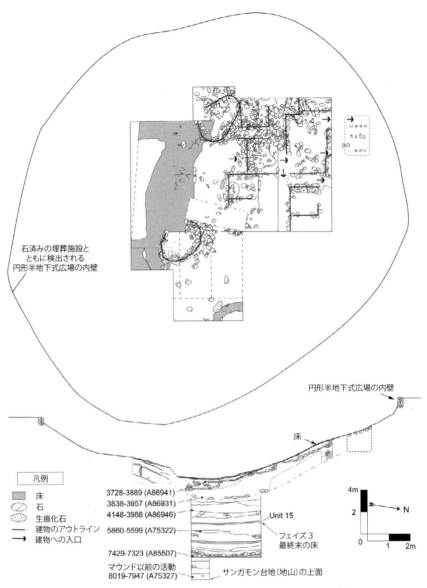

図7-5　ワカ・プリエタ遺跡円形半地下式広場の平面と断面図
［Dillehay et al. 2012b: Fig. 7 を翻訳し転載］
断面図左の数字は絶対年代（BP）を表す。括弧内はサンプル番号。

（4） フェイズ4（3300-2100 cal BC）

① マウンド

　形成期早期にあたる年代が得られているこの時期においても、盛土の反復によるマウンドの形成過程が示されており、マウンドの規模は拡大し続ける。ディルヘイは、先述の円形半地下式広場の床が継続的に張り替えられ、埋められていったと想定している［Dillehay et al. 2017a: 140］。また、広場の床上には複数の方形部屋状構造物が設けられていた。また、マウンドを支える石積みの土留め壁が建設され、後に埋め立てられてスロープとなっている。そして、重要な変化として挙げられるのが、石壁に囲まれた半地下式の空間を持つ少数の墓室がマウンド上に建設されるようになることであり、とくに円形半地下式広場の内壁周辺で多く検出されている。4基確認された埋葬遺構のうち、被葬者の年齢・性別推定が行われた3体の埋葬遺体は、成人男性、成人女性、子供である。そのほか、マウンドでは植物製マットで包まれた織物や貝などの埋納儀礼が頻繁に行われるようになるなど、この時期のマウンドでの活動は祭祀的・儀礼的性格が強くなっていくことをディルヘイは主張している［Dillehay and Bonavia 2017a: 103-104］。

　こうした活発な建設活動に伴って、［Dillehay et al. 2012b］。フェイズ3と同様に、マウンドの盛土と共伴する動植物遺存体は少ない。

② 居住域

　居住域での活動は継続されるが、住居は検出されていない。動植物遺存体の出土量は減少し、マウンド区域と同程度のものとなっている。成人女性と子供を被葬者とする埋葬遺構が1基ずつ確認されているが、マウンドで検出されたものと異なり石積みの埋葬施設は伴わない。浅い土坑に埋葬されたものであり、埋葬の上にはやや大きめの円礫や加工された生痕化石が置かれていたという。

（5） フェイズ5（2100-1500 cal BC）

① マウンド

　マウンドでの活動は停滞し、徐々に放棄されていく時期にあたる。前半では石積みの埋葬施設がマウンドの頂上部や円形半地下式広場に伴って設けられるようになる。ただし、その多くは盗掘による攪乱を受けており、元の位置をとどめる埋葬人骨が検出されたのは1例のみであった。被葬者は成人男性と推定された。各発掘坑で検出された最後の盛土の年代はいずれも1800-1600 cal BCのものであり、この頃までにマウンドの建設活動は放棄されていったことがわかる。

② 居住域

　1基の住居址（"House 1"）が確認されており、対応する堆積層に含まれる人骨の破片はフェイズ4からフェイズ5に相当するものであるというが、年代値は提示されていない［cf. Dillehay et al. 2017a: 154］。おそらくこの時期にも居住域として機能していた考えられるが、相対的に小規模のものであった可能性が高い。

　以上のように、フェイズ4と5になってワカ・プリエタ遺跡のマウンドは、埋葬や埋納遺構が付け加えられるようになり、石材を利用した構造物や土留め壁を作るなど、古期と比べて大きく変化していった。一方で、マウンドを作り上げるような従来の慣習が引き継がれたようである。ディルヘイらは土留め壁や円形半地下式広場の存在から、形成期早期の神殿建築との関連性を強調している［Dillehay et al. 2012b］。しかしながら、その根拠は脆弱と言わざるを得ず、むしろ神殿建築との差異が目立つ。他の研究者も指摘するように、中央海岸・北部中央海岸の神殿に伴う建築要素の北限は、北海岸の南端と設定しておくのが妥当だろう［cf. Pozorski and Pozorski 1977, 1990; Cárdenas 1999; Alva 1986］。ワカ・プリエタ遺跡の調査成果と沿岸部に広く点在するマウンドの存在は、神殿の建設よりもマウンドの利用の継続が北海岸沿岸部の広い範囲で志向されていたことを推測させる。実際に、北海岸における、計画的で整然とした基壇や

広場の配置からなる神殿建築の出現は、形成期前期を待たなくてはならない[3][eg. Pozorski 1995]。

このように、ワカ・プリエタ遺跡では北海岸の遺跡で特例的な活動が行われていた一方で、他地域との交流を示すような遺物も確認されている。ディルヘイらの再調査に先立って行われたバードの発掘調査は、フェイズ4とフェイズ5にあたる活動の痕跡と考古遺物を検出した［Bird et al. 1985］。墓から副葬品として出土した2つのヒョウタン製容器は、エクアドル海岸地域で製作された南米最古のバルディビア様式の土器とよく似た装飾文様を有している。また、出土した豊富な織物製品の中には、人物やカニ、コンドル、その他の鳥類、ヘビの図像がもじり編みの技法によって浮かび上げられている。そのうち、三角形の頭と体に斑点を持ったヘビやコンドルの文様などは、サンタ川上流域の神殿建築であるラ・ガルガーダ遺跡［Grieder et al. 1988］で出土した織物と類似性が高い。さらにこれらのモチーフと文様パターンは、しばしば形成期早期の神殿遺跡周辺で発見される岩絵にも多くみられ、ディルヘイによって報告されたワカ・プリエタ遺跡のヒョウタン製容器の破片にも類似する鳥類が描かれるなど［Dillehay and Bonavia 2017b: Figure 11.7］、広い範囲で共通性を有している。これらのことから、ワカ・プリエタ遺跡において中央海岸や北部中央海岸と異なる活動がこの時期に行われていたとしても、地域間の相互の交流は存在していたことがわかる。

2．パレドネス遺跡

ワカ・プリエタ遺跡の北方500mほどに位置するパレドネス遺跡は、60×40mほどの底面積をもち、高さ6mほどの比較的小規模なマウンドである。ディルヘイらによる発掘調査がマウンド上に設定された発掘坑U22とマウンドの範囲外（マウンドの東側）に設定された発掘坑U20にて実施された（図7-2）。

（1）フェイズ1～2（8500 cal BC）

パレドネス遺跡においてもマウンドが形成される以前に行われた活動の痕跡

が若干確認されている。マウンド外の発掘坑（U20）において確認された11層の堆積層のうち、7-11層で動植物遺存体および石器などが出土しており、ディルヘイらはこれを、マウンドが形成され始める以前にあたる断続的な居住活動の痕跡と推定している［Dillehay et al. 2017a: 147］。ただし、この層について年代測定は実施されていないため、その位置づけは不明瞭ともいえる。年代測定が実施された5層と6層に共伴する試料からは、3500 cal BC前後の年代値が得られており、3層から6層までの堆積層は、居住活動というよりもマウンドで行われた祭祀・儀礼的活動に由来するものであると主張しているが、根拠は示されていない［Dillehay et al. 2017a: 146］。

　一方のマウンド上に設定された発掘坑（U22）からは、地山の直上に活動面が確認されており、そこから出土したトウガラシの炭化種子を年代測定した結果、8571-8285 cal BCという年代値が得られている。しかし、マウンドの形成が始まる4500 cal BCまでの期間を埋めるような活動の痕跡は検出されていない［cf. Dillehay et al. 2017a: 105-106］。

（2）　フェイズ3（4500-3300 cal BC）

　パレドネス遺跡のマウンドは4500 cal BCから形成され始めることがわかっており、これはワカ・プリエタ遺跡よりも遅く、クルス・ベルデ遺跡のマウンドとほぼ同時期にあたる。パレドネス遺跡のマウンドで石積みの建造物や埋葬、埋納儀礼の痕跡などは確認されておらず、代わりに多くの動植物遺存体と盛土、床の堆積が繰り返し現れる。この特徴はワカ・プリエタ遺跡におけるフェイズ2と類似するものであることが指摘されている［Dillehay et al. 2017a: 105］。

　マウンドの最初の盛土と床（Floor 24）からは、上述のような4500 cal BCという年代値が得られており、2800 cal BCの値が得られている床（Floor 6）まで、マウンドが形成され続けていたことがわかる。さらに特徴的な点として、盛土に含まれる動植物遺存体のうち食用植物の出土量が相対的に多く、海産資源の割合がワカ・プリエタ遺跡のマウンドや居住域と比較して少ないということが指摘されている［Dillehay et al. 2017a: 152］。とくにトウモロコシについては、"Floor 24"に伴うマウンド最下層の盛土からも出土しており、中央アンデスで

従来想定されていたよりも古い時代からトウモロコシの栽培が行われていたことが明らかになった［Grobman et al. 2012］。動物骨の出土状況［Vásquez et al. 2017］をみてみると、海産資源については、海生哺乳類や海鳥の割合が多く、メジロザメ属をはじめとするサメ類の割合が少ないことがわかる。また、植物製のマットがマウンドの床で多く検出されていることは、クルス・ベルデ遺跡のマウンドとも共通する点である。

　以上の所見からディルヘイらは、このマウンドがワカ・プリエタ遺跡で行われた饗宴活動において消費される、食用植物の準備・加工・調理の過程で形成されたものと想定し、パレドネス遺跡がワカ・プリエタ遺跡に対し従属関係にあったことを主張している［Dillehay et al. 2017a: 152］。すでに述べたように、この点については仮説の域を出ないものの、ワカ・プリエタ遺跡と相補的な関係にある動植物遺存体の出土状況が確認されていることは事実であり、隣接する2つのマウンドがなんらかの関係にあったことが想定される。一方で、この動植物遺存体は生活残滓ではなく、儀礼的に準備・加工・調理され、取り扱われたものとしている点についての論拠は明確でない［cf. Dillehay et al. 2017a: 152］。

（3） フェイズ4（3300-2800 cal BC）

　パレドネス遺跡のマウンドにおける活動はフェイズ4においても確認されている。ただし、動植物遺存体の出土状況やマウンドの形成過程の点で、フェイズ3とあまり差異が認められない。おそらく、このフェイズではマウンドの最後の床に相当する2800 cal BCに至るまでフェイズ3と同様の活動が行われていたことが想定される［Dillehay et al. 2017a: 152］。ワカ・プリエタ遺跡で活動が続けられるフェイズ4の後半やフェイズ5における活動の痕跡は検出されておらず、より早い段階でパレドネス遺跡が放棄されたものと考えられる。

3．ワカ・プルパール遺跡およびその他のマウンド

　チカマ川流域沿岸部では、発掘調査データが報告されている上述の2遺跡だ

けでなく、さらに複数のマウンドが認められている。これらのマウンドの形態や地表面に露出した考古遺物の特徴から、いずれも古期から形成期早期に形成されたマウンドであったことが想定されている［eg. Maggard and Dillehay 2017］。その中でもワカ・プルパール遺跡は、ワカ・プリエタ遺跡と同様の規模を持つ大規模なマウンドであり、マウンドの頂上にはワカ・プリエタ遺跡で検出された埋葬施設と類似する石積みの部屋状構造物が露出している。ワカ・プリエタ遺跡から15kmほど北に位置しており、テラス状にせり出した自然地形の上に立地している点でも類似性が高い。この遺跡では、2005年と2006年に発掘調査が実施されており、形成期早期にあたる先土器時代の部屋状構造物の重なりが確認されている［広田2008］。7点の試料を対象とした放射性炭素年代測定が行われ、いずれも1900-1500 cal BCの範囲に収まっているものの［広田2008］、未発掘の堆積層を多く残していることから、このマウンドの形成は古期に遡ると推定される。残念ながら、発掘調査のデータは開示されておらず、詳細は不明となっている。

　また、ワカ・プルパール遺跡からさらに北へ10km離れた場所に、マラブリーゴ1遺跡がある。石器や動植物遺存体が分布し、居住域としての性格が推察されている先土器時代の遺跡であり、海に面した沿岸の湿地帯に沿って約1.2kmに及ぶ範囲に広がる［Maggard and Dillehay 2017: 564］。ここから700mほど南東に離れた位置には、クラウド・ショシャ（Claude Chauchat）らの踏査によって報告されたPV23-326遺跡があり、これは先土器時代のマウンドとして報告されている［Chauchat et al. 1998: 144］。これらの遺跡を対象にした発掘調査は行われていないが、セロ・マラブリーゴ丘陵の周辺においてもワカ・プリエタ遺跡などと同様の遺跡群が広がっていたと推察される。

　そのほか、ワカ・プリエタ遺跡とワカ・プルパール遺跡に挟まれた約15kmにわたる沿岸部では、ディルヘイらの踏査によって、22の小規模なマウンド遺跡の存在が報告されている（サラマンカ1～12遺跡、サラマンカ北1～10遺跡）［Maggard and Dillehay 2017］。いずれも先土器時代の遺跡であるが、すべてが同時期に機能していたとは限らない。なお、ディルヘイらは、これらの小規模なマウンドを居住域（"House mound"）と想定しているが、本書で確認してきた

第1節　チカマ川流域沿岸部におけるマウンド

クルス・ベルデ遺跡の調査成果をふまえるならば、そうしたマウンドの実態については、発掘調査において検証する必要があることは言うまでもない。

第2節 マウンド・ビルディングの開始とその背景：
比較の視点から

　以上のように、チカマ川流域沿岸部には類似するマウンドが多く存在しており、ワカ・プリエタ遺跡やパレドネス遺跡で明らかになったように、それらが反復的に土を盛ることにより徐々に形成されるようなものであったと推察される。このことから、類似する活動によってマウンドを作り上げるような規範がこの地域で共有されていたといえよう。そうした共通する規範の存在は、チカマ川流域の人々が緩やかにつながりを持つ地域社会の存在を推察させるものの、マウンド間には共通性だけでなく差異も多く認められる。

　これまでの章で論じてきた、クルス・ベルデ遺跡におけるマウンドの形成過程をチカマ川流域沿岸部の考古学的状況の中に位置づけ、その変化の要因を探るためには2つの現象に関わる外因性を検討しておく必要がある。その一つは、CV-Ia期において反復的な廃棄実践によるマウンドの形成が始まるという現象であり、もう一つは、その廃棄実践がCV-Ib期にマウンド・ビルディングへと変化するという現象である。本節では、この2つの現象がクルス・ベルデ遺跡において独自に生じたものであるのか、あるいは他の遺跡との関係性のもと生じたものであるのかを検討するため、相対的に考古学データの豊富なワカ・プリエタ遺跡とパレドネス遺跡の2遺跡を対象として比較を行う。とくに上記2遺跡の考古学データのうち、クルス・ベルデ遺跡と同時期にあたるフェイズ3に焦点を当てて考察を進めていく。

1．廃棄実践の開始に関わる外因性の検討

　まずは、CV-Ia期においてマウンドを形成してきた廃棄実践がクルス・ベルデ遺跡で独自に始まったものであるのかどうかを検討してみたい。

　ワカ・プリエタ遺跡やパレドネス遺跡のマウンドでは、クルス・ベルデ遺跡のCV-Ia期とCV-Ib期に対応するような、フェイズ3を細分する時期設定や変

第 2 節　マウンド・ビルディングの開始とその背景：比較の視点から

化は認められていない。そのため、同一の時間尺度で上記の課題を検討することはできないものの、各遺跡でマウンドが形成され始める時期に着目し、相対的なマウンド形成過程の変化を比較することで、一定の整合性のある見解を導き出すことができる。3 遺跡における各時期のマウンドの特徴を整理した**表 7-1** を参照しながら検討していく。

　CV-Ia 期におけるクルス・ベルデ遺跡のマウンドの特徴は、動植物遺存体や生態資源の加工に利用された道具などの考古遺物を多く含むことであり、これに伴って土壌や円礫などによる盛土と盛土表面の固くしまった活動面が反復的に検出されることであった。これと同様の特徴を持つのが、パレドネス遺跡のフェイズ 3 であり、動植物遺存体が豊富に出土し、活動面がいくつか重なりをみせる。ディルヘイは、このパレドネス遺跡のマウンドについて、マウンドの内容物および構造の点で、ワカ・プリエタ遺跡のフェイズ 2 におけるマウンドとの類似性を指摘している［Dillehay and Bonavia 2017a: 105］。このように、クルス・ベルデ遺跡の CV-Ia 期のマウンドと、同時期のパレドネス遺跡のマウンド、ワカ・プリエタ遺跡のフェイズ 2 におけるマウンドには共通点が認められることになる。さらに、3 つの事例において共通するのは、いずれもマウンドが形成され始める段階に該当するという点であろう。すなわち、これらの類似するマウンドがクルス・ベルデ遺跡と同様の活動によって形成されてきたとす

表 7-1　3 つの遺跡で比較したマウンドの形成過程と通時的な変化

	ワカ・プリエタ遺跡	パレドネス遺跡	クルス・ベルデ遺跡	
フェイズ 5 (2100-1500 cal BC)	放棄 (1800-1600 cal BC)			
	盛土×粘土床×石造建築物×埋葬 ×儀礼的埋納			
フェイズ 4 (3300-2100 cal BC)	盛土×粘土床×石造建築物×埋葬	放棄 (2800 cal BC)		
			放棄 (3800 cal BC)	
フェイズ 3 (4500-3300 cal BC)	盛土×粘土床×若干の石造建築物	動植物遺存体×盛土×活動面の反復 石造建築物なし	動植物遺存体×粘土床×埋葬 石造建築物なし	CV-Ib 期
			動植物遺存体×盛土×活動面の反復 石造建築物なし	CV-Ia 期
フェイズ 2 (5500-4500 cal BC)	動植物遺存体×盛土×活動面の反復 石造建築物なし	■…マウンドの出現期		

「ワカ・プリエタ遺跡、パレドネス遺跡のデータについて［Dillehay et al. 2017a］を参照し、筆者作成」

第7章 チカマ川流域沿岸部におけるクルス・ベルデ遺跡

るならば、3つの遺跡におけるマウンドの形成は生活残滓[4]の反復的な廃棄活動を基盤として開始されるものであった可能性がある。一方で、ワカ・プリエタ遺跡のフェイズ2は、パレドネス遺跡やクルス・ベルデ遺跡の CV-Ia 期よりも年代が古いことが明らかになっている。マウンドの形成が他の2遺跡に先駆けてワカ・プリエタ遺跡でいち早く行われることは、廃棄物を同一の場所で反復的に積み重ねるという実践もまた、早い段階から存在していたことが想定される。そのため、クルス・ベルデ遺跡やパレドネス遺跡では、廃棄実践が後から導入され、マウンド形成が始まったと考えられる。もちろんその起源はワカ・プリエタ遺跡にあったとは断定できないものの、結果的にマウンドが形成されていくような廃棄実践は、少なくともクルス・ベルデ遺跡において自然発生的に生じたのではない可能性が高い。ワカ・プリエタ遺跡を含む、他の場所で始まった行為がチカマ川流域沿岸部の地域内で共有されたことによって、各所で開始されたものとみて間違いない。

　ただし、そうした廃棄実践の開始は、中心から周辺に一方的な力関係のもと伝わった現象とはいえない。そのことを支持するデータが各遺跡の生態資源利用について得られている。

　たとえば動植物遺存体の出土状況について、ワカ・プリエタ遺跡とパレドネス遺跡の間では大きな差異が指摘されている［Dillehay et al. 2017a: 151-152; Dillehay and Bonavia 2017a: 105-107］。フェイズ3におけるワカ・プリエタ遺跡のマウンド区域では動植物遺存体の出土量が少ないため、同時期の居住域から出土する動物遺存体を参照すると、メジロザメ属のサメ類（軟骨魚綱）の出土量が最も多いことがわかる［Vásquez et al. 2017］（図7-6）。一方のパレドネス遺跡のマウンドでは、フェイズ3にあたる Floor 10～24[5]という層位から出土した動物遺存体においてオタリアとウミウなどの哺乳類、鳥類の出土量が最も多く、対照的な状況を示している［cf. Vásquez et al. 2017］。これに対してクルス・ベルデ遺跡では、CV-Ia 期において、大型のサメ類とオタリア、ウミウが同程度の割合で出土しており、これが CV-Ib 期になって大型のサメ類へと出土量が偏向していく様子が明らかになっている（第4章を参照）。硬骨魚綱の魚類、軟骨魚綱の魚類、鳥類、哺乳類の出土数の割合をそれぞれの遺跡で比較した図

第 2 節　マウンド・ビルディングの開始とその背景：比較の視点から

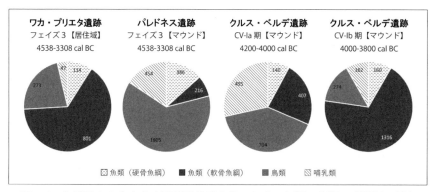

図 7-6　各遺跡から出土する脊椎動物遺存体における魚類・鳥類・哺乳類の割合

ワカ・プリエタ、パレドネス遺跡のデータについては［Vásquez et al. 2017: Table 9.5-9.7］、クルス・ベルデ遺跡については［Vásquez and Rosales 2019a］を参照して筆者が作成した。クルス・ベルデ遺跡の CV-Ia 期については、ワカ・プリエタ遺跡とパレドネス遺跡の特徴を合わせた出土傾向を示し、CV-Ib 期は、ワカ・プリエタ遺跡と酷似する出土状況となる。

7-6 をみると、クルス・ベルデ遺跡の CV-Ib 期はワカ・プリエタ遺跡の居住域と類似する動物遺存体の出土状況を示している。クルス・ベルデ遺跡における動物遺存体の出土状況は時間が経つにつれてワカ・プリエタ遺跡に近いものへと変化していくということだ。一方の CV-Ia 期については、一見するとパレドネス遺跡の動物利用と似た傾向を示しているように見えるが、違いも目立つ。クルス・ベルデ遺跡では魚類、哺乳類、鳥類が同程度の割合で利用されているのに対し、パレドネス遺跡は鳥類の割合が 6 割以上を占めるなど、比重が高い。魚類の内訳についてもサメ類などの軟骨魚綱の割合が低いことがわかる。軟骨魚綱の魚類が多く出土するのがワカ・プリエタ遺跡の特徴であることからするならば、軟骨魚綱、鳥類、哺乳類が同程度の割合で出土するクルス・ベルデ遺跡の CV-Ia 期は、ワカ・プリエタ遺跡とパレドネス遺跡の中間的な様相を示していると考えた方がよい。すなわち、CV-Ia 期では、両遺跡の特徴を併せ持った動物利用が、CV-Ib 期ではワカ・プリエタ遺跡と類似する動物利用がクルス・ベルデ遺跡では行われていたことになる。

また、植物遺存体についても、ワカ・プリエタ遺跡とパレドネス遺跡では対照的な出土状況を示す［Bonavia et al. 2017］。表 7-2 は、この 2 つの遺跡に加

表7-2 3遺跡においてフェイズ3のマウンドから出土する植物種

ワカ・プリエタ遺跡（マウンド） フェイズ3 (4500-3300 cal BC)	パレドネス遺跡（マウンド） フェイズ3 (4500-3300 cal BC)	クルス・ベルデ遺跡（マウンド） CV-Ia/Ib (4200-3800 BC)
Acacia sp. (Espino)	Acacia sp. (Espino)	Acacia sp.(Espino)
Cyperus sp. (Juncus)	**Amaranthus sp. (アマランサス)**	**Capsicum sp. (トウガラシ)**
Equisetum sp. (Horsetail)	Capparis sp. (Sapote)	**Cucurbita moschata (カボチャ)****
Gossypium barbadense (ワタ)	**Capsicum sp. (トウガラシ)**	Cyperus sp. (Juncus)
Gynerium sagittatum (Caña brava)	**Cucurbita moschata (カボチャ)**	Gossypium barbadense (ワタ)
Lagenaria siceraria (ヒョウタン)	Lagenaria siceraria (ヒョウタン)	Lagenaria siceraria (ヒョウタン)
Panicum sp. (Gramalote)	**Phaseolus luntus (インゲンマメ)**	**Manihot esculenta (マニオク)***
Parkinsonia sp. (Azote de Cristo)	**Prosopis sp. (アルガロボ)**	**Prosopis sp. (アルガロボ)**
Persea sp. (アボカド)	**Psidium guajava (グァバ)**	**Psidium guajava (グァバ)**
Phaseolus luntus (インゲンマメ)	Ruppia maritima (Ditchgrass)	Scirpus sp. (Juncus)
Pouteria lucuma (ルクマ)	Scirpus sp. (Juncus)	**Solanum tuberosum (ジャガイモ)***
Prosopis sp. (アルガロボ)	**Zea mays (トウモロコシ)**	**Zea mays (トウモロコシ)****
Salix humboldtiana (Sauce)		

太字は食用植物を指す。
* = 微小植物遺体として析出された植物種、**=コラムサンプルから出土し、微小植物遺体としても析出された植物種
（ワカ・プリエタ遺跡、パレドネス遺跡については［Bonavia et al. 2017］、クルス・ベルデ遺跡については［Vásquez and Rosales 2019b］を参照して筆者作成）

え、クルス・ベルデ遺跡から出土した植物種のリストを並べた表である。これによると、フェイズ3におけるワカ・プリエタ遺跡のマウンドからは、インゲンマメやアボカド、ルクマ、アルガロボ（いずれも種実）などの食用植物が出土しており、居住域からはカボチャも出土している。これに対して、パレドネス遺跡のマウンドでは、インゲンマメ、アルガロボの種実、カボチャ、トウモロコシ、グァバ、トウガラシ、アマランサスなどの7種類の食用植物が出土し、とくにトウガラシとグァバについては相当量の出土が認められている［Bonavia et al. 2017］。一方のクルス・ベルデ遺跡では、CV-Ia期からCV-Ib期を通して、トウガラシ、カボチャ、グァバ、トウモロコシ、アルガロボの種実に加えて、ジャガイモとマニオクが出土する。確認されている植物種は若干異なるものの、こちらも7種の食用植物が出土するなど、パレドネス遺跡と同様に多くの食用植物が利用されていたことがわかる。このように類似する動物利用が復元されているワカ・プリエタ遺跡とクルス・ベルデ遺跡のCV-Ib期であるが、植物利用については対照的な様相を示している。

第 2 節　マウンド・ビルディングの開始とその背景：比較の視点から

　人工遺物の出土状況についてはフェイズごとのデータが提示されていないものの、ワカ・プリエタ遺跡のマウンド区域において剥片やビーズ、石錘などの石器の出土が多く、居住域では剥片が豊富に認められるもののバリエーションの少なさが指摘されている［Dillehay and Bonavia 2017b: 434-440］。また、貝器については、両者ともに出土事例が極めて少ない。その一方で、パレドネス遺跡のマウンドおよびマウンド外の発掘坑からは、ワカ・プリエタ遺跡で出土しない刃器や磨石、台石などの多様な石器と豊富な貝器が出土しており、なかでも石器は植物利用との関係が指摘されている［Dillehay and Bonavia 2017b; Piperno et al. 2017］。たとえば、パレドネス遺跡から出土する特徴的な石器である角柱状刃器は、トウモロコシの微小植物遺存体が刃部から析出されていることもあり、トウモロコシの収穫作業との関連性が示唆されている［Dillehay and Bonavia 2017b: Figure 11. 2i; Piperno et al. 2017］。

　こうした両遺跡に対して、クルス・ベルデ遺跡からは、ワカ・プリエタ遺跡でみられるような石錘が出土する一方で、パレドネス遺跡でも確認された、植物利用に用いたと考えられる刃器や磨石、台石も多く出土するなど、両遺跡における出土傾向の特徴を併せ持つような石器組成が認められる（第3章を参照）。また、磨石や台石からはトウモロコシやカボチャ、マニオク、ジャガイモなどの微小植物遺存体が析出されており、パレドネス遺跡から出土したものと酷似する角柱状刃器の破片も出土している。つまり、クルス・ベルデ遺跡は海産資源の利用とともに植物資源の獲得・加工・消費も行われていたことになる。ワカ・プリエタ遺跡、パレドネス遺跡の偏った資源利用とは異なり、海産資源と植物資源の複合的な利用が行われていたと指摘できる。

　以上のように、動物・植物遺存体および人工遺物の出土状況を3遺跡で比較してみると、類似と差異が認められる（表7-3）。とくに、ワカ・プリエタ遺跡とパレドネス遺跡における生態資源の利用状況は対照的なものといえ、ディルヘイ［Dillehay 2017］の主張に即して考えるならば、500mの距離にある両遺跡が相互補完的に生態資源利用を行うような関係にあったとも考えられるだろう。その一方でクルス・ベルデ遺跡における生態資源利用は、動物利用と植物利用のいずれにおいても確認でき、両遺跡の特徴を併せ持つようなものであったこ

表7-3　フェイズ3において3遺跡で確認された考古学データの比較

	ワカ・プリエタ遺跡（マウンド）	ワカ・プリエタ遺跡（居住域）	パレドネス遺跡（マウンド）	クルス・ベルデ遺跡（マウンド）
マウンド建設	○	−	○	○
石造建築物	○	○（住居址）	−	−
埋葬	なし（フェイズ2に1基）	多い（様々な性別と年齢）	なし（人歯1点）	多い（成人男性）
貝器	少ない	少ない	刺突具・スクレイパーなど	貝製釣針
石器	剥片・ビーズ・石錘など	剥片（バリエーションは少ない）	刃器・磨石・台石など	刃器・石錘・磨石・台石など
動物遺存体	少ない	サメ類が多い	海獣・海鳥が多い（サメ類は少ない）	海獣・海鳥・サメ類（CV-Ib期にサメ類増加）
植物遺存体	少ない（アボカド・インゲンマメ・ルクマ）	少ない	食用植物が多い	食用植物が多い（やや果樹植物が少ない）

［ワカ・プリエタ遺跡、パレドネス遺跡のデータについては［Dillehay (ed.) 2017］を参照し、筆者作成］

とが指摘できる。CV-Ia期については、動物利用に関して、鳥類・哺乳類だけでなく、一定量の軟骨魚綱の魚類を利用していた点で、ワカ・プリエタ遺跡とパレドネス遺跡の中間的な様相を示し、パレドネス遺跡と同様の植物利用と植物の加工具が出土する。加えて、ワカ・プリエタ遺跡に特徴的な石錘などの漁撈具も出土している。CV-Ib期については、動物利用が軟骨魚綱に偏重し、ワカ・プリエタ遺跡と類似するものに変化するものの、植物利用、加工具の使用が継続していた点はワカ・プリエタ遺跡と異なる。すなわち、ワカ・プリエタ遺跡とパレドネス遺跡が生態資源利用の点で相互補完的な関係にあったと仮定しても、両遺跡に特徴的な生態資源利用がともに行われていたクルス・ベルデ遺跡を、相互補完的な関係の中に含めることは難しい。動植物遺存体だけでなく、植物資源の加工具や漁撈具などの使用、そして道具類の製作などがクルス・ベルデ遺跡で独自に行われていたことも加味するならば（第4章を参照）、両遺跡とは対照的に1遺跡で独自に動物・植物の利用が行われ、この地で完結するような自立性の高い生態資源利用が行われていたことが示唆される。それは、クルス・ベルデ遺跡においてマウンドを形成してきた人々が、他とは異なる独立した集団であったことを意味するものである。

　このような遺跡間の関係性をふまえるとするならば、反復的な廃棄実践もまた、自立した集団の行為と規範にもとづいて行われていたと考えたほうがよいだろう。

2．マウンド・ビルディングの開始に関わる外因性の検討

　上述のように各遺跡で廃棄実践が開始されることによってマウンドが形成され始めるわけだが、廃棄実践は、どの遺跡でもおしなべて同じような変化をしていくのだろうか。クルス・ベルデ遺跡の CV-Ib 期にみられたマウンド・ビルディングの開始はチカマ川流域沿岸部において共通の現象といえるのか、そして変化の要因には外因性が認められるのか、以下に検討してみたい。

　まずはマウンド形成過程の変化に着目して、CV-Ib 期に起きた現象に共通性があるのかどうか、確認していこう。クルス・ベルデ遺跡におけるマウンドの形成過程は、CV-Ia 期から CV-Ib 期にかけて異なるものへと変化していった。そこに特徴的なのは、マウンドの意図的な建設活動が明確化するということと、埋葬がマウンドの形成過程に組み込まれるようになることの２点である。これに対してパレドネス遺跡では、CV-Ia 期と CV-Ib 期に対応するフェイズ３からフェイズ４の前半まで、マウンドの形成過程は大きく変化しなかったと想定されている［Dillehay et al. 2017a］。少なくとも、クルス・ベルデ遺跡と同様の変化が起きたとはいえない。さらに、マウンドが放棄されるフェイズ４に至るまで、この遺跡で埋葬が検出されたり、粘土床が建設されていたことを示唆するようなデータも得られていない。

　その一方で、フェイズ２から廃棄実践が行われていたワカ・プリエタ遺跡では、フェイズ３になってマウンドの形成過程に多くの変化が生じていたことがわかっている。その１つとして挙げられるのは、マウンドにおける動植物遺存体の出土量が大きく減少することであり、これは、CV-Ib 期になっても動植物遺存体が出土し続けるクルス・ベルデ遺跡の状況とは大きく異なっている。また、フェイズ３の後半にかけて、マウンドの崩壊を防ぐ目的のもと一部の斜面に円礫が並べられ、部屋状構造物が建設されるようになることもクルス・ベルデ遺跡との差異として指摘できるだろう。一方で、共通点として挙げられるのは、ワカ・プリエタ遺跡のマウンドがフェイズ３になって漆喰に似た床で覆われるようになることである。ただし、床の建設に先立って黒色土層は検出されておらず、クルス・ベルデ遺跡のように火を用いた活動がマウンドの形成過程

に組み込まれることはなかったようだ。いずれにせよ、明瞭な床の建設が行われることや、石造建造物がマウンド上に建設されることに着目するならば、ワカ・プリエタ遺跡においてもフェイズ2からフェイズ3にかけて建築活動が顕在化していったと考えてよい。

こうした似たような変化の傾向が認められる一方、フェイズ3のワカ・プリエタ遺跡とCV-Ib期のクルス・ベルデ遺跡の間には、マウンドの建設活動に伴う埋葬行為の有無において明瞭な差異がある。フェイズ3のワカ・プリエタ遺跡では、マウンド区域に埋葬が施されることはなく、埋葬遺構にあたる居住域において多く確認されている。一方のクルス・ベルデ遺跡においては、成人男性を被葬者とする埋葬行為がマウンド・ビルディングの一部として行われるようになっている。

以上のように、ワカ・プリエタ遺跡とパレドネス遺跡、クルス・ベルデ遺跡のマウンドの形成過程を比較した時、反復的な廃棄実践によって形成され始めたそれぞれのマウンドでは、パレドネス遺跡を除く2遺跡で建設活動が明確化していくようである。両遺跡において、マウンドは建造物として建設されるようになることから、廃棄実践はマウンド・ビルディングへと変化していくといえるが、その手法や組み込まれる行為には大きな差異が認められる。クルス・ベルデ遺跡の事例でみてきたように、マウンド・ビルディングは慣習的な方法で反復される集団的な社会実践であり、その規範を共有する行為者集団に凝集性を生み出していくものでもあった。すなわち、ワカ・プリエタ遺跡とクルス・ベルデ遺跡で行われていたマウンド・ビルディングが異なる方法で行われていたとすれば、それは、それぞれに異なる集団を生み出していたことになる。このことは、すでに述べてきたような、生態資源利用に現れる各集団の自立性によっても支持されている。

生態資源利用からみた集団の自立性は、とくにクルス・ベルデ遺跡のCV-Ia期の事例に明瞭に現れている。その一方で、CV-Ib期の環境変動に伴う生態資源利用の変化は、クルス・ベルデ遺跡の人々が自立性を保ちながらも、ワカ・プリエタ遺跡の人々と同様の動物種を対象にした集中的な資源開発を行うようになっていったことを示唆している（図7-6）。この時期の生態資源利用が、ク

第2節　マウンド・ビルディングの開始とその背景：比較の視点から

ルス・ベルデ遺跡におけるマウンド・ビルディングの開始と深く関わっていたとするならば、生態資源利用に際した両集団の関係性を考察する必要がある。

　ワカ・プリエタ遺跡の人々が集中的に利用していた動物種とは、メジロザメ属のサメ類であり、同様の動物種を対象とした集中的な資源開発がCV-Ib期になってクルス・ベルデ遺跡で行われるようになる。これは、出土する貝殻の分析から明らかになった環境変動とも同期する現象である。クルス・ベルデ遺跡では、エル・ニーニョ現象の規模と頻度が増加することによって拡大する河口・汽水域という生態環境、とくにラグーンを集中的に開発するようになることで、上記の変化が起きたとみて間違いない。

　CV-Ia期で多く利用されていたオタリアやグアナイウといった動物種は、海岸線に沿って広がる沿岸域全体に生息するものであり、分散した分布傾向を示す。その一方で、ラグーンという生態環境は、河川との位置関係や地下水の分布状況、地形などの制約を受けて形成されるものであり、沿岸地域の中でも条件の揃った場所に局所的に形成される。そのため、CV-Ia期からCV-Ib期にかけての変化とは、沿岸地域に遍在する生態資源の開発から、局所的に分布する生態資源の開発へと生態資源利用が変化したことを意味する。

　第6章で述べてきたように、クルス・ベルデ遺跡の近辺には小さなラグーンが形成されていた可能性が高く、ウシザメやクロヘリメジロザメといった頻繁に汽水へ侵入する大型のメジロザメ属の魚種を対象にした追い込み漁が行われていたと推察される。一方のワカ・プリエタ遺跡の東側では、地質学的な調査によって、より巨大なラグーンの存在が認定されており、大型のサメ類の追い込み漁はここで行われていたと考えられている［Goodbred et al. 2020］。こうしたラグーンの分布状況をふまえ、両遺跡の集団がそれぞれ独立的に別々のラグーンでサメ漁を行っていたと仮定してみよう。その場合、両集団の相互交流はごく限られたものであったと想定しなければならない。必然的に、クルス・ベルデ遺跡におけるマウンド・ビルディングの開始という現象に影響を与えた外因性は限定的なものでしかなかったことになる。すなわち、クルス・ベルデ遺跡の集団内で独自にマウンド・ビルディングが開始されたということになろう。

　この仮定にもとづく解釈は、ワカ・プリエタ遺跡とクルス・ベルデ遺跡で、

第7章　チカマ川流域沿岸部におけるクルス・ベルデ遺跡

それぞれ独自の特徴を持つマウンド・ビルディングが行われていたという事実と整合性のある見解といえるが、マウンドを建造物として建設し始めるという類似した現象が両遺跡で起きていた点については説明しがたい。また、クルス・ベルデ遺跡の近辺に形成されていたとみられるラグーンは、チカマ川流域沿岸部に分布していたと想定されるラグーンの中でも非常に小さいものであり、このラグーンだけで大型サメ類の漁が行われていたとは考えにくい。一方で第4章でみてきた貝類の採集圧に関するデータは、過剰な採集活動による資源の枯渇が起きていなかったことを示していることからすれば、集団の利用する生態資源は十分であったと考えた方がよいだろう。こうした点を考慮すれば、クルス・ベルデ遺跡の人々は、貝類については周辺での採集に従事しながら、決して十分とはいえない魚類に関しては広大なワカ・プリエタ遺跡近辺のラグーンを利用していた可能性の方が高いと考えられる。これならば先に述べたマウンド建設の同時性についても説明しやすい。では、クルス・ベルデ遺跡の集団がワカ・プリエタ遺跡の集団と同じラグーンにおいて、大型のサメ類を利用していた場合、両者の関係はどのようなものであったのだろうか。

　2つの集団が同じ大型のサメ類を対象に同一のラグーンを利用していたと仮定した場合、両者の関係性には競合、共同、共有という3つの資源利用パターンを想定可能である。両遺跡で異なるマウンド・ビルディングが行われていたとしても、マウンドの建設活動が明確化するという点では共通性を持ち、コンフリクトを示すような考古学データも得られていない。先述のように、生態資源は枯渇するというよりも潤沢であったと考えられるデータもあることから、両者が同一の生態資源をめぐって競合する関係にあったとは考えにくいだろう。次に考えられるのは、同一の生態資源の開発を共同で行っていた可能性である。つまり、ラグーンにおける大型サメ類の追い込み漁を協力して行っていたと考えるわけだ。このことは十分に想定可能だが、両遺跡で実践されていたマウンド・ビルディングの特徴に差異があることは十分に説明できない。この時期の生態資源利用の中で大きな位置づけを占めていたサメ類の利用が協働で行われていたとするならば、同じ規範にもとづいたマウンド・ビルディングが行われる可能性を考えた方がわかりやすいからである。また、すでに述べたように、

石器や骨器あるいは植物遺存体の出土状況は、CV-Ib 期においてもクルス・ベルデ遺跡の人々が自立的な集団であったことを示している。このように、ラグーンの資源の共同利用は考えにくい。最も可能性が高いのは、同一のラグーンにおける生態資源をそれぞれの集団が独自に利用するケースであろう。

　異なる集団が、それぞれ独自に大型サメ類の漁を実施していたとすれば、集団に凝集性を生み出すマウンド・ビルディングという社会実践に差異があったことを説明できる。また、同じラグーンで活動する両集団は、お互いを認識し合い、相互に交流する機会も存在したと考えられることから、マウンドを建設する行為が両遺跡で同時期に始まった点も理解できる。共時的な現象は緩やかな相互交流によってもたらされた結果なのである。これらのことをふまえるならば、同一の生態資源を共に利用しながら、2つの集団が共存する状況を想定することが妥当であろう。

3．クルス・ベルデ遺跡におけるマウンド・ビルディングの開始と背景

　上述のように、各遺跡における生態資源利用およびマウンドの形成過程を比較した結果、クルス・ベルデ遺跡において活動が行われていた頃のチカマ川流域沿岸部の状況が明らかになってきた。ここで、CV-Ib 期においてマウンドの形成過程に変化を促した要因を整理してみたい。

　CV-Ib 期におけるマウンドの形成過程の変化は、生活残滓の反復的な廃棄行為に埋葬を組み込み、マウンドを建造物として建設していくマウンド・ビルディングの開始を意味していた。これは、集団の協働によって形成されてきたマウンドを公共建造物とみなすような認識が生まれつつあったことを示唆しており、マウンド・ビルディングの反復は、そうした認識を行為者間で共有しながら再生産し、物理的環境を改変していく行為であったといえる。このようなマウンド・ビルディングという社会実践によって、行為者集団と強く結びついたマウンドが景観の中に位置づけられ、集団の凝集性が高まっていったと考えられる。

第 7 章　チカマ川流域沿岸部におけるクルス・ベルデ遺跡

　このマウンド・ビルディングが開始される要因の一つとして、マウンドの視認性が増加していった点を指摘できる。CV-Ia 期から継続されてきた反復的な廃棄行為が、結果的にマウンドの規模を増大させていったことはすでに確認してきた通りである。マウンドの表面は盛土が固くしまった活動面に覆われているに過ぎないものの、CV-Ia 期末にマウンドと周囲の地形との比高は 1.27m に及んでおり、マウンドの視認性は十分に高まっていたといえる。続く CV-Ib 期には、マウンドの表面を均し粘土質の床で覆うような、視認性を意識した活動の変化が認められていることをふまえても、CV-Ia 期から増大し続けるマウンドの規模が物理的環境におけるマウンドの存在感を高め、徐々に行為者集団の持つ景観の中に位置づけられていったことは間違いない。そして、このマウンドにおいて反復的に廃棄活動が続けられていたという事実は、マウンドが生態資源利用の残滓を廃棄するべき場所として継続的に認識されていたことを示している。すなわち、廃棄物の累積によって形成されてきたマウンドという存在が、ひるがえって廃棄物を累積させるべき場所に変化したのである。これは同時に、反復的な廃棄行為が廃棄物の累積であるマウンドと集団の関係性を徐々に構築し、強化していったともいえる。同じような廃棄活動を繰り返しているつもりでも、マウンドという物理的環境は徐々に変化していき、そうした変化が人々の社会実践を変貌させた。こうして、人々とマウンドの関係性全体が変化したのである。この点で、CV-Ia 期から継続されてきた廃棄行為という反復的な社会実践とマウンドの視認性の増加こそが CV-Ib 期に起きた社会変化の要因であったといえる。

　一方で、成長するマウンドという物理的環境の変化が実践に偶発性と創造性を許容し、動態を生み出していたと考えたときに [cf. Renfrew 2005; 後藤 2013]、もう一つ欠かせない要素といえるのが、環境変動に伴う生態環境の変化である。CV-Ib 期に環境変動を経験したクルス・ベルデ遺跡の人々は、これに伴う物理的環境の変化、つまり拡大する河口・汽水域や生態資源分布の変化に直面し、とくに生態資源利用に関わる一連の実践を再編させたと考えられる。クルス・ベルデ遺跡のマウンドが日々の生態資源利用と密接な関係にあったことは、その残滓の廃棄活動がマウンド形成の根幹をなしていた点、周期的に繰り返す資

第 2 節　マウンド・ビルディングの開始とその背景：比較の視点から

源の変動サイクルに従って、マウンドの基礎となる廃棄物の内容も変化する点などから明らかといえよう。ここからは、環境変動に伴う日常的な資源利用実践の変化が CV-Ib 期における変化の要因となっていったことが十分に想定できる。第 6 章で論じてきた通り、CV-Ib 期に集中的に行われるようになるメジロザメ属を中心とした大型のサメ類の利用は、ラグーンなどの河口・汽水域における追い込み漁が頻繁に行われるようになっていったことを示唆している。CV-Ia 期に行われていたオタリアやグアナイウを中心とした狩猟と比較して、大型のサメ類の漁撈活動には相対的に多くの人員が密に連携する必要であったと想定され、そうした生態資源利用の変化は集団における協働の機会を増加させることにつながったと考えられる。この点についてはあくまで仮説の域を出ないため、今後、検証が必要といえるが、こうした日常的な生態資源利用の実践が集団の関係性を強化させ、その残滓の集積であるマウンドと集団の凝集性を変化させていった可能性は指摘できよう。

　それと同時に、本章では、CV-Ib 期における生態資源利用の変化が、チカマ川流域沿岸部に散在していた集団間の関係性にも変化をもたらしたことを論じてきた。同一のラグーンにおける資源を開発していたとはいえ、大型サメ類の獲得と消費はそれぞれの集団が別々に行っていたという点が示唆された。こうした日常的な生態資源利用の変化は、クルス・ベルデ遺跡の集団が、他集団を認識し、両者の差異を経験する機会を増加させるとともに緩やかな相互交流の機会を増加させることになったと想定できる。これにもとづく集団間の影響関係によって、両遺跡では、マウンドを建造物として作り上げるマウンド・ビルディングがほぼ同時期に開始されていったとみてよいだろう。

　以上のように、クルス・ベルデ遺跡におけるマウンドの形成過程の変化は、反復的な廃棄活動の結果として改変されていくマウンド、環境変動に伴う生態資源分布の変化、そしてそれに伴う他集団との関係性の構築というような要因により、マウンドでの活動が再編されていったことを意味するものである。環境変動を契機とする生態資源利用の変化が、日々の労働における協働の機会を増加させ、集団内の関係性が強化されていったことが、マウンドにおける反復的な廃棄活動と増大するマウンドの存在感と結びつき、集団と生態資源利用、

マウンドの関係性に関する認識が変化していったと想定できる。それと同時に、マウンドを建造物として建設するようになるという現象には地域的な共通性があり、集団間のゆるやかな相互交流と環境変動という地域全体に影響を与えた事象によって生じたものであることも示唆される。ワカ・プリエタ遺跡とクルス・ベルデ遺跡にみられるマウンド・ビルディングの独自性を鑑みるならば、それぞれの集団の規範や実践の変化という内部要因とともに、生態資源利用に関わる集団関係の変化という外部要因が複雑に絡み合う中で、マウンド・ビルディングが開始されていったとみなくてはならない。マウンドをモニュメントとして景観の中に位置づけていく集団的な社会実践は、それぞれのマウンドに結びついた独自の集団を生み出していたといえ、その凝集性と独立性が資源を共有しながら別々に資源利用を行うという共存の関係を維持していたと考えられる。

4．チカマ川流域沿岸部の地域史とクルス・ベルデ遺跡

　最後に、チカマ川流域沿岸部の地域史におけるクルス・ベルデ遺跡の位置づけを確認しておきたい。ワカ・プリエタ遺跡を中心に長期的なマウンドの建設活動が復元されているこの地域において、クルス・ベルデ遺跡の活動は比較的短期間のものであった。ディルヘイらによって復元されてきた地域史 [Dillehay (ed.) 2017] において、クルス・ベルデ遺跡に関する本書のデータをどのように組み込むことができるのかを考察することで、チカマ川流域沿岸部の全体像とその変遷について再考してみたい。こうした作業は、本書のデータをより広い文脈に位置づけ、アンデス文明史研究に対する、本書の貢献を明らかにするためにも必要な作業である。

　現状のデータに即していえば、チカマ川流域沿岸部においてマウンドの形成が最初に始まるのはワカ・プリエタ遺跡である。フェイズ 2（5500-4500 cal BC）において、ワカ・プリエタ遺跡ではマウンドが形成され始め、内部には大量の動植物遺存体を含む盛土が反復的に累積された。この点からは、ワカ・プリエタにおいてもマウンドは廃棄活動と密接に関係する中で形成され始めたことが

第2節　マウンド・ビルディングの開始とその背景：比較の視点から

推察される。

　フェイズ3（4500-3300 cal BC）になると、ワカ・プリエタ遺跡ではマウンドから出土する動植物遺存体は大きく減少し、代わって石積みの部屋状構造物や盛土が崩れるのを防ぐ円礫がマウンドの表面に並べられるようになる。調査者のディルヘイは、より計画的な建設活動がこの時期に行われ、マウンドは基壇に近い形になっていくと主張しているものの、マウンドは依然として円形の丘のような形状であり、建造物の配置もランダムであることから、どれほどの計画性があったのかは定かでない。少なくとも、クルス・ベルデ遺跡の事例と同様に、マウンドを建造物として作る意図は生じ始めていたと考えられる。この時期になって、隣接するパレドネス遺跡でもマウンドが形成され始めるようになり、やや遅れて4200 cal BCにクルス・ベルデ遺跡のマウンドが形成され始める。両遺跡はマウンドの構造と動植物遺存体などの出土状況に類似していることから、フェイズ2のワカ・プリエタ遺跡と同様に廃棄活動を中心としたマウンドの形成過程を復元することができる。こうした状況から考えて、クルス・ベルデ遺跡においてマウンドを形成してきた反復的な廃棄活動とその規範は、ワカ・プリエタ遺跡やパレドネス遺跡との関係で開始された可能性が高い。このように、フェイズ3において、クルス・ベルデ遺跡やパレドネス遺跡といったマウンドが形成され始めることから、チカマ川流域沿岸部一帯に分布する同様の規模のマウンドもまた、この時期に建設され始めた可能性が高い。

　クルス・ベルデ遺跡においては、フェイズ3の前半と後半にあたる2つの時期（CV-Ia期/CV-Ib期）が設定されており、この両時期の間で様々な変化が同時に起きていたことが明らかになった。すでに述べてきたように、そうした変化とは、一連の社会実践の変化に伴ってマウンド・ビルディングが開始されるというものであり、これによってマウンドの形成過程はその他のマウンドとは異なる独自のものへと変化していった。とくに、埋葬行為をマウンドの建設過程に組み込む点は、他のマウンドでは見られないものであり、集団とマウンドを直接的に結びつけるような実践としてマウンド・ビルディングが行われるようになっていたと考えられる。そして、こうした変化は、環境変動を契機に日々の生態資源利用に変化が生じ、チカマ川流域沿岸部に点在していたと想定され

第7章 チカマ川流域沿岸部におけるクルス・ベルデ遺跡

る複数の小集団の間に資源を共有するような関係性が生まれる中で起きた現象であったことが示唆される。さらに、この環境変動に伴って各地の集団とマウンドの関係性が強化・再編されていくことになったと推察することはあながち誤りとはいえない。すなわち、フェイズ3は複数の集団とマウンドが各所で成立し、生態資源を部分的に共有しながらも共存していた時期であったと想定することができるのである。

　フェイズ4（3300-2100 cal BC）に移行するのに先立って、クルス・ベルデ遺跡では3800 cal BC頃にマウンドが放棄されてしまう。クルス・ベルデ遺跡が放棄された要因については明らかではないものの、2000 cal BC頃までマウンドの利用が継続されるパレドネス遺跡や、1600-1800 cal BC頃まで活動が継続されていたワカ・プリエタ遺跡の事例を参照するならば、フェイズ3以降には、放棄されるマウンドと継続的に利用されるマウンドの両者が認められるようになっていったと推察される。これに際して、沿岸部に散在していたマウンドとその周辺に暮らしていた集団はワカ・プリエタ遺跡のマウンド、あるいは同様の規模を持つワカ・プルパール遺跡のマウンドに活動を移していった可能性がある。なぜなら、フェイズ3においてクルス・ベルデ遺跡とほぼ同程度の規模であったワカ・プリエタ遺跡のマウンドは、フェイズ4以降も建設活動が継続された結果、現在遺跡として残るような10m規模の大型なマウンドになったのであり、ワカ・プルパール遺跡を含めた巨大なマウンドはそうした建設活動の継続の結果として残されたものと考えられるためである。おそらく、そうした事象に伴って生態資源利用もまた、従来の小規模な集団組織を超えた協働によって行われるようになっていたと推察される。

　また、フェイズ4のワカ・プリエタ遺跡では、マウンドの頂上に円形半地下式広場と目される石積みの建造物が建設されるようになり、マウンドでは埋葬行為が行われるようになっていく。既述のとおり、マウンドで埋葬行為を行うのは、フェイズ3の後半（CV-Ib期）においてクルス・ベルデ遺跡にみられる特徴であった。マウンドと埋葬を結び付けるという意味で共通点は見いだせるものの、クルス・ベルデ遺跡が放棄されてからワカ・プリエタ遺跡のマウンドに埋葬が施されるようになるまで一定の空白期間があること、マウンドに建設さ

れた石積みの埋葬施設が利用されていること、成人男性だけでなく女性や子供を被葬者とする埋葬が行われていることなどの多くの差異が認められる。直接的な関係を見出すことはできない。さらにこの時期におけるワカ・プリエタ遺跡のマウンドでは、植物製マットに包まれた織物や貝殻などを埋納する行為が頻繁に行われるようになる。同時に、文様が彫刻された装飾付きヒョウタン製容器や、もじり編みの技法によってヘビやコンドルなどの図像を表現した織物が出土するようになるなど、この時期のマウンドの活動は宗教的・儀礼的な性格が強くなっていくことが指摘されている［Dillehay and Bonavia 2017a: 103-104］。さらに、これらの図像表現は、同時期に神殿建築が建設され始める北部中央海岸や中央海岸でも認められており、広範な地域で共通するものであったことが分かっている。すなわち、この時期にはチカマ川流域沿岸部を超えて他地域との交流が活発化したことが示唆されるのである。

　ディルヘイはこうした状況を踏まえ、フェイズ４からフェイズ５にかけて建設・利用された円形半地下式広場を、北部中央・中央海岸の神殿建築に共通する要素として強調している［Dillehay et al. 2012b; Dillehay and Bonavia 2017a］。しかしながら、その建築プランや建築技法、配置などの点で神殿建築に付随するそれとは大きく異なっていることも事実である。神殿建築が建設され始めるのと同時期に、依然としてマウンドの建設活動が継続され、埋葬や埋納行為といった形成期早期の神殿建築では見られない活動が行われていることも含めて、この時期のチカマ川流域沿岸部で行われていた活動は、北部中央・中央海岸のものと大きく異なっていたと考える方が自然である。結局、チカマ川流域沿岸部では、形成期早期を通してマウンド・ビルディングが継続され、規則的な建築要素の配置や整然とした基壇というような神殿建築の特徴を持つような建造物が建設されることはなかった。そして、一定の断絶期をはさみ、この地域に神殿建築が建設され始めるようになるのは形成期前期あるいは中期を待たなくてはならない。

第3節　小括：チカマ川流域における
　　　　クルス・ベルデ遺跡の位置づけ

　本章では、これまでに明らかになってきたクルス・ベルデ遺跡における調査・分析の成果と、同一地域内に分布するその他の遺跡のデータを比較してきた。そうした作業によって明らかになったのは、クルス・ベルデ遺跡を形成した人々が自立した集団であったということと、CV-Ia期において他遺跡と類似するマウンドの形成過程を辿っていたものが、CV-Ib期に異なる手法にもとづいた独自のマウンド・ビルディングへと変化していったことである。こうした現象は、CV-Ib期におけるマウンド・ビルディングという社会実践の反復を通じて、クルス・ベルデ遺跡の集団の凝集性が高まっていただけでなく、その独立性と自立性が高まっていったことを示唆している。

　クルス・ベルデ遺跡における生態資源利用は、CV-Ib期における環境変動に伴って河口・汽水域という局所的な生態環境を開発するものへと変化していったのだが、これは同時期のワカ・プリエタ遺跡と同様の動物利用が行われるようになったことを意味する。すなわち、クルス・ベルデ遺跡でマウンドの形成に参与してきた集団は局所的に分布するようになった生態資源をワカ・プリエタ遺跡の集団と同様に利用するようになっていったと考えられる。しかし、それは共同で行われていたとは考え難い。なぜなら、クルス・ベルデ遺跡における出土遺物やマウンド・ビルディングには明確な独自性が読み取れるためである。異なる規範にもとづいてマウンド・ビルディングが行われていたとするならば、そこでは異なる集団が生み出されていたとみるべきであり、両遺跡の集団が同一の生態資源を共有しながらも独立し、各々で資源の獲得と消費を行っていたことが示唆される。そうした日常的な生態資源利用に関わる一連の実践の変化は、他集団との接触や相互交流の機会を増加させていったと考えられる。こうしたことから、CV-Ib期におけるクルス・ベルデ遺跡でのマウンド・ビルディングの開始という社会実践の変化は、CV-Ia期から繰り返されてきた反復的な廃棄活動によって視認性が増加するマウンドと、この時期に生じた集団間

第3節　小括：チカマ川流域におけるクルス・ベルデ遺跡の位置づけ

関係の変化を背景として起きた現象であったことが指摘できる。すなわちクルス・ベルデ遺跡のマウンドは、チカマ川流域沿岸部の各所でこの時期に成立していった小規模な集団のうちの一つによって形成されてきたものといえる。そうした集団は実践を通してマウンドとの関係を築いていく中で形成されてきた。そして、独自のマウンド・ビルディングが繰り返されていく過程で、マウンドに対する認識は変化し、集団内で共有され、集団の凝集性と独自性を確立していくことになったと考えられる。その意味で、マウンドは集団を構築していくうえで、中心的な存在として位置づけられていた。一方で、こうしたクルス・ベルデ遺跡でみられた活動は、長期的に継続されることはなく、ワカ・プリエタ遺跡のフェイズ4（3300-2100 cal BC）を待たずして放棄されてしまう。同一の生態資源を利用する共存関係は長く続かなかったといえ、集団はより大きなものへ統合されていったと推察される。この時期に、ワカ・プリエタ遺跡における活動は祭祀・儀礼的な様相が強いものとなり、マウンドで行われた建設活動も大規模なものとなっていく。

　以上のように、クルス・ベルデ遺跡における考古学的なデータと他遺跡との比較によって、マウンドがモニュメントとして建設されるようになっていた要因とチカマ川流域沿岸部の地域史におけるマウンドの位置づけが明らかになってきた。次章では、形成期早期に建設され始める神殿建築とマウンドを対照させることで、それぞれの特質を明らかにし、アンデス文明史におけるマウンド・ビルディングの位置づけを考察して本書を締めくくる。

注

1) パイハン型尖頭器とは、深い抉りの入った細身で鋭利な両面加工石器であり、北部〜中央の海岸および山岳地域で広範に確認されている。発見当初は銛としての使用を想定し、海産資源を中心に開発するような集団であったと考えられていた［Chauchat 1988］が、山地の調査や動物遺存体の分析が進むうちに、トカゲやカタツムリ、シカ、キツネ、鳥類などの陸資源を中心に海生の魚類も副次的に利用するような広い動物利用が復元されるようになった［Chauchat et al. 2004; Deza and Munenaka 2004; Dillehay 2000］。

2) 年代測定が行われたのは House 2 のみであり、3583-3325 cal BC の値が得られてい

第 7 章　チカマ川流域沿岸部におけるクルス・ベルデ遺跡

る。House 3 では、共伴するトウモロコシの穂軸が測定されたが外れ値を示しており、3 つの構造物の層位関係からフェイズが推定されている [Dillehay et al. 2017a: 154]。

3) 例外として、形成期早期のセロ・ベンタロン遺跡（2000 BC）が北方のレケ川下流域内陸部に位置するが、円形半地下式広場はなく、中央海岸とはやや異なる建築要素を供えていおり同列には扱えない。

4) ディルヘイは、ワカ・プリエタ遺跡とパレドネス遺跡に含まれる動植物遺存体を日常的な生活残滓ではなく、饗宴儀礼に用いられた祭祀活動の残滓とみなしているが [Dillehay et al. 2017a: 152]、その根拠は希薄である。一方のクルス・ベルデ遺跡では、第 3 章における人工遺物の使用痕分析や第 4 章で確認してきた動植物遺存体の出土傾向を根拠として、日常的な生活残滓であるとみている。

5) パレドネス遺跡における動植物遺存体の層位ごとの出土状況は、Floor 19-26 をフェイズ 2（5571-4538 cal BC）、Floor 10-18 をフェイズ 3（4538-3308 cal BC）として報告されているが [Vásquez et al. 2017; Bonavia et al. 2017]、年代測定された Floor 24 では 4640-4319 cal BC という年代値が得られており、これにもとづいてマウンドの形成が 4500 BC 前後に開始されたと考えられている [Dillehay and Bonavia 2017a: 105]。このことから、マウンドの盛土層である Floor 19-26 をフェイズ 2 とするのは矛盾があり、本論文では、パレドネス遺跡におけるマウンドがフェイズ 3 に形成され始めるという点に合わせて、年代測定値が得られている Floor 10（3435-3044 cal BC）から Floor 24 までをフェイズ 3 のデータとして集計しなおした。

終章　アンデス文明史におけるマウンドと神殿

これまでの各章の分析と考察から、環境変動を契機として CV-Ib 期にマウンド・ビルディングが開始され、マウンドがモニュメントとして社会の中に位置づけられ始めていったことがわかった。本章では、モニュメントを生み出す社会実践としてのマウンド・ビルディングと形成期における神殿更新を対比することによって、それらの特質を明らかにし、時代差をもつ双方の現象が歴史的関係性を持つものなのかどうか検討する。これを通じてアンデス文明史研究におけるマウンド・ビルディングの位置づけを示し、本書を締めくくる。

第 1 節　マウンドと神殿建築：モニュメントのはじまりに関する一考察

1．アンデスにおけるモニュメントの出現と神殿建築

　豊富な研究蓄積を持つ形成期の神殿建築は、「公共建造物」、「モニュメント」、「祭祀建造物」、「祭祀センター」などと様々な呼称によって調査・研究されてきた。祭祀活動や経済活動などを含む様々な活動が展開されるという神殿の多様性に着目して多くの研究が展開されてきたのであり、神殿建築のどのような側面を強調するかという議論の主旨に沿ってこれらの用語が考古学者に選択されてきた［cf. 関 2014a: 192; 鶴見 2017: 356-357］。
　本書では、一貫して「マウンド」という言葉を用いて、クルス・ベルデ遺跡における盛土遺構の形成過程を明らかにしてきた。これは、古期の北海岸にみられるマウンド群の性格が先行研究では不明瞭であったためであり、神殿建築に付与されてきた様々な性格を前提とせずに、マウンドの実態に迫ろうとする姿勢にもとづいている。そして、クルス・ベルデ遺跡を事例として古期のマウンドの形成過程を丹念に復元した結果、マウンドは生態資源利用による残滓の協働的・反復的な廃棄活動によって形成されはじめたこと、さらに、ある時点で人工物としてマウンドを作り上げようとする意図が生じ、モニュメントとしての性格を獲得していったことが明らかになった。
　従来、アンデス文明史におけるモニュメントの建設は、形成期早期の神殿建

築に始まると考えられてきた。古期では、小さな漁村くらいしか存在せず、形成期早期になってようやく巨大で整然とした神殿建築が出現したという見方が有力であった。これに対してクルス・ベルデ遺跡の事例は、モニュメントの萌芽が古期に遡ること、そして神殿建築の出現と社会変化が突発的なものではなく、その祖型は古期から長期的に続いてきたマウンド・ビルディングに求められることを示唆している。

2．形成期の神殿建築と神殿更新

　一方で、従来のアンデス考古学が形成期早期に急激な社会発展を想定してきたのは、古期における調査事例の少なさばかりでなく、新進化主義的なモニュメント観が依然として支配的であることにも一因がある。このモニュメント観とは、モニュメントを社会階層や政治権力の存在とアプリオリに結びつけるものであり、経済的側面の発達を前提とした余剰生産物の存在が社会階層を生み、モニュメントを建設させたとみるものや ［e.g. Steward and Faron 1959］、モニュメントに投下されたエネルギー量に焦点をあてるものである ［e.g. White 1943; Abrams 1989］。そこでのモニュメンタリティは、最低限必要とされる機能を越えてどれだけ大きいかという点や、洗練された装飾がつけられているかどうかという投下労働量の過剰さによって生み出されるとされてきた ［Trigger 1990: 119］。そして、この非実用的な用途に対する労働力のコントロールが支配者の力のデモンストレーションとなるため、モニュメントは権力の象徴になるというわけである ［Trigger 1990: 125］。

　もちろん、経済的な側面に偏重する実用性と非実用性の区分や、モニュメントと権力の関係、モニュメントと労働力のコントロールを前提としている点は、多くの批判を受けている ［e.g. Bradley 1998; Gibson 2004; Rosenswig and Burger 2012: 7; Thompson and Pluckhahn 2012: 49］。しかしながら、投下された労働力や建造物の大きさにモニュメンタリティを求める研究姿勢は、アンデス地域における形成期早期の研究事例において、今も色濃く残されており ［e.g. Shady 2006; Haas and Ruiz 2004; Pozorski and Pozorski 2012］、そうしたモニュメント

第1節　マウンドと神殿建築：モニュメントのはじまりに関する一考察

観がアンデス文明史におけるモニュメントの出現と社会発展を突発的なものと想定させてきたといえる。

こうした根強い唯物史観に嫌疑を投げかけたのがアンデスでの考古学調査を長年続ける日本調査団であり、神殿建築と社会発展の関係性を神殿更新説によって捉えなおそうとした。神殿更新とは、神殿建築のような建造物が度重なる破壊と建設、拡張によって長期的に建設され続けてきた事象を指すものであり（序章を参照）、

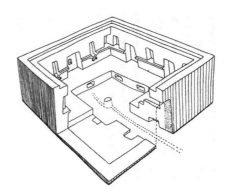

図8-1　コトシュ遺跡における「交差した手の神殿」

［大貫1998: 図10より転載］

この過程はアンデス山間部のコトシュ遺跡（2500-2000 BC）において解明された［Izumi and Sono (eds.) 1963］（図8-1）。コトシュ遺跡では、基壇および、部屋状構造物（レリーフ、壁がん、排煙施設の付いた炉を伴う）の反復的な建設・更新（建て替え）過程が復元されており［Izumi and Sono (eds.) 1963; Izumi and Terada (eds.) 1972］、それは当初、神殿埋葬と呼ばれていた［Matsuzawa 1972］。しかし、北山地におけるワカロマ遺跡（1000-550 BC）の調査を経て、新しい建物をつくるという行為を重要視すべきという立場から、1998年に神殿更新と呼びかえられて理論化されることとなる［加藤・関編 1998］。

コトシュ遺跡にしても、ワカロマ遺跡にしても神殿更新によって埋め立てられ、その上に建設される建造物の配置や建築要素には大きな変化がない。つまり、神殿更新は同じような建物を作り続けようとした世界観を共有する集団によって繰り返されていた行為であるといえ、それは社会実践として捉えることができる［cf. 関 2015b］。とくに初期の神殿建築には、社会の階層性を示すような副葬品を伴う墓や、余剰生産物の存在を示す考古学的な証拠は認められないことから、そうした社会実践は比較的平等な人々の協働によって行われていたと考えた方がよい。こうした点をふまえて神殿更新説において提唱された仮説とは、神殿更新という集団的実践の反復が協働という社会統合の契機となり、

作業に携わる労働力の統御や共同労働を維持するための食糧の増産、建設活動に伴う技術革新を後押しすることで社会変化が生み出されたとする、従来の文明史観とは逆の見方であった［関 1998, 2015a］。また人々が同様の建造物を作るように行為を繰り返しているつもりでも、前の建物を埋めて造られる神殿の規模はおのずと増大し、完成した神殿で行われた儀礼に関わる空間は、結果として変化していくこと、神殿更新に際した破壊と廃棄が神殿という人工物に対する認知や技術の継承と蓄積を生み出していくことが、社会変化を促していった点も指摘された［関 2015b］。

神殿更新の存在は、コトシュ遺跡やワカロマ遺跡だけでなく、形成期の神殿建築に広く認められている。たとえば、現在までの調査データの中で最古の神殿建築と位置付けられているセチン・バホ遺跡では、少なくとも5回の増改築の過程を経て形成されていたことが明らかになっている［Fuchs et al. 2009］。3500-3000cal BC の年代値が得られているこの神殿建築の最初の建造物は基壇と半地下式円形広場からなり、その後、方形と円形の半地下式広場の建設、基壇の拡張が繰り返されている［Fuchs et al. 2009］（第1章 図1-4）。沿岸部や河川流域の内陸部、山間部などで報告されている形成期早期の神殿建築でもこうした建設過程が復元されていることから［e.g. Vega-Centeno 2007; Fuchs et al. 2009; Benfer 2012］、神殿更新という慣習の存在が形成期の神殿建築を特徴づけるものであったことがわかる。

こうした神殿更新を、モニュメントを作り出す社会実践とみなした時［cf. 関 2015b］、それは、本書で明らかにしてきた古期のマウンド・ビルディングとどのような関係にあったのだろうか。両者を対比させることで共通性と差異を整理し、マウンド・ビルディングの特性とアンデス文明史における意義を考えてみたい。

3. マウンド・ビルディングと神殿更新

比較を進める前に確認しておく必要があるのは、ここで述べるマウンド・ビルディングと神殿更新は時代も地域も異なる事象であるということである。ク

第1節　マウンドと神殿建築：モニュメントのはじまりに関する一考察

　ルス・ベルデ遺跡で明らかになった古期のマウンド・ビルディングは北海岸の沿岸部に広く分布するマウンド群の建設活動を表す一事例として位置づけられる。しかしながら、北海岸沿岸部を超えた他地域においても類例が存在したかどうか明らかになっていない。北部中央・中央海岸でも小規模な貝塚とされる古期の遺跡が確認されていることから［Pozorski and Pozorski 2003; Reitz and Sandweiss 2001］、類似するマウンドの形成活動があった可能性はある。そうした遺跡の形成過程を吟味する調査・研究が今後行われる必要があるだろう。

　一方で、第7章で述べてきたように、チカマ川流域をはじめとする北海岸の沿岸部では形成期早期の神殿建築が確認されていない。神殿建築が確認されているのは、北部中央海岸以南の地域であるため、ここで述べる神殿更新についてもデータは北部中央・中央海岸、あるいはそのほかの山間地域のものに限られている。しかしながら、以下に述べるように古期の北海岸と形成期早期の北部中央・中央海岸における建設活動には大きな共通性が認められるため、その間に何らかの関係性を想定する必要がありそうである。両者の関係性については次節で試論を述べるとして、ひとまずは、両者の差異と共通性を整理してみたい。

（1）　行為の反復性

　両者に共通して認められる特徴として最初に挙げられるのは、反復的な建設活動である。クルス・ベルデ遺跡の発掘調査によって盛土と床が交互に検出された層位学的な状況は、同じ行為が繰り返し行われていたことを意味している。これは、神殿建築を構成する基壇の内部において検出される層位状況と酷似している。神殿建築もまた、小さな基壇を埋め、その上に新たな基壇とそのほかの建築物を構築していくような反復的な建設活動によって継続的に形成されているからである。すなわち両者には、マウンド、あるいは神殿という人工物に繰り返し手を加え、同じような建造物を再生産していく行為である点に共通性が認められる。この反復的な建設活動は、それぞれに決まった手順にもとづいて行われていることから、その行為自体が慣習的なものであったことがわかる。

　また、クルス・ベルデ遺跡のマウンド・ビルディングでは、粘土床を張る直

前に盛土の表面で火が焚かれ、これによって炭化した有機物を含む黒色土層が床下で検出されていた。こうした床の建設過程は、先述のコトシュ遺跡やワカロマ遺跡において神殿の床下に灰層が検出されている点ともよく似ている［大貫 1998: 66; Seki 2020: 331］。ただしコトシュ遺跡の場合、灰層は、埋め土の上で直接火を焚くことによって形成されたわけではない。それは、小さな部屋状の神殿を建設する過程で最初に作られた石組の炉において、何らかの物を燃やし、生成された大量の灰を炉の周囲に撒くことによって形成されている。灰層の厚さは 20cm にもなり、その後、床と神殿の外周をなす壁の建設が行われるなど儀礼的な建設活動の手順が復元されている［大貫 1998: 66］。

　残念ながら、マウンド・ビルディングにおける先述の建設手順が、北海岸のマウンド群で一般的にみられる特徴であるのか、クルス・ベルデ遺跡のみで確認される特殊な事例であるのか、他のマウンドの調査報告において定かではない。一方の形成期早期の神殿建築については、コトシュ遺跡と同様の炉と地下式の排気孔、壁龕を持つ部屋状構造物の存在が、同時期の山間地域の遺跡［e.g. Burger and Salazar Burger 1980; Grieder et al. 1988; Bonnier and Rozenberg 1988; Montoya 2007］や海岸地域の遺跡［e.g. Pozorski and Pozorski 1990; Shady and Machacuay 2003］などで報告されている。これらは多少の差異を含むものの[1]、中央海岸におけるカラル遺跡の事例でも灰層の存在も報告されているなど［Shady and Machacuay 2003］、建設活動における共通性が示唆されている。こうした形成期早期の神殿建築における汎地域的な様相、すなわち反復的・継続的な建設過程を経ていることを考慮するならば、古期に始まるマウンド・ビルディングと神殿更新の間に共通性を見出すことは十分に可能である。

(2) 廃棄と破壊

　クルス・ベルデ遺跡では、生態資源利用に関わる残滓の廃棄行為が反復的なマウンド・ビルディングに組み込まれており、これは CV-Ia 期から引き継がれた特徴といえる。こうした日々の活動によって生み出される残滓の廃棄行為がマウンド・ビルディングという社会実践が反復されていく原動力であったと考えられるわけだが、廃棄行為の重要性は神殿建築の建設活動においても指摘さ

れている。神殿更新に伴って古い基壇を覆う埋め土からは、多くの考古遺物が検出されるのが一般的であり、これには動植物遺存体に加えて、石器や骨器、そして形成期前期以降の事例では土器などの多様な遺物が含まれる。北部山地における形成期の神殿建築を継続的に調査している関は、形成期前期から中期の神殿建築であるワカロマ遺跡について、埋め土から出土する考古遺物を廃棄物と考えており、それらの廃棄活動が神殿更新にともなって繰り返し行われていたことを指摘している［関 2015b: 144］。そうした考古遺物の出土状況は多くの遺跡で確認されており［e.g. Vega-Centeno 2007; Mesia 2014; 松本 2015］、神殿で行われた饗宴活動や祭祀活動で残された遺物が神殿の埋め土として利用されることは一般的な事象であったと想定できる。これらの残滓を用いて古い神殿を埋める行為には規則性や傾向性があったことが埋め土の堆積状況や遺物の出土状況から示唆されている。このことから、慣習的な手順に則った儀礼的廃棄が神殿更新に伴って行われていたと考えられている［関 2015b: 143-144］。儀礼などの神殿における宗教的な行為は完成された空間で行われるだけでなく、建設や更新という行為自体に内在していたのであり、神殿更新に関わる全ての行為に宗教性や儀礼性を認めるべきという立場にもとづく解釈である［関 2015b: 143-144］。このように神殿更新と廃棄行為の関係性を捉え、この一連の行為が神殿や祭祀活動の残滓に対する慣習的な手続きによって行われていたものとするならば、様々な行為によって必然的に生み出されていく残滓の存在自体が神殿更新に反復性をもたらす要因になっていたことになる。つまり、マウンド・ビルディングと神殿更新はともに、廃棄と建設活動の間に密接な関係性を有し、そのことが反復的な社会実践の原動力となっていたという点で共通性を持っている。

　また、マウンド・ビルディングでは、生態資源利用のようなマウンドの外で行われた行為の残滓を集積することでマウンドが形成されていた。この点についてもワカロマ遺跡の神殿建築と同様の傾向が認められる。関は、神殿建築の埋め土から出土する遺物と周辺の住居から出土する遺物に明確な差異を見出すことができないことや、その量が神殿で利用されただけにしては多いことなどから、周辺の住居における祭祀活動や生業活動で生み出された残滓を神殿域に

終章　アンデス文明史におけるマウンドと神殿

持ち込み、神殿更新に関わる廃棄活動を行ったと想定している［関 2015b: 144, Seki 2020: 330-331］。このことからするならば、クルス・ベルデ遺跡のマウンド・ビルディングにしてもワカロマ遺跡の神殿更新にしても、聖と俗、日常と非日常という対立する2つの区分でマウンドや神殿での活動を捉える見方は成り立たず、そうした区分はあいまいな状況にあったとみた方がよい［cf. Seki 2020］。むしろ、マウンドや神殿の外で行われた活動の残滓がそこに集められ、廃棄されていることは、社会生活全体を統合する世界観が双方の空間における活動の相互作用の中で生み出されていったと考えられるのである。

　その一方で神殿更新では、既存の建造物の破壊行為もまた一連の社会実践として行われる傾向にあった。例えば、ワカロマ遺跡では、神殿の核となるような彩色壁画で飾られた部屋が更新に伴って破壊されており、埋め土の中に打ち捨てられている。こうした破壊活動が神殿更新に伴って行われている点は、古いマウンドをそっくりそのまま盛土で覆うようなマウンド・ビルディングと比較すると異なる点だといえる。すなわち、マウンド・ビルディングの場合、古い建造物を壊し、新しい建造物へと更新するというよりも、マウンドの外で行われた生態資源利用の残滓を正しい方法で廃棄し、マウンドを人工物として積み上げること自体に意識が向いていたことが示唆される。そうした建設活動に対する認識の差は、次に取り上げる計画性や規格性、祭祀性の点での差異とも結びついている。

（3）　計画性・規格性

　マウンド・ビルディングと神殿更新を分かつ決定的な差異として、それぞれの社会実践を通じて構築される建造物の計画性や規格性を指摘できる。神殿更新によって建設される建造物は、石や日干しレンガなどを積み上げて土留め壁を築き、その内部を土や石、考古遺物などで埋め立てた基壇や、壁によって明確に区画された広場、部屋状構造物などの建築要素の複合からなるのが一般的である。神殿更新によって建物が作り替えられるとしても、そうした建造物の基本的な構成に大きな変化はなく、類似の建造物が建設され続ける点が特徴的だといえる。神殿更新を繰り返すことによって、その規模はおのずと拡張され

第1節　マウンドと神殿建築：モニュメントのはじまりに関する一考察

ていく傾向にあるものの、そこでは建造物の姿を想定した計画的で組織的な建設活動が行われていた。これらの建設活動に従事した人々が建築的なパターンを認知していたことは間違いないだろう。例えばコトシュ遺跡では、中央に炉を持ち、地下式の排気孔と中央が一段低くなった二段の床、壁龕を有する部屋状構造物という類似する建造物が繰り返し建設されるほか［Izumi and Sono (eds.) 1963］、セチン・バホ遺跡でも長方形の基壇と半地下式の広場が繰り返し建設されている［Fuchs et al. 2009］。形成期後期の事例ではあるが、神殿建築の模型とみられる石彫がクントゥル・ワシ遺跡から、また、未焼成の土製品としてカンパナユック・ルミ遺跡から出土していることも、建築のパターンについての認識が存在していたことの傍証となるだろう［eg. Onuki (ed.) 1995; Matsumoto et al. 2016］。さらに、コトシュ遺跡を代表とする部屋状構造物や海岸地域で報告される半地下式円形広場は、共通する建築要素として多くの遺跡で確認されている。おそらくこうした広範囲に認められる建造物の規格性は、各神殿を支える集団間の相互交流によってもたらされた現象であるといえよう。それを裏付けるものとして、遠隔地からもたらされたと想定される暖流産のウミギクガイやアマゾン地域のインコ類の羽などの移入品が形成期早期の神殿建築から出土していることが挙げられるほか［Shady 2014］、共通する図像表現が広い地域で認められることも同様である［cf. Bischof 1994］。

　これに対して、古期のマウンド・ビルディングでは、整然とした基壇や広場が建設されることはなく、建造物はあくまで不定形なマウンドと呼べるものでしかなかった。マウンドの上面は平坦に均されて、粘土床が張られた開放的な空間を形成していたものの、クルス・ベルデ遺跡では部屋状構造物や土留め壁が作られることはなく、ワカ・プリエタ遺跡においても少数の部屋状構造物やマウンドの斜面に沿った石列が部分的に施されるのみであった。すなわち、建造物の配置に規格性はみられない。石列に関してはマウンドが崩れるのを防ぐ目的で設置されたと調査者によって解釈されているものの［Dillehay et al. 2017a: 151］、建造物の形状を区画し計画的に建造物を形作ろうとしていたわけではない。すでに指摘してきたように、クルス・ベルデ遺跡のマウンドは、反復的な廃棄実践による意図しない結果として形成されてきたCV-Ia期から、建

401

設活動が明確化する CV-Ib 期へと変化してきた。しかし、建造物自体の規格性や計画性は希薄であり、整然とした建造物が組織的に建設される神殿建築とは大きく異なる。

　ただし、マウンド・ビルディングにおいて、マウンドの建築的なパターンに対する認知が芽生え始めていた証拠もある。それは、先述したような粘土床を張る行為であり、そこでは、黒い炭化物層を盛土上面に形成し、その後に白い粘土床を張るというような一定の建設手順のパターンが繰り返されていた。床と炭化物層を積み重ねるという床の建設手順について、一定のパターンが生まれていたことがわかる。すなわち、CV-Ib 期に開始されるマウンド・ビルディングでは、マウンドに対する建築的なパターンの認識が芽生えつつあったことも指摘することができよう。

　しかし、神殿建築における複雑な建築的なパターン認識と比べて、マウンド・ビルディングにおけるパターン認識は、非常に限定的なものである。このように、建築的パターン認識の程度、および計画性と規格性の点で、双方の実践には、かなりの差異が認められる。

（4）　祭祀性

　建設活動の計画性にみるマウンドと神殿建築の差異は、そこで行われた祭祀活動とも深く関係していたことが示唆されている。すでにマウンド・ビルディングと神殿更新における廃棄と破壊の問題に関して述べてきたことからもわかる通り、神殿更新に伴って残された考古遺物には、祭祀儀礼に使用されたと考えられるものが多く含まれている。その例として獣骨で製作された幻覚剤の吸引器を挙げることができよう。こうした儀礼具は中央山地のチャビン・デ・ワンタル遺跡［Rick 2006］やカンパナユック・ルミ遺跡［松本 2015］、パコパンパ遺跡［荒田 2017］をはじめとする多くの神殿で出土事例が認められる。とくにチャビン・デ・ワンタル遺跡では、ネコ科動物と人間が徐々に融合していくような場面を段階的に描いたとされる石彫が複数見つかっており、石彫にも描かれている幻覚剤を用いた儀礼によって人間がネコ科動物へと変身していく様子を参加者へ伝えていたと考えられている［e.g. Burger 1992; Rick 2006］。神殿

では様々な祭祀儀礼が行われ、そこでは幻覚剤が重要な役割を担っていたようだ。また、カンパナユック・ルミ遺跡では、こうした儀礼具と共伴して、大量の食糧残滓やそれを調理・給仕した装飾付きの土器などの饗宴の残滓が出土しており、饗宴が神殿更新の過程で行われる儀礼の一部であったことが指摘されている［松本2015］。そうした事例は中央海岸を含む多くの遺跡で確認されており［e.g. Salazar Burger 2009］、饗宴の残滓は神殿建築の床下に埋め土として廃棄されていた。とくに同様の証拠を形成期早期のセロ・ランパイ遺跡で摑んだラファエル・ベガ＝センテノ（Rafael Vega-Centeno）は、こうした饗宴活動が神殿の建設過程の一部として組み込まれており、それは共食によるもてなしを通じてホストとゲストが互酬的な関係を結ぶことによって建設に関わる労働力を確保する役割があったと考えた［Vega-Centeno 2007］。

　神殿で行われた祭祀儀礼について形成期早期の事例をさらにみてみたい。先述のカラル遺跡では、円形劇場と呼ばれる建造物においてペリカンやコンドルの骨に彫刻を施した32本の笛が出土しているなど、楽器を使用した祭祀儀礼に建物が利用されていたことが示唆されている［Shady 2014］。また、中央海岸の沿岸部に位置し、大小17の基壇で構成されるアスペロ遺跡では、このうち一つの基壇の頂上部に壁龕とベンチを持つ部屋状構造物が築かれ、その床には男女を象った13点の未焼成土偶を埋納する土坑が設けられた［Feldman 1992］。このように形成期早期の神殿建築では、建設活動だけでなく、様々な祭祀が神殿において執り行われていたことが明らかといえよう。また祭祀が行われていたことは基壇と広場、部屋状構造物を基本とする計画的な建造物の配置がなされていることからもうかがえる。つまり、広場では比較的多くの人が集まり、パフォーマンスを含む儀礼が行われる一方で、アクセスの制限された基壇上に設置された部屋状構造物の内部では秘儀的な儀礼活動が行われた可能性が高い［cf. Moore 1996］。すなわち、建造物に対する計画性や規格性を有する神殿更新には、儀礼的な建設活動だけでなく構築された儀礼空間で行われる多様な祭祀が密接に関与していたと考えられる。

　こうした形成期の神殿建築とは対照的に、古期のマウンドでは祭祀活動が行われていた証拠は希薄といえる。たしかにクルス・ベルデ遺跡のマウンド上面

は平坦に均され、粘土床が張られていたことから、何らかの活動がここで行われていた可能性がある。しかし、床面からは植物製のマットが部分的に出土するに過ぎず、活動の痕跡を考古学的に摑むことは難しい。いずれにせよ、それほど大規模な儀礼活動が行われていたとは考えにくい。唯一、祭祀的な様相を想定しうるものとして埋葬行為がマウンドで行われていたことを挙げられるが、被葬者に供される副葬品は乏しく、埋葬手法にも一定の規則性は認められない。埋葬行為は、あくまでマウンド・ビルディングの一部として組み込まれていたと考えたほうがよい。

　一方で、マウンド・ビルディングが継続されていた形成期早期のワカ・プリエタ遺跡では、マウンドでの活動において宗教的・祭祀的な特色が強くなっていくことが指摘されている［Dillehay and Bonavia 2017a: 103-104］。根拠としては、植物製マットに包まれた織物や貝殻、コカの葉などを盛土中に埋納する行為が頻繁に行われることや、文様が彫刻された装飾付きヒョウタン製容器、もじり編みの技法によってヘビやコンドルなどの図像を表現した織物の出土が挙げられる。また、石積みの壁で囲われた半地下式の埋葬施設を用いた埋葬がマウンド上で行われるようになることも同時に報告されている。この時期には円形半地下式広場がマウンドの頂上に建設されると指摘されているが、すでに述べたように北部中央・中央海岸の神殿建築に付随するものと比べると差異が目立つ。とくに広場の床が中央に向かって傾斜していることや、この床面上に不定形の部屋状構造物や埋葬が施されていることからも、神殿建築と同様の利用が認められたかどうか定かではない。マウンドも土留め壁で囲われた基壇としては建設されていないことや、宗教的・祭祀的特色を示すとされる考古遺物もマウンド・ビルディングの過程で埋納されたものばかりである。総じて、床上で行われた人間の行為を示す証拠は乏しいため、マウンド上で儀礼が執り行われなかったと断定することは難しい。これらのことから、形成期早期のマウンド・ビルディングでは祭祀的な様相が表れつつあったものの、マウンド上での祭祀というよりは儀礼的な建設活動自体に軸足を置いた社会実践であった点で古期と類似しているといえよう。

第1節　マウンドと神殿建築：モニュメントのはじまりに関する一考察

（5）　生態資源利用との関係

　クルス・ベルデ遺跡で明らかになった古期のマウンドの特色として、日々の生態資源利用と密接な関係のもとマウンド・ビルディングが行われていたことが挙げられる。これは、生態資源利用の残滓を対象とした反復的な廃棄行為がマウンド・ビルディングの根幹をなすものであったことにもとづく解釈である。では、日常的な生態資源利用は神殿更新の中でどのように扱われていたのであろうか。

　先述したように、神殿建築の埋め土から出土する動植物遺存体は、一般に神殿更新に伴う饗宴活動によって残されたものだと解釈されてきた［e.g. Vega-Centeno 2007; Dillehay 2017］。セロ・ランパイ遺跡の事例では、動植物遺存体を中心に少量の人工遺物を含む考古遺物の集中が2回の神殿更新の過程において10地点で確認されている［Vega-Centeno 2007: 162-165］。一括廃棄によって形成された遺構とみてよいだろう。それぞれの廃棄遺構の分布範囲は大きいものでも直径3m程度のものであり、そこに含まれる考古遺物の量にもばらつきがみられる[2]。調査者のベガ＝センテノは、これらの遺構の形成過程を層位学的な方法にもとづいて詳細に検討し、建設活動を行った人々がこの場で食糧を消費し、廃棄した遺構として結論付けているが［Vega-Centeno 2007: 165-166］、肝心の饗宴儀礼における消費だとする解釈の根拠にはやや疑問が残る。古い神殿の床面や埋め土の上面で確認されている黒く焼け焦げた痕跡を、食糧の加工と調理によって残されたものとみなすことが、この場で消費活動が行われた根拠となっているのだが、そうした活動面に残されるはずだった残滓は、多くの場合きれいに清掃されたうえで埋め立てられ、残滓は付近の別地点に埋め土とともに廃棄されている［Vega-Centeno 2007: 162-166］。すなわち、食糧残滓と黒色の被熱面の関係性は考古学的に検証されておらず、饗宴の根拠としては心もとない。本書において、マウンドから出土する動植物遺存体の性格を明らかにしてきたように、とくに初期の神殿更新に伴う動植物遺存体の出土状況については慎重な検討が必要だろう。

　こうした研究事例からも示唆されるように、神殿から出土する考古遺物には、

405

一般的に多くの動植物遺存体が多く含まれているのだが、それらがどのように消費され、神殿に残されたものであるのか、実証的に示した研究はそれほど多くない。出土する動植物遺存体が饗宴活動の残滓であるのか、日々の生活の中で消費された生態資源の残滓であるのか判然としないからである。とはいえ、少なくとも神殿更新や神殿上で展開される祭祀活動は行為者集団による生態資源利用と深く関わっていたと考えることは、さほど無理はなかろう。たとえば、形成期早期のコトシュ遺跡では、古い神殿を覆う埋め土から、オジロジカを中心とした大量の動物骨が確認されている［Wing 1972］。これに加えて一定量の出土が認められるのは、投槍用の石製尖頭器である。狩猟具と考えてよいが、使用痕分析などは行われていないため、実際に生活の中で使用されたのか、神殿での祭祀儀礼の中で使用されたのかどうかはわからない。また、神殿更新の過程で床を建設する直前に撒かれた灰の存在は、焼き畑農業との象徴的なかかわりを持つ儀礼であった可能性も想定されている［大貫 1998: 68-69］。

　形成期前期にあたるワカロマ遺跡の前期ワカロマ期でも、オジロジカを中心とした動物骨が多く出土しており［Shimada 1985］、そのほかの儀礼具や土器などと合わせて、先述のように神殿の周辺に広がる居住域から持ち込まれた可能性が指摘されている［関 2015b: 144; Seki 2020: 330-331］。しかし、コトシュ遺跡の状況とは異なり、上述の動物種の狩猟に用いられた道具の出土はほとんど認められず、加工具などもほとんど出土していない[3]［Terada and Onuki 1982, 1985］。

　さらに興味深い事例が形成期中期・後期の神殿建築で確認されている。先述のカンパナユック・ルミ遺跡における儀礼的廃棄のコンテクストでは、使用痕のほとんどみられないような黒曜石製の尖頭器や動物骨製の投槍器などが、そのほかの儀礼具とともに出土している［松本 2015: 179］。さらに、祭祀儀礼の場面を描いたとされるチャビン・デ・ワンタル遺跡の石彫には、狩猟具である槍と投槍器が儀礼の場で用いられていたことを示す図像が確認されている［Rick 2008: fig. 1.15］。狩猟活動という生態資源利用に関わる行為が象徴的に神殿建築での儀礼の中に取り込まれていた証拠といえよう。また、形成期早期の神殿建築としてはやや特異な存在ではあるものの[4]、北海岸のレケ川下流域

に位置するセロ・ベンタロン遺跡では、網にかかったシカが描かれた彩色壁画が見つかっていることも［Alva 2008; Alva 2010］、神殿建築での儀礼と狩猟活動に関係性があったことを示唆するものである。

4．マウンド・ビルディングの特質

　ここまで、神殿更新とマウンド・ビルディングを比較してきた結果、両者には社会実践の基盤といえる慣習や行為に大きな共通性を見出すことができる。その一方で、これらの実践が生み出すモニュメントや、関連する儀礼的な行為に関して差異も認められる。これら比較の結果は**表 8-1**のようにまとめることができる。

　まず指摘できるのは、マウンド・ビルディングと神殿更新がともに反復的な建設活動によってモニュメントを継続的に作り上げる行為であり、以前の建造

表 8-1　マウンド・ビルディングと神殿更新の比較

	マウンド・ビルディング【古期】	マウンド・ビルディング【形成期早期】	神殿更新【形成期早期】
行為の反復性	○	○	○
廃棄行為	○	△	○
破壊行為	×	×	○
建造物の形状	盛土遺構のみ	盛土遺構と不定形な石造建築物	神殿建築（石造/泥塗）
計画性	×	×	○
規格性	×	△	○
建造物を利用した祭祀儀礼	×（マウンド上での活動は小規模）	△（建設活動に際した祭祀儀礼）	○（神殿建築での多様な祭祀儀礼）
生態資源利用との関係	○	△	△

古期と形成期早期それぞれのマウンド・ビルディングと形成期早期の神殿更新にみられる特徴を比較した。左の列に示した特徴が認められるものには○、認められないものには×、考古学データから明確ではないものの特徴を有していたと示唆されるものを△で示している。

終章　アンデス文明史におけるマウンドと神殿

物を覆い隠して新しい建造物を築くような、慣習的な手順に則った建設過程が復元できるということである。とくに両者の建設活動は、慣習化された反復的な廃棄行為と密接な関係を持っていた点で高い類似性を示している。つまり、様々な活動で生み出されてしまう残滓に対する適切な取り扱いと廃棄の手続きが、モニュメントを作り出す社会実践の反復性を支えていたことになる。その意味で、両実践はともに、何らかの終着点を求めてマウンド、あるいは神殿を造り続けていたというわけではなく、残滓に対する適切な働きかけをする中で自動的に建設活動が継続していくというような、ある種、永続的な実践であったといえる。すなわち、マウンドと神殿という時代も地域も異なる状況で生み出されてきた2種類の建造物は、廃棄と建設が結びついた社会実践の継続性を背景として徐々に形成されてきたという点で、根底では共通している。

　一方で、神殿更新では、上述の継続性の中で広場や基壇、部屋状構造物などの複雑な建築的パターンが認識され、実現されていた。建築要素の配置や区画に関する空間利用の計画性と、広い地域で共通の建築パターンが認められるような規格性が認められる。これに対し、マウンド・ビルディングでは、規格性は床の建設という形でしか現れておらず、計画的に積み上げられたとはいえない不定形なマウンドが建設され続けるにとどまっていた。建築的なパターン認識は非常に限定的であったといえる。すなわち、双方の社会実践には、建築的なパターン認識の複雑さと、それを実現するために建設活動が高度に組織されていたかどうかという点にはっきりとした差異がある。

　神殿建築の例として基壇について考えるならば、その建設過程は最初に土留め壁を設け、これを外壁として区画された空間を埋め土によって充塡していくというような手順が想定できる。すなわち、そこではあらかじめ建造物の形状や配置が思い描かれているのであり、建設活動もまた複雑に組織されていた。それは、儀礼的な廃棄や建設活動だけでなく、建設された広場や基壇上で行われる祭祀儀礼を含めた一連の行為が連鎖的に神殿更新という社会実践を構成していたことを意味している。

　古期のマウンドでは、建造物の姿を整然と思い描き実現しようとする複雑に組織された建設活動を想定することはできない。ただし、クルス・ベルデ遺跡

第 1 節　マウンドと神殿建築：モニュメントのはじまりに関する一考察

におけるCV-Ia期からCV-Ib期の変化とは、反復的な廃棄実践の中でマウンドを建造物として建設する意図が生まれていったことを表している。そして、この建設活動の明確化は、萌芽的な建築的パターンの認識を伴うものであった点でCV-Ia期とは大きく異なっていた。そこでは、火を焚く行為を通じて炭化物層を残し、その上に粘土床を張るというような、慣習化された建設活動の手順が繰り返されていたのである。ここに建築的なパターン認識が芽生えつつあったことの論拠を見出すことができる。神殿建築は、この認識がさらに展開していった結果として生じうるものと考えられる。この点で、CV-Ib期に始まるマウンド・ビルディングは、CV-Ia期における反復的な廃棄実践と比べ、より神殿更新に近いものであったと指摘できる。廃棄実践の結果として形成されてきたマウンドを建造物としてみなす認識および意図が生じることによって、マウンドの形成過程は、より神殿更新に近いものへと変化していった。このことは、CV-Ia期の廃棄実践から、CV-Ib期のマウンド・ビルディング、そして形成期早期の神殿更新へと、段階的にモニュメントの建設と利用が展開していく可能性、すなわち、歴史的関係性を想定しうることを示している。

　最後に指摘しておくべき両実践の差異は、祭祀性に現れている。マウンド・ビルディングにおいて廃棄されるものとは、日々の生活で行われる生態資源利用後の残滓であり、そのため、マウンドと生態資源利用は直接的に密接な関係にあったことが示唆される。一方の神殿更新や神殿建築で執り行われる祭祀儀礼にも生態資源利用が深く関わっていたことを示すデータは見受けられるものの、幻覚剤の吸引器などの儀礼具が多く含まれるなど、出土する考古遺物にはバリエーションが認められる。とくに、祭祀儀礼に用いられたと考えられる使用痕のない尖頭器や儀礼そのものの図像表現の存在は［eg. 松本 2015; Rick 2008: fig. 1.15］、生態資源そのものよりも生態資源利用に関わる世界観が象徴的に神殿での活動に取り込まれていたことを示唆している。これは、もっぱら、日々の生活の中で実際に使用された道具や消費された動植物の残滓が出土するクルス・ベルデ遺跡のマウンドとは対照的である。古期のマウンドに神殿建築のような明確な上部構造や複雑な空間配置が付随しなかったこともまた、マウンド・ビルディングの場合、神殿上で執り行われていたような共同祭祀よりも

儀礼的な廃棄・建設行為に重心があったことの証左といえよう。このように、両実践は多くの点で共通性を見せるものの、その細部には、祭祀性の強弱や建築的なパターン認識の複雑さに差異が認められる。

5．マウンド・ビルディングと神殿更新の関係性

　前節でみてきたように、マウンド・ビルディングと神殿更新の間には、建造物が生み出されていく根本的な原理に高い類似性が認められた。一方で、マウンド・ビルディングでは、建築的なパターン認識が限定的であり、祭祀性や生態資源利用に関わる象徴性が弱いなど、神殿更新に認められるような特徴が明確化していない状況も存在する。これらのことから、古期と形成期早期に行われた両実践の間に歴史的関係性を想定することも、あながち間違いではない。とはいえ、ここで比較してきたデータの由来する地域が異なることを思えば、その解釈をにわかに受け入れることはできない。マウンド・ビルディングが古期から形成期早期まで継続的に行われたことがわかっている北海岸に対し、形成期早期の神殿建築が多く確認されている北部中央・中央海岸では、古期の様相がほとんど明らかになっていないことが問題だからである。そうしたデータの不足をふまえつつ、マウンド・ビルディングと神殿更新に認められた差異と共通性が歴史的関係にもとづくものであったのかどうかを現時点でのデータに即して検討しておきたいと思う。

　現状のデータに即していえば、海岸地域において形成期早期の神殿更新が認められる事例は北部中央・中央海岸に限られている。古期のマウンド・ビルディングが認められている北海岸で神殿更新が開始されることはなく、神殿更新は北部中央・中央海岸でのみ成立した社会実践であると考えてよいだろう。では、北部中央・中央海岸の古期はどうかというと、反対にマウンド・ビルディングの存在が明らかになっていない。可能性があるとすれば、一般にゴミ捨て場である貝塚として解釈されている、少数の、そして小規模なマウンド状の遺跡であろう。このうちサンタ川流域のオストラ・ベースキャンプ遺跡（4250-3450 BC）［Reitz and Sandweiss 2001］とカスマ川流域のアルメハス遺跡（5900

第1節　マウンドと神殿建築：モニュメントのはじまりに関する一考察

BC）［Pozorski and Pozorski 2003］では、発掘調査が行われている。しかしながら、当時の動物利用を明らかにする目的で行われた小規模な試掘坑によるものであるため、遺跡の形成過程については明らかになっていない。これらの貝塚におけるマウンド・ビルディングの存在は、可能性に留まるのが実態である。したがって、神殿更新とマウンド・ビルディングとの関係には今のところ2つの仮説を設定せざるを得ない。以下では、両社会実践に歴史的関係性が認められる場合と、そうでない場合に分けて検討していく。

（1）　マウンド・ビルディングと神殿更新が歴史的関係性を持たない場合

　北海岸のマウンド・ビルディングと北部中央・中央海岸の神殿更新の間に歴史的関係性が見出せない場合、双方の活動をどのように捉えるべきなのであろうか。この場合、北部中央・中央海岸における古期のマウンドで、マウンド・ビルディングが行われていなかった、もしくは北海岸とは全く異なる独自のマウンド・ビルディングが行われていたという2つの可能性が考えられる。それにともなって2つの解釈が成り立つだろう。

　一つは、北部中央・中央海岸の古期においてマウンド・ビルディングが行われていなかったと想定し、この地域で成立した神殿更新がマウンド・ビルディングとは全く無関係に開始された現象であると考える解釈である。しかし、そのような想定に立った時、モニュメントを作り出す社会実践であったマウンド・ビルディングと神殿更新の共通性をどのように説明するべきであろうか。これらの実践が人類に普遍的なものであり、同様のものが様々な場所とタイミングで発生しうるという考えも成り立つかもしれない。ただし、明瞭な計画性と規格性を持って神殿建築を作り上げる神殿更新は突発的に出現したことになってしまい、従来の研究と同じように、神殿更新の出現をうまく説明できない。まったく別のモニュメント創出のメカニズムを想定しなければならないわけだが、本書の成果を鑑みるならば、この解釈が成り立つ可能性は低いとみられる。

　二つ目の解釈として、古期の北部中央・中央海岸で神殿建築の祖型となるマウンド・ビルディングが行われていたとしても、これが北海岸のマウンド・ビルディングと大きく異なるものであった可能性があげられる。この場合、北部

411

終章　アンデス文明史におけるマウンドと神殿

中央・中央海岸では、マウンド・ビルディングから神殿更新へ独自の展開があったと考えるべきであろう。すなわち、本書で明らかになった北海岸のマウンド・ビルディングと北部中央・中央海岸の神殿更新の関係は地域差でしかなかったことになる。こちらは十分に想定可能だろう。いずれにしても、北海岸と北部中央・中央海岸との間には、ある種の隔たりがあり、その地域的な差異は古期から形成期早期まで継続的に維持されていたことになる。

(2)　マウンド・ビルディングと神殿更新が歴史的関係性を持つ場合

次に、北海岸のマウンド・ビルディングと神殿更新の間に歴史的関係性がある場合を検討してみたい。こちらも、古期の北部中央・中央海岸におけるマウンド・ビルディングの有無によって2つの解釈が成り立つ。

まずは、北部中央・中央海岸でマウンド・ビルディングが行われていなかったと想定してみよう。その場合、北海岸のマウンド・ビルディングが地域間の影響関係のもと、北部中央・中央海岸へと波及し、この地域で受容されるにあたって神殿更新として実践されるようになったことになる。

マウンド・ビルディングと神殿更新の間には、実践の基盤となる廃棄と建設活動の点で看過できない共通性があることから、前述のように何らかの影響関係を想定することは十分に可能といえよう。古期において、北海岸と北部中央・中央海岸の間での交流があったことを示唆する考古学データは得られていないものの、形成期早期では、共通する図像表現を持つ織物やヒョウタン製容器がワカ・プリエタ遺跡で出土していることから、この時期までには一定の交流関係が成立していたことがわかる［Bird et al. 1985］。しかしながら、そうした交流にもとづく影響関係によって、北部中央・中央海岸で神殿更新が始まったと考えた場合、形成期早期において北海岸で神殿建築が造られなかったことを説明することは難しい。北海岸以外の広い範囲で一定の規格性にもとづいた神殿建築がおしなべて建設されていることからしても、北海岸では神殿更新が行われずマウンド・ビルディングが継続していた状況というのは異質である。

二つ目に北部中央・中央海岸において、北海岸と同じようなマウンド・ビルディングが行われていたとするならば、神殿建築の出現と神殿更新の開始をど

のように捉えることができるだろうか。この場合、北海岸から中央海岸まで、海岸地域の広い範囲で類似のマウンド・ビルディングが古期に行われていたことになり、反復的な廃棄行為と建設活動を通じてマウンドというモニュメントが形成されていたとみることができる。このマウンドと行為者集団を結び付けるような社会実践が繰り返されることによって、徐々に凝集的な社会関係や集団組織が醸成されていったと想定できるだろう。マウンド・ビルディングと神殿更新の背景にある原理に大きな共通性があることを思い起こすならば、古期の社会状況と社会実践を基盤として、北部中央・中央海岸に特有な何らかの事象を契機に、神殿建築が形成されるようになったものと考えてよい。すなわち、マウンド・ビルディングと神殿更新の間に通時的な連続性を想定するわけである。これは本書で得られた知見と現状のデータの間に矛盾のない解釈である点で、妥当性が高い。そうであるとするならば、形成期早期における神殿更新は、古期のマウンド・ビルディングを基礎としてその延長線上に展開していった現象であると想定することが可能である。

6．北海岸と中央海岸

　このように、様々な想定にもとづいて、本章で論じてきた両実践の関係性を考察した結果、妥当性の高い見解といえるのは、次の二つである。一つは、古期の北部中央・中央海岸において、北海岸と大きく異なるマウンド・ビルディングが行われていたと想定し、北部中央・中央海岸の地域内に限って神殿更新とマウンド・ビルディングの間に歴史的関係性を求めるもの。もう一つは、北海岸から北部中央・中央海岸までの範囲で古期に同様のマウンド・ビルディングが行われていたと想定し、汎地域的に行われていたマウンド・ビルディングが、北部中央・中央海岸において神殿更新へと展開していったと考えるものである。前者の場合、本書で明らかにしてきた北海岸のマウンド・ビルディングと神殿更新の間に直接的な系譜関係は求められず、後者の場合、そこには系譜的・歴史的関係を考えることができる。
　いずれにしても、海岸地域の広い範囲に存在したマウンド・ビルディングと

終章　アンデス文明史におけるマウンドと神殿

いう社会実践は、北海岸において神殿更新へと変化していくことはなく、北部中央・中央海岸において何らかの要因で神殿更新が開始されていった。それでは、こうした異なる道筋をたどった両地域の差異としてどのようなものが想定できるだろうか。

　こうした状況が、ある一定の地理的なまとまりを単位として起きた現象であるならば、北海岸と北部中央・中央海岸を単位とした差異に目を向ける必要があるだろう。この差異として本書で指摘できるのは、それぞれの地域でみられる地形的な特徴である。第1章でも述べたとおり、北海岸は沖積平野が発達しており、海岸線から内陸部に向かって標高が低く、傾斜の緩い地形が広がっている。そのため、沿岸部には河川によって運ばれる淡水が溜まりやすく表出しやすい地形的な条件となっているのであり、これによって沿岸部の多様な生態環境が形成されていた。そして、エル・ニーニョ現象が起きた際には、ラグーンなどの河口・汽水域が拡大する傾向にあり、そうした生態環境が古期の生態資源利用やマウンド・ビルディングと密接な関係にあったことを本書で指摘してきた。

　これに対して北部中央・中央海岸では、海岸線が崖のように切り立っている場合が多く、海面と陸地の比高差は大きいために海岸線から内陸に向けての傾斜が強い。こうした地形を河川が切り込むことによって、この地域では、複雑に入り組んだ狭い入り江が海岸線に沿って連なっている。このような地形的な特徴は、北海岸と異なり河川によって流入する淡水が陸地に留まることを許さず、ラグーンなどの大きな河口・汽水域は形成されにくいと考えてよいだろう。

　両地域における地形学的な差異は、異なる生態環境を生むため、そこで行われる生態資源利用の対象や方法も異なるものであったと考えられるだろう。実際に、北海岸では大型～小型のサメ類が古期から形成期の末に至るまで利用され続けるのに対し、北部中央・中央海岸の遺跡からサメ類が大量に出土することはなく、とくに大型のサメ類の利用は非常に稀である［e.g. Shady and Leyva (eds.) 2003; Chu 2011］。つまり、本書で明らかにしてきた古期の環境変動によって、河口・汽水域が形成されやすい北海岸と形成されにくい北部中央・中央海岸の間で、生態環境に対する適応に差異が生じた可能性があるのである。

第1節　マウンドと神殿建築：モニュメントのはじまりに関する一考察

　このこととも関連しつつ、さらに補足するならば、両地域では遺跡間の交流、地域間の交流にも差異が生じていた可能性がある。マウンド・ビルディングと神殿更新の差異として、生み出され続ける建造物の規格性と、それを実現する計画性の有無を指摘してきた。とくに形成期早期の神殿建築は、多少の差異を含みつつも基本的な建築要素に共通性があることが海岸地域から山間地域まで広い範囲で確認されている。こうした現象は、遺跡間、地域間の交流によってもたらされたと考えてよいだろう。とくに形成期早期における海岸地域の神殿建築では、沿岸部と河谷部に遺跡の分布が分かれる傾向にあり、これは沿岸部において漁撈に従事する集団と河谷部において農業に従事する集団が相互依存していたと考えられている［e.g. Patterson 1971; Quilter and Stocker 1983; 関 1985］。このように、日常的な生態資源利用の点でも、儀礼に用いられる他地域からの移入品に関しても、この時期には遺跡間の交流が頻繁に行われていたことが示唆される。そうした状況は、山間部の神殿遺跡でもカタクチイワシをはじめとする海産資源が出土していることによっても支持されるものの、山間部の遺跡から大型のサメ類の動物骨が出土する事例は報告されていない［e.g. 鶴見 2008: 171-172］。すなわち、沿岸部に限っていえば、地域間交流に参入していた集団は、北部中央・中央海岸に多かった可能性がある。こうした遺跡間の交流の端緒が、エル・ニーニョ現象が頻発するようになる古期の環境変動と、それに伴う生態資源の不安定化に対する適応過程に求められる可能性は十分に考えられる。河口・汽水域が多く形成される北海岸とそうでない北部中央・中央海岸において、環境変動に対する適応の差異があったのではないかという仮説が成り立つわけである。この生態環境および地域間・遺跡間交流に関わる両地域の差異と、マウンド・ビルディングが神殿更新へと展開していくメカニズムの間に、どのような関係性を想定すべきであるのか、現段階では定かでない。この点は、今後、北部中央・中央海岸で調査を進めることで補っていく必要はあるが、とりあえずは生態環境、交流、環境変動などの関係性が、古期のマウンド・ビルディングを北部中央・中央海岸においてのみ神殿更新へと移行させていった要因であると考えておきたい。

終章　アンデス文明史におけるマウンドと神殿

　以上のように、データが不足する状況を認識しつつ、仮説を含む形でマウンド・ビルディングと神殿更新の関係性を考察してみた。ここまでの議論を振り返っても明らかなように、これらの仮説を検証し、マウンド・ビルディングと神殿更新の関係性を解明するためには、北部中央・中央海岸の古期に関するデータを蓄積することが急務である。形成期における神殿更新を、破壊から更新に至る一連の建設活動のすべてが儀礼的な意味を持ち、その行為と建物という物質との相互関係の中で世界観が形成されていくような社会実践として捉える立場からするならば、それは形成期の後半に登場する社会的差異を生み出す機会を提供し続けていたといえる［cf. 関 2015b; 芝田 2015］。すなわち、神殿建築の出現と神殿更新が開始される過程を解明することはアンデス文明史において社会発展を考察するうえで重要な課題となる。そのため、こうした課題を乗り越え、検証するためにも、古期の集団組織や実践の生成過程に焦点を当てて研究を進めていくことが重要であり、本書ではその必要性を示すことができたのではないかと考えている。

　マウンド・ビルディングと神殿更新というモニュメントを作り出す2つの社会実践を比較することによって、それらの特質が明らかになってきた。マウンド・ビルディングの特質とは、それが慣習的に繰り返される建設活動であり、生態資源利用の残滓を適切な手続きで取り扱い、廃棄する行為と密接な関係を持っていた。こうした廃棄行為が建設活動に反復性を生み出す原動力になっていたと考えられることは、社会実践の根幹に神殿更新と共通する性質があったことを示唆している。一方でマウンド・ビルディングには、建造物の完成形を思い描くような計画性や規格性は認められず、完成された建造物を利用して行われるような祭祀儀礼が存在した証拠は希薄である。このことからするならば、それはあくまでもマウンドの儀礼的な建設活動自体に軸足をおく社会実践であったことが指摘できる。この建造物は決して完成されることのないものであった。マウンドが思い描いた形で構築されていなかったことは、建設活動に際し、以前の建造物を破壊することがない点にも表れており、破壊を伴う神殿更新とは対照的である。すなわち、マウンド・ビルディングの特質とは、増殖し続け、完成されることのないマウンドの、儀礼的な建設活動を重視する点にあり、そ

第1節　マウンドと神殿建築：モニュメントのはじまりに関する一考察

の反復的な行為の継続性にあるといえる。マウンド・ビルディングが行為者集団とマウンドを結び付け続ける行為であったとするならば、その行為の継続性を通じて、マウンドと生態資源利用、そして集団の関係性が持続的に構築されてきたことになる。この点は、神殿更新においても同様であったと考えられるが［cf. 関 2015b］、そこには相対的な建築的パターン認識の程度や祭祀性・象徴性の強弱の点で差異が認められる。

　さらに本章では、マウンド・ビルディングと神殿更新における上述の共通性を手掛かりとしながら、両者の関係性を検討してきた。慣習化された廃棄行為と反復的な建設活動が結びつくという共通性は、両者が社会実践の基盤となる慣習を共有していたことを示唆している。古期の北部中央・中央海岸におけるマウンド・ビルディングの有無を調査によって明らかにする必要があるものの、現状のデータに沿って仮説を立てるとすれば、両者の関係性としてなんらかの系譜的・歴史的関係を想定することが可能である。すなわち、本書では、クルス・ベルデ遺跡の事例を通して、神殿建築の出現と社会変化が突発的なものではなく、古期から長期的に続く集団的実践によって醸成されてきた、社会関係と集団組織の延長上に位置づけられることを明らかにした。

　いいかえれば、アンデス文明史におけるモニュメントの創出過程を初めて実証的に明らかにしたのであり、そこには日常的に繰り返される生態資源利用との密接な関係が潜んでいたことも示された。繰り返すが、アンデス文明史におけるモニュメントや神殿建築の出現は、決して突発的な現象ではなく、日常的な生態資源利用や集団的な社会実践によって徐々に醸成されてきた社会関係や集団組織の蓄積の上に成り立つ現象といえる。古期に始まるマウンド・ビルディングとは、そうした集団組織に凝集性を生み出していく端緒となった社会実践であり、これによってモニュメントが形成されてきた。マウンド・ビルディングの開始は、アンデス文明史における社会発展、社会組織の複雑化の機会が提供され始める、重要な契機になった。

417

第2節　おわりに：環境変動・資源利用・モニュメンタリティ

　本書では、ペルー北海岸、チカマ川流域沿岸部に位置するクルス・ベルデ遺跡のA-2マウンドを対象として発掘調査と出土遺物の分析を通して、マウンドの形成過程と生態資源利用の変化、および環境変動との関係性を明らかにしてきた。さらには、その作業を通して得られた考古学データとマウンドに関わる様々な行為の変化から、チカマ川流域沿岸部の古期におけるモニュメントの創出過程を実証的に論じてきた。本章では、こうした論考を要約しながらその成果と結論を述べるとともに、今後の研究に向けた課題と展望を示す。

1．環境変動に伴う集団的実践の変容とマウンド・ビルディング

（1）　A-2マウンドの形成過程と年代

　2016年と2017年に実施したクルス・ベルデ遺跡における発掘調査の結果、マウンドは人為的な盛土と床面が繰り返し堆積することで徐々に形成されてきた遺構であることが明らかになった。さらにその形成過程には一定の変化が認められたため、それを基準としてCV-Ia期とCV-Ib期の2つの建設フェイズが設定された。その変化とは、CV-Ia期において考古遺物を多く含む盛土とその表面が固くしまった活動面が交互に確認されるのに対し、CV-Ib期では盛土の表面に白い粘土質の床が慣習的な手順に則って建設されるようになることである。また、これに伴って多くの埋葬がマウンドの形成過程に組み込まれるようになっていくなど、マウンドの形成過程は明瞭に変化していく。発掘調査によって得られた試料を対象にした放射性炭素年代測定の結果、両時期はそれぞれ*4200-4000 BC*と*4000-3800 BC*という年代が与えられており、このマウンドが古期に形成された遺構であることも明らかになった。クルス・ベルデ遺跡では、過去に小規模な発掘調査［Vásquez 1998］が行われているものの古期の活動の

痕跡は不明であったこと、チカマ川流域沿岸部には古期のマウンド群が分布していることが分かっているが［eg. Maggard and Dillehay 2017］、発掘調査の事例は極めて少ないことなどから［eg. Dillehay (ed.) 2017］、本調査によって古期のマウンドに関する新たなデータを提供することは、ペルー北海岸の考古学研究に寄与する成果といえる。

（2） 生態資源利用の変化

　CV-Ia 期と CV-Ib 期という区分は、マウンドの形成過程の変化を示すだけではない。出土する考古遺物の分析を実施した結果、両時期では出土する動植物遺存体にも大きな変化が表れていることが明らかになった。出土する動物骨を分析して生物種の同定を行った結果、CV-Ia 期において最も多く利用されていたのは、オタリアなどの海生哺乳類とグアナイウなどの鳥類、そしてメジロザメ属を中心とする大型のサメ類であった。そのほか、小型〜中型の魚類や貝類などの多様な海産資源が利用されていたことが示されるものの、相対的な出土重量は、上述の3種が大きな割合を占めている。一方の CV-Ib 期では、オタリアやグアナイウの出土量が激減し、大型のサメ類へ動物利用が集中していく。メジロザメ属のサメ類やそのほかの増加する魚類の生態学的な特徴からすれば、動物種の変化は、この時期の生態資源利用がラグーンなどの河口・汽水域を集中的に開発するものへと変化していたことを示唆している。そして、メジロザメ属のサメ類に関しては、クルス・ベルデ遺跡周辺のラグーンにおける追い込み漁による利用を想定できるのであり、食糧獲得における協働の機会と規模は増加したと推察される。

　出土する動植物遺存体からするならば、両時期を通して海産資源に強く依存した生態資源利用が行われていた可能性は高いが、遺跡から採取した土壌の乾燥・水洗選別や、石器表面および人歯に歯石として付着した微小植物遺存体の分析結果から、一定量の植物資源も利用されていたことが明らかになった。そこで析出されたトウモロコシやジャガイモ、マニオクなどの栽培植物は、中央アンデス地域の海岸部において最古級のデータであり［cf. Grobman et al. 2012］、古期漁撈民の植物利用について新たな知見をもたらす可能性を秘めている。

419

（3） A-2 マウンド出土遺物の由来と性質

A-2 マウンドから出土する動物遺存体のデータを層位ごとに細かく分けて分析した結果、これらの資料がどのような活動を経て、マウンドに残されていたのか明らかになった。層位ごとのデータは、層序に伴って各魚種の出土量に周期的な変動が認められることを示しており、魚種の生態学的な特徴は、この周期性が ENSO による資源の変動サイクルを顕著に表していることを示唆している。すなわち、遺跡から出土する動物遺存体は、饗宴活動のような、ある特定の時期に集中的に消費されたものではなく、生態資源の変動サイクルを通して継続的に消費されたものであることが明らかになった。この長期継続的な資源利用は、マウンドから出土するオオヌノメアサリの推定採集月に層位ごとのバリエーションが認められている点でも支持される。これらの分析結果は、古期のマウンドに含まれる動植物遺存体を短絡的に饗宴活動へと結び付けて解釈してきた従来の研究［Dillehay (ed.) 2017; Vega-Centeno 2007］に再考を促すものである。

これに加えて、石器や骨器・貝器などの人工遺物を対象とした分析は、マウンドから出土する遺物に顕著な使用痕が認められることを明らかにしてきた。これらの人工遺物の多くを占めるのは磨石や敲石、刃器などの加工具であるが、貝製釣針や石錘などの漁撈具も少数が出土している。人工遺物に顕著な使用痕や破損の痕跡が認められることは、これらがマウンドに埋めるために製作された奉納品などではなく、様々な用途での使用を経て放棄された道具類であることを意味している。すなわち、A-2 マウンドから出土する大量の考古遺物は、日々の継続的な生態資源の獲得・加工・消費を経た残滓であることが明らかになった。マウンドの形成過程には、残滓の廃棄行為が深く関わっていたことになる。

（4） 古期の環境変動

様々な変化が認められる CV-Ia 期と CV-Ib 期であるが、その変化の背景にはこの時期に起きた環境変動があることが明らかになった。出土する貝類の動物

第 2 節　おわりに：環境変動・資源利用・モニュメンタリティ

考古学的な分析の結果、CV-Ia 期と CV-Ib 期では利用される貝種の割合に大きな変化が認められるものの、いずれも人間による採集圧が自然界の個体群規模に影響を与えていなかったことが明らかになった。CV-Ib 期になって集中的に利用されるようになる巻貝やオオヌノメアサリの存在は、この種の貝類の個体群規模が増大することを示している。すなわち、CV-Ib 期には貝類の個体群規模の増減を引き起こすような生態環境の変化が起きていたことが示唆される。この生態環境の変化とはエル・ニーニョ現象の増加であったことが、その生態学的特性から推擦された。クルス・ベルデ遺跡の人々の貝類採集戦略は、個体群規模の増減に伴って利用する貝種を変化させるような柔軟なものであった。

次にこの変化を検証するために、オオヌノメアサリの貝殻を対象とした微細成長線解析を行った。エル・ニーニョ現象の指標となる大きな成長障害輪の着目した結果、CV-Ia 期と CV-Ib 期では、エル・ニーニョ現象の規模と頻度に明瞭な差異があることが明らかになった。すなわち、この時期に起きた環境変動とは、エル・ニーニョ現象の規模と頻度が増加するというものであることが確かめられた。メジロザメ属のサメ類を漁獲していたと考えられるラグーンなどの河口・汽水域は、エル・ニーニョ現象がもたらす豪雨によって増大することが知られているのであり、これに伴う資源変動の新たな周期性への適応がこの時期に行われていたといえる。

(5) マウンドを生み出す社会実践の変化

発掘調査の成果と考古遺物の分析から明らかになってきた環境変動、生態資源利用の変化、マウンド形成過程の変化という 3 つの要素の関係性を考察した結果、それらは密接な相互関係にありながら、CV-Ia 期から CV-Ib 期への明瞭な変化を生み出してきたことが確認された。そして、こうした一連の変化に伴うマウンドの形成過程の変化は、そこに関与してきた人々の行為やその意図、マウンドに対する認識にも変化を生じさせていた。

CV-Ia 期におけるマウンドは、その形成が動植物遺存体の薄い堆積層に始まり、それが円礫や土壌を含んだ盛土として繰り返し堆積していくこと、盛土に含まれる考古遺物の来歴は日々の生態資源利用に関わるものであったことから、

終章　アンデス文明史におけるマウンドと神殿

生態資源利用の残滓を同じ場所に廃棄する行為が繰り返されることによって形成されてきたことがわかる。この廃棄行為が反復的、継続的に行われていることからするならば、それは、ある場所に生態資源利用の残滓を廃棄すべきという慣習に則った社会実践［cf. ブルデュー 1988］として捉えることができる。すなわち、CV-Ia 期のマウンドは、反復的な廃棄実践の結果として形成されてきたといえる。同じ行為を繰り返しているつもりでも、そこに積み重なっていく廃棄物によってマウンドの規模はおのずと増大していく。こうして、廃棄実践の意図しない結果としてマウンドの視認性は高まっていったと考えられる。ただし、この時期に視認性を意識したマウンドの建設活動は行われていなかったといえることから、あくまでマウンドは集団による廃棄行為を通して残される廃棄物の山としての性格を強く持っていたといえる。

　CV-Ib 期になってもこの廃棄行為は継続して行われ続けるのだが、そこには盛土表面に決まった手順で粘土床を張るというような新たな建築活動や埋葬行為が組み込まれていく。埋葬がマウンドに組み込まれていくことは、人々のマウンドに対する認識が何らかの形で変化していたことを推察させる。そして、白い粘土床でマウンドを覆うような視認性を意識した建設活動が明確化していくことは、そこにマウンドを建造物として構築していくような意図が生じつつあったことを示すものである。マウンドの形成に関与してきた行為の変化から行為者の意図や認識を読み取ろうとするならば、この時期にマウンドは人の手が加えられた人工物として認識され、建設され始めるようになったことがわかる。そうしたマウンドを建設する行為が一定の手続きに則って繰り返されていることから、CV-Ib 期のマウンドは、廃棄行為と建設行為、埋葬行為が複合した社会実践によって形成されてきたといえる。その意味で、この実践はマウンド・ビルディングと呼ぶことができる。すなわち、この時に初めて、マウンドはモニュメントとして位置づけられ、構築されていくことになる。

（6）モニュメントの創出と集団の変容

　CV-Ia 期から CV-Ib 期に至るまで継続されてきた反復的な廃棄行為は、マウンドを生み出した基本原理ともいえる。そして、ここで廃棄される生態資源利

第 2 節　おわりに：環境変動・資源利用・モニュメンタリティ

用の残滓は、CV-Ib 期になって、マウンドという建造物を築く土台として取り扱われるようになったことを意味している。それと同時に、特定の人物の遺体もまたマウンドに結び付けられるようになっていく。マウンドに埋め込まれた残滓や遺体などの物質的過去は、マウンドを構成するものとして関係づけられていたわけだ。したがって、マウンド・ビルディングとは、マウンドの内外で行われた様々な社会実践の痕跡を一つに集め、建造物として構築する行為であったといえ、それが繰り返される中で、日々の生態資源利用と行為者集団、マウンドは、おのずと結び付けられていくことになった。一定の規範に基づいた、協働的な行為として繰り返されていたことからするならば、マウンドに対する認識は集団内で共有されていたといえる。こうした社会的認識の形成は、集団をマウンドという場に強く結びつける結果となったと考えられる。すなわちマウンドは、一連の社会生活をともにする集団の結節点となっていったのであり、集団の凝集性は相対的に高まっていった。反復的な廃棄活動は、マウンド・ビルディングとして再編されていくのであり、それに伴って、CV-Ia 期から続く漁撈集団にはマウンド・ビルディングに従事する集団という社会的な性質が付加されたことがわかる。マウンドを生み出す社会実践の変化とマウンドに対する認識の変化は、集団を徐々に変容させていく結果となった。

　上述のように、マウンドの形成過程の変化を考古学データに基づいて丹念に検証してきた結果、マウンドは CV-Ib 期になって初めてモニュメントとして建設され始めることが明らかになった。これは、社会実践論的な解釈にもとづく仮説［cf. 関 2015b］として提示されてきたにすぎなかった、アンデス文明史におけるモニュメントの創出過程がはじめて実証されたことを意味する。また、これまでに神殿建築の出現と同義とされてきたもモニュメントの出現過程に異議を唱え、それがマウンド・ビルディングという社会実践が開始される古期に遡ることも明らかになった。

（7）マウンド・ビルディングの開始とその背景

　マウンドを形成してきた廃棄実践が、CV-Ib 期になってマウンド・ビルディングという社会実践へと再編されていくことの背景として 3 つの点を論じて

きた。

　第1に、廃棄行為が継続的に行われることによってマウンドの視認性が増加していた点が挙げられる。一つの場所で反復的に廃棄活動が行われていたという事実は、マウンドが生態資源利用の残滓を廃棄するべき場所として継続的に取り扱われていたことを示している。廃棄行為という社会実践の反復は、廃棄物の累積であるマウンドと集団の関係性を徐々に構築し、強化していったと考えられる。同じような廃棄活動を繰り返しているつもりでも、マウンドという物理的環境は徐々に変化していき、そうした変化に伴って明瞭な床を建設するようになるなど、人々の社会実践が変貌していった様子がうかがえる。

　第2に、環境変動による生態環境の変化と、それに伴う生態資源利用の実践に変化が生まれていたことが挙げられる。CV-Ib期に環境変動を経験したクルス・ベルデ遺跡の人々は、これに伴う物理的環境の変化、つまり拡大する河口・汽水域や生態資源分布の変化に直面し、生態資源利用に関わる一連の実践を再編させていた。社会生活の中で営まれる社会実践は、それぞれが互いに連鎖しており、その総体によって認識や世界観を生み出していたと考えるならば、生態資源利用と密接な関係にあったマウンドもまた連鎖的に変化していったと想定できる。ラグーンなどの河口・汽水域で集中的に行われるようになった大型のサメ類の追い込み漁は、それまでに行われていたオタリアやグアナイウを中心とした狩猟と比較して、相対的に多くの人員が密に連携する必要であったと推測される。つまり、そうした生態資源利用の変化は協働の機会を増加させることにつながったと考えられる。この点についてはあくまで仮説の域を出ないため、今後、検証が必要といえるが、こうした日常的な生態資源利用の実践が集団内の関係性を強化させ、その残滓の集積であるマウンドと集団の関係性を変化させていった可能性を指摘できる。

　第3にCV-Ib期における生態資源利用の変化が、チカマ川流域沿岸部に散在していた集団間の関係性にも変化をもたらしたことが挙げられる。それは同一のラグーンにおける資源を共有しながらも、それぞれの集団が別々に大型サメ類の獲得と消費を行うようになるというものである。こうした日常的な生態資源利用の変化は、クルス・ベルデ遺跡の集団が、他集団を認識し、両者の差異

第2節　おわりに：環境変動・資源利用・モニュメンタリティ

を経験する機会を増加させるとともに緩やかな相互交流の機会を増加させることになったと想定できる。これにもとづく集団間の影響関係によって、両遺跡では、マウンドを建造物として作り上げるマウンド・ビルディングが共時的に開始されていったとみてよいだろう。

　このように、環境変動やマウンドの規模の増大という、集団を取り巻く物理的環境の変化を契機として、日々の社会実践や集団内の社会関係に変化が生じていったといえる。このことがマウンドに対する認識を変化させ、集団内部の変化としてマウンド・ビルディングの開始へとつながっていった。一方で、マウンドを建造物として建設するようになるという現象は、この時期に北海岸の各地域で起こっていたことから、集団間のゆるやかな相互交流などの影響も想定しなくてはならない。すなわち、それぞれの集団の規範や実践の変化という内部要因とともに、生態資源利用に関わる集団関係の変化という外部要因が複雑に絡み合う中で、マウンド・ビルディングは開始されていった。

2．アンデス文明史における古期北海岸の位置づけ

（1）　チカマ川流域沿岸部の中のクルス・ベルデ遺跡

　クルス・ベルデ遺跡と同一地域内に分布するその他の遺跡のデータを比較した結果、クルス・ベルデ遺跡を形成した人々が生態資源利用やマウンドでの社会実践において自立した集団であったということが明らかになった。具体的には、埋葬の有無や埋め込まれる食糧残滓、および道具の種類などの点で、マウンド間に差異が認められる。このうち、マウンドの形成過程については、埋葬の有無や床の構造などの独自性がCV-Ib期におけるマウンド・ビルディングの開始に伴って確認されている。行為者集団がマウンド・ビルディングを通して再生産されてきたとするならば、集団の独立性と自立性が高まっていたことが示唆される。

　それとは反対に、クルス・ベルデ遺跡における動物利用は、CV-Ib期になってワカ・プリエタ遺跡と類似するものに変化していく。すなわち、クルス・ベ

ルデ遺跡でマウンドの形成に参与してきた集団はラグーンという局所的に分布する生態環境をワカ・プリエタ遺跡とともに利用するようになっていた。一見相反する2つの現象が示唆するのは、両遺跡の集団がCV-Ib期に同一の生態資源を共有しながら、別々に資源の獲得と消費を組織していたという独立と共存の関係である。これに伴う集団の接触や相互交流の機会の増加が、各遺跡でマウンド・ビルディングという建設活動が一斉に開始されるという現象と、それぞれに独自のマウンド・ビルディングが実践されていくという現象を共時的に引き起こしていた。つまり、クルス・ベルデ遺跡のマウンドは、チカマ川流域沿岸部の各所でこの時期に成立していた小規模な集団の一つによって形成されてきたものといえ、そうした集団が社会実践を通してマウンドとの関係を築き、独自性と自立性を維持していたと考えられる。

　なお、こうしたクルス・ベルデ遺跡でみられた活動は、長期的に継続されることはなく、ワカ・プリエタ遺跡のフェイズ4（3300-2100 cal BC）を待たずして放棄されてしまう。同一の生態資源を利用する共存関係は長く続かなかったといえ、集団はより大きなものへ統合されていったと推察される。この時期に、ワカ・プリエタ遺跡における活動は祭祀・儀礼的な様相が強いものとなり、マウンドで行われた建設活動も大規模なものとなった［Dillehay (ed.) 2017］。クルス・ベルデ遺跡の集団もワカ・プリエタの集団に統合されていった可能性がある。

（2）マウンド・ビルディングと神殿更新

　本書で論じてきた古期のマウンド・ビルディングと形成期早期の神殿更新というモニュメントを作り出す2つの社会実践を対比させることによって、それらの特質が明らかとなった。マウンド・ビルディングと神殿更新には、建造物を生み出していく原理に高い類似性があることが確認された。双方に共通する性質とは、それらが慣習的に繰り返される建設活動であり、様々な行為の残滓である廃棄物を適切な手続きで取り扱い、廃棄する行為と密接な関係のもと行われる点にあった。こうした廃棄行為が建設活動に反復性を生み出す原動力になっていたと考えられることは、社会実践の根幹に神殿更新と共通する性質が

第2節　おわりに：環境変動・資源利用・モニュメンタリティ

あったことを示唆している。

　一方でマウンド・ビルディングには、複雑な建築的パターン認識が行われた証拠はなく、建造物の姿や建築要素の配置・区画を思い描いて建設活動が高度に組織されるような空間利用の計画性や遺跡間の規格性も認められない。また、建造物を利用して行われるような祭祀儀礼が存在した証拠も希薄である。このことからするならば、それはあくまでもマウンドの儀礼的な建設活動自体に軸足をおく社会実践に留まっていたことが指摘できる。マウンドが思い描いた形で構築されることがなかったことは、建設活動に際し、以前の建造物を破壊することがない点にも表れており、しばしば破壊を伴う神殿更新とは対照的である。すなわち、マウンド・ビルディングの特質とは、増殖し続け、完成されることのない、反復的な行為の継続性にあり、儀礼的な建設活動を重視する点にある。マウンド・ビルディングが行為者集団とマウンドという物理的環境を結び付け続ける行為であったとするならば、その継続性は、マウンドと集団、そして集団内の社会関係の構築と維持をもたらしてきたものであったと考えられる。クルス・ベルデ遺跡における集団の社会的・経済的な自立性は日々の生態資源利用と密接に関わるマウンド・ビルディングの継続性によって維持されてきた。これに対する神殿更新では、整然とした基壇や炉、部屋状構造物といった建築的パターンの認識が複雑に発展していた。双方はともに、廃棄行為と建設行為が結びつき、廃棄物を適切に処理する中で自動的に実践が反復されるような継続性を有していたものの、複雑な建築的パターン認識を組織的に実現しようとする計画性・規格性の有無、祭祀性・象徴性の強弱として差が現れていた。

　さらに、マウンド・ビルディングと神殿更新における上述の共通性を手掛かりとしながら、両者の関係性を検討した。慣習化された廃棄行為と反復的な建設活動が結びつくという共通性は、両者が社会実践の基盤を共有していたことを示唆している。今後の調査によって、古期の北部中央・中央海岸におけるマウンド・ビルディングの有無を明らかにする必要があるものの、現状のデータに沿って仮説を立てるとすれば、両者の関係性としてなんらかの系譜的・歴史的関係を想定することが可能といえる。

注

1) コトシュ遺跡と類似する建築物の存在については、コトシュ宗教伝統 [Burger and Salazar Burger 1980]、ミト建築伝統 [Bonnier 2008] などの言葉で定義され議論が続けられている。前者はイデオロギー自体に着目したものであり、後者は建築様式が基準となる。これらの神殿建築には共通性とともに、建築様式の細部に差異も認められる。この議論については鶴見 [2016] が詳しくまとめている。

2) 最も多くの動物遺存体が出土する TD3 (Trash Deposit) 遺構では、チリイガイとナンベイチドリマスオがそれぞれ 92 点と 105 点（最小個体数）確認されており、もっとも多く出土した魚種であるカタクチイワシが 326 点（同定資料数）で確認されている。これをふまえれば、一度に消費された動物資源の量はそこまで多くない [Vega-Centeno 2007: Table 1]。饗宴活動で消費されたとして、5〜20 人程度の集団が想定できるだろうか。

3) ただし、多くの剥片が出土していることから、それらが加工具として用いられていた可能性はある [cf. Terada and Onuki 1982, 1985]。

4) 形成期早期の神殿建築であるセロ・ベンタロン遺跡 (2000 BC) は、海岸部の神殿建築で一般に認められる円形半地下式広場などは認められず、そのほかの建築要素も北部中央・中央海岸を中心に展開した遺跡とは異なっている [Alva 2010]。北海岸における形成期早期の神殿建築といえるが、やや内陸に立地している点、同一の地域内に類例が認められないことから、特異な事例といえる。

参考文献（欧文）

Abrams, Elliot M.
 1989 Architecture and Energy: An Evolutionary Perspective. *Archaeological Method and Theory*, 1: 47-87.

Álamo, Víctor and Violeta Valdivieso
 1997 *Lista sistemática de moluscos marinos del Perú*. Volumen Extraordinario de Boletín del Instituto del Mar, IMARPE, Callao.

Alberti, Benjamin
 2016 Archaeologies of Ontology. *Annual Review of Anthropology*, 45: 163-179.

Alva, Ignacio
 2010 Los complejos de Cerro Ventarrón y Collud-Zarpán: Del Precerámico al Formativo en el valle de Lambayeque. *Boletín de Arqueología PUCP*, 12: 97-118.

Alva, Walter
 1986 *Las Salinas de Chao: Asentamiento temprano en el norte del Perú*. Verlag C.H. Beck, München.
 2008 Ventarrón, Collud-Zarpán: Centros ceremoniales primigenios en Lambayeque. *Naylamp*, 111: 25-35.

Andrus, Fred C.
 2011 Shell Midden Sclerochronology. *Quaternary Science Reviews*, 30: 2892-2905.
 2012 Molluscs as Oxygen-Isotope Season of Capture Proxies in Southeastern United States Archaeology. In *Seasonality and Human Mobility along the Georgia Bight*, edited by Elizabeth J. Reitz, Irvy R. Quitmyer and David H. Thomas, pp. 123-134, American Museum of Natural History, New York.

Andrus, Fred C and Douglas E. Crowe
 2000 Geochemical Analysis of *Crassostrea virginica* as a Method to Determine Season of Capture. *Journal of Archaeological Science*, 27: 33-42.

Andrus, Fred C., Douglas E. Crowe, Elizabeth J. Reitz and Christopher S. Romanek
 2002 Otolith $\delta^{18}O$ Record of Mid-Holocene Sea Surface Temperatures in Peru. *Science*, 295: 1508-1511.

Andrus, Fred C., Douglas E. Crowe, Daniel H. Sandweiss, Elizabeth J. Reitz, Christopher S. Romanek and Kirk A. Maasch
 2003 Response to Comment on "Otolith $\delta^{18}O$ Record of Mid-Holocene Sea Surface Temperatures in Peru". *Science*, 209: 203b.

Andrus, Fred C., Gregory W. L. Hodgins, Daniel. H. Sandweiss and Douglas E. Crowe
 2005 Molluscan Radiocarbon as a Proxy for El Niño-related Upwelling Variation in Peru. *Geological Society of America Special Paper*, 395: 13-20.

Andrus, Fred C. and Victor D. Thompson

2012 Determining the Habitats of Mollusk Collection at the Sapelo Island Shell Ring Complex, Georgia, USA Using Oxygen Isotope Sclerochronology. *Journal of Archaeological Science,* 39: 215–228.

Angulo, E. Violeta

2008 Impacto del ciclo "El Niño" 1991–2007 sobre la pesquería y biología de *Mugil cephalu*s "Lisa" de las aguas litorales del mar de la región Lambayeque. Unpublished Ph.D Dissertation, Escuela de Postgrado Programa Doctoral en Ciencias Ambientales, Universidad Nacional de Trujillo, Trujillo.

Aponte, Héctor, Dámaso Ramírez and Gustavo Lértora

2018 *Los Pantanos de Villa: Un oasis de vida en Lima Metropolitana.* Fondo Editorial de la Universidad Científica del Sur, Lima.

Arnold, Jeanne E.

1996 The Archaeology of Complex Hunter Gatherers. *Journal of Archaeological Method and Theory,* 3: 77–126.

Arntz, Wolf E. and Eberhard Fahrbach

1996 *El Niño experimento climático de la naturaleza.* Fondo de Cultura Económica México, México.

Arntz, Wolf E. and Violeta Valdivieso

1987 *Lista sistemática de los moluscos marinos del Perú.* Volumen Extraordinario de Boletín del Instituto del Mar, IMARPE, Callao.

Baker, Brenda J., Tosha L. Dupras and Matthew W. Tocheri

2005 *The Osteology of Infants and Children.* Texas A&M University Press, Texas.

Benfer, Robert A.

1999 Proyecto de excavaciones en Paloma, Valle de Chilca, Peru. *Boletín de Arqueología PUCP,* 3: 213–237.

2012 Monumental Architecture Arising from an Early Astronomical-Religious Complex in Perú, 2200–1750 BC. In *Early New World Monumentality,* edited by Richard L. Burger and Robert M. Rosenswig, pp. 313–363, University Press of Florida, Florida.

Bertone, Gabriela, Enrique Bellido and Li Jing Na

2008 La arqueobotánica peruana: Del objeto de estudio al objeto de conocimiento. In *Arqueobotánica y teoría arqueológica discusiones desde suramérica.* edited by Sonia Archila, Marco Giovanneti y Verónica Lema, Universidad de los Andes, Bogotá.

Binford, Lewis R.

1977 General Introduction. In *For Theory Building in Arcaeology: Essays on Faunal Remains, Aquatic Resources, Spatial Analysis, and Systemic Modeling,* edited by Lewis R. Binford, pp. 1–10, Academic Press, New York.

Bird, Junius B., John Hyslop and Milica D. Skinner

1985 *The Preceramic Excavations at the Huaca Prieta, Chicama Valley, Peru.* Anthropological Papers of the American Museum of Natural History 62(1), American Museum of Natural History, New York.

Bischof, Henning

1994 Toward the Definition of Pre-and Early Chavin Art Styles in Peru. *Andean Past,* 4: 169-228.

2009 Los periodos Arcaico Tardío, Arcaico Final y Formativo Temprano en el valle de Casma: Evidencias e hipótesis. *Bolletín de Arqueología PUCP,* 13: 9-54.

Bloom, Arthur L.

1980 Late Quaternary Sea Level Change on South Pacific Coasts: A Study in Tectonic Diversity. In *Earth Rheology, Isostasy and Eustasy,* edited by N. L. Morner, pp. 505-516, John Wiley and Sons, New York.

Bonavia, Duccio, Víctor Vásquez, Teresa Rosales, Tom D. Dillehay, Patricia Netherly and Kristin Benson

2017 Chapter 10: Plant Remains. In *Where the Land Meets the Sea: Fourteen Millennia of Human History at Huaca Prieta, Peru,* edited by T. Dillehay, pp. 367-433, University of Texas Press, Austin.

Bonnier, Elizabeth

2008 *Arquitectura precerámica en los Andes: La Tradición Mito.* IFEA y Lluvia Editores, Lima.

Bonnier, Elizabeth and Catherine Rozenberg

1988 Del santuario al caserío: Acerca de la neolitización en la cordillera de los Andes Centrales. *Boletín del Instituto Francés de Estudios Andinos,* 16(2): 23-40.

Brack Egg, Antonio

2004 *Enciclopedia temática del peru IV: Ecología.* Milla Batres, Lima.

Bradley, Raymond S.

1985 *Quaternary Paleoclimatology: Methods of Paleoclimatic Reconstruction.* Allen and Unwin, Sydney.

Bradley, Richard

1998 *The significance of Monuments: On the Shaping of Human Experience in Neolithic and Bronze Age Europe.* Routledge, London.

2000 *An Archaeology of Natural Places.* Routledge, London.

Bray, Tamara L. (editor)

2003 *The Archaeology and Politics of Food and Feasting in Early States and Empires.* Kluwer Academic/ Plenum, New York.

Briceño, Jesús

1999 Quebrada Santa Maria: Las puntas cola de pescado y la antigüedad del hombre en Sudamérica. *Boletín de Arqueología PUCP,* 3: 19-40.

Briceño, Jesús and Mario Millones

1999 Los Restos humanos más tempranos del norte del Perú: Balance y proyecciones. *Boletín de Arqueología PUCP,* 3: 55-68.

Briceño, Jesús, Eric Rodríguez, Luis Pollack and C. Vergara

1994 Importancia natural y cultural de cerro campana: Estado actual y perspectivas. In *Actas de segunda jornada de investigación en ciencias biológicas,* pp. 402-405, Universidad Nacional de Trujillo, Trujillo.

Bronk Ramsey, Christopher
  2020 *OxCal Program, Version 4.4*. Radiocarbon Accelerator Unit, University of Oxford, Oxford.
Bronk Ramsey, Christopher, Richard A. Staff, Charlotte L. Bryant, Fiona Brock, Hiroyuki Kitagawa, Johannes van der Plicht, Gordon Schlolaut, Michael H. Marshall, Achim Brauer, Henry F. Lamb, Rebecca L. Payne, Pavel E. Tarasov, Tsuyoshi Haraguchi, Katsuya Gotanda, Hitoshi Yonenobu, Yusuke Yokoyama, Ryuji Tada and Takeshi Nakagawa
  2012 A Complete Terrestrial Radiocarbon Record for 11.2 to 52.8 kyr BP. *Science*, 338 (6105): 370–374.
Buddemeier, Robert W., James E. Maragos and David Knutson
  1974 Radiographic Studies of Reef Coral Exoskeleton: Rates and Patterns of Coral Growth. *Journal of Experimental Marin Biology and Ecology*, 14: 179–225.
Buikstra, Jane and Douglas Ubelaker (editors)
  1994 *Standards for Data Collection from Human Skeletal Remains*. Arkansas Archaeological Survey Research Series. 44. Fayetteville, Arkansas.
Burchell, Meghan, Aubrey Cannon, Nadine Hallmann, Henry P. Schwarcz and Bernd R. Schöne
  2013 Inter-site Variability in the Season of Shellfish Collection on the Central Coast of British Columbia. *Journal of Archaeological Science*, 40: 626–636.
Burger, L. Richard
  1988 Unity and Heterogeneity within the Chavin Horizon, In *Peruvian Prehistory: An Overview of Pre Inca and Inca Society*. edited by Richard W. Keating, pp. 99–104, Cambridge University Press, Cambridge.
  1992 *Chavin and the Origins of Andean Civilization*. Thames and Hudson, London.
Burger, L. Richard and Lucy C. Salazar Burger
  1980 Ritual and Religion at Huaricoto. *Archaeology*, 33(6): 26–32.
Cantillánez, Marcela, Miguel Avendaño, Manuel Rojo and Alberto Olivares
  2011 Parámetros reproductivos y poblacionales de *Thais chocolata* (Duclos, 1832) (Gastropoda, Thaididae), en la reserva marina La Rinconada, Antofagasta, Chile. *Latin American Journal of Aquatic Research*, 39(3): 499–511.
Cárdenas, Mercedes M.
  1999 El períod preceramico en el valle de Chao. *Boletin de Arqueología PUCP*, 3: 141–169.
Cardich, Augusto
  1960 Investigaciones prehistóricas en los Andes peruanos. In *Antiguo Perú: Espacio y tiempo*, Trabajos presentados a la Semana de Arqueología Peruana 9–14 de noviembre de 1959, edited by R. Matos, pp. 89–118, Juan Mejía Baca, Lima.
Carré, Matthieu, Ilhem Bentaleb, Dominique Blamart, Neil Ogle, Freddy Cardenas, Sheyla Zevallos, Robert M. Kalin, Luc Ortlieb and Michel Fontugne
  2005a Stable Isotopes and Sclerochronology of the Bivalve *Mesodesma donacium* Potential Application to Peruvian Paleoceanographic Reconstructions. *Palaeogeography, Palaeoclimatology, Palaeoecology*, 228: 4–25.
Carré, Matthieu, Ilhem Bentaleb, Michel Fontugne and Daniéle Lavallée

2005b Strong El Niño Events during the Early Holocene: Stable Isotope Evidence from Peruvian Sea Shells. *The Holocene,* 15(1): 42-47.

Carré, Matthieu, Julian P. Sachs, Sara Purca, Andrew J. Schauer, Pascale Braconnot, Rommel Angeles Falcón, Michèle Julien and Danièle Lavallée

    2014   Holocene History of ENSO Variance and Asymmetry in the Eastern Tropical Pacific. *Science,* 345: 1045-1047.

Castro, Edgardo, Oscar Huamán and Hernán Ortega

    1998   Ictiofauna de los Pantanos de Villa: Composición, abundancia y aspectos ecológicos. In *Los Pantanos de Villa: Biología y conservación,* edited by A. Cano and K. Young, pp. 75-84, Universidad Nacional Mayor de San Marcos, Lima.

Chauchat, Claide

    1988   Early Hunter-gatherers on the Peruvian Coast. In *Peruvian Prehistory,* edited by R. W. Keatinge, pp.41-66, Cambridge University Press, Cambridge.

Chauchat, Claude, César Gálvez, Jesús Briceño and Santiago Uceda

    1998   *Sitios arqueológicos de la zona de Cupisnique y margen derecha del valle de Chicama.* Instituto Nacional de Cultura, La Libertad/ Instituto Francés de Estudios Andinos, Trujillo / Lima.

Chauchat, Claude, Jacques Pelegrin, César Gálvez, Rosario Becerra and Rocio Esquerre

    2004   *Projectile Point Technology and Economy: A Case Study from Paiján, North Coastal Perú.* A Peopling of the Americas Publication, Center for the Study of the First Americans, Texas A & M University Press, College Station.

Childe, V. Gordon

    1958   Retrospect. *Antiquity,* 32: 69-74.

Chinzei, Kiyotaka, Hiroko Koike, Tadamichi Oba, Yoshiaki Matsushima and Hiroshi Kitazato

    1987   Secular Changes in the Oxygen Isotope Ratios of Mollusc Shells during the Holocene of Central Japan. *Palaeogeography, Palaeoclimatology, Palaeoecology,* 61: 155-166.

Chiou, Katherine L., Chritine Hastorf, Duccio Bonavia and Tom D. Dillehay

    2014   Documenting Cultural Selection Pressure Changes on Chile Pepper (*Capsicum baccatum* L.) Seed Size through Time in Coastal Peru (7,600 B.P.-Present). *Economic Botany,* 68(2): 190-202.

Chiou, Katherine L., Anita G. Cook and Christine A. Hastorf

    2013   Flotation Versus Dry Sieving Archaeobotanical Remains: A Case History from the Middle Horizon Southern Coast of Peru, *Journal of Field Archaeology,* 38(1): 38-53.

Chirichigno, Norma F.

    1970   *Lista de crustáceos del Perú* (*Decapoda y Stomatopoda*) *con datos de su distribución geográfica.* Informe N° 35. IMARPE. Callao.

Chu, Alejandro

    2011   Household Organization and Social Inequality at Bandurria, A Late Preceramic Village in Huaura, Peru. Unpublished Ph. D Dissertration, Department of Anthropology, University of Pittsburgh, Pittsburgh.

Clark, George R.

1974   Growth Lines in Invertebrate Skeeletons. *Annual Review of Earth and Planetary Sciences,* 2: 77-99.
Cleal, Rosamund and Karen E. Walker and Rebecca Montague
1995   *Stonehenge in its Landscape: Twentieth-century Excavations.* English Heritage, London.
Cobb, Kim M., Niko Westphal, Hussein R. Sayani, Jordan T. Watson, Emanuele Di Lorenzo, H. Cheng, R. L. Edwards and Christopher D. Charles
2013   Highly Variable El Niño-Southern Oscillation Throughout the Holocene. *Science,* 339: 67-70.
Cole, Julia
2001   A Slow Dance for El Niño. *Science,* 291: 1496-1497.
Colonese, André C., Ignacio Clemente, Ermengol Gassiot and José Antonio López-Sáez
2017   Oxygen Isotope Seasonality Determinations of Marsh Clam Shells from Prehistoric Shell Middens in Nicaragua. In *Climate Change and Human Responses: A Zooarchaeological Perspective,* edited by Gregory G. Monks, pp. 139-152, Springer Science+Business Media Dordrecht, Dordrecht.
Coutts, Peter J. and Charles Higham
1971   The Seasonal Factor in Prehistoric New Zealand. *World Archaeology,* 2: 266-277.
Craig, Harmon
1965   The Measurement of Oxygen Isotope Paleotemperatures. In *Stable Isotopes in Oceanographic Studies and Paleotemperatures,* edited by E. Tongiorgi, pp. 161-182, Laboratoria di Geologia Nucleare, Pisa.
Curtis, Tobey and Douglas Adams, George Burgess
2011   Seasonal Distribution and Habitat as Sociations of Bull Sharks in the Indian River Lagoon, Florida: A 30 year Synthesis. *Transactions of the American Fisheries Society,* 140: 1213-1226.
Cushman, Gregory
2013   *Guano and the Opening of the Pacific World: A Global Ecological History.* Gregory Cambridge University Press, New York.
Dall, William.
1909   Report on a Collection of Shells from Peru, with a Summary of the Littoral Marine Mollusca of the Peruvian Zoological Province. *Proceedings United States National Museum,* 37(1704): 147-294.
Davis, Loren G., David B. Madsen, Lorena Becerra-Valdivia, Thomas Higham, David A. Sisson, Sarah M. Skinner, Daniel Stueber, Alexander J. Nyers, Amanda Keen-Zebert, Christina Neudorf, Melissa Cheyney, Masami Izuho, Fumie Iizuka, Samuel R. Burns, Clinton W. Epps, Samuel C. Willis and Ian Buvit
2019   Late Upper Paleolithic Occupation at Cooper's Ferry, Idaho, USA, ~16,000 years ago. *Science,* 365: 891-897.
Deza, Carlos and Delia Munenaka
2004   Subsistencia del hombre paijanense en el sitio No. 3 de La Cumbre, valle de Moche. In *Desarrollo arqueológico costa norte del Perú 1,* edited by L. Valle, pp. 45-56,

SIAN, Trujillo.

Díaz, Amanda and Luc Ortlieb
- 1993 El fenómeno "El Niño" y los moluscos de la costa peruana. *Bolletin de Instituto Frances études Andines,* 22(1): 159-177.

Dillehay, Tom D. (editor)
- 2011 *From Foraging to Farming in the Andes -New Perspectives on Food Production and Social Organization.* Cambridge University Press, Cambridge.
- 2017 *Where the Land Meets the Sea: Fourteen Millennia of Human History at Huaca Prieta, Peru.* University of Texas Press, Austin.

Dillehay, Tom D.
- 1989 *Monte Verde: A late Pleistocene Settlement in Chile, Vol. 1,* Smithsonian Institution Press, Washington DC.
- 2000 *The Settlement of the Americas: A New Prehistory.* Basic Books, New York.
- 2017 Beyond Matter to Foundations and Representations. In *Where the Land Meets the Sea: Fourteen Millennia of Human History at Huaca Prieta, Peru,* edited by Tom D. Dillehay, pp. 594-616, University of Texas Press, Austin.
- 2020 The Use and Construction History of Huaca Prieta, North Coast of Peru. In *Maritime Communities of the Ancient Andes,* edited by Gabriel Prieto and Daniel H. Sandweiss, pp. 101-130, University Press of Florida, Florida.

Dillehay, Tom D., Carlos Ocampo, José Saavedra, Andre Oliveira Sawakuchi, Rodrigo M. Vega, Mario Pino, Michael B. Collins, Linda Scott Cummings, Iván Arregui, Ximena S. Villagran, Gelvam A. Hartmann, Mauricio Mella, Andrea González and George Dix
- 2015 New Archaeological Evidence for an Early Human Presence at Monte Verde, Chile. *PLoS ONE,* 10(11): 1-27.

Dillehay, Tom D. and Duccio Bonavia
- 2017a Cultural Phase and Radiocarbon Chronology. In *Where the Land Meets the Sea: Fourteen Millennia of Human History at Huaca Prieta, Peru,* edited by Tom D. Dillehay, pp. 88-108, University of Texas Press, Austin.
- 2017b Nontextile and Nonbasketry Material Culture. In *Where the Land Meets the Sea: Fourteen Millennia of Human History at Huaca Prieta, Peru,* edited by Tom D. Dillehay, pp. 434-457, University of Texas Press, Austin.

Dillehay, Tom D., Duccio Bonavia, Gabino Rodríguez, Gerson Levi-Lazzarus, Daniel Fernandes Moreira, Marilaura López Solís, Paige Silcox and Kristin Benson
- 2017a Site Data and Patterns. In *Where the Land Meets the Sea: Fourteen Millennia of Human History at Huaca Prieta, Peru,* edited by Tom D. Dillehay, pp. 109-165, University of Texas Press, Austin.

Dillehay, Tom D., Duccio Bonavia, Steve L. Goodbred Jr., Mario Pino, Victor Vásquez and Teresa Rosales
- 2012a A Late Pleistocene Human Presence at Huaca Prieta, Peru, and Early Pacific Coastal Adaptations. *Quaternary Research,* 77(3): 418-423.

Dillehay, Tom D., Duccio Bonavia, Steven Goodbred, Mario Pino, Victor Vasquez, Teresa Rosales

T., William Conklin, Jeff Splitstoser, Dolores Piperno, José Iriarte, Alexander Grobman, Gerson Levi-Lazzaris, Daniel Moreira, Marilaura López, Tiffiny Tung, Anne Titelbaum, John Verano, James Adovasio, Linda Scott Cummings, Phillipe Bearéz, Elise Dufour, Olivier Tombret, Michael Ramirez, Rachel Beavins, Larisa DeSantis, Isabel Rey, Philip Mink, Greg Maggard and Teresa Franco
    2012b Chronology, Mound-building and Environment at Huaca Prieta, Coastal Peru, from 13700 to 4000 Years Ago. *Antiquity,* 86(331): 48-70.

Dillehay, Tom D., Steve Goodbred, Mario Pino, Víctor Vásquez, Teresa Rosales, James Adovasio, Michael B. Collins, Patricia J. Netherly, Christine A. Hastorf, Katherine L. Chiou, Doroles Piperno, Isabel Rey and Nancy Velchoff
    2017b Simple Technologies and Diverse Food Strategies of the Late Pleistocene and Early Holocene at Huaca Prieta, Coastal Peru. *Science Advances,* 3(5): 1-13.

Dillehay, Tom D., Greg Maggard, Jack Rossen and Kary Stackelbeck
    2011a Technologies and Material Culture. In *From Foraging to Farming in the Andes: New Perspectives on Food Production and Social Organization,* edited by Tom D. Dillehay, pp. 205-228, Cambridge University Press, Cambridge.

Dillehay, Tom D., Patricia J. Netherly and Jack Rossen
    2011b Preceramic Mounds and Hillside Villages. In *From Foraging to Farming in the Andes: New Perspectives on Food Production and Social Organization,* edited by Tom D. Dillehay, pp. 135-162, Cambridge University Press, Cambridge.

Dillon, Michael O.
    2005 The Solanaceae of the Lomas Formations of Coastal Peru and Chile. *Monographs in Systematic Botany,* 104: 131-156.

Dillon, Michael O., Miyuki Nakazawa and Segundo L. Gonzáles
    2003 The *Lomas* Fomation of Coastal Peru: Composition and Biogeolographic History. In *El Niño in Peru: Biology and Culture Over 10,000 Years,* edited by Jonathan Haas, pp. 1-9, Field Museum of Natural History, Chicago.

Dobres, Marcia-Anne and John Robb (editors)
    2000 *Agency in Archaeology.* Routledge, London.

Dodge, Richard E. and J. Rimas Vaisnys
    1980 Skeletal Growth Chronologies of Recent and Fossil Corals. In *Skeletal Growth of Aquatic Organisms,* edited by Rhoads, D.C. and R.A. Lutz, pp. 493-517, Plenum Press, New York.

Dubreuil, Laure, Daniel Savage, Selina Delgado-Raack, Hugues Plisson, Birgitta Stephenson and Ignacio de la Torre
    2015 Current Analytical Frameworks for Studies of Use-Wear on Ground Stone Tools. In *Use-Wear and Residue Analysis in Archaeology,* edited by João Marrieros, Juan Gibaja and Nuno Ferreira, pp.105-158, Springer, New York.

Earle, Timothy and Robert Preucel
    1987 Processual Archaeology and the Radical Critique. *Current Anthropology* 28: 501-538.

Engel, Fredric. A.
    1980 *Prehistoric Andean Ecology: Man, Settlement and Environment in the Andes. Volume*

1. Humanities Press, New York.

Etayo-Cadavid, Miguel F., C. Fred Andrus, Kevin B. Jones, Gregory W.L. Hodgins, Daniel H. Sandweiss, Santiago Uceda-Castillo and Jeffrey Quilter

    2013   Marine Radiocarbon Reservoir Age Variation in *Donax obesulus* Shells from Northern Peru: Late Holocene Evidence for Extended El Niño. *Geology,* 41(5): 599-602.

Fish, Paul R., Suzanne K. Fish, Paulo DeBlasis and Maria Dulce Gaspar

    2013   Monumental Shell Mounds as Persistent Places in Southern Coastal Brazil. In *The Archaeology and Historical Ecology of Small Scale Economies,* edited by Victor D. Thompson and James C. Waggoner Jr., pp.120-140, The University Press of Florida, Florida.

Flanco, Régulo J., Carlos Q. Moreno, Percy V. Huamanchumo and Carlos Q. Gutierrez

    2013   El Apu Campana: La montaña de las escenas de sacrificios humanos, historia, arqueología y biodiversidad. *Revista Arqueológica SIAN,* 24: 2-40.

Flannery, Kent V.

    1982   The Golden Marshalltown: A Parable for the Archeology of the 1980's. *American Anthropologist,* 84: 265-278.

Feldman, Robert A.

    1985   Pre-ceramic Corporate Architecture: Evidence for the Development of Non-egalitarian Social Systems in Peru. In *Early Ceremonial Architecture in the Andes,* edited by Christopher B. Donnan, pp. 71-92, Dumbarton Oaks Research Library and Collection, Washington D.C.

    1992   Preceramic Architecture and Subsistence Traditions. *Andean Past,* 3: 67-86.

Flood, Josephine

    1995   *Archaeology of the Dreamtime: The Story of Prehistoric Australia and its People.* Angus and Robertson, Sydney.

Fowler, Chris

    2013   Dynamic Assemblages, or the Past is What Endures: Change or Duration of Relations. In *Archaeology After Interpretation: Returning Materials to Archaeological Theory,* edited by Benjamin Alberti, Andrew Meirion Jones and Joshua Pollard, pp.235-256, Routledge, London.

Fontugne, Michel, Pierre Usselmann, Daniéle Lavallée, Michéle. Julien and Christine Hatté

    1999   El Niño Variability in the Coastal Desert of Southern Peru during the Mid-Holocene. *Quaternary Research,* 52: 171-179.

Franco, Teresa C. B.

    2017   Marine Shell Analysis for Seasonality. In *Where the Land Meets the Sea: Fourteen Millennia of Human History at Huaca Prieta, Peru,* edited by Tom D. Dillehay, pp. 634-644, University of Texas Press, Austin.

Fuchs, Peter R., Renate Patzschke, Germán Yenque and Jesús Briceño

    2009   Del Arcaico Tardío al Formativo Temprano: Las investigaciones en Sechín Bajo, valle de Casma. *Bolletín de Arqueología PUCP,* 13: 55-86.

Fung, Rosa

    1988   The Late Preceramic and Initial Period. In *Peruvian Prehistory,* edited by R.W. Keatinge, pp. 67-98. Cambridge University Press, Cambridge.

Frenzel, Peter, Judith Ewald and Anna Pint

    2017   Salinity-dependent Sieve Pore Variability in Cyprideis Torosa: An Experiment. *Journal of Micropalaeontology,* 36: 57-62.

Gell, Alfred

    1998   *Art and Agency: An Anthropological Theory,* Clarendon Press, Oxford.

Gibaja, Juan F. and Bernard Gassin

    2015   Use-Wear Analysis on Flint Tools. Beyond the Methodological Issues. In *Use-Wear and Residue Analysis in Archaeology,* edited by João Marrieros, Juan Gibaja and Nuno Ferreira, pp.41-58, Springer, New York.

Gibson, Jon L.

    2004   The Power of Beneficent Obligation in First Mound-Building Societies. In *Signs of Power: The Rise of Cultural Complexity in the Southeast,* edited by Jon L. Gibson and P. J. Carr, pp. 254-269, University of Alabama Press, Tuscaloosa.

Gonzalez-Pestana, Adriana

    2019   Habitat Suitability of Juvenile Smooth Hammerhead Shark (Sphyrna zygaena) off Northern Peru. Unpublished Thesis for Master in Science, James Cook University, Australia.

Goodbred, Steven, Rachel Beavins, Michael Ramírez, Mario Pino, André O. Sawakuchi, Claudio Latorre, Tom D. Dillehay and Duccio Bonavia

    2017   Holocene Geology and Paleoenvironmental History of the Lower Chicama Valley. In *Where the Land Meets the Sea: Fourteen Millennia of Human History at Huaca Prieta, Peru,* edited by Tom D. Dillehay, pp.49-87, University of Texas Press, Austin.

Goodbred, Steven, Tom D. Dillehay, César Galvéz Mora and André O. Sawakuchi

    2020   Transformation of Maritime Desert to an Agricultural Center: Holocene Environmental Change and Landscape Engineering in Chicama River Valley, Northern Peru Coast. *Quaternary Science Reviews,* 227: 106046.

Gould, Richard A. and Michael B. Schiffer (eds.)

    1981   *Modern Material Culture: The Archaeology of Us.* Academic Press, New York.

Grieder, Terence

    1975   A Dated Sequence of Building and Pottery at Las Haldas. *Ñawpa Pacha,* 13: 99-112.

Grieder, Terrence, Alberto B. Mendoza, C. Earle Smith Jr. and Robert M. Malina

    1988   *La Galgada, Peru: A Preceramic Culture in Transition.* University of Texas Press, Austin.

Grobman, Alexander, Duccio Bonavia, Tom D. Dillehay, Dolores Piperno, José Iriarte and Irene Holst

    2012   Preceramic Maize from Paredones and Huaca Prieta, Peru. *PNAS,* 109(5): 1755-1759.

Grossman, Ethan L. and Teh-Lung Ku

    1986   Oxygen and Carbon Isotope Fractionation in Biogenic Aragonite: Temperature Effects. *Chemical Geology,* 59(1): 59-74.

参考文献（欧文）

Hallmann, Nadine, Meghan Burchell, Bernd R. Schöne, Gail V. Irvine and David Maxwell
    2009   High-resolution Sclerochronological Analysis of the Bivalve Mollusk *Saxidomus gigantea* from Alaska and British Columbia: Techniques for Revealing Environmental Archives and Archaeological Seasonality. *Journal of Archaeological Science*, 36: 2353-2364.

Harrington, Robert J.
    1989   Aspects of Growth Deceleration in Bivalves: Clue to Undterstanding the Seasonal $\delta^{18}O$ and $\delta^{13}C$ Record: A Comment on Krantz et al. 1987. *Palaeogeography, Palaeoclimatology, Palaeoecology*, 70: 399-407.

Harris Matthew, Weister Marshall and Faulkner Patrick
    2015   A Refined Protocol for Calculating MNI in Archaeological Molluscan Shell Assemblages: A Marshall Islands Case Study. *Journal of Archaeological Science*, 57: 168-179.

Haas, Jonathan and Alvaro Ruiz
    2004   Power and the Emergence of Complex Polities in the Peruvian Preceramic. *Archaeological Papers of the American Anthropological Association*, 14: 37-52.

Haas, Jonathan, Winifred Creamer and Alvaro Ruiz
    2004   Dating the Late Archaic Occupation of the Norte Chico Region in Peru. *Nature*, 432: 1020-1023.

Hallendy, Norman
    2000   *Inuksuit: Silent Messengers of the Arctic.* Douglas and McIntyre Publisher, Vancouver.

Helmle, Kevin P. and Richard E. Dodge
    2011   Sclerochronology. In *Encyclopedia of Modern Coral Reefs,* edited by David Hopley, pp. 958-966, Springer, Dordrecht.

Hodder, Ian
    1991   Interpretative Archaeology and its Role. *American Antiquity*, 56: 7-18.
    2012   *Entangled: An Archaeology of the Relationships between Humans and Things.* Wiley-Blackwell, New Jersey.

Hogg, Alan G., Quan Hua, Paul G. Blackwell, Mu Niu, Caitlin E. Buck, Thomas P. Guilderson, Timothy J. Heaton, Jonathan G. Palmer, Paula J. Reimer, Ron W. Reimer, Christian S. M. Turney and Susan R. H. Zimmerman
    2013   SHCal13 Southern Hemisphere Calibration, 0-50,000 Years cal BP. *Radiocarbon*, 55: 1889-1903.

Huamanchumo, Percy V.
    2012   Evidencia cultural en el Cerro Campana. *Pueblo y continente* revista oficial de la universidad privada Antenor Orrego, 23(2): 272-291.

Hudson, Harold, Eugene A. Shinn, Robert B. Halley and Barbara Lidz
    1976   Sclerochronology: A Tool for Interpreting Past Environments. *Geology*, 4: 361-364.

Iannacone, José, Mary Atasi, Thalia Bocanegra, Marlene Camacho, Angel Montes, Sabino Santos, Hellen Zuñiga and Marianella Alayo
    2010   Diversidad de aves en el humedal Pantanos de Villa, Lima, Perú: Periodo 2004-2007.

Biota Neotrop, 10(2): 295-304.

Idyll, Clarence P.
    1973   The Anchovy Crisis. *Scientific American,* 228: 22-29.

IMARPE (Instituto del mar del Perú)
    2001   *Cátalogo comentado de los peces marinos del Perú.* IMARPE, Callao.
    2015   *Guía para la determinación de tiburones de importancia comercial en el Perú.* IMARPE, Callao.

Ingold, Tim
    1993   The Temporality of Landscape. *World Archaeology,* 25: 152-174.
    2000   *The Perception of the Environment.* Routledge, London.
    2007   Materials Against Materiality. *Archaeological Dialogues,* 14(1): 1-16.
    2011   *Being Alive: Essays on Movement, Knowledge and Description.* Routledge, London.

Izumi, Seiichi and Kazuo Terada (editors)
    1972   *Andes 4: Excavations at Kotosh, Peru, 1963 and 1966.* University of Tokyo Press, Tokyo.

Izumi, Seiichi and Toshihiko Sono (editors)
    1963   *Excavations at Kotosh, Peru 1960.* Kadokawa-shoten, Tokyo.

Jenny, Bettina, Blas L. Valero-Garcés, Rodrigo Villa-Martínez, Roberto Urrutia, Mebus Geyh and Heinz Veit
    2002   Early to Mid-Holocene Aridity in Central Chile and the Southern Westerlies: The Laguna Aculeo Record (341S). *Quaternary Research,* 58: 160-170.

Jiménez, Nayeli
    2017   Ictioarqueología del mundo Maya: Evaluando la pesca prehispánica (250-1450 D.C) de las tierras bajas del norte Volumen I. Unpublished Ph.D. Dissertation, Departamento of Biology, Universidad Autónoma de Madrid, Madrid.

Jones, Dauglas S.
    1983   Sclerochronology: Reading the Record of the Molluscan Shell: Annual Growth Increments in the Shells of Bivalve Molluscs Record Marine Climatic Changes and Reveal Surprising Longevity. *American Scientist,* 71(4): 384-391.
    1998   Isotopic Determination of Growth and Longevity in Fossil and Modern Invertebrates. Isotope Paleobiology and Paleoecology, *The Paleontological Society Papers,* 4: 37-67.

Jones, Douglas S., Douglas F. Williams, Michael A. Arthur and David E. Krantz
    1984   Interpreting the Paleoenvironmental, Pleoenvironmental, Paleoclimatic and Life History Records in Mollusc Shells. *Geobios,* 17: 333-339.

Jones, Dauglas S. and Irvy R. Quitmyer
    1996   Marking Time with Bivalve Shells: Oxygen Isotopes and Season of Annual Increment Formation. *Palaios,* 11: 340-346.

Jones, Dauglas S., Irvy R. Quitmyer and Chester B. DePratter
    2012   Validation of Annual Shell Increments and Shifting Population Dynamics in Modern and Zooarchaeological Hard Clams (*Mercenaria mercenaria*) from the Litchfield Beach Region, South Carolina. In *Seasonality and Human Mobility along the Georgia Bight,*

edited by Elizabeth J. Reitz, Irvy R. Quitmyer and David H. Thomas, pp. 149-164, American Museum of Natural History, New York.

Joyce, Rosemary A.
 2004 Unintended Consequences? Monumentality as a Novel Experience in Formative Mesoamerica. *Journal of Archaeological Method and Theory*, 11(1): 5-29.

Keefer, David K., Michael E. Moseley and Susan D. deFrance
 2003 A 38000-year Record of Floods and Debris Flows in the Ilo Region of Southern Peru and its Relation to El Niño Events and Great Earthquakes. *Palaeogeography, Palaeoclimatology, Palaeoecology*, 194: 41-77.

Keen, Angeline M.
 1971 *Sea Shells of Tropical West America: Marine Mollusc from Baja California to Peru, Second Edition*. Stanford University Press. Stanford, California.

Kennedy, Gail E.
 1986 The Relationship Between Auditory Exostoses and Cold Water: A Latitudinal Analysis. *American Journal of Physical Anthropology*, 71: 401-415.

Kennish, Michael J. and Richard Olsen
 1975 Effects of Thermal Discharges on the Microstructural Growth of *Merecenaria merecenaria*. *Environmental Geology*, 1: 41-64.

Knappett, Carl
 2012 Materiality. In *Archaeological Theory today: 2nd Edition*, edited by Ian Hodder, pp. 188-207, Polity Press, London.

Koike, Hiroko
 1980 *Seasonal Dating by Growth-line Counting of the Clam, Meretrix lusoria: Toward a Reconstruction of Prehistoric shell-collection Activities in Japan*. University Museum, University of Tokyo, Tokyo.

Koike, Hiroko and Ohtaishi Noriyuki
 1985 Prehistoric Hunting Pressure Estimated by the Age Composition of Excavated Sika Deer (*Cervus nippon*) Using the Annual Layer of Tooth Cement. *Journal of Archaeological Science*, 12: 443-456.

Kolata, Alan. L.
 1993 *The Tiwanaku: Portrait of an Andean Civilization*. Blackwell, Cambridge.

Koutavas, Athanasios, Peter B. deMenocal, George C. Olive and Jean Lynch-Stieglitz
 2006 Mid-Holocene El Niño-Southern Oscillation (ENSO) Attenuation Revealed by Individual Foraminifera in Eastern Tropical Pacific Sediments. *Geology*, 34: 993-996.

Koutavas, Athanasios and Stephan Joanides
 2012 El Niño-Southern Oscillation Extrema in the Holocene and Last Glacial Maximum. *Paleoceanography*, 27: PA4208.

Lanning, Edward
 1967 *Peru Before the Incas*. Prentice Hall, Englewood Cliffs.

La Rosa, Vanessa and Kazuho Shoji
 2017 *Informe final del proyecto de investigación arqueólogica: Cruz Verde, valle de*

        chicama, provincia de ascope, departamento de la libertad, perú (2da Temporada, 2016) *-Excavación-*. Informe presentado al Ministerio de Cultura del Perú, Lima.

   2018 *Informe final del proyecto de investigación arqueólogica: Cruz Verde, valle de chicama, provincia de ascope, departamento de la libertad, perú* (Temporada - 2017) *- Excavación-*. Informe presentado al Ministerio de Cultura del Perú, Lima.

Larsen, C. Spencer

   2002 Bioarchaeology: The Lives and Lifestyles of Past People. *Journal of Archaeological Research,* 10(2): 119-166.

Lavallée, Daniéle and Michéle Julien (editors)

   2012 *Prehistoria de la costa extremo-sur del Perú -Los pescadores arcaicos de la Quebrada de los Burros* (10000-7000 a.P.). Instituto Francés de Estudios Andinos, Lima.

Lazareth, Claire E., Grégory Lasne and Luc Ortlieb

   2006 Growth Anomalies in *Protothaca thaca* (Mollusca, Veneridae) Shells as Markers of ENSO Conditions. *Climate Research,* 30: 263-269.

Lazareth, Claire E., Florence Le Cornec, Frédéric. Candaudap and Rémi Freydier

   2013 Trace Element Heterogeneity along Isochronous Growth Layers in Bivalve Shell: Consequences for Environmental Reconstruction. *Palaeogeography, Palaeoclimatology, Palaeoecology,* 373: 39-49.

Lemonnier, Pierre (editor)

   1993 *Technological Choices: Transformation in Material Cultures Since the Neolithic.* Routledge, London.

León, C. Elmo

   2007 *Orígenes humanos en los Andes del Perú.* Universidad de San Martin de Porres, Lima.

Lértora, Gustavo

   2018 Las aves en los Pantanos de Villa. In *Los Pantanos de Villa: Un oasis de vida en Lima Metropolitana,* edited by Héctor Aponte, Dámaso Ramírez and Gustavo Lértora, pp. 100-121, Fondo Editorial de la Universidad Científica del Sur, Lima.

Loubere, Paul, Mathieu Richaud, Zhengyu Liu and Figen Mekik

   2003 Oceanic Conditions in the Eastern Equatorial Pacific during the Onset of ENSO in the Holocene. *Quaternary Research,* 60: 142-148.

Loy, Thomas H.

   1990 Prehistoric Organic Residues: Recent Advances in Identification, Dating, and their Antiquity. *Archaeometry '90,* edited by Ernst Pernicka Basel, pp. 645-656, Springer, Boston.

Lucas, Gavin

   2012 *Understanding the Archaeological Record.* Cambridge University Press, Cambridge.

Lulewicz, Isabelle H., Victor D. Thompson, Thomas J. Pluckhahn, C. Fred T. Andrus and Oindrila Das

   2017 Exploring Oyster (*Crassostrea virginica*) Habitat Collection via Oxygen Isotope Geochemistry and its Implications for Ritual and Mound Construction at Crystal River and Roberts Island, Florida. *The Journal of Island & Coastal Archaeology,* 13(3):

388-404.

Lutz, Richard and Donald C. Rhoads
   1980 Growth Patterns within the Molluscan Shell: An Overview. In *Skeletal Growth of Aquatic Organisms,* edited by D.C. Rhoads and R. Lutz, pp. 203-254, Academic Press, New York.

Lynch, Thomas. F.
   1980 *Guitarrero Cave: Early Man in the Andes.* Academic Press, New York.

MacNeish, Richard S., Angel G. Cook and Luis G. Lumbreras (editors)
   1983 *Prehistory of the Ayacucho Basin, Peru: The Preceramic Way of Life Vol. 4.* University of Michigan Press, Ann Arbor.

MacNeish Richard S., Thomas C. Patterson and David L. Browman
   1975 *The Central Peruvian Prehistoric Interaction Sphere.* Papers of The Robert S. Peabody Foundation for Archaeology. Vol. 7. Andover, Massachusetts.

Maggard, Greg and Tom D. Dillehay
   2017 Outlying Domestic House Mound Sites. In *Where the Land Meets the Sea: Fourteen Millennia of Human History at Huaca Prieta, Peru,* edited by Tom D. Dillehay, pp. 557-566, University of Texas Press, Austin.

Mannino Marcello A. and Thomas Kenneth D.
   2002 Depletion of a Resource? The Impact of Prehistoric Human Foraging on Intertidal Mollusc Communities and its Significance for Human Settlement, Mobility and Dispersal. *World Archaeology,* 33: 3, 452-474.

Marali, Soraya and Bernd R. Schöne
   2015 Oceanographic Control on Shell Growth of *Arctica islandica* (Bivalvia) in Surface Waters of Northeast Iceland: Implications for Paleoclimate Reconstructions. *Palaeogeography, Palaeoclimatology, Palaeoecology,* 420: 138-149.

Marreiros, João, Niccollo Mazzucco, Juan F. Gibaja and Nuno Bicho
   2015 Macro and Micro Evidences from the Past: The State of the Art of Archeological Use-Wear Studies. In *Use-Wear and Residue Analysis in Archaeology,* edited by João Marrieros, Juan Gibaja and Nuno Ferreira, pp. 5-40, Springer, New York.

Matsumoto, Yuichi, Jason Nesbitt, Yuri Cavero Palomino and Edison Mendoza Martínez
   2016 Actividades rituales en áreas circundantes al centro ceremonial de Campanayuq Rumi, Vilcashuamán, Ayacucho. In *Actas del I congreso nacional de arqueología volumen 2,* edited by Ministerio de Cultura, Perú, pp. 99-104, Ministerio de Cultura, Perú, Lima.

Matsuzawa, Tsugio
   1972 Ch. 3 Construction. In *Andes 4: Excavations at Kotosh, Peru, 1963 and 1966,* edited by Seichi Izumi and Kazuo Terada, pp. 55-176, University of Tokyo Press, Tokyo.

McNiven, Ian J.
   2013 Ritualized Middening Practice. *Journal of Archaeological Method and Theory,* 20: 552-587.

McPhaden, Michael J., Stephen E. Zebiak and Michael H. Glantz
   2006 ENSO as an Integrating Concept in Earth Science. *Science,* 314: 1740-1745.

Mead, George H.
   1977 (1938) The Process of Mind in Nature. In *George Herberd Mead on Social Psychology,* edited by A. Straus, pp. 85-111, University of Chicago Press, Chicago.
Meltzer, David J.
   2009 *First Peoples in a New World.* University of California Press, Berkeley.
Mesia, Christian M.
   2014 Festines y poder en Chavín de Huántar durante el Período Formativo Tardío en los Andes Centrales. *Chungara,* 46(3): 313-343
Miller, Daniel (editor)
   1998 *Material Cultures: Why Some Things Matter.* University of Chicago Press, Chicago.
Mills, Barbara J., William H. Walker (editors)
   2008 *Memory Work: Archaeologies of Material Practices.* School for Advanced Research Press, Santa Fe.
Miyaji, Tsuzumi, Kazushige Tanabe and Bernd R. Schöne
   2007 Environmental Controls on Daily Shell Growth of Phacosoma japonicum (Bivalvia: Veneridae) from Japan. *Marine Ecology Progress Series,* 336: 141-150.
Miyaji, Tsuzumi, Kazushige Tanabe, Yoshiaki Matsushima, Shin'ichi Sato, Yusuke Yokoyama and Hiroyuki Matsuzaki
   2010 Response of Daily and Annual Shell Growth Patterns of the Intertidal Bivalve *Phacosoma japonicum* to Holocene Coastal Climate Change in Japan. *Palaeogeography, Palaeoclimatology, Palaeoecology,* 286: 107-120.
Montero, Enrique V.
   2015 *Mates: Corpus iconográfico Perú prehispánico.* Imprenta Gami, Trujillo.
Montoya, María V.
   2007 Arquitectura de la <Tradición Mito> en el valle medio del Santa: Sitio "El Silencio". *Bulletin de l'Institut Français d'Études Andines,* 36(2): 199-220.
Moore, James A. and Arthur S. Keene (editors)
   1983 *Archaeological Hammers and Theories.* Academic Press, New York.
Moore, Jerry D.
   1996 *Architecture and Power in the Ancient Andes: The Archaeology of Public Buildings.* Cambridge University Press, Cambridge.
Morimoto, Maki, Hajime Kayane, Osamu Abe and Malcolm T. McCulloch
   2007 Intensified mid- Holocene Asian Monsoon Recorded in Corals from Kikai Island, Subtropical Northwestern Pacific. *Quaternary Research,* 67: 204-214.
Moseley, Michael E.
   1975 *The Maritime Foundations of Andean Civilization.* Cummings Publishing Company, Menlo Park.
Moseley, Michael. E. and Robert A. Feldman
   1988 Fishing, Farming, and the Foundations of Andean Civilization. In *The Archaeology of Prehistoric Coastlines,* edited by G. Bailey and J. Parkington, pp. 125-134, Cambridge University Press, Cambridge.

Moseley, Michael E., David Warner and James B. Richardson III
　1992　Space Shuttle Imagery of Recent Catastrophic Change along the Arid Andean Coast. In *Paleoshorelines and Prehistory: An Exploration of Method,* edited by L. L. Johnson and M. Stright, pp. 215-235, CRC Press, Boca Raton.

Moy, Christopher M., Geoffrey O. Seltzer, Donald T. Rodbell and David M. Anderson
　2002　Variability of El Niño/ Southern Oscillation Activity at Millennial Timescales during the Holocene Epoch. *Nature,* 420: 162-165.

Murakami-Sugihara, Naoko, Kotaro Shirai, Masako Hori, Yosuke Amano, Hideki Fukuda, Hajime Obata, Kiyoshi Tanaka, Kaoruko Mizukawa, Yuji Sano, Hideshige Takada and Hiroshi Ogawa
　2019　Mussel Shell Geochemical Analyses Reflect Coastal Environmental Changes Following the 2011 Tohoku Tsunami. *ACS Earth and Space Chemistry,* 3(7): 1346-1352.

Noller, Jay S.
　1993　Late Cenozoic Stratigraphy and Soil Geomorphology of the Peruvian Desert, 3 degrees-18 degrees S: A Long-term Record of Hyperaridity and El Niño. Unpublished Ph.D. dissertation, University of Colorado, Boulder.

Notroff, Jens, Oliver Dietrich and Klaus Schmidt
　2014　Building Monuments, Creating Communities: Early Monumental Architecture and Pre-Pottery Neolithic Göbekli Tepe. In *Approaching Monumentality in Archaeology,* edited by James F. Osborne, pp. 83-105, State University of New York Press, New York.

Ochoa, Carlos
　1999　*Las papas de sudamerica Peru.* Centro Internacional de la Papa, Lima.

Ohno, Terufumi
　1989　Paleotidal Characteristics Determined by Micro-growth Patterns in Bivalves. *Paleontology,* 32: 237-263.

Oliver, Laurent
　2011　*The Dark Abyss of Time: Archaeology and Memory.* AltaMira Press, Lanham.

Olsen, Bjørnar, Michael Shanks, Timothy Webmoor and Christopher Witmore
　2012　*Archaeology: The Discipline of Things.* University of California Press, California.

Olsen, Bjørnar
　2010　*In Defense of Things: Archaeology and the Ontology of Objects.* AltaMira Press, Lanham.

Onuki, Yoshio (editor)
　1995　*Kuntur Wasi y Cerro Blanco, Dos sitios del Formativo en el norte del Perú.* Hokusen-sha, Tokyo.

Onuki, Yoshio
　2001　Cupisnique en la sierra de Cajamarca. *Arqueológicas,* 25: 67-81.

Oschmann, Wolfgang
　2009　Sclerochronology: editorial. *International Journal of Earth Sciences,* 98: 1-2.

Pagán, J. Jiménez
　2015　*Almidones: Guía de material comparativo moderno del Ecuador para los estudios paleoetnobotánicos en el neotrópico.* Aspha Ediciones, Buenos Aires.

Palma, Martha R. M.
    n.d.   Informe bioarqueológico del material óseo humano procedente del proyecto de investigación arqueológica en el sitio arqueológico Cruz Verde, valle del río Chicama, departamento de Trujillo. Unpublished report.

Pannella, Giorgio and Copeland MacClintock
    1968   Biological and Environmental Rhythms Reflected in Molluscan Shell Growth. *Journal of Paleontology*, 42: 64–80.

Patterson, Tomas C.
    1971   Population and Economy in Central Peru. *Archaeology*, 24: 316–321.

Pauketat, Timothy R.
    2001   Practice and History in Archaeology: An Emerging Paradigm. *Anthropological Theory*, 1(1): 73–98.
    2007   *Chiefdoms and Other Archaeological Delusions*. AltaMira Press, California.

Pérez-Huerta, Alberto, Miguel F. Etayo-Cadavid, C. Fred T. Andrus, Teresa E. Jeffries, Clifton Watkins, Shane C. Street and Daniel H. Sandweiss
    2013   El Niño Impact on Mollusk Biomineralization–Implications for Trace Element Proxy Reconstructions and the Paleo-Archeological Record. *PLoS ONE*, 8(2): e54274.

Perrier, Christine, Claude Hillaire-Marcel and Luc Ortlieb
    1994   Paléogéographie littorale et enregistrement isotopique (13C18O) d'événements de type El Niño par les mollusques holocènes et récents du nord-ouest péruvien. *Géographie Physique et Quaternaire*, 48: 23–38.

Pezo-Lanfranco, Luis, Paulo DeBlasis and Sabine Eggers
    2018   Weaning Process and Subadult Diets in a Monumental Brazilian Shellmound. *Journal of Archaeological Science*, 22: 452–469.

Pezo-Lanfranco, Luis and Sabine Eggers
    2013   Modo de vida y expectativas de salud en poblaciones del período Formativo de la costa Norte del Perú: Evidencias bioantropológicas del sitio Puemape. *Latin American Antiquity*, 24(2): 191–216.

Pezo-Lanfranco, Luis, Sandro Pezo-Lanfranco and Sabine Eggers
    2009   Exostosis auditiva como marcador osteológico de actividad acuática en poblaciones formativas de la costa norte del Perú. *Paleopatologia*, 6: 1–18.

Piperno, Dolores R.
    2006   Identifying Manioc (*Manihot esculenta* Crantz) and Other Crops in Pre-Columbian Tropical America through Starch Grain Analysis: A Case Study from Central Panama. In *Documenting Domestication New Genetic and Archaeological Paradigms*, edited by Melinda A. Zeder, Daniel G. Bradley, Eve Emshwiller, and Bruce D. Smith, pp. 46–67, University of California Press, California.

Piperno, Dolores R. and Tom D. Dillehay
    2008   Starch Grains on Human Teeth Reveal Early Broad Crop Diet in Northern Peru. *PNAS*, 105(50): 19622–19627.

Piperno, Dolores R., Timothy Messner and Irene Holst

2017 Starch Grain. In *Where the Land Meets the Sea: Fourteen Millennia of Human History at Huaca Prieta, Peru,* edited by Tom D. Dillehay, pp. 683-688, University of Texas Press, Austin.

Pluckhahn, Thomas J., Victor D. Thompson and Alexander Cherkinsky
2015 The Temporality of Shell-bearing Landscapes at Crystal River, Florida. *Journal of Anthropological Archaeology,* 37: 19-36.

Pluckhahn, Thomas J. and Victor D. Thompson
2018 *Crystal River: History and Process in the Archaeology of an Early Village in the American Southeast.* University Press of Florida, Florida.

Pozorski, Shelia and Thomas Pozorski
1977 Alto Salaverry: Un sitio preceramico de la costa peruana. *Revista del Museo Nacional,* 43: 27-60.
1990 Huaynuná, a Late Cotton Preceramic Site on the North Coast of Peru. *Journal of Field Archaeology,* 17(1): 17-26.
2003 Paleoenviroment at Almejas: Early Exploitation of Estuarine Fauna on the North Coast of Peru. In *El Niño in Peru: Biology and Culture Over 10,000 Years,* edited by Jonathan Haas and Michael O. Dillon, pp. 52-70, Field Museum of Natural History, Chicago.
2012 Preceramic and Initial Period Monumentality within the Casma Valley of Peru. In *Early New World Monumentality,* edited by Richard L. Burger and Robert M. Rosenswig, pp. 364-398, University Press of Florida, Florida.

Pozorski, Thomas
1995 Huaca de los Reyes Revisited: Clarification of the Archaeological Evidence. *Latin American Antiquity,* 6(4): 335-339.

Prendergast, Amy L., Rhiannon E. Stevens, Evan A. Hill, Chris Hunt, Tamsin C. O'Connell and Graeme Barker
2015a Carbon Isotope Signatures from Land Snail Shells: Implications for Palaeovegetation Reconstruction in the Eastern Mediterranean. *Quaternary International,* 432(A): 48-57.

Prendergast, Amy L., Rhiannon E. Stevens, Graeme Barker and Tamsin C. O'Connell
2015b Oxygen Isotope Signatures from Land Snail (*Helix melanostoma*) Shells and Body Fluid: A Proxy for Reconstructing Eastern Mediterranean and North African Rainfall. *Chemical Geology,* 409: 87-98.

Prendergast, Amy L., Tamsin C. O'Connell, Rhiannon E. Stevens and Graeme Barker
2016a A Late Pleistocene Refugium in Mediterranean North Africa? Palaeoenvironmental Reconstruction from Stable Isotope Analyses of Land Snail Shells (Haua Fteah, Libya). *Quaternary Science Reviews,* 139: 94-109.

Prendergast, Amy L., Rhiannon E. Stevens, Tamsin C. O'Connell, A. Fadlalak, M. Touati, A. al-Mzeine, Bernd R. Schöne, Chris Hunt and Graeme Barker
2016b Changing Patterns of Eastern Mediterranean Shellfish Exploitation in the Late Glacial and Early Holocene: Oxygen Isotope Evidence from Gastropod in Epipaleolithic to Neolithic Human Occupation Layers at the Haua Fteah Cave, Libya. *Quaternary*

International, 407(B): 80-93.

Prieto, Gabriel
    2016   Balsas de totora en la costa norte del Perú: Una aproximación etnográfica y arqueológica. *Quingnam*, 2: 141-188.

Pulgar Vidal, Javier
    1996   *Geografía del Perú: Las ocho regiones naturales del Perú.* PEISA, Lima.

Quilter, Jeffrey
    1989   *Life and Death at Paloma: Society and Mortuary Practices in a Preceramic Peruvian Village.* University of Iowa Press, Iowa.

Quilter, Jeffrey and Terry Stocker
    1983   Subsistence Economies and the Origins of Andean Complex Societies. *American Anthropologist*, 85: 545-562.

Quitmyer, Irvy R. and Douglas S. Jones
    2012   Annual Incremental Shell Growth Patterns in Hard Clams (*Mercenaria* spp.) from St. Catherines Island, Georgia: A Record of Seasonal and Anthropogenic Impact on Zooarchaeological Resources. In *Seasonality and Human Mobility along the Georgia Bight,* edited by Elizabeth J. Reitz, Irvy R. Quitmyer and David H. Thomas, pp. 135-148, American Museum of Natural History, New York.

Quitmyer, Irvy R., Dauglas S. Jones and William S. Arnold
    1997   The Sclerochronology of Hard Clams, *Mercenaria* spp., from the South-eastern U.S.A.: A Method of Elucidating the Zooarchaeological Records of Seasonal Resource Procurement and Seasonality in Prehistoric Shell Middens. *Journal of Archaeological Science,* 24(9): 825-840.

Ramírez, Dámaso
    2018   El verde de los Pantanos de Villa. In *Los Pantanos de Villa: Un oasis de vida en Lima Metropolitana,* edited by Héctor Aponte, Dámaso Ramírez and Gustavo Lértora, pp. 64-99, Fondo Editorial de la Universidad Científica del Sur, Lima.

Ramírez, Dámaso and Asunción Cano
    2010   State of Vascular Flora Diversity from Pantanos de Villa (Lima - Peru). *Revista Peruana de Biología,* 17(1): 111-114.

Rasmussen, S. Olander, Katarin. K. Andersen, Anders M. Svensson, Jorgen P. Steffensen, Bo M. Vinther, Henrik B Clausen, Marie L. Siggaard-Andersen, Sigfús J. Johnsen, Louise B. Larsen, Dorthe Dahl-Jensen, Matthias Bigler, Regine Rothlisberger, Hubertus Fischer, Kumiko Goto-Azuma, Margareta E. Hansson and Urs Ruth
    2006   A New Greenland Ice Core Chronology for the Last Glacial Termination. *Journal of Geophysical Research,* 111: D6.

Reid, Jefferson J., Michael B. Schiffer and William L. Rathje
    1975   Behavioral Archaeology: Four Strategies. *American Anthropologist,* 77: 864-869.

Rein, Bert, Andreas Lückge, Lutz Reinhardt, Frank Sirocko, Anja Wolf and Wolf.-Christian Dullo
    2005   El Niño Variability off Peru during the Last 20,000 Years. *Paleoceanography,* 20: PA4003.

Reitz, Elizabeth J. and Daniel H. Sandweiss
    2001   Enviromental Change at Ostra Base Camp, a Peruvian Pre-ceramic Site. *Jornal of Archaeological Science,* 28: 1085-1100.
Reitz, Elizabeth J., Irvy R. Quitmyer and David H. Thomas (editors)
    2012   *Seasonality and Human Mobility along the Georgia Bight.* American Museum of Natural History, New York.
Reitz, Elizabeth J. and Elizabeth Wing
    1999   *Zooarchaeology.* Cambridge University Press, Cambridge.
Renfrew, Colin
    1973   Monuments, Mobilization and Social Organization in Neolithic Wessex. In *The Explanation of Culture Change: Models in Prehistory,* edited by Colin Renfrew, pp. 539-558, Duckworth, London.
    2005   Material Engagement and Materialization. In *Archaeology: The Key Concepts,* edited by C. Renfrew and P. Bahn (eds.), pp. 159-163, Routledge, London.
Riascos, Jose M., Cecilia M. Avalos, Aldo S. Pacheco and Olaf Heilmayer
    2012   Testing Stress Responses of the Bivalve *Protothaca thaca* to El Niño-La Niña Thermal Conditions. *Marine Biology Research,* 8: 654-661.
Richardson, James B. III
    1992   Early Hunters, Fishers, Farmers and Herders: Diverse Economic Adaptations in Peru to 4500 B.P.. *Revista de Arqueología Americana,* 6: 71-90.
Richardson, James B. III and Daniel H. Sandweiss
    2008   Central Andean Environments. In *The Handbook of South American Archaeology,* edited by Helaine Silverman and William H. Isbell, pp. 93-104, Springer, New York.
Rick, John W.
    1988   Identificando el sedentarismo pre-histórico en los cazadores recolectores: Un ejemplo de la sierra sur del Perú. In *Llamichos y pacocheros: Pastores de llamas y alpacas,* edited by J. A. Flores Ochoa, pp.37-43, Centro de Estudios Andinos, Cuzco.
    2005   The Evolution of Authority and Power at Chavin de Huantar, Peru. In *Foundations of Power in the Prehispanic Andes: Archaeological Papers of the American Anthropological Association 14,* edited by Kevin J.Vaughn, Dennis Ogburn and Christina A. Conlee, pp. 71-89, American Anthropological Association, Virginia.
    2006   Chavín de Huántar: Evidence for an Evolved Shamanism. In *Mesas and Cosmologies in the Central Andes (San Diego MuseumPapers 44),* edited by Sharon Douglas, pp. 101-112, San Diego Museum of Man, San Diego.
    2008   Context, Construction, and Ritual in the Development of Authority at Chavín de Huántar. In *Chavín Art, Architecture and Culture,* edited by Williams J Conklin and Jeffrey Quilter, pp. 3-34, Cotsen Institute, Los Angeles.
Riedinger, Melanie A., Miriam Steinitz-Kannan, William M. Last and Mark Brenner
    2002   A ~6100 14C yr Record of El Niño Activity from the Galápagos Islands. *Journal of Paleolimnology,* 27: 1-7.
Rivadeneira, Marcelo, Franz Cardoso and Juan Juscamaita

    1989   Ubicación de los moluscos marinos del Perú en series bioeconómicas. *Boletín de Lima*, 65: 85-89.

Robb, John
    2004   The Extended Artefact and the Monumental Economy: A Methodology for Material Agency. In *Rethinking Materiality,* edited by E. C. DeMarrais, C. Gosden and C. Renfrew, pp. 131-139, McDonald Institute for Archaeological Reasearch, Cambridge.

Rodbell, Donald T., Geoffrey O. Seltzer, David M. Anderson, Mark B. Abbott, David B. Enfield and Jeremy H. Newman
    1999   An ~15,000-year Record of El Niño-Driven Alluviation in Southwestern Ecuador. *Science,* 283: 516-520.

Rodríguez, R. Eric, Verónica E. Lisa, Brenda M. Martinez, L. Pollack Velásquez, Segundo L. Gonzales, Mario Sapata Cruz and Margarita M. Costilla
    2012   Loma el Cerro Campana, patrimonio natural y cultural de la región. *Pueblo y continente* revista oficial de la universidad privada Antenor Orrego, 23(5): 307-329.

Rogers, Stacy S., Daniel H. Sandweiss, Kirk A. Maasch, Daniel F. Belknap and Peggy Agouris
    2004   Coastal Change and Beach Ridges along the Northwest Coast of Peru: Image and GIS of the Chira, Piura, and Colán Beach-ridge Plains. *Journal of Coastal Research,* 20: 1102-1125.

Rollins, Harold B., James B. Richardson III and Daniel H. Sandweiss
    1986   The Birth of El Niño: Geoarchaeological Evidence and Implications. *Geoarchaeology: An International Journal,* 1: 3-15.

Rollins, Harold B., Daniel H. Sandweiss, Uwe Brand and Judith C. Rollins
    1987   Growth Increment and Stable Isotope Analysis of Marine Bivalves: Implications for the Geoarchaeological Record of El Niño. *Geoarchaeology: An International Journal,* 2 (3): 181-197.

Rosenswig, Robert M. and Richard L. Burger
    2012   Considering Early New World Monumentality. In *Early New World Monumentality,* edited by Richard L. Burger and Robert M. Rosenswig, pp. 3-24, University Press of Florida, Florida.

Rowe, John H.
    1960   Cultural unity and Diversification in Peruvian Archaeology. In *Men and Cultures, Selected Papers,* 5 th International Congress of Anthropological and Ethnological Sciences, edited by A. F. C. Wallce, pp. 627-631, University of Pennsylvania Press, Philadelphia.

Salazar Burger, Lucy
    2009   Escaleras al ciero: Altares y ancestros en el sitio arqueológico de Cardal. In *Arqueología del Período Formativo en el cuenca baja de Lurín,* edited by Richard L. Burger and K. Makowski, pp. 83-94, Fondo editorial de la Pontifica Universidad Católica del Perú, Lima.

Sandweiss, Daniel H.
    1996   Mid-Holocene Curtural Interaction Between the North Coast of Peru and Ecuador. *Latin*

American Antiquity, 7(1): 41-50.

2003 Terminal Pleistocene through Mid-Holocene Archaeological Sites as Paleoclimatic Archives for the Peruvian Coast. *Palaeogeography, Palaeoclimatology, Palaeoecology,* 194: 23-40.

Sandweiss, Daniel H., Kirk A. Maasch, C. Fred Andrus, Elizabeth J. Reitz, Melanie Riedinger-Whitmore, James B. Richardson III and Harold B. Rollins

2007 Chapter 2 Mid-Holocene Climate and Culture Change in Coastal Peru. In *Climate Change and Cultural Dynamics: A Global Perspective on Mid-Holocene Transitions,* edited by David G. Anderson, Kirk A. Maasch and Daniel H. Sandweiss, pp. 25-50, Academic Press, Cambridge.

Sandweiss, Daniel H., Kirk A. Maasch, Richard L. Burger, James B. Richardson III, Harold B. Rollins and Amy Clement

2001 Variation in Holocene El Niño Frequencies: Climate Records and Cultural Consequences in Ancient Peru. *Geology,* 29: 603-606.

Sandweiss, Daniel H., Ruth Shady S., Michael E. Moseley, David K. Keefer and Charles R. Ortloff

2009 Environmental Change and Economic Development in Coastal Peru between 5,800 and 3,600 Years Ago. *PNAS,* 106(5): 1359-1363.

Sano, Yuji, Sayumi Kobayashi, Kotaro Shirai, Naoto Takahata, Katsumi Matsumoto, Tsuyoshi Watanabe, Kohki Sowa and Kenji Iwai

2012 Past Daily Light Cycle Recorded in the Strontium/Calcium Ratios of Giant Clam Shells. *Nature Communications,* 3(1): 1-6.

Sato, Shin'ichi

1995 Spawning Periodicity and Shell Microgrowth Patterns of the Venerid Bivalve *Phacosoma japonicum* (Reeve). *Veliger,* 38: 61-72.

Saunders, Rebecca

1994 The Case for Archaic Period Mounds in Southeastern Louisiana. *Southeastern Archaeology,* 13(2): 118-134.

Scarre, Chris

2011 Monumentality. In *The Oxford Handbook of the Archaeology of Ritual and Religion,* edited by Timothy Insoll, pp. 9-23, Oxford University Press, New York.

Scheib, Christina L., Hongjie Li, Tariq Desai, Vivian Link, Christopher Kendall, Genevieve Dewar, Peter William Griffith, Alexander Mörseburg, John R. Johnson, Amiee Potter, Susan L. Kerr, Phillip Endicott, John Lindo, Marc Haber, Yali Xue, Chris Tyler-Smith, Manjinder S. Sandhu, Joseph G. Lorenz, Tori D. Randall, Zuzana Faltyskova, Luca Pagani, Petr Danecek, Tamsin C. O'Connell, Patricia Martz, Alan S. Boraas, Brian F. Byrd, Alan Leventhal, Rosemary Cambra, Ronald Williamson, Louis Lesage, Brian Holguin, Ernestine Ygnacio-De Soto, JohnTommy Rosas, Mait Metspalu, Jay T. Stock, Andrea Manica, Aylwyn Scally, Daniel Wegmann, Ripan S. Malhi and Toomas Kivisild

2018 Ancient Human Parallel Lineages within North America Contributed to a Coastal Expansion. *Science,* 360: 1024-1027.

Schiffer, Michael B.

  1972 Archaeological Context and Systemic Context. *American Antiquity,* 37: 156-165.
  1976 *Behavioral Archaeology.* Academic Press, New York.
Schmidt, Klaus
  2012 *Gobekli Tepe: A Stone Age Sanctuary in South-Easten Anatolia.* Ex oriente, Berlin.
Schöne, Bernd R., Elena Dunca, Jens Fiebig and Miriam Pfeiffer
  2005 Mutvei's Solution: An Ideal Agent for Resolving Microgrowth Structures of Biogenic Carbonates. *Palaeogeography, Palaeoclimatology, Palaeoecology,* 228: 149-166.
Schöne, Bernd R., Joselina Lega, Karl W. Flessa, David H. Goodwin and David L. Dettman
  2002 Reconstructing Daily Temperatures from Growth Rates of the Intertidal Bivalve Mollusk *Chione cortezi* (Northern Gulf of California, Mexico). *Palaeogeography, Palaeoclimatology, Palaeoecology,* 184: 131-146.
Schöne, Bernd R. and Donna M. Surge
  2012 Part N (revised), vol. 1, chap. 14: Bivalve Schlerochronology and Geochemistry. *Treatise Online,* 46: 1-24.
Schwabe, Enrico
  2010 Illustrated Summary of Chiton Terminology (Mollusca, Polyplacophora). *Spixiana,* 33 (2): 171-194.
Seki, Yuji
  2014 La diversidad del poder en la sociedad del Período Formativo: Una perspectiva desde la sierra norte. In *El centro ceremonial Andino: Nuevas perspectivas para los Períodos Arcaico y Formativo,* edited by Yuji Seki, pp. 175-200, National Museum of Ethnology, Osaka.
  2020 La centralidad del espacio social en el Periodo Formativo Temprano: Una perspectiva desde el norte de los Andes centrales. In *Los desafios del tiempo, el espacio y la memoria: Ensayos en homenaje a Peter Kaulicke,* edited by Rafael Vega-Centeno and Jalh Dulanto, pp.309-338, Pontificia Universidad Católica del Perú, Fondo Editorial, Lima.
Semenov, Sergei A.
  1964 *Prehistoric Technology: An experimental Study of the Oldest Tools and Artefacts from Traces of Manufacture and Wear.* Cory, Adams e Mackay, London.
Shady, S. Ruth
  2006 America's First City? The Case of Late Archaic Caral. In *Andean Archaeology III: North and South,* edited by William H. Isbell and Helaine Silverman, pp. 28-66, Springer, New York.
  2014 La civilización Caral: Paisaje cultural y sistema social. In *El centro ceremonial Andino: Nuevas perspectivas para los Períodos Arcaico y Formativo,* Senri Ethnological Studies 89, edited by Yuji Seki, pp. 51-103, National Museum of Ethnology, Osaka.
Shady, S. Ruth and C. Leyva (editors)
  2003 *La ciudad sagrada de Caral-Supe: Los origenes de la civilizacion Andina y la formacion del estado pristimo en el antiguo Perú.* Instituto Nacional de Cultura, Lima.
Shady, S. Ruth and Marco Machacuay

2003 El alter del fuego sagrado del Templo Mayor de la ciudad sagrada de Caral-Supe. In *La ciudad sagrada de Caral-Supe: Los orígenes de la civilizaciónandina y la formación del estado prístino en el antiguo Perú*, edited by R. Shady y C. Leyva, pp.169-185, Proyecto Especial Arqueologico Caral-Supe/INC, Lima.

Shannon Claude E. and Warren Weaver
    1949   *Mathematical Theory of Communication*. University of Illinois Press, Urbana.

Sheldon Andrew L.
    1969   Equitability Indices: Dependence on the Species Count. *Ecology*, 50: 466-7.

Shimada, Izumi, Crystal Barker Schaaf, Lonnie G. Thompson and Ellen Mosley-Thompson
    1991   Cultural Impacts of Severe Droughts in the Prehistoric Andes: Application of a 1,500-year Ice Core Precipitation Record. *World Archaeology*, 22(3): 247-270.

Shimada, Melody
    1985   Continuities and Changes in Pattern of Faunal Resource Utilization: Formative through Cajamarca Periods. In *Excavation at Huacaloma in the Cajamarca Valley*, edited by K. Terada and Y. Onuki, pp. 303-336, University of Tokyo Press, Peru.

Shoji, Kazuho
    2018   La utilización de recursos malacológicos en el período Arcaico: Una perspectiva del sitio arqueológico Cruz Verde, Valle Chicama. *Revista ARQUEOBIO*, 12(1): 18-37.

Shirai, Kotaro, Bernd R. Schöne, Tsuzumi Miyaji, Pascal Radarmacher, Richard A. Krause Jr. and Kazushige Tanabe
    2014   Assessment of the Mechanism of Elemental Incorporation into Bivalve Shells (*Arctica islandica*) based on Elemental Distribution at the Microstructural Scale. *Geochimica et Cosmochimica Acta*, 126: 307-320.

Shirai Kotaro, Naoto Takahata, Hiroyuki Yamamoto, Tamano Omata, Takenori Sasaki and Yuji Sano
    2008   Novel Analytical Approach to Bivalve Shell Biogeochemistry: A Case Study of Hydrothermal Mussel Shell. *Geochemical Journal*, 42: 413-420.

Skibo, James M., William H. Walker and Axel E. Nielsen (editors)
    1995   *Expanding Archaeology*, University of Utah Press, Salt Lake City.

Skibo, James M. and Michael B. Schiffer
    2008   *People and Things: A Behavioral Approaches to Material Culture*, Springer, New York.

Staller, John Edward (editor)
    2008   *Pre-Columbian Landscapes of Creation and Origin*. Springer, New York.

Steward, Julian H. and Louis C. Faron
    1959   *Native Peoples of South America*. McGraw-Hill Book Company, New York.

Swift, Ellen
    2014   Design, Function and Use-wear in Spoons: Reconstructing Everyday Roman Social Practice. *Journal of Roman archaeology*, 27: 203-237.

Tanabe, Kazushige
    1988   Age and Growth Rate Determinations of an Intertidal Bivalve, *Phacosoma japonicum*, Using Internal Shell Increments. *Lethaia*, 21: 231-241.

Tanabe, Kazushige and Tadamichi Oba
   1988   Latitudinal Variation in Shell Growth Patterns of *Phacosoma japonicum* (Bivalvia: Veneridae) from the Japanese Coast. *Marine Ecology Progress Series,* 47: 75-82.

Tanaka, Kentaro, Nobuyuki Okaniwa, Tsuzumi Miyaji, Naoko Murakami-Sugihara, Liqiang Zhao, Kazushige Tanabe, Bernd R. Schöne and Kotaro Shirai
   2019   Microscale Magnesium Distribution in Shell of the Mediterranean Mussel *Mytilus galloprovincialis*: An Example of Multiple Factors Controlling Mg/Ca in Biogenic Calcite. *Chemical Geology,* 511: 521-532.

Tello, Julio C.
   1943   The Discovery of Chavin Culture in Peru. *American Antiquity,* 9: 135-160.
   1960   *Chavín: Cultura matriz de la civilización Andina.* Universidad de San Marcos, Lima.

Terada, Kazuo and Yoshio Onuki
   1982   *Excavations at Huacaloma in the Cajamarca Valley, Peru, 1979: Report 2 of the Japanese Scientific Expedition to Nuclear America.* University of Tokyo Press, Tokyo.
   1985   *The Formative Period in the Cajamarca Basin, Peru: Excavations at Huacaloma and Layzón, 1982: Report 3 of the Japanese Scientific Expedition to Nuclear America.* University of Tokyo Press, Tokyo.

Tilley, Christopher
   1994   *A Phenomenology of Landscape: Places, Paths and Monument.* Berg, Oxford.
   2004   *The Materiality of Stone: Explorations in Landscape Phenomenology.* Berg, Oxford.

Tilley, Christopher (editor)
   1990   *Reading Material Culture: Structuralism, Hermeneutics and Post-Structuralism.* Wiley-Blackwell, New Jersey.

Titelbaum, Anne R. and John W. Verano
   2017   Bioarchaeology of the Huaca Prieta Remains. In *Where the Land Meets the Sea: Fourteen Millennia of Human History at Huaca Prieta, Peru,* edited by Tom. D. Dillehay, pp. 166-196, University of Texas Press, Austin.

Thompson, Lonnie, Elllen Mosley-Thompson, Mary E. Davis, Ping N. Lin, Keith A. Henderson, Jihong Cole-Dai, John F. Bolzan and Kam-biu Liu
   1995   Late Glacial Stage and Holocene Tropical Ice Core Records from Huascarán, Peru. *Science,* 269: 46-50.

Thompson, Lonnie, Ellen Mosley-Thompson, Henry Brecher, Mary Davis, Blanca León, Don Les, Ping-Nan Lin, Tracy Mashiotta and Keith Mountain
   2006   Abrupt Tropical Climate Change: Past and Present. *PNAS,* 103(28): 10536-10543.

Thompson, Victor D. and C. Fred Andrus
   2011   Evaluating Mobility, Monumentality, and Feasting at the Sapelo Island Shell Ring Complex. *American Antiquity,* 76(2): 315-344.

Thompson, Victor D. and Thomas J. Pluckhahn
   2012   Monumentalization and Ritual Landscapes at Fort Center in the Lake Okeechobee Basin of South Florida. *Journal of Anthropological Archaeology,* 31: 49-65.

Thompson, Victor D., Thomas J. Pluckhahn, Oindrila Das and Fred T. Andrus

2015　Assessing Village Life and Monument Construction (cal. AD 65-1070) along the Central Gulf Coast of Florida through Stable Isotope Geochemistry. *Journal of Archaeological Science: Reports,* 4: 111-123.

Thompson, Victor D., William H. Marquardt, Alexander Cherkinsky, Amanda D. Roberts Thompson, Karen J. Walker, Lee A. Newsom and Michael Savarese

2016　From Shell Midden to Midden-Mound: The Geoarchaeology of Mound Key, an Anthropogenic Island in Southwest Florida, USA. *PLoS ONE,* 11(4): 1-22.

Torrence, Robin and Huw Barton

2006　*Ancient Starch Research.* Left Coast Press, Walnut Creek, CA.

Trigger, Bruce G.

1990　Monumental Architecture: A Thermodynamic Explanation of Symbolic Behaviour. *World Archaeology,* 22: 119-132.

Ugent, Donald and Linda W. Peterson

1988　Archaeological Remains of Potato and Sweet Potato in Peru. *CIRCULAR,* 16(3): 1-10.

Ugent, Donald, Shelia Pozorski and Thomas Pozorski

1982　Archaeological Potato Tuber Remains from the Casma Valley of Peru. *Economic Botany,* 36(2): 182-192.

Urban, H.-Jörg

1994　Upper Temperature Tolerance of Ten Bivalve Species off Peru and Chile Related to El Niño. *Marine Ecology Progress Series,* 107: 139-145.

Vásquez, Segundo

1998　Cruz Verde: Del Arcaico al Formativo, un ensayo de interpretación. *Revista Arqueológica SIAN,* 5: 6-8.

Vásquez, Víctor and Teresa Rosales

2019a　Restos de fauna de Cruz Verde, valle de Chicama. Unpublished Report. Arqueobios: Centro de Investigaciones bioarqueológicas y paleoecológicas Andinas, Trujillo.

2019b　Análisis microscópicos de granos de almidón antiguos en cálculo dental y lítico de Cruz Verde. Unpublished Report. Arqueobios: Centro de Investigaciones bioarqueológicas y paleoecológicas Andinas, Trujillo.

2019c　Análisis restos de fauna y vegetales obtenidos de la flotación: Cruz Verde, Valle Chicama. Unpublished Report. Arqueobios: Centro de Investigaciones bioarqueológicas y paleoecológicas Andinas, Trujillo.

2019d　Resultado de identificación taxonómica de los artifactos óseos procedente del sitio arqueológico Cruz Verde. Unpublished Report. Arqueobios: Centro de Investigaciones bioarqueológicas y paleoecológicas Andinas, Trujillo.

Vásquez, Víctor, Teresa Rosales, Tom Dillehay and Patricia Netherly

2017　Chapter 9: Faunal Remains. In *Where the Land Meets the Sea: Fourteen Millennia of Human History at Huaca Prieta, Peru,* edited by Tom. D. Dillehay, pp. 197-366, University of Texas Press, Austin.

Vega-Centeno, Rafael S. L.

2007 Construction, Labor Organization, and Feasting during the Late Archaic Period in the Central Andes. *Journal of Anthropological Archaeology,* 26(2): 150-171.

Villagran, X. Suarez and Camila Gianotti

2013 Earthen Mound Formation in the Uruguayan Lowlands (South America): Micromorphological Analyses of the Pago Lindo Archaeological Complex. *Journal of Archaeological Science,* 40(2): 1093-1107.

Walker, William H., James M. Skibo and Axel E. Nielsen

1995 Introduction: Expanding Archaeology. In *Expanding Archaeology,* edited by Skibo, J. M., W. H. Walker and A. E. Nielsen, pp.1-12, University of Utah Press, Salt Lake City.

Watanabe, Tsuyoshi and Tadamichi Oba

1999 Daily Reconstruction of Water Temperature from Oxygen Isotopic Ratios of a Modern *Tridacna* Shell Using a Freezing Microtome Sampling Technique. *Journal of Geophysical Research: Oceans,* 104(C9): 20667-20674.

Watanabe, Tsuyoshi, Atsushi Suzuki, Hodaka Kawahata, Hironobu Kan and Shinji Ogawa

2004 A 60-year Isotopic Record from a mid-Holocene Fossil Giant Clam (*Tridacna gigas*) in the Ryukyu Islands: Physiological and Paleoclimatic Implications. *Palaeogeography, Palaeoclimatology, Palaeoecology,* 212(3-4): 343-354.

Wefer, Gerold and Wolfgang H. Berger

1991 Isotope Paleontology: Growth and Composition of Extant Calcareous Species. *Marine Geology,* 100: 207-248.

Wei, Jeixin, C. Fred Andrus and Alberto Pérez-Huerta

2017 *Semele corrugate* Microstructure and Oxygen Isotope Profiles as Indicators of Seasonality. In *Where the Land Meets the Sea: Fourteen Millennia of Human History at Huaca Prieta, Peru,* edited by Tom D. Dillehay, pp. 712-722, University of Texas Press, Austin.

Wells, Lisa E.

1988 Holocene Fluvial and Shoreline History as a Function of Human and Geological Factors in Arid Northern Peru. Unpublished PhD. dissertation, Stanford University, California.

1990 Holocene History of the El Niño Phenomenon as Recorded in Flood Sediments of Northern Coastal Peru. *Geology,*18: 1134-1137.

1992 Holocene Landscape Change on the Santa Delta, Peru: Impact on Archaeological Site Distributions. *The Holocene,* 2: 193-204.

Wells, Lisa E. and Jay S. Noller

1999 Holocene Coevolution of the Physical Landscape and Human Settlement in Northern Coastal Peru. *Geoarchaeology: An International Journal,* 14(8): 755-789.

Willey, Gordon.

1971 *An Introduction to American Archaeology. Vol. II: South America.* Prentice-Hall, Inc. Englewood Cliffs, New Jersey.

Williams, L. Carlos

1985 A Scheme for the Early Monumental Architecture of the Central Coast of Peru. In *Early*

  Ceremonial Achitecture, edited by Christopher Donnan, pp. 227-240, Dumbarton Oarks Reseach Library and Collection, Washington D.C..
Wilson, David
 1988 *Prehistoric Settlement Patterns in the Lower Santa Valley, Peru.* Smithsonian Press, Washington, DC.
White, Leslie
 1943 Energy and the Evolution of Culture. *American Anthropologist,* 45(3): 335-356.
Wing, Elizabeth S.
 1972 Utilization of animal resources in the Peruvian Andes. In *Andes 4: Excavations at Kotosh, Peru, 1963 and 1966,* edited by S. Izumi y K. Terada, pp. 327-354, University of Tokyo Press, Tokyo.
Witmore, Christopher
 2014 Archaeology and the New Materialism. *Journal of Contemporary Archaeology,* 1(2): 203-246.
Yoffee, Norman
 2005 *Myths of the Archaic State: Evolution of the Earliest Cities, States, and Civilizations.* Cambridge University Press, Cambridge.
Young, Biloine W., Melvin Leo Fowler and Melvin J. Fowler
 2000 *Cahokia, the Great Native American Metropolis.* University of Illinois Press, Illinois.
Zech, Roland, Jan-Hendrik May, Christoph Kull, Jana Ilgner, Peter W. Kubik and Heinz Veit
 2008 Timing of the Late Quaternary Glaciation in the Andes from 15 to 40°S. *Journal of Quaternary Science,* 23: 635-647.
Zech, Jana, Roland Zech, Jan-Hendrik May, Peter W. Kubik and Heinz Veit
 2010 Lateglacial and Early Holocene Glaciation in the Tropical Andes Caused by La Niña-like Conditions. *Palaeogeography, Palaeoclimatology, Palaeoecology,* 293: 248-254.
Zhao Liqiang, Kentaro Tanaka, Hirofumi Tazoe, Tsuyoshi Iizuka, Kaoru Kubota, Naoko Murakami-Sugihara and Kotaro Shirai
 2019a Determination of the Geographical Origin of Marine Mussels (*Mytilus* spp.) Using 143Nd/144Nd Ratios. *Marine Environmental Research,* 148: 12-18.
Zhao, Liqiang, Kotaro Shirai, Naoko Murakami-Sugihara, Tomihiko Higuchi and Kiyoshi Tanaka
 2019b Mussel Periostracum as a High-resolution Archive of Soft Tissue $\delta^{13}C$ Records in Coastal Ecosystems. *Geochimica et Cosmochimica Acta,* 260: 232-243.
Zuñiga, Oscar R.
 2002a *Moluscos: Guia de biodiversidad N° 1.* Vol. 1 Macrofauna y Algas Marinas. Centro Regional de Estudios y Educación Ambiental, Antofagasta.
 2002b *Crustáceos: Guia de biodiversidad N° 2.* Vol. 2. Macrofauna y Algas Marinas. Centro Regional de Estudios y Educación Ambiental, Antofagasta.

参考文献（和文）

青野友哉
 2013 『墓の社会的機能の考古学』同成社，東京．
青山和夫
 1997 「古典期マヤの儀礼，奢侈品生産，饗宴：ホンジュラス，コパン遺跡出土石器の使用痕の総合的解釈」『古代文化』49(1): 19-33.
阿子島香
 1983 「ミドルレンジセオリー」『考古学論叢Ⅰ』芹沢長介先生還暦記念論文集刊行会（編），pp. 171-197, 寧楽社，東京．
 1989 『石器の使用痕』ニュー・サイエンス社，京都．
 2004 「プロセス考古学」『現代考古学事典』安斎正人（編），pp. 375-380, 同成社，東京．
荒田 恵
 2017 「第5章　パコパンパ遺跡における生産，消費，そして廃棄：石器・骨角器・土製品・金属器の分析から」『アンデス文明　神殿から読み取る権力の世界』関雄二（編），pp. 133-160, 臨川書店，京都．
アルヴァックス，モーリス
 1989（1950）『集合的記憶』（小関藤一郎 訳）行路社，大津．
五十嵐俊雄
 2006 『考古資料の岩石学』パリノ・サーヴェイ株式会社，東京．
稲田孝司
 2001 『遊動する旧石器人（先史日本を復元する1）』岩波書店，東京．
稲村哲也
 2007 「旧大陸の常識をくつがえすアンデス牧畜の特色」『アンデス高地』山本紀夫（編），pp. 259-277, 京都大学学術出版会，京都．
ウィリー，ゴードン＆ジェレミー・サブロフ
 1979（1974）『アメリカ考古学史』（小谷凱宣 訳）学生社，東京．
上峰篤史
 2018 『縄文石器：その視角と方法』京都大学出版会，京都．
鵜澤和宏
 2017 「第8章　パコパンパ遺跡の動物利用」『アンデス文明　神殿から読み取る権力の世界』関雄二（編），pp. 223-245, 臨川書店，京都．
岡　秀一
 2001 「エルニーニョと南太平洋岸砂漠のロマス草原」『エルニーニョと地球環境：改訂増補版』気候変動・利用研究会（編），pp. 128-145, 成山堂書店，東京．
岡田宏明
 1995 「第3章　北アメリカでの拡散」『モンゴロイドの地球5 最初のアメリカ人』大

貫良夫（編）pp. 117-154，東京大学出版，東京.
大西秀之
 2009 「モノ愛でるコトバを超えて　語りえぬ日常世界の社会的実践」『フェティシズム論の系譜と展望』田中雅一（編），pp. 149-174，京都大学学術出版会，京都.
 2014 『技術と身体の民族誌：フィリピン・ルソン島山地民社会に息づく民俗工芸』昭和堂，京都.
 2018 「モノとヒトが織りなす技術の人類誌／史：考古学の可能性をめぐる民族誌フィールドからの応答」『現代思想』46(13): 170-180.
大貫良夫
 1989 「ペルー北高地カハマルカ盆地の形成期文化」『東京大学教養学部人文科学科紀要・文化人類学研究報告』5: 145-255.
 1998 「交差した手の神殿」『文明の創造力：古代アンデスの神殿と社会』加藤泰建・関雄二（編），pp. 43-94，角川書店，東京.
大貫良夫・加藤泰建・関　雄二（編）
 2010 『古代アンデス：神殿から始まる文明』朝日新聞出版，東京.
大野照文
 1989 「二枚貝の微細成長縞形成時間間隔の多様性」『日本ベントス研究会誌』37: 35-48.
大森貴之
 2013 「暦年較正とベイズ推定」『月刊地球 第四紀研究における年代測定法の新展開；最近10年間の進展（Ⅰ）放射性炭素年代』35(9): 509-516.
大山修一・山本紀夫・近藤　史
 2009 「ジャガイモの栽培化—ラクダ科動物との関係から考える—」『ドメスティケーション—その民族生物学的研究』山本紀夫（編），pp. 177-203，国立民族学博物館，大阪.
オジェ，マルク
 2002（1999）　『同時代世界の人類学』（森山工　訳）藤原書店，東京.
河川環境管理財団（編）
 2008 『河川汽水域：その環境特性と生態系の保全・再生』技報堂出版，東京.
加藤泰建
 1993 「アンデス形成期の祭祀建築」『民族芸術』9: 37-48.
 2010 「大神殿の出現と変容するアンデス社会」『古代アンデス 神殿から始まる文明』大貫良夫・加藤泰建・関雄二（編）pp. 105-152，朝日新聞出版，東京.
加藤泰建・井口欣也
 1998 「コンドルの館」『文明の創造力—古代アンデスの神殿と社会』加藤泰建・関雄二（編），pp. 163-224，角川書店，東京.
加藤泰建・関　雄二（編）
 1998 『文明の創造力　古代アンデスの神殿と社会』角川書店，東京.
金崎由布子・大森貴之
 2019 「アンデス文明形成期後期社会の変容：「チャビン現象」終了年代の遺跡間・地域間比較をもとに」『年報人類学研究』9: 61-86.

参考文献（和文）

川崎　健
　　2001　「エルニーニョと海洋生態系」『エルニーニョと地球環境：改訂増補版』気候変動・利用研究会（編），pp. 107-127，成山堂書店，東京．
ギブソン，ジェイムズ J.
　　1986（1979）『生態学的視覚論―ヒトの知覚世界を探る』（古崎敬　訳）サイエンス社，東京．
ギデンズ，アンソニー
　　1993（1990）『近代とはいかなる時代か？―モダニティの帰結』（松尾精文・小幡正敏　訳）而立書房，東京．
　　2015（1984）『社会の構成』（門田健一　訳）勁草書房，東京．
小池裕子
　　1979　「関東地方の貝塚遺跡における貝類採取の季節性と貝層の堆積速度」『第四紀研究』，17(4): 267-278.
　　1981　「貝殻からみた縄文時代の海水温変化」『考古学ジャーナル』192: 14-17.
　　1982　「日本海北陸地域産ハマグリ類の貝殻成長分析」『第四紀研究』21(3): 273-282.
後藤　明
　　2013　「序説：モノ・コト・時間の人類学―物質文化の動態的研究」『人類学研究所研究論集』1: 1-32.
コナトン，ポール
　　2011（1989）『社会はいかに記憶するか―個人と社会の関係』（芦刈美紀子　訳）新曜社，東京．
小宮　孟
　　2015　『貝塚調査と動物考古学』同成社，東京．
佐々木猛智
　　2010　『貝類学』東京大学出版会，東京．
佐藤啓介
　　2016　「死者は事物に宿れり：考古学的想像力と現代思想の物質的転回」『現代思想』44(1): 232-242.
佐藤慎一
　　2001　「絶対成長」『古生物の生活史（普及版）』池谷仙之・棚部一成（編），pp. 46-72，朝倉書店，東京．
重田眞義
　　2009　「ヒト―植物関係としてのドメスティケーション」山本紀夫（編）『ドメスティケーション―その民族生物学的研究』国立民族学博物館調査報告，84: 71-96.
芝田幸一郎
　　2011　『ペルー北部中央海岸ネペーニャ谷からみたアンデス形成期社会の競合モデル―神殿、集う人々、旅する指導者』東京大学大学院提出博士論文．
　　2015　「アンデス文明における神殿と社会の複雑化：ワカ・パルティーダ壁画群の分析から」『古代文明アンデスと西アジア　神殿と権力の生成』関雄二（編），pp. 209-238，朝日新聞出版社，東京．
荘司一歩

  2015 「ペルー北海岸・北部中央海岸沿岸部における遺跡の広域調査：遺跡立地と漁撈，神殿建築」『古代アメリカ学会第 20 回研究大会抄録集』4-5，古代アメリカ学会．
  2021 『貝殻が語る環境と人：ペルーの海と先史時代の漁撈民』風響社，東京．
  2022 「巨大建造物はなぜ、どのように生まれたのか：海岸のマウンドと残された謎」『アンデス文明ハンドブック』関雄二（監修）山本睦・松本雄一（編）pp. 32-45，臨川書店，京都．
  2023 「景観で考えるモニュメンタリティ――ペルー北海岸のマウンド・ビルディングを事例に」『景観で考える――人類学と考古学からのアプローチ』河合洋尚・松本雄一・山本睦（編）pp. 66-85，臨川書店，京都．

荘司一歩，バネッサ・ラ＝ロサ
  2017 「ペルー北海岸、クルス・ベルデ遺跡出土土器の分析概報」『古代アメリカ』20: 135-150.

荘司一歩，ビクトル・バスケス，テレサ・ロサーレス
  2019 「クルス・ベルデ遺跡出土遺物からみたペルー北部沿岸地域における古期の動物利用と変化」『古代アメリカ』22: 101-118.

関　雄二
  1985 「シエラとコスタ―中央アンデスにおける先土器時代の生業体系―」『文化人類学研究報告』4: 87-130，東京大学教養学部人文科学科文化人類学研究室，東京．
  1998 「文明の想像力」『文明の創造力―古代アンデスの神殿と社会』加藤泰建・関雄二（編）pp. 297-311，角川書店，東京．
  2006 『古代アンデス　権力の考古学』京都大学学術出版，京都．
  2010 『アンデスの考古学 改訂版』同成社，東京．
  2012 「最初のアメリカ人の探求」『人類大移動　アフリカからイースター島へ』印東道子（編），pp. 61-82，朝日新聞出版，東京．
  2014a 「古代アンデス文明におけるモニュメントと社会」『古墳時代の考古学 9：21 世紀の古墳時代像』一瀬和夫ほか（編），pp. 192-210，同成社，東京．
  2014b 「古代アンデスにおける神殿の「はじまり」：モノをつくりモノに縛られる人々」『「はじまり」を探る』池内了（編），pp. 127-140，東京大学出版会，東京．
  2015a 「序章 アンデスと西アジア：揺れ動く古代文明への眼差し」『古代文明アンデスと西アジア　神殿と権力の生成』関雄二（編），pp. 3-40，朝日新聞出版社，東京．
  2015b 「第 3 章 古代アンデスにおける神殿の登場と権力の発生」『古代文明アンデスと西アジア　神殿と権力の生成』関雄二（編），pp. 125-166，朝日新聞出版社，東京．
  2017 「アンデスの神殿に刻まれた人間とモノの関係」『物質性の人類学：世界は物質の流れの中にある』古谷嘉章・関雄二・佐々木重洋（編），pp.35-58，同成社，東京．

関　雄二・青山和夫
  2005 『岩波　アメリカ大陸古代文明事典』岩波書店，東京．

高橋直樹・大木淳一
  2015 『石ころ博士入門』全国農村教育協会，東京．

武田一郎
　　2007　「砂州地形に関する用語と湾口砂州の形成プロセス」『京都教育大学紀要』111: 79-89.
チャイルド，ゴードン
　　1951（1936）『文明の起源』上・下，（ねず まさし 訳）岩波書店，東京.
塚本勝巳（編）
　　2010　『魚類生態学の基礎』恒星社厚生閣，東京.
鶴見英成
　　2008　『ペルー北部、ヘケテペケ川中流域アマカス平原における先史アンデス文明形成期の社会過程』東京大学大学院提出博士論文.
　　2016　「コトシュ遺跡の測量と形成期早期の神殿研究の展望」『古代アメリカ』19: 35-46.
　　2017　「第13章　神殿がそこに建つ理由―ヘケテペケ川中流域における社会の変遷」『アンデス文明　神殿から読み取る権力の世界』関雄二（編），pp. 355-384, 臨川書店，京都.
東京大学年代測定室
　　n. d.　『分析結果報告書』（未刊行報告書），東京大学総合研究博物館　年代測定室，東京.
トッソ，ワルテル
　　2006　「先土器時代の神殿シクラス―チャンカイ谷、ペルー―」『チャスキ』34: 16-22.
中尾世治
　　2011　「マテリアリティとモノの意味：残された／残ってしまったモノ、「例示」と「表出」、「原始貨幣」」『南山考人』39: 53-72.
橋本哲夫
　　1999　「⑥ルミネッセンス法」『考古学と自然科学④　考古学と年代測定学・地球化学』松浦秀治ほか（編），pp. 84-98, 同成社，東京.
パレオラボ
　　n. d.　『放射性炭素年代測定』（未刊行報告書），株式会社パレオラボ AMS 年代測定グループ，岐阜.
広田健
　　2003　「中央アンデス海岸地帯における先土器時代後期の社会変化」『古代アメリカ』6: 53-77.
　　2008　「中央アンデス地域先土器時代後期の生業と社会：ペルー共和国ワカ・プルパール遺跡出土遺物の分析」『高梨学術奨励基金成果報告年報 2008』公益財団法人高梨学術奨励基金，東京.
ブルデュー，ピエール
　　1988（1980）『実践感覚（上）』（今村仁司・港道隆 訳）みすず書房，東京.
松本雄一
　　2013　「神殿における儀礼と廃棄―中央アンデス形成期の事例から―」『年報人類学研究』3: 1-41.
　　2015　「神殿・儀礼・廃棄：聖なるモノとゴミとの間」『古代文明アンデスと西アジア

　　　　　神殿と権力の生成』関雄二（編），pp. 167-208，朝日新聞出版社，東京．
溝口孝司
　　2004　「ポストプロセス考古学」『現代考古学事典』安斎正人（編），pp. 401-404，同成社，東京．
御堂島　正
　　2005　『石器使用痕の研究』同成社，東京．
森島　済
　　2016　「気候からみたアンデス：南米大陸の気候とアンデス」『アンデス自然学』水野一晴（編），pp. 19-32，古今書院，東京．
山田しょう
　　1986　「使用痕光沢の形成過程：東北大学使用痕研究チームによる研究報告　その6」『考古学と自然科学』19: 101-123．
山本　睦
　　2012　『先史アンデス形成期の社会動態―ペルー北部ワンカバンバ川流域社会における社会成員の活動と戦略から―』総合研究大学院大学提出博士論文．
米倉伸之
　　1995　「第1章　アメリカ大陸の自然」『モンゴロイドの地球5　最初のアメリカ人』大貫良夫（編），pp. 1-38，東京大学出版会，東京．
米延仁志・山田和芳・五反田克也
　　2014　「湖の底から環境の変遷を探る」『文明の盛衰と環境変動：マヤ・アステカ・ナスカ・琉球の新しい歴史像』青山和夫ほか（編），pp. 3-16，岩波書店，東京．
ラトゥール，ブルーノ
　　2008（1999）『虚構の「近代」科学人類学は警告する』（川村久美子　訳）新評論，東京．
ルロワ＝グーラン，アンドレ
　　1973（1964, 1965）『身ぶりと言葉』（荒木　亨　訳）新潮社，東京．
レイヴ，ジーン＆エティエンヌ・ウェンガー
　　1993（1991）『状況に埋め込まれた学習―正統的周辺参加』（佐伯胖　訳）産業図書，東京．
渡部哲光
　　1997　『バイオミネラリゼーション：生物が鉱物を作ることの不思議』東海大学出版会，神奈川．
渡邊良郎
　　2012　『イワシ：意外と知らないほんとの姿』恒星社厚生閣，東京．

あ と が き

　本書のもとになった調査・研究は、以下の研究助成を受けて実施されたものである。
- 「ペルー北海岸の先史時代における生業と世界観の形成」（平成28・29年度　科学研究費補助金〈特別研究員奨励費〉研究代表者：荘司一歩）
- 「公共空間と居住空間の相互関係からみる先史アンデス漁撈集落の形成過程」（平成27年度　公益財団法人高梨学術奨励基金　研究代表者：荘司一歩）
- 「先史漁撈集落における空間構造と物質文化の考古学的研究」（平成29年度　公益財団法人高梨学術奨励基金　研究代表者：荘司一歩）
- 「公共空間と居住空間の相互関係からみる先史アンデス漁撈集落の形成過程」（平成27年度　一般社団法人稀有の会　若手研究者助成金　研究代表者：荘司一歩）
- 「ペルー北海岸における公共建造物の出現と建設過程に関する年代学的研究」（平成28年度　パレオラボ若手研究者を支援する研究助成金　研究代表者：荘司一歩）
- 「先史アンデスにおける漁撈民の集団的実践と社会組織の生成―生業・埋葬・建築活動からみた漁撈集落の変化―」（松下幸之助記念志財団　平成29年度松下国際スカラシップ　研究代表者：荘司一歩）
- 「アンデス海岸地域における動植物利用史の年代学的研究」（令和元年度　松下幸之助記念志財団　研究助成金　研究代表者：荘司一歩）
- 「先史アンデス海岸部における古環境変動と海民の適応戦略」（令和2年度　東京大学大気海洋研究所　学際連携研究〈一般共同研究〉研究代表者：荘司一歩）
- 平成29年度　総合研究大学院大学　インターンシップ事業
- 平成26/27/28/29年度　総合研究大学院大学　海外学生派遣事業

　なお、本書の出版については、「松下幸之助記念志財団　2023年　松下正治記念学術賞」の出版助成によって実現した。研究を支えてくださった上記の諸

機関・諸団体に深く御礼申し上げる。

　また、本書で引用・転載した図版は、以下のように出版社・著者から許可を得たものである。承諾いただいた出版社および著者に感謝申し上げる。

・図 1-5、図 1-8：『貝殻が語る環境と人：ペルーの海と先史時代の漁撈民』荘司一歩著、©2021 風響社。
・図 1-11、図 7-4：Reprinted from *WHERE THE LAND MEETS THE SEA: FOURTEEN MILLENNIA OF HUMAN HISTORY AT HUACA PRIETA, PERU* by Tom D. Dillehay, Copyright ©2017. By permission of the University of Texas Press.
・図 2-4：『古代アメリカ』20 号、pp. 135-150、「ペルー北海岸、クルス・ベルデ遺跡出土土器の分析概報」荘司一歩、ヴァネッサ・ラ＝ロサ著、©2017 古代アメリカ学会。
・図 5-2：Reprinted from *JOURNAL OF ARCHAEOLOGICAL SCIENCE*, 24(9): 825-840, by Irvy Quitmyer, Dauglas S. Jones and William S. Arnold, *The Sclerochronology of Hard Clams, Mercenaria spp., from the South-eastern U.S.A.: A Method of Elucidating the Zooarchaeological Records of Seasonal Resource Procurement and Seasonality in Prehistoric Shell Middens*, Copyright ©1997, with permission from Elsevier.
・図 7-2、図 7-3、図 7-5：Reprinted from *ANTIQUITY*, 86(331): 48-70, by Tom D. Dillehay, Duccio Bonavia, Steven Goodbred, Mario Pino, Victor Vasquez, Teresa Rosales, T., William Conklin, Jeff Splitstoser, Dolores Piperno, José Iriarte, Alexander Grobman, Gerson Levi-Lazzaris, Daniel Moreira, Marilaura López, Tiffiny Tung, Anne Titelbaum, John Verano, James Adovasio, Linda Scott Cummings, Phillipe Bearéz, Elise Dufour, Olivier Tombret, Michael Ramirez, Rachel Beavins, Larisa DeSantis, Isabel Rey, Philip Mink, Greg Maggard and Teresa Franco, *Chronology, Mound-building and Environment at Huaca Prieta, Coastal Peru, from 13700 to 4000 Years Ago*, Copyright ©2012, with permission from Cambridge University Press.

あとがき

・図 8-1：『文明の創造力：古代アンデスの神殿と社会』加藤泰建・関雄二編、pp. 43-94、「交差した手の神殿」大貫良夫著、©1998 大貫良夫。

　本書は、2021 年 9 月に総合研究大学院大学文化科学研究科へ提出した博士学位論文『先史アンデス古期におけるマウンド形成の考古学的研究——クルス・ベルデ遺跡における環境変動と集団的実践の変化』を大幅に加筆修正したものである。本書の完成にいたるまで、本当に多くの方々に、ご協力を賜った。この場をお借りして、厚く御礼を申し上げたい。

　総合研究大学院大学では、様々な方に大変お世話になった。とくに博士論文の指導教員である関雄二先生には、私の稚拙な文章を何度も辛抱強く読んでいただき、懇切丁寧に指導していただいた。新型感染症の流行のさなか、博士論文を執筆していたこともあり、オンラインでのテレビ電話に何度もお付き合いいただいたことを含め、感謝してもしきれない。また、博士論文の執筆を支えてくださっただけでなく、調査や研究の方法、研究姿勢にいたるまで親身なご助言、ご教示をいただいた。国立民族学博物館名誉教授の藤井龍彦先生は、自主ゼミでの発表時に、多くのご教示とご助言をいただいた。また、私がペルーに 1 年間研究留学をしていた際には、お忙しい中、研究室まで訪ねてきてくださった。博士論文につながるデータが集めきれるかどうかと一人で憔悴していた私に、普段通りの和やかな笑顔を向けてくださり、様々な助言をいただいたことで、気持ちが救われる思いであった。平成 28 年度に退官されるまで、印東道子先生には副指導教員を引き受けていただき、ゼミ発表の準備や発表内容に至るまで数多くのご助言をいただいた。退官後も博物館の館内でお会いした時など、その都度、私の研究を励ましてくださった。その後、副指導教員を引き継いでくださった野林厚志先生には、動物遺存体などのデータや民族誌データの扱い方、博士論文の論理構成に至るまで多くの助言をいただき、筆の遅い私を常に鼓舞してくださった。池谷和信先生、佐々木史郎先生、岸上伸啓先生、鈴木紀先生、小野林太郎先生、寺村裕史先生にはゼミや授業等で、私の研究に対して様々な面でご指導いただいた。

東京大学名誉教授である大貫良夫先生には、アンデス研究を志した14年前から長年にわたりお世話になっている。見ず知らずの学部生であった私の「アンデスの土器を観察したい」という、漠然とした無理なお願いを快く聞いてくださり、東京大学総合研究博物館のバックヤードを案内していただいたことが、本書のような研究を志していくことの端緒となった。そして、筆者の調査について多くのご教示をいただき、研究を励ましていただいた。また、テレサ夫人にもペルーでの生活をはじめとして、多くの面で大変お世話になった。埼玉大学名誉教授の加藤泰建先生は、私がアンデス考古学を志し、埼玉大学の修士課程に入学して以来、お世話になっている。埼玉大学を退官された後も、私の研究発表などに足を運んでくださり、いつも温かい言葉をかけていただいている。同じく埼玉大学の井口欣也先生には、修士論文の作成にあたって指導をしていただいたとともに、調査研究、博士論文の執筆に関しても多くの助言をくださった。修士課程に在学していた2年間、クントゥル・ワシ遺跡での発掘調査に参加させていただいたことで、ペルーでの発掘調査をはじめて経験することができた。調査研究だけでなく、慣れないペルーでの生活をフォローしてくださるなど、多大なご助力を賜った。ここでの経験が、アンデス研究を続けていくための大きな契機となった。山形大学の坂井正人先生には、ラ・リベルタ州で発掘調査を始めるにあたって、トルヒーヨ市の考古学者を多く紹介していただいた。また、東亜大学の鵜澤和宏先生にはクントゥル・ワシ遺跡での動物骨の分析作業を拝見する機会をいただき、青森公立大学の長岡朋人先生には人骨の分析について相談にのってくださった。さらに、国立科学博物館の瀧上舞氏には、安定同位体分析についてご教示いただいた。東京国際大学を退官された丑野毅先生、岡山理科大学の那須浩郎先生には植物遺存体とそのサンプリング方法についてご教示いただき、総合研究大学院大学先導科学研究科の本郷一美先生は、電子顕微鏡の使用について便宜を図ってくださった。

　アンデス研究の先輩方にあたる渡部森哉氏、鶴見英成氏、芝田幸一郎氏、松本雄一氏、松本剛氏、土井正樹氏、佐藤吉文氏、宮野元太郎氏、山本睦氏、浅見恵理氏、荒田恵氏、サウセド・セガミ・ダニエル・ダンテ氏、中川渚氏には、

あとがき

　常に研究者としての手本を示していただき、心ある助言を日頃からいただいている。なかでも、鶴見英成氏には、パンパ・デ・モスキート遺跡での発掘調査に参加する機会を与えてくださり、調査資金の管理や調査データの管理について多くのことを学ばせていただいた。形成期早期研究についての貴重なコメントも多く頂戴している。また、山本睦氏には、埼玉大学、総合研究大学と修士・博士課程を過ごした際に、それぞれで公私ともに助けていただき、豊富な人脈を紹介していただくなど、お世話になってきた。さらに、宮野元太郎氏と芝田幸一郎氏には、ドローンを使った遺跡の空中撮影などでも協力していただいた。

　修士課程・博士課程在学中の同期・先輩・後輩諸氏は、修士・博士論文作成という同じ目標を達成する仲間として大きな励みとなり、研究生活の支えとなった。とくに、研究を志す同世代の研究仲間として多くの建設的なコメントをくれた井上恭平氏に感謝を申し上げたい。また、所属大学は異なるものの、クントゥル・ワシ村で苦楽を共にしたアレキサンダー中橋氏、東京大学博士課程の金崎由布子氏にも大変お世話になった。埼玉大学の三浦敦先生、中村大介先生をはじめ、修士課程時の同志でもある西田謙二氏、吉村竜二氏、高山亮氏、浅川研氏には、少数精鋭で繰り広げられる研究会において、研究に対する様々なコメントをいただいた。たびたび参加させていただいた研究会のメンバーとして、関東ではアンデス牧畜研究会の若林大我氏、鳥塚あゆち氏、大貫良史氏、岡本年正氏、清家大樹氏、関西では、近江貝塚研究会の方々にも大変お世話になった。とくに、後者の研究会では、博士論文の内容を何度も発表させていただき、熱い議論の中で論文をブラッシュアップすることができた。鋭く建設的なコメントを何度もくださった滋賀県文化財保護協会の瀬口眞司氏、同志社女子大学の大西秀之氏、東京大学の渋谷綾子氏にとくに感謝申し上げたい。

　本書では、理化学的な手法を用いて考古資料の分析を行っている。中でも考古資料の年代測定については、パレオラボ、東京大学総合研究博物館放射性炭素年代測定室に測定を依頼した。とくに後者に所属する大森貴之氏には、共同

研究者として、測定データの解釈に至るまで、数多くの助言をいただいた。また、二枚貝の成長線解析や安定同位体分析については、国立アイヌ民族博物館の宮地鼓氏、東京大学大気海洋研究所の白井厚太朗氏にご教示いただいた。とくに、白井氏には、分析機器や施設の利用について便宜を図っていただき、素人同然の私に分析手法を指導していただくなど、大変お世話になった。白井研究室のメンバーからも貴重なコメントやアイデアを受けることができた。

ペルー共和国においても多くの方々のお世話になったので名前を挙げておきたい。松下国際スカラシップの助成を受けて実施した研究留学においては、ペルー国立トルヒーヨ大学のテレサ・ロサーレス氏に受入教員となっていただいた。考古生物学研究所アルケオビオスのビクトル・バスケス氏とともに、公私にわたって慣れない異国での研究生活を支えてくださった。本書の重要な論考となった動植物遺存体の分析についてもご協力いただいた。とくに貝類遺存体の分析に関しては、動物種の同定手法からデータの取り扱いまで厚く指導していただき、そこで学んだ分析手法と技術は本書の内容に存分に活かされている。また、同大学のセグンド・バスケス氏には、本研究の調査対象となったクルス・ベルデ遺跡の発掘調査を勧めてくださり、自身が過去に調査したデータについても便宜を図ってくださった。研究室に籠りきりで運動不足であった私を、週末にサッカーの試合へと誘っていただき、公私ともにサポートしていただいた。さらに、トルヒーヨ大学の考古学専攻長であったアレハンドロ・ジェプヘン氏、現在はフロリダ大学に勤めるガブリエル・プリエト氏には、調査データについて議論を交わすなど、様々な助言を受けた。

発掘調査に際しては、ペルー文化省ラ・リベルタ支局のヘスス・ブリセーニョ氏、セサル・ガルベス両氏に、発掘調査の許可申請に関わる手続きをはじめ、様々な便宜を図っていただいた。同支局長を務め、調査の査察官を引き受けてくださったフロール・ディアス氏は、2020年に鬼籍に入られた。人懐っこい彼女の笑顔と細やかな仕事ぶりは印象的である。本書の刊行を生前に報告できなかったことが悔やまれる。

あとがき

　カトリカ大学のセシリア・マウリシオ氏には、ワシントンで行われた学会発表でのセッションに誘っていただくとともに、ペルー国内の学会でも多くの助言をいただいた。同大学のマルタ・パロマ氏、アナ・フェルナンデス氏には古人骨の形質人類学的分析についてご尽力を賜った。
　アメリカのヴァンダービルト大学のトム・ディルヘイ氏は、チカマ川下流域の考古学データについて多くのご教示と助言をくださった。本書でも重要な比較対象となったワカ・プリエタ遺跡のデータについて、快くデータを開示していただき、熱い議論に付き合ってくださった。また、テキサス大学のトーマス・ポゾルスキー氏、シェリア・ポゾルスキー氏夫妻、イェール大学のリチャード・バーガー氏には、ペルーやアメリカの学会で貴重な助言をいただいた。

　調査の参加メンバーであるバネッサ・ラ＝ロサ氏、ホセ・サムエル氏、ペドロ・カセレス氏、エドワルド・エチェ氏、クリスチャン・ゴンサーレス氏、マルティン・セルケン氏、レオナルド・モンテネグロ氏、三浦彩氏には多大なご協力をいただいた。とくに、バネッサ・ラ＝ロサ氏は、私が初めてペルーでの発掘調査に参加した時から、つたないスペイン語をフォローしてくれる友人であり、よき理解者でもある。ホセ・サムエル氏もまた、同世代の友人として公私に渡ってペルーでの研究活動を支えてくれる同志である。やや強情でもある私の意向を親身に理解してくれようとする彼らがいなければ、調査は円滑に進まなかった。また、発掘データの整理と分析作業には、ディアナ・チュキトゥクト氏、メルシー・カストロ氏、ロサーリオ・オルテチョ氏らトルヒーヨ大学の学生らにご協力いただいた。とくに出土した石偶の図面を描いていただいたフーベル・ロハス氏とは、調査データについての議論を多く交わすことができた。考古学に対する熱い思いを持ったペルーの学生や研究者らとの親交は、研究上の大きな励みと刺激にもなっている。

　調査中に滞在したマグダレーナ・デ・カオ村の住民には、発掘調査員として、そして、村での生活を共にする友人として大変お世話になった。カルメン・ガマラ氏、トマス・シルバ氏、フーリオ・アメリカ氏など多くの住民が私の考古

学調査、生活に欠かせない存在であった。村一番の漁師であるギジェルモ・イェップ氏には、魚の生態や伝統的な漁法についてご教示いただいた。ここには名前を挙げきれない多くの友人たちは、たいしてスペイン語の話せない私に、いつも笑顔で明るく接してくださった。ペルーでの研究生活だけでなく、私生活においてもお世話になった方々に深く謝意を表する。とくに、2015 年に鬼籍に入られたウーゴ・津田氏は、はじめてペルーを訪れた時から、右も左もわからない私をやさしく、時に冗談めかしながら支えてくださった。ペルーでの父親代わりとも呼べる存在である。亡くなる直前、病床で辛い中でも、最後まで私の調査がうまくいくかどうか心配してくださっていた。調査が成功し、こうして博士論文として形になったことを報告しつつ感謝したい。現在もリマ市内での生活を支えてくださる、津田氏の妻カルメン氏、ご子息であるウーゴ氏とマリエラ氏にも大変お世話になっている。上記以外にも、調査や研究において、これまで多くの方々と出会い、様々な便宜を図っていただくとともに、公私にわたって多大な助力をいただいた。紙面の都合もあり、全ての方の名前をあげることはできないが、ここに深く感謝したい。

　日本の発掘現場で考古学のいろはと魅力を教えてくださった明治大学考古学専攻の石川日出志先生、阿部芳郎先生、佐々木憲一先生、東京大学の杉山浩平氏にも感謝を伝えたい。また、昨今の厳しい出版情勢の中で本書の編集・校正・出版作業を快く引き受けてくださった臨川書店の西之原一貴氏と古坂みなみ氏には、大変お世話になった。自分自身ですら困り果てるほど筆の遅い筆者をなんども鼓舞し、励ましていただくなど、多くの苦労とご心配をおかけしたにも関わらず、粘り強く出版作業に付き合ってくださった。両氏のご尽力がなければ、出版は大きく遅れたといえ、とくに御礼申し上げたい。

　最後に、こうした身勝手な研究生活を歩み、多くの心配をかけている不肖の息子に対して、何も言わずに見守ってくれる両親、弟、そして応援してくれる友人たちに感謝する。

荘司一歩（しょうじ　かずほ／SHOJI Kazuho）

山形大学　学術研究院（人文社会科学部担当）講師
1989年、神奈川県生まれ。
2021年、総合研究大学院大学文化科学研究科博士課程修了。博士（文学）。国立民族学博物館外来研究員、東京大学大気海洋研究所特任研究員、日本学術振興会特別研究員PDを経て現職。専門はアンデス考古学、文化人類学、スクレロクロノロジー（硬組織編年学）。先史アンデスにおけるモニュメントの創出過程の解明をテーマに古環境変動と資源利用、そして人類史との関係について研究を続けている。

［主要著作］
「巨大建造物はなぜ、どのように生まれたのか：海岸のマウンドと残された謎」関雄二監修、山本睦・松本雄一編『アンデス文明ハンドブック』（分担執筆、臨川書店、2022年）、『貝殻が語る環境と人―ペルーの海と先史時代の漁撈民』（風響社、2021年）。

マウンド・ビルディングの考古学
先史アンデスにおけるモニュメントのはじまりを問い直す

2024年12月31日　発行

著　者　荘司一歩
発行者　片岡　敦
印　刷　創栄図書印刷株式会社
発行所　株式会社　臨川書店
　　　　〒606-8204
　　　　京都市左京区田中下柳町八番地
　　　　電話(075)721-7111

落丁本・乱丁本はお取替えいたします。ISBN978-4-653-04587-8 C3020　Ⓒ荘司一歩　2024
定価はカバーに表示してあります。

・JCOPY　〈(社)出版者著作権管理機構 委託出版物〉
本書の無断複写は著作権法上での例外を除き禁じられています。複写される場合は、
そのつど事前に、(社)出版者著作権管理機構 (電話 03-5244-5088、FAX 03-5244-5089、
e-mail: info@jcopy.or.jp) の許諾を得てください。

本書を代行業者等の第三者に依頼してスキャンやデジタル化することは著作権法違反です。